KB014056

일본의 지역사회와 시민운동

한영혜 지음

한울
아카데미

국립중앙도서관 출판시도서목록(CIP)

일본의 지역사회와 시민운동 / 한영혜 지음. -- 서울 : 한울,
2004
  p. ;   cm. -- (한울아카데미 ; 545)

ISBN 89-460-3110-7 93330

331.2-KDC4
302.4-DDC21   CIP2003000390

머리말

이 책은 1993년부터 2002년까지 쓴 글들 중에서 주로 일본의 시민운동에 관한 글을 모은 것이다. 총 12편의 글 중 서장을 제외한 11편은 이미 몇몇 학술잡지를 통해 발표되었다. 이미 발표된 글들을 새삼 책으로 묶어 내기로 한 것은 연구자로서 그간의 활동을 한번 되돌아보고 싶다는 소박한 이유에서였다. 대학에 자리를 잡은 지 7년째가 된 2001년 여름부터 나는 1년간 안식년을 갖게 되었는데, 마침 2001년은 내가 학위를 받고 귀국하여 직업적인 연구자로서 첫발을 내디딘 지 만 10년이 되는 해이기도 했다. '10년'이라는 단위를 뭔가 특별하게 느끼는 사고에 나 자신이 길들여져 있었고, 더욱이 그 해가 첫 안식년과 겹치게 되자 연구자로서의 그동안의 생활을 돌이켜보고 향후 연구방향에 대해서도 진지한 고민을 해볼 필요가 있다는 생각이 들었다. 나름대로 열심히 해온 것 같긴 한데 늘 쫓기듯이 일에 휘둘려가며 의욕에 비해 전력투구하지 못한 아쉬움과 자괴감을 안고 앞으로 달려온 초년병 연구자 시절에 일단 쉼표를 치고 싶기도 했다.

지난 10년간 해온 작업 중, 비교적 일관성 있게 연구해온 분야가 바로 일본의 지역 시민운동이있다. 8년간 매년 1편씩 일본 현시소사에 기초한 사례연구 논문을 발표했고, 시민운동의 전체적인 흐름과 사상적 기반에

대한 고찰도 시도했다. 사실 학창 시절부터 필자의 관심은 사회운동보다
는 의식, 관념, 사상, 이데올로기, 지식체계, 언어 같은 데 있었고, 박사학
위 논문 또한 일본의 '사회의식론'이라는 학문적 범주의 성립사를 고찰하
는 것이었다. 이렇게 볼 때 일본의 지역사회와 시민운동이 내 연구활동의
중심 축이 되어 있는 것은 다소 엉뚱하기도 하다. 내가 안식년을 계기로
신진 연구자로서 달려오던 길을 잠시 멈추고 숨을 고르고 싶어졌을 때 일
본의 지역사회와 시민운동에 관한 글들을 한 권의 책으로 묶어볼 생각을
품게 된 것은 바로 그 때문이다. 나는 왜 지속적으로 일본의 지역 시민운
동을 연구했는가? 그 연구들은 연구자로서, 또 한 인간으로서 나의 삶에
어떤 의미가 있는가? 나는 이런 문제들을 생각해보고 연구활동의 중심 축
을 나 자신의 '본령'으로 옮겨갈 논리를 만들고 싶었다.

　당초 이 연구를 시작하게 된 계기는 따로 있지만(이 부분은 『일본의 도시
사회』에 일부 적혀 있다), 역시 시민운동이라는 주제를 발견하고 여러 지역
에서 관련 연구를 계속하게 한 추동력은 나 자신에게 있었을 것이다. 그
것이 무엇인지를 진지하게 찾아봄으로써, 그동안의 연구를 중요한 토대로
새롭게 나의 '본령'에 좀더 가까이 다가가고 싶었다. 그러나 지금 시점에
서 이 책을 내는 것이 어떤 의미가 있는가, 사회적으로는 의미가 없는데
개인적인 '신변 정리(?)' 목적으로 이미 발표된 글들을 모아 출판하는 것
이 과연 합당한 일인가 하는 의문 때문에 책을 만들 생각은 접고 안식년
을 보냈다. 그런데 이제 와서 새삼 이 책을 출판하기로 마음먹은 데는 크
게 3가지 이유가 있다.

　첫째, 그 사이에 일본의 지역사회와 사회운동에 관한 책들이 여러 권 출
판된 것에 자극을 받았기 때문이다. 『일본의 도시사회』(이시재 외 8명, 서울
대출판부, 2001), 『현대일본의 사회운동론』(정진성, 나남, 2001), 『박원순 변
호사의 일본 시민사회 기행』(박원순, 아르케, 2001), 『일본 산촌의 지역활성
화와 사회구조』(박광순 외 5명, 경인문화사, 2002)가 바로 그것이다. 그동안
일본의 시민운동을 주제로 한 단행본으로는 1996년에 나온 『일본 시민운

동과 지방자치』(크리스찬 아카데미; 한국사회교육원 엮음, 한울)가 유일한 것이
었으나 이 책은 본격적인 연구서라기보다는 세미나 당시의 발표 및 토론
내용을 정리한 작은 책사였다('시민을 위한 작은 책' 시리즈 중 하나였음).

한국의 연구자들과 시민운동가들이 쓴 본격적인 연구서들이 처음으로,
그것도 이 시기에 집중적으로 출간되었다는 사실에 나는 가벼운 흥분을
느꼈다. 이 책들은 대부분 연구자들이 현장을 발로 뛰어다니며 조사한 구
체적인 사례연구 성과물들을 수록하고 있다. 또한, 박원순의 책은 학문적
인 연구서는 아니지만 시민운동가 입장에서 일본 각지를 누비며 시민사
회를 방문하고 관찰한 기록으로 내용이 상당히 풍부하다. 이러한 책들이
출간되는 것을 보고 나는 일단 접어두었던 생각을 다시 끄집어냈다. 나도
질세라 그 대열에 끼고 싶어서는 아니었다. 이 책들이 출간되었기 때문에
내가 쓴 글들을 모아서 책으로 내면 일본의 지역 시민운동에 대한 논의
자료가 조금 더 풍부해지고 담론의 공간이 조금 더 확장될 수 있을지도
모른다는 기대감 때문이었다.

가와사키 시(川崎市)를 집중적으로 다룬 저서 『일본의 도시사회』는 내
게는 일본 지역 시민운동 연구의 출발점이 된 3년간에 걸친 협동 연구의
소산이다. 그런데 여기에 수록된 것은 1994년까지의 연구이므로 그 후의
연구성과들을 모아 정리해보면 적어도 내 입장에서는 보완이 되리라는
생각이 들었다. 또, 『현대일본의 사회운동론』과 『박원순 변호사의 일본
시민사회 기행』에서 보이는 일본 시민운동에 대한 저자들의 대조적인 입
장이 이론적·실천적으로 흥미롭고 중요한 쟁점을 제기하는데, 나 또한 두
저자와 좀더 다른 이야기를 할 수 있을 것 같았고 그것이 담론의 공간 확
장에 어느 정도 기여하리라고 생각했다.

3, 4년 전에 일본의 지역 시민운동에 관심이 있는 사람들로부터 두세
번 자료(내 글을 포함한 한글문헌) 요청을 받은 일이 있다. 그때 누군가가,
학술잡지에 발표된 글들은 극히 한정된 사람들에게만 읽히는 데다 여기
저기 흩어져 있어 찾기도 불편하니, 한 데 모아서 단행본으로 내는 게 어

떠나는 조언을 했다. 그러면 필요한 사람들에게 도움이 될 것이며 그런 글이 있는지조차 몰랐던 사람들도 관심을 가져 그 폭이 확장되는 데 도움이 될 거라고 했다. 이것이 책을 내기로 한 두번째 이유이다.

한편, 그동안 학회나 세미나, 강연회 등 여러 발표와 토론의 장에서 일본 시민운동에 대해 이야기할 때, 연구자 및 시민운동 활동가들이 제시한 다양한 의견과 질문들 가운데 충분히 답변을 못했거나 좀더 고민해보고 싶은 과제로 남겨둔 것들, 또 매년 새로운 사례를 조사하여 쫓기듯이 기한에 맞춰 보고서를 내고 출판하느라(대개는 다른 일들이 겹친 상태에서), 해결하지 못했던 문제점들이나 과제, 느낀 점 등을 되새겨봐야 했다. 즉, 나는 풀어야 할 숙제를 그대로 안고 있지 않은가 생각했다. 이것이 세번째 이유이다.

이 책에 실린 12편의 글 중 8편(3장~10장)은 1992년~2000년 사이에 진행된 일본 현지조사 사례연구이고, 서론을 제외한 나머지 3편(1, 2장, 11장)은 문헌자료를 중심으로 쓴 것이다. 8편의 사례연구 가운데 4편은 가나가와 현(神奈川縣)의 가와사키 시에 대한 것으로, 새로운 지역연대 형성과 사회교육, 사회교육 운동, 볼런티어 운동, 재일 외국인 교육운동 등의 사례를 다루고 있다. 이중 협동 연구의 일환이었던 3편은 앞서 언급한 『일본의 도시사회』에도 실려 있다. 3년간의 협동 연구가 끝난 후 연구팀 일부는 개별적으로 자신의 관심사에 따라 가와사키에 대한 연구를 계속했다. 나도 그중 하나로, 재일 외국인 교육운동에 관한 글은 그 단독 연구의 성과이다.

가와사키에 지속적으로 관심을 가지면서 나는 곧, 또 다른 협동 연구에 참가할 기회를 얻었다. 한림대학교 일본학연구소에서 진행한 3년간의 지역연구 프로젝트에 참가하게 된 것이다. 당시 나는 이 연구소의 지성사 연구에도 참여하고 있었는데, 소장이신 지명관 교수님께서 일본의 지방도시 연구 프로젝트를 기획하고 참가를 권유하셔서 좋은 기회를 얻게 되었다. 사례연구 3편은 이 프로젝트를 통해서 나왔다. 3년 동안 매년 다른 지역을 연구하고, 사회학뿐만 아니라 문학, 민속학, 인류학, 정치학 등 다양한 영역에 걸친 연구가 이루어졌다는 점에서 이 프로젝트는 가와사키 협동연구와는 다른 특징이 있었다. 나는 이 연구팀에 참가해서 1996년에는 이시카와 현(石川縣) 가나자와 시(金澤市)의 지역사회구조와 시민운동 가능성, 1997년에는 야마가타 현(山形縣) 쓰루오카 시(鶴岡市) 교리쓰샤(共立社) 생협의 교육운동, 1998년에는 오이타 현 오이타 시 생활학교와 그린코프 생협의 소비자운동 사례를 연구했다. 1997년도에 연구팀이 조사한 지역은 기본적으로 야마가타 시(山形市)였는데, 야마가타를 포함한 죠(東北) 지방의 교육운동에 관심이 있던 나는 현지조사에 앞서 일본인 친구로부터 쓰루오카 생협에 대한 이야기를 듣고 그쪽을 연구대상으로 정했다. 이 시기 연구성과들은 모두 한림대학교 일본학연구소의 ≪한림 일본학연구≫에 수록되어 있다.

3년간의 지방도시 연구가 일단락 된 이듬해, 나는 학술진흥재단의 선도연구지원을 받아 무당파(無黨派) 여성시장의 등장과정에 대한 연구를 하게 되었다. 1998년과 1999년에 각각 첫 여성시장이 탄생한 도쿄 도(東京都) 구니다치 시(國立市)와 사이타마 현(埼玉縣) 하스다 시(蓮田市), 그리고 1999년에 일본 최초의 3선 여성시장(일본 최초의 여성시장이기도 함)을 배출한 오사카 부(大阪府) 아시야 시, 이 3지역의 사례를 비교 고찰하고자 예비조사를 했다. 그러나 1년의 연구기간에 현지조사를 통해 3지역을 상세히 비교·고찰하는 것이 어렵기도 했고, 당시 필자의 가장 큰 관심이 시민운동을 기반으로 한 여성 지자체장의 등장에 있었기 때문에 구니다치 사례를 집중적으로 고찰하여 글을 썼다. 이것이 현지조사 연구로는 가장 최근의 성과물로 안식년 중에 마무리하여 출판했다. 하스다 시의 경우는 본조사를 상당 부분 진척시켰으나 논문으로 마무리하지는 못해 숙제로 남겨두었다.

이 책에 실린 12편의 글 중 3편은 문헌자료를 중심으로 쓴 글이다. 학동보육정책에 관한 글은 1999년에 '방과 후 교육'에 대한 한신대학교 교

내 협동 연구의 일환으로 일본 사례를 정리한 것으로서, 보고서의 일부로
한신대학교 논문집에 게재되었다. 여타 글들과는 다른 맥락에서 씌어진
것인 데다가, 지역사회와 시민운동이라는 주제에 꼭 맞는 것은 아니어서
처음에는 여기 싣기에 부적합하다고 생각했다. 그러나 학동보육이 법제화
되기까지 오랜 학동보육운동이 있었고, 학동보육이 지자체의 소관일 뿐만
아니라 결국 지역사회 단위로 대응해야 할 문제라는 점에서 이 책의 주제
와 전혀 연관성이 없는 것은 아니라는 판단 하에 싣기로 했다.

다른 2편은 일본의 시민운동에 관한 글로서, 현지조사 연구가 일단락 되
고 아직 새로운 작업에 들어가지 않았던 2000년에 연구와 집필을 시작하
여 2편 모두 2001년 봄에 발표하였다. 그중 1편은 일본의 시민운동의 흐름
을 개괄한 것으로, 내 첫 저서인 『일본사회개설』(2001, 한울)의 한 장으로
집필했다. 1998년에 출판된 한국방송통신대학교 교재 『일본학 입문』에 실
린 글이 이것의 초고인데, 『일본사회개설』을 내면서 상당 부분을 다시 썼
다. 『일본사회개설』은 책의 성격상 본문에 각주를 달지 않는 방침이었기
때문에 거기에 삽입한 글은 보통 학술논문과는 좀 다른 형태로 되어 있으
나 이 책에서는 불충분하나마 각주를 붙여서 실었다. 나머지 1편은 일본의
'시민운동' 사상의 형성배경과 내용을 고찰한 것이다. 이 연구는, NGO활
동을 하고 있는 한 미국인 지인과 이야기를 하던 중 '시민운동'이라는 용
어에 대응할만한 적절한 번역어를 찾지 못한 데서 비롯되었다. '풀뿌리운
동'은 'grassroot movement', '새로운 사회운동'은 'new social movement'
등 명확한 대응어가 있는 데 비해(영어를 우리말로 번역한 것이니까), '시민운
동'은 어떻게 표현해야 할지 애매했다. 'civil movement', 혹은 'citizen's
movement'라는 직역체의 말을 쓰는지 물어보니, 그 지인은 'civil'이라는
단어는 'movement'와는 어울리지 않고 'activities'와 써야 한다고 했다. 한
국과 일본은 모두 '시민운동'이라는 용어를 쓰고 있으며 이를 극히 자연스
럽게 받아들이고 있는데 그렇다면 이 개념은 어디서 유래한 것인지, 또 일
본의 '시민운동' 개념이 한국의 그것과 같은 것인지 의문이 들었다. 이 같

은 문제의식은 서두에서 언급한 나 자신의 '본령'에 어울리는 것이었고 나
는 곧 흥분하여 이 문제에 달려들었다. 2000년 한신대학교 교내연구비를
받아 그 해 여름 오사카 시립(市立)대학교 도서관에서 사료를 찾으며 연구
를 시작했고 겨울에 글을 완성해서 이듬해 봄 출판했다.

마지막으로, 서장은 이 글들을 한 권의 책으로 묶으면서 그 동안의 연
구과정에서 느낀 점들과 방법론적·이론적 논점들을 정리해보고자 새로
집필한 것이다. 2003년 2월, 집필작업이 거의 마무리되어갈 무렵 일본에
가게 되었는데, 당초 후속 연구를 의도한 것은 아니었지만 이전에 조사했
던 지역을 다시 방문하여 새롭고 흥미로운 상황들을 접하고 예비 연구도
약간 할 수 있었기에 귀국 후 이 부분을 첨가해서 다시 썼다. 하지만 서장
을 다 쓴 후 곧 책이 출판될 수 있을 것으로 예상했던 것이 여러 가지 형
편으로 상당한 시일이 흐르게 되었고, 그간 몇 가지 상황이 변화되었기
때문에 그 부분만 최소한으로 수정하게 되었다.

이 책의 모든 글들은 당초에는 처음에 발표된 글 그대로 실을 예정이었
으나 내용에 영향을 미치지 않는 범위에서 원래의 글에 최소한의 가필·수
정을 가했다. 완성된 순간부터 전부 다시 쓰고 싶을 만큼 부끄러웠던 글
도 있고 부분적으로 손대고 싶은 곳은 허다하지만, 대부분이 현지조사에
의거한 연구라는 특성상 가필·수정을 하게 되면 아무래도 현재의 관점이
작용하게 되므로 연구 당시의 상황을 살리는 의미에서 그냥 두기로 한 것
이다. 한편으로는 손을 대기 시작하면 아마 책을 못 내게 될지도 모른다
는 우려도 있었고 각 연구마다 당시의 나 자신이 투영되어 있기 때문에
그대로 두고 싶은 마음도 있었다. 그러나 단행본으로 묶으면서 불가피하
게 조정이 필요한 경우가 있었다. 그리고 전체 내용에 영향을 주지는 않
지만 지엽적인 범위 내에서 사실관계나 표현이 잘못된 곳이 두어 군데 눈
에 띄었다. 따라서 기본적으로 내용에는 손을 대지 않으면서 이런 부분들
을 수정하기로 했다.

현지조사와 논문 집필 시기가 여러 해 전인 만큼, 논문이 발표된 후 중

요한 변화가 있었던 경우도 있다. 그러나 이 책에 그러한 변화들을 반영하지는 않았다. 이 책에 실린 글들은 1990년대 일본의 지역사회와 시민운동에 관한 기록이라는 것만으로도 나름대로 의미가 있다고 생각한다.

일본의 지역사회와 시민운동에 대해서 10년간 지속적으로 연구한 이유는 앞에서도 밝혔듯이 상당 부분 의도치 않은 결과였다. '상당 부분'이라고 토를 단 이유는 가와사키 협동 연구가 일단락 되고 다음 연구로 넘어갈 무렵, '시민운동'을 이후 지역연구에 관한 주제로 인식했기 때문이다. 시민운동이라는 주제를 발견한 것은 가와사키 연구 첫해였다. 당시 우리 연구팀은 일본사회를 이해하려면 우선 지역사회구조를 알아야 한다는 생각에서 지역조직을 연구주제로 설정했다. 협동 연구의 틀에서 각 연구자는 자신의 관심에 따라 독자적인 연구과제를 정했는데, 나는 '새로운 지역연대'의 형성과 공적 사회교육의 역할을 연구과제로 삼았다. 전통적인 지역연대의 기반이었던 지역조직(町內會: 조나이카이)의 역할이 약화되어가는 가운데, 가와사키에서는 새로운 연대창출이 적극적으로 모색되고 있었으며 여기서 공적 사회교육의 역할에 주목하고 있었기 때문이다. 당시 나는 사회교육 제도나 시스템보다는 활동내용과 관련된 행위자들에 관심을 가졌는데, 이 연구과정에서 행정과 시민, 좀더 구체적으로는 혁신적·계몽적인 공무원과 시민운동 그룹 간의 관계가 흥미롭게 다가왔다. 이를 계기로 나는 그 후 2년간의 연구에서 모두 시민운동을 다루게 되었다. 협동 연구 두번째 해에는 10년간 열정적으로 활동하다 해체한 어느 사회교육운동집단의 생애사를, 세번째 해에는 볼런티어 운동을 연구과제로 택했다. 협동 연구가 끝난 후에도 개인적으로 가와사키에 대한 연구를 계속하게 된 것은 그동안의 연구과정에서 발견한 흥미로운 사례들이 있었기 때문이다. 재일 외국인 교육운동도 그중 하나였다.

1년 중 한정된 기간에 방문해서 현지조사를 할 수밖에 없는 입장에서 한 지역을 여러 해에 걸쳐 지속적으로 탐구하는 것은 지역사회의 구조적인 이해에 도움이 될 뿐 아니라 연구과제들을 발견해나갈 수 있다는 점에서도 큰 의의가 있다고 생각된다. 적어도 내게 한 해의 연구는 다음 연구를 위한 예비적 고찰을 내포했고 연구과정 전체가 유의미한 어떤 것을 발견하는 발전적인 학습과정이었다. 이는 내가 현지조사 연구경험도 없고 방법론 훈련을 받은 것도 아니어서 부딪쳐가면서 스스로 감각을 키우고 배워가야 했기 때문이었는지도 모른다.

한편, 처음 3년간 가와사키 한 지역만을 집중적으로 다루었던 내게 한림대학교 일본학연구소 프로젝트를 통해 여러 지방도시들, 그것도 호쿠리쿠(北陸), 도호쿠(東北), 규슈(九州) 등, 일본의 중심에서 다소 거리가 있는 지방에 소재한 도시들을 볼 수 있었던 것은 또 다른 행운이었다. 가나자와, 쓰루오카, 야마가타, 오이타 등은 도시의 규모와 성격, 역사적 배경 등이 서로 다르고 가와사키와도 많은 점에서 차이가 있었다. 이런 상이한 성격의 도시들을 연구대상으로 삼음으로써 나는 일본 내부의 다양성에 대해 구체적으로 인식하게 되었다. 다만, 한 지역에 대한 연구를 1년 내에 마무리하다 보니 아쉬운 점이 적지 않았다. 현지조사에 앞서 기초 자료들을 받아 예비 지식을 조금 갖추긴 했지만 막상 현지에 들어가 조사를 하다 보면, 하고자 했던 주제가 그 지역에서는 다루기 어려운 경우도 있고 그 지역의 핵심적인 문제들이 그 과정에서 발견되는 경우도 있었다. 따라서 관심의 기축은 변하지 않았는데 구체적인 연구대상과 초점을 두는 방식이 달라지기도 했고, 당초 의도한 연구를 해나가면서 동시에 새롭게 발견한 흥미로운 점들을 알아보는 데 많은 에너지를 쏟기도 했다. 연구 여건상, 현지조사는 1회(대개 2~3주정도)로 국한하고 이듬해에는 다른 지역을 연구했기 때문에 글에 담지 못한 중요한 내용들을 연속적으로 탐구해 보지 못하고 늘 '다음에 다시 올 것'을 다짐하며 숙제로 남겨두곤 했다. 유감스럽게도 아직 그 다짐을 실현하지 못하고 있다. 그런 점에서 다양한 지방도시를 현지조사 한 이 연구는 실제 현장에서는 다양한 문제에 대해 배우고 느끼며 발견의 즐거움도 맛보았지만, 연구 성과를 정리하는 과정에서는 어려움이 많았으며 욕구불만과 자괴감이 컸다.

어쨌거나 이상의 연구들을 통해 나는 참으로 많은 것을 배우고 경험했다. 무엇보다도 '시민운동(사회운동)'이나 '지역사회'라는 주제에 대해 새롭게 관심을 갖게 된 점을 꼽아야 할 것 같다. 당초 이런 분야의 전문가로서 연구를 시작한 것이 아니었기 때문에 이론적인 지식을 바탕으로 실증연구를 하는 대신, 구체적인 사실에 맞닥뜨려가면서 이론적인 문제를 생각하게 되었다. 그런 의미에서도 그 동안의 현지조사 연구는 나 자신의 학습과정이었다. 글로 담아낼 수 없었던 경험들도 소중한 자산이다. 7년간 유학생활을 했지만 필자의 생활세계는 극히 한정되어 있었고 학위논문도 문헌연구였기 때문에 일본의 지역사회와 시민운동 연구는 내게 새로운 학습이었다. 그것은 연구자로서의 시야를 넓혀주었을 뿐만 아니라 수업에서 학생들에게 좀더 분명한 감을 갖고 구체적으로 가르칠 수 있는 부분이 많아져서 자신감을 갖게 해주었다.

그러나 계속 연구비 지원을 받아 이만큼의 연구를 수행해온 만큼 내가 반드시 물어야 할 질문은 이 연구의 사회적 의미일 것이다. 이 연구를 통해 나는 얼마만큼 사회적 책임을 다 했고, 어떤 의미에서 우리 사회에 기여했다고 할 수 있는가? 사실 나로서는 이 질문에 자신 있는 답변을 하기가 어렵다. 이번에 쓴 서장에서 얼마간이라도 답을 제시할 수 있기를 바라고 있지만, 이 책에 실린 글들을 읽었거나 앞으로 읽어줄 독자들이 그 의미를 발견하고 평가해준다면 감사할 따름이다.

이 책을 내면서 감사드려야 할 분들이 너무나 많다. 10년간의 연구가 대개 인터뷰와 1차 문헌자료에 의거해서 이루어졌고 연구대상이 매번 달랐기 때문에, 현지조사를 하면서 만난 사람들의 층도 다양하고 그 수도 무척 많다. 그분들을 일일이 거론할 수 없어 아쉽지만 우선 인터뷰에 응해주신 모든 분들께 감사드리고 싶다. 또한, 매번 각 지역에서 단체나 개인들을 소개해주시고, 중간에 다리를 놓아주시거나 일정을 짜주시는 등, 여러 가지로 편의를 봐주느라 애써주신 분들이 계셨다. 이분들의 친절하고 꼼꼼한 배려와 도움이 없었다면 현지조사는 훨씬 힘겨웠을 것이며 이

만큼 이루어지지도 못했을 것이다. 이분들께도 감사를 드린다.

다음으로 한림대학교 일본학연구소 소장을 맡고 계신 지명관 선생님께 깊은 감사를 드리고 싶다. 지 선생님께서는 지성사 연구팀에 참가하고 있던 내게 새롭게 기획한 지방도시 연구 프로젝트에도 참가할 것을 권유해 가와사키 협동연구에 이어서 지역연구를 할 수 있는 기회를 만들어주셨다. 그런 계기가 없었더라면 과연 이만큼 지속적으로 지역사회와 시민운동에 관한 연구를 할 수 있었을지 모르겠다. 일본학연구소에서 연구와 관련된 다양한 업무들을 도맡고 계시는 히구치 요코(樋口容子) 씨께도 감사드린다. 히구치 씨에게는 업무관계로도 큰 도움을 받았지만 보고서 및 최종논문 제출문제로도 늘 괴롭혔다. 특히 마음에 진 빚도 있어 이번에 고마움과 죄송한 마음을 함께 전하고자 한다.

그 외에도 그동안의 연구과정에서 함께 현지를 뛰어다녔던 가와사키 연구팀과 일본 지방도시 연구팀의 여러 선생님들께도 감사드린다. 연구주제는 각자 달랐지만 조사대상이나 내용이 서로 연관되는 경우도 있고, 무엇보다도 지역을 공유하고 있기 때문에 이런저런 이야기들이 필자의 연구에 도움이 되는 경우가 많았다. 현지에서 함께 지내면서 연구 외적인 부분의 배려와 도움을 받는 일도 적지 않았고 가끔씩 일정이 끝난 후에 친교의 자리를 마련하여 조사활동에 생기를 주기도 했다. 단독연구로 현지조사를 할 때면 문득 그리워질 그런 시간을 함께 해준 선생님들께 감사드린다.

마지막으로 항상 따뜻하게 감싸주고 격려해주는 가족들에게 감사의 마음을 전하고 싶다. 이 연구를 시작한 1992년에 일곱 살이던 딸 승현이는 훌쩍 커서 이번에 원고를 정리하는 데 비서 역할을 해줄 정도였다. 가나자와와 가와사키 조사 때는 각각 한 번씩 딸아이를 데리고 가기도 했다. 엄마가 연구하는 분야의 현장을 보여주고 경험을 공유하고 싶었기 때문이다. 내가 인터뷰를 하는 동안 딸아이는 옆에서 만화책도 읽고 방학숙제도 하며 기다려주곤 했다. 무엇보다도 방학 때마다 2~3주일씩은 엄마가

없어도 늘 자연스럽게 받아들여준 것이 고맙다. 그리고 항상 그렇듯이 현
지조사는 물론 이번 책을 내는 데도 많은 격려를 해준 남편 정진성에게도
감사드린다. 끝으로 기꺼이 출판을 맡아주신 도서출판 한울에 감사를 드
린다. 부족함이 많은 글들이지만 나 자신의 거울로 또 추억으로 남기고자
한다.

2004년 1월 22일
수리산 자락에서
한영혜

차례

일본의 시민운동을 바라보는 우리의 시각과 과제

1. 문제제기

1980년대 말 이래 새로운 사회운동주체로서 시민사회단체들이 급속히 증대한 가운데 '시민운동'을 표방한 경실련의 등장을 계기로 1990년대 초 한국사회에서는 시민사회·시민운동이 중요한 담론의 주제로 떠올랐다. 정치제도의 민주화가 실현된 상황에서 지식인들은 시민사회론을 통해 서구의 시민사회와는 다른 한국 시민사회의 특징을 분석·이론화하기 위해 시도하는 한편, 이 같은 분석을 토대로 새로운 사회운동의 방향을 모색하고 새로운 운동의 논리를 만들고자 했다. 1990년대 전반의 이러한 논의들은 대개 서구와 한국사회를 비교하면서 전개되었다. 시민사회 논쟁은 주로 서구의 시민사회론들을 이론적 자원으로 하고, '새로운 사회운동'이 운동방향 모색과 관련하여 중요한 전거가 되었다. 현 단계의 한국사회에서 서구 선진 산업사회의 '새로운 사회운동'이 과연 적합한 모델인가 하는 의문이 제기되기는 했지만, 대안적인 운동의 전거를 다른 곳에서 발견하려는 적극적인 시도는 이루어지지 않았다. 우리에게 참고가 될 만한 비 서구사회(제3세계)의 시민운동 사례로 브라질의 시민운동에 주목할 것을 제안

한 경우도 있었지만, 이를 적극적으로 탐구하여 한국 시민운동의 학문적·
실천적 논의에 반영한 경우는 보지 못했다. 1990년대 전반의 시민사회·시
민운동에 관한 담론에서는 일본의 예가 언급된 일도 없었던 것 같다.

  한국에서 일본의 시민운동에 관심을 갖게 된 것은 1990년대 중반 무렵
부터가 아닌가 한다. 이 무렵부터 일본의 지방자치와 시민사회·시민운동
에 대한 연구성과들이 발표되면서 일본의 사례들이 소개되기 시작했고
마침 지방자치제의 본격적인 실시를 배경으로 일본의 지방자치체와 지방
시민사회, 지역 차원의 시민운동 사례 등에 대한 관심도 증대하기 시작했
다. 그런 가운데서 나도 이 책에 담긴 내용들을 학회뿐만 아니라 실천적
인 맥락에서 일본 시민운동에 관심을 갖는 시민운동 단체(주로 지역 수준)
의 세미나 등에서 소개할 기회가 적지 않았다. 이런 발표·토론의 장에 참
석한 활동가들은 관념적인 이론을 넘어서는 운동의 구체적인 방법론을
찾고자 하는 경우가 많았고, 일본 사례는 그런 점에서 관심의 대상이 되
었다. 일본의 시민운동에 가장 적극적인 관심을 보이고 구체적인 질문을
많이 제기한 이들은 역시 지역 시민운동가들이었다. 지역에 시민운동을
뿌리내리기 위해 고민하는 이들 활동가들은 대개 일본의 지역 시민운동
사례들이 구체적인 방법론 면에서 배울 점이 많다는 의견을 내놓았고, 시
민참여 확대방식, 조직·운영방식, 활동내용과 행정과의 관계 등 구체적인
사항들에 대한 논의를 한국의 상황과 비교하면서 전개하곤 했다. 나아가
1990년대 후반에는 한일 민간교류의 전반적인 확대 속에서 시민운동 단
체들간의 교류도 증대했다.

  이렇게 일본의 시민운동에 대한 관심과 시민운동 단체들간의 교류가
증대한 반면, 한국의 지식인 및 시민운동 활동가들 사이에는 일본 시민운
동에 대한 비판적·부정적 인식도 널리 공유되고 있었으며, 일본 시민운동
에 대한 관심의 증대를 경계하는 시각도 존재했다. 일본의 시민운동에서
배울 점이 적지 않다고 하는 활동가들도 일본의 시민운동이 사회 전체의
변화를 이끌어내는 추동력이 되지 못하고 지역문제에 매몰되어 결과적으

로 보수적·체제유지적인 한계를 갖는다고 보는 사람이 많다. 정진성은 『현대일본의 사회운동』(나남, 2001)에서 최근 한국의 시민운동이 "기술이나 정책 분야에서 해오던 것과 마찬가지로 일본의 경우를 답습하는 경향을 보이기 시작했다"면서, 그 이유로 우리의 시민운동이 지나치게 정치적이고 전문성이 부족하며 소수 명망가 중심이라는 비판을 받는 것과 대조적으로 일본의 시민운동은 견실한 생활운동이 대부분이기 때문이라고 파악한다. 그는 일본 시민운동의 견실성을 인정하면서도 "견실성 자체가 요인이 되면서 품고 있는 동전의 이면"으로서 그 저변에 깔려 있는 지역의 보수성과 국가의 영향력에 주목하고 "일본사회운동에 대한 입체적인 이해 없이 지역에 뿌리박힌 생활운동을 학습하는 것은 위험한 일"이라고 경고한다. 참여연대 사무국장으로서 석 달간 일본 각지의 시민단체들을 방문·견학하고 돌아온 박원순은 정진성과는 대조적인 입장을 보인다. 박원순 변호사의 『일본시민사회기행』(아르케, 2001)에서 그는 한국 시민운동계에 "일본의 시민운동은 우리에 비해 볼 게 없다"는 생각이 일반적이나 이는 편견이자 자만이라 말한다. 그는 "그들은 거창한 '시민운동'이라는 이름을 달지 않고도 건강한 공동체와 활력 있는 지역사회를 만들어왔다"고 평가하고, 일본의 시민운동이 너무 작은 것에만 집착하고 전체 변화를 위한 운동에 소홀하다는 비판은 사실이지만, 우리의 시민운동은 역으로 "이제 지역과 부문으로 달려가야 할 때"이며 "제도와 실천, 그 어느 면에서도 우리보다 한 수 위"인 일본을 "본받고 따라가야 할 부분이 적지 않다"고 단언한다.

이렇게 정진성과 박원순은 일본의 시민운동에 대해 대조적인 입장을 보이고 있지만 일본 시민운동의 기본적인 성격을 지역사회에 근거한 견실한 생활운동으로 파악하고 있는 점에서는 큰 차이가 없다. 즉 일본의 시민운동이 장기적으로 볼 때 사회를 변화시키는 힘으로 작용할 수 있을 것인가 아니면 본질적으로 체제내 지역적인 기능을 할 수밖에 없을 것인가, 그리고 한국 시민운동이 앞으로 채워나가야 할 부분으로 적극적으로 배

워야 할 것인가 아니면 섣불리 배우려 하기보다는 그 이면에 있는 위험성
을 경계해야 할 것인가 하는 데 있어서 평가의 차이가 있을 뿐이다.

　이 같은 두 사람의 인식은 한국 시민운동계나 지식인층에 일반화되어
있는 일본의 시민운동에 대한 갈등적인 태도를 그대로 반영하고 있다. 그
런데 나는 이러한 인식, 혹은 일본 시민운동에 대한 논의들은 몇 가지 공
통적인 문제점을 갖고 있다고 본다. 첫째, 일본에서 오늘날 '시민운동'이
라고 하는 실체는 상당히 다양하고 폭이 넓어 이념이나 목표가 상반되는
경우들까지도 포괄된다는 점을 간과하고 있다. 둘째, 일본의 시민운동에
대해 구체적인 실천의 차원, 즉 조직, 활동방식, 활동내용 등에만 주목할
뿐 시민운동의 논리 혹은 사상에 대해서는 거의 관심을 갖지 않는다. 셋
째, '국가/시민사회', '관(官)/민(民)', '보수/혁신' 등의 이분법적 도식으로
일본 시민운동의 성격을 논하는 경향이 있다. 따라서 아래에서는 그동안
의 필자가 연구를 통해 느낀 점들을 토대로 이러한 문제점들에 대해 고찰
해보고자 한다.

2. 시민운동의 다양성·중층성

　일본 시민운동을 우리는 흔히 사회 전체의 변화를 추구하기보다는 작
은 것에 집착하고, 큰 단체가 아니라 소그룹 형태의 운동체가 많으며, 소
수 명망가 중심이 아닌 지역에 뿌리내린 탈정치적 생활운동으로 본다. 한
국에 비해 일본에서는 지역 차원의 생활과제에 대응하는 소그룹 중심의
활동이 많고 활동가가 아닌 일반 주민들, 특히 여성들의 네트워크 활동이
많다는 점에서 일본 시민운동의 성격을 상대적으로 이렇게 규정할 수도
있을 것이다. 그러나 오늘날 일본에서 '시민운동'이라고 하는 활동의 외
연은 상당히 넓으며 이념적 지향이나 조직·활동방식이 상이한 다양한 운
동들도 내포하고 있기 때문에 지역문제에 매몰되어 있다거나 정치와 무

관한 생활조건 개선에만 중점을 둔다거나 하는 점을 일본 시민운동 전반의 특징으로 일반화할 수는 없다.

일본에서 시민운동이라는 용어가 처음 등장한 것은 1960년이다. 안보투쟁 과정에서 정당, 노조, 농민단체, 학생단체 등 반체제 사회운동을 주도해온 조직들과는 무관하게 조직적 동원이 아닌 방식으로 대중투쟁에 참가하는 경우가 늘어났는데, 이 새로운 운동형태에 주목한 지식인들이 이를 '시민운동'이라는 용어로 개념화했다. 안보투쟁이 종식되면서 이를 평가하고 계승하는 방향을 모색하는 과정에서 진보적 지식인들 사이에 '시민운동'에 관한 담론이 형성되었고 종래의 반체제 사회운동의 문제점과 한계를 극복하기 위한 대안적인 운동으로 이 '시민운동'을 적극적으로 규정하고 그 실천논리를 제시했다(제1장 참조). 즉, 본래 '시민운동'은 안보투쟁 당시 나타난 대중운동의 새로운 형태를 포착한 개념인 동시에 지향해야 할, 창출되어야 할 대안적인 운동의 이념형으로 제시된 것으로, 운동 주체·조직·활동방식 등을 특정하게 정의한, 특정한 성격의 운동을 지칭하는 용어였다. 그것은 일본 민주주의의 현실과 이를 근저에서 규정하는 사회·정치구조적 요인에 대한 비판과 진정한 민주주의에 대한 비전에 기초하고 있었던 것이다.

그러나 이후 시민운동이라는 용어는 노동운동과 농민운동, 학생운동 등의 범주에 속하지 않는 다양한 사회운동을 포괄적으로 지칭하는 개념으로 의미가 확장되었으며, 오늘날에는 당초의 '시민운동' 개념과는 거리가 있는 운동 내지 활동들까지도 시민운동이라고 할 만큼 그 의미가 확산된 상태이다. '시민운동'이라는 용어가 처음 등장한 1960년 무렵에는 '시민운동'뿐만 아니라 '시민'도 널리 쓰이는 말이 아니었지만, 오늘날은 이 용어들이 매스컴 등을 통해 대중화되면서 엄밀하게 규정된 개념이 아니라 사회적으로 통용되는 일반적인 성격을 띠게 되었다. 관변단체의 활동이든 그에는 견혀 다른 변혁적 활동이든, 외형상 관이 직접 관여하지 않고 시민들만의 참여로 이루어지는 활동들은 포괄적으로 시민운동이라고 한다.

예컨대 1980년대 이래 일본 각 지역에서 전개된 마치즈쿠리(이하 마을만들기로 번역해서 사용) 운동의 경우, 대개 '주민주체'의 운동이라는 외형을 띠고 있지만 그 가운데는 지역조직을 매개로 실질적으로는 관에 의한 동원 내지 주도로 이루어지는 경우도 있고, 시민주도로 실제 시민이 주체적으로 참가하여 이루어지는 경우도 있다. 마을만들기의 이념적 기초나 구체적인 목표도 지역의 상황이나 성격에 따라 달라, 소득증대를 추구하거나 지역의 생활환경 정비에 중점을 두는 경우가 있는가 하면, 마이너리티 주민을 시야에 넣은 인권확보를 추구하는 경우도 있다. 그러나 이들은 개념적으로 엄밀히 구분하지 않고 모두 시민운동이라고 한다.

이러한 시민운동의 의미 확산은 다른 각도에서 말하자면, 시민운동의 다양성이라고 표현할 수 있다. 즉 오늘날 일본에서 시민운동이라고 하는 영역의 스펙트럼은 상당히 넓다. 우리가 일본의 시민운동에 대해 논할 때는 우선 이러한 시민운동 개념의 확산을 고려할 필요가 있다. 어떤 종류의 시민활동까지를 시민운동의 범주에 포함시킬 것인지에 대한 명확한 규정 없이 오늘날 일본에서 시민운동이라고 하는 모든 활동을 일본의 시민운동으로 받아들이고 그것을 한국의 시민운동이나 서구의 새로운 사회운동과 비교한다면, 그것은 범주 자체를 다르게 설정하고 비교하는 결과가 될 우려가 있다.

일본 시민운동의 다양성은 위에서 말한 용어의 의미확산 외에 시민운동의 중층적 발전에 기인한 부분도 있다. 시민운동의 발전을 몇 개의 시기로 구분해서 단선적인 발전으로 파악하는 시각도 있지만 나는 일본의 시민운동을 몇 가지 계보로 나누고 이 계보들이 중층적으로 발전한 것으로 보는 마치무라 다카시(町村敬志)의 시각에 동의한다. 즉 시민운동의 흐름을 시기적으로 구분해서 보되, 새로운 단계의 운동이 과거의 운동을 대치하는 방식으로 전개되었다기보다는 과거의 운동도 존속되면서 운동이 중층화·다양화되어왔다고 생각한다(제2장 참조).

'시민운동'이라는 개념과 그 운동론이 최초로 등장한 것은 1960년이지

만 실제 시민운동의 초기형태는 1950년대에 이미 대두했다. 예컨대 1950
년대에 대두한 평화운동은 당시에 '시민운동'이라는 개념으로 포착되지는
않았으나 시민운동의 성격을 지니고 있었다. 안보투쟁 이후 고도 경제성
장기를 거쳐 산업사회, 탈산업사회로 이행해가면서 각 시기마다 새로운
사회문제와 생활과제들이 나타났고 이에 대응할 필요성이 대두되면서 다
양한 영역에서 새로운 쟁점들을 다루는 새로운 방식의 운동 및 운동체가
등장하게 되었다. 새로운 쟁점이 등장하기도 했고 이전의 쟁점이 새로운
쟁점과 연결되어 내용이 다양해지거나 새로운 방식으로 문제제기가 이루
어지기도 했다. 평화운동도 초기에는 이데올로기성이 강한 정치적인 성격
의 운동으로 흡수되는 경향이 있었으나 새로운 운동영역들이 등장하면서,
예를 들어, 여성·환경·마을만들기·복지 등의 새로운 쟁점들과 연결되어
그 내용과 전개방식이 다양해졌다. 그리고 현재 일본의 시민운동은 쟁점
이나 사안에 따라, 혹은 지역에 따라 저항형·요구형·참가형 등의 다양한
형태가 공존하고 있기 때문에 이들에게서 공통된 특성을 추출하여 그것
을 일본 시민운동의 성격으로 규정하거나 특정한 시민운동 유형을 일본
의 시민운동 전반으로 일반화하는 것은 지극히 곤란하다.

일본 시민운동을 단순하게 논하기 어려운 또 다른 이유는 많은 쟁점들
이 '지역적/전국적·전사회적 문제'나 '정치적/생활상의 문제'와 같은 식으
로 단순하게 구분할 수 없다는 사실이다. 오늘날 지역이 반드시 전국 또
는 전체 사회의 일부를 의미하는 것은 아니다. 어떤 점에서 지역은 국민
국가의 한계를 넘어서기 위한 대안의 기반이기도 하고 지구적인 문제에
대한 구체적인 실천의 장이기도 하다. 세계화의 진전에 따라 이 같은 상
황은 더욱 가시화되고 강화되었다. 따라서 지역 차원에서 지역 문제를 다
루는 소그룹의 운동이라고 해서 이를 '작은 것, 지엽·말단적인 것에 집착
한다'거나 '전체 사회의 변화를 추구하지 않고 지역사회에 매몰되어 있
다'라고 단언할 수는 없다. 마찬가지로 '생활상'의 문제라고 해서 반드시
탈정치적·지엽적인 문제인 것은 아니다. 오히려 오늘날에는 국가와 자본

에 종속되고 공적인 영역과 분리되어 사적 영역이 되어버린 생활의 정치성, 생활영역에 내재된 권력장치, 공공성 등이 새롭게 발견되어 중요한 쟁점이 되고 있다. 실제로 일본의 지역 차원에서 이루어지는 시민운동의 구체적인 활동을 보면, 지역의 성격이나 지역사회가 안고 있는 문제에 따라, 지역의 생활문제에 대응하는 방식 자체가 사회구조·제도나 국가정책에 대한 문제제기로서 정치적 의미를 갖는 경우에서부터 쾌적한 생활을 위한 환경미화활동에 이르기까지 매우 다양하다.

우리는 일본의 시민운동을 바라볼 때 흔히, '일본적 특수성'을 찾으려 하거나 이미 '일본적 특수성'에 대한 전제적인 관념을 지니고 있어, 경험으로 이를 입증하려는, 즉 기존 관념에 부합하는(혹은 부합된다고 생각하는) 사례를 들어 이를 일반화시키려는 경향이 있다. 물론 일본의 시민운동은 일본의 역사적 경험과 정치·사회적 맥락 속에서 배태된 것이기 때문에 다른 나라의 시민운동과 다른 독자적인 성격을 내포하고 있음은 두말할 나위도 없다. 그러나 그것은 구체적인 사례들에 대한 경험적 연구의 축적을 기반으로 해서 밝히고 설명해야 할 대상으로서, 이상에서 논한 시민운동의 다양성·중층성을 충분히 고려해서 접근해야 할 것이다. 국민국가를 동질적인 하나의 사회단위로 전제하고 그 특성을 찾으려 하는 사고습관은 비단 일본의 시민운동을 바라보는 시각에만 관련된 문제가 아니다.

3. 시민운동의 이념, 논리에 대해

일본의 시민운동에 대한 우리의 관심은 주로 지역 차원의 구체적인 실천형태와 내용과 방법 등에 집중되어 있고, 시민운동의 이념 내지 사상은 거의 우리의 관심밖에 있는 것 같다. 평화운동이나 환경운동, 마을만들기 운동, 생협운동 등 각 부문의 운동이념과 목표에는 관심을 갖기도 하지만 이들을 포괄하는 총체적 개념으로서의 시민운동의 이념에는 무관심하다.

1990년대 초 시민사회와 시민운동에 관한 담론이 활성화된 이래 시민운동의 지향을 둘러싼 논쟁은 계속되어왔으며, 그 중요한 쟁점의 하나가 '시민운동'의 정의 및 한국 시민운동의 성격 문제였다. 이 글 첫머리에서도 언급했듯이 시민사회 논쟁은 주로 서구의 시민사회론을 이론적 자원으로 하였으며 시민운동의 방향모색과 관련해서는 서구의 '새로운 사회운동'이 주된 준거점이 되었다. 즉 한국 시민운동의 성격과 나아갈 방향은 주로 '새로운 사회운동'과의 비교를 통해 규정되었다. 같은 동아시아권에 속하고 서구 선진 산업사회와는 다른 산업화·근대화 과정을 겪었으며 대의민주주의 제도를 비교적 최근에 외부로부터 도입했다는 점에서 한국과 유사한 일본의 시민운동은 한국 시민운동의 성격을 규정하는 데 참고할 만한 비교대상이라고 생각된다. 그러나 비서구 사회의 시민운동으로 브라질의 사례에는 주목해도 일본의 시민운동론은 거론되지 않았다. 더욱이 일본이 '시민운동'이라는 용어를 우리와 공유하고 있음에도 불구하고 '시민운동'이라는 관념이 일본에서 어떻게 형성되었고 그에 부여된 의미는 무엇이며 우리의 시민운동 개념과는 어떤 공통점과 차이점이 있는지 등에 대해 논의한 예는 보지 못했다.

이러한 무관심은 한편으로는 이 부분에 대한 소개가 별로 이루어지지 않은 데 기인하고, 다른 한편으로는 일본의 시민운동에 대한 우리의 선입관에서 연유한다고 생각된다. '견실한 생활운동'이라는 성격규정에서 압축적으로 표현되는 인식, 즉 일본의 시민운동은 전체 사회의 변화에 대한 비전이나 이념을 추구하기보다는 구체적인 생활문제에 대응하며, 이념보다는 행동과 구체적인 실천에 중점을 둔다는 인식이 그동안 우리가 일본의 시민운동 이념에 관심을 갖지 않았던 중요한 요인이 아닐까 한다. 한국의 많은 활동가들은 관념적인 이론이 아닌 생활의 장에서의 실천방법을 모색할 필요성 때문에 일본의 시민운동에 관심을 갖게 되며, 따라서 이념에는 주목할 필요성을 느끼지 않는 것으로 보인다.

그러나 당초 일본에서 왜, 어떤 맥락에서 시민운동이라는 새로운 운동

논리가 등장했으며, 그것이 어떤 이념적 지향을 가지고 있었고 무엇에 대해 문제제기를 했으며 어떤 대안을 제시했는지 등을 고찰하는 것은 일본 시민운동의 성격을 입체적으로 이해하는 데 꼭 필요하다. 뿐만 아니라, 한국 시민운동과 비교하여 그 특성을 좀더 명확히 파악하는 데 도움이 되며, 나아가 이는 '시민운동'이라는 개념을 상대화함으로써 비서구사회의 사회운동에 대한 이론형성에도 시사하는 바가 있으리라 생각된다.

일본에서 시민운동 개념과 실천이론으로서의 시민운동론이 처음 제기된 것은 1960년으로 당시 일본의 상황은 한국에서 시민운동을 표방한 운동과 시민운동 담론이 대두한 1980년대 말~1990년대 초와는 상당히 다르다. 우선 이 시기에는 냉전체제가 강고했으며, 고도 경제성장 초기여서 아직 산업화와 도시화가 본격적으로 진전되지 않았고 신중간층이 계급범주로 뚜렷이 성립되지 않은 때였다. '시민'이라는 말도 일부 지식인들이 마르크스주의적 관점에서 프티부르주아와 동일한 의미로 사용할 뿐 아직은 사회적으로 널리 통용되지 않은 생소한 단어였다.

이런 상황에서 일군의 지식인들은 '시민'을 새롭게 규정하고 여기에 적극적인 의미를 부여하여 이 같은 시민을 주체로 한 새로운 운동논리를 만들어낸 것이다. 그것은 일본의 민주주의 제도가 본래의 기능을 하지 못하고 형해화 된 형식에 불과하다는 일본 민주주의의 현실에 대한 문제의식에 기초하고 있었다. 이들은 일본에 실질적인 민주주의가 실현되지 못하는 근본적인 원인은 전통적인 집단주의·권위주의 문화와 냉전체제 및 이데올로기로 규정된 일본의 정치·사회구조에 있다고 보았다. 자유민주주의를 표방하는 보수, 사회주의를 표방하는 혁신정당은 모두 이념이나 사상이 아니라 현실의 체제인 미국, 소련과 그 정치 이데올로기에 종속되어 있었으며, 사회단체나 조직들은 체제·반체제 양편으로 수렴되어 정치집단의 하부에 수직적으로 계열화되어 있었다. 또 이 조직들은 권위주의적인 위계구조를 이루고 있어 모든 방침은 지도부에서 결정되어 하달되었고 대중은 지도부의 방침에 따라 조직적으로 동원되었기 때문에 개인이 집

단의 논리에 종속되어 있었다. 이렇게 정점에서부터 말단까지 수직적으로
계열화된 권위주의적 위계구조는, 보수/혁신, 체제/반체제를 막론하고 일본
의 정치와 사회를 지배하고 있었던 일본적인 특징으로 이러한 구조를 극복
하는 것이 실질적인 민주주의를 확보하는 길이었다. 이시다 다케시(石田雄)
는 이를 '근본으로부터의 민주주의(radical democracy)'라 했는데, '시민운동'
은 혁신정당, 노조, 학생단체 등의 혁신계 조직이 주도해온 반체제운동의
한계를 뛰어넘어 '근본으로부터의 민주주의'를 실현하기 위한 대안적인 운
동으로서 제시된 개념이라 하겠다(제1장 참조).

　일본의 시민운동론은 '진정한 민주주의의 획득'을 목적으로 한다는 점
과 비서구사회가 서구 근대 민주주의를 이념형으로 추구하는 과정에서
경험하는 기본모순(형식과 실질의 괴리)을 극복하려는 문제의식에 기초한다
는 점에서 한국 시민운동의 지향과 공통된 면이 있다. 그러나 양자는 상
이한 역사적·사회적 조건에서 배태된 것이기 때문에 운동의 과제나 운동
방식 등의 방법론 면에서는 차이점을 지닐 수밖에 없다. 제1장에서 일본
의 시민운동론을 다루고 있기 때문에 상세한 설명은 생략하고 여기서는
한국과 일본의 시민운동론 간의 차이점 중 핵심적이라고 생각되는 두 가
지면 만을 들어보겠다.

　우선 일본의 시민운동론은 기존의 반체제 사회운동과 시민운동의 차별
성을 '집단·조직/개인 중심'이라는 점에 둔 데 비해, 한국의 시민운동론은
운동의 주체를 개인이 아닌 단체에 두고 이 단체의 역량강화를 중시하며
계급적 차원에서 민중운동과 구분된다. 이에 반해 일본의 시민운동론에서
운동주체가 되는 '시민'은 자신이 속한 집단의 논리에 따라 움직이는 것
이 아니라 자신의 사상에 입각해서 주체적으로 행동하는 개인이다. 주체
로서의 시민을 움직이는 것은 내면화된 사상, 즉 에토스로서 그것은 정치
이데올로기가 아니며 정치적 관점 혹은 논리가 아닌 생활의 관점 혹은 논
리를 통해 형성되는 것이다. 즉, 시민은 탈정치적이지만 정치에 무관심한
것이 아니라 정치주의가 아닌 생활주의의 관점에서 정치에 적극적으로

발언하는 정치적 주체이다. 종래의 민중범주에 속하는 사람들은 전통적인 집단·권위주의 문화에 얽매어 있었고 당시 새롭게 형성되어 '대중'으로 개념화된 층은 정치에 무관심하며 사생활 중심으로 파편화 되어가고 있었던 상황에서, 시민운동론자들은 형식적 제도로서의 민주주의를 실질적 민주주의로 정착시키기 위한 주체형성을 중요한 과제로 생각했다.

두번째로, 1990년대 초 한국의 시민운동론에서는 운동의 쟁점과 목표, 운동방식 등에서 민중운동과의 차이를 논하지만 조직론은 그다지 중요하게 다루지 않았던 반면, 일본의 시민운동론에서는 운동의 쟁점보다는 주체와 더불어 조직문제를 더 중요하게 다루었다. 시민운동론자들은 수직적인 위계구조가 아닌 참가자의 횡적 연대에 의한 새로운 운동방식으로 '시민운동'을 제시했다. 시민운동은 상설 운동단체 중심이 아니라 쟁점 혹은 사안별로 조직되며, 개인은 단체에 소속되기보다는 직접 행동을 통해 참여자가 된다. 또, 운동을 위한 사무국 외에 본부(지도부)와 지부를 두지 않고 참여자들은 모두 동등한 자격으로 갖고 횡적으로 연대했다. 즉 일본의 시민운동은 자율적인 개인을 운동주체로 보고 이 주체들을 묶어내는 방식을 모색했으며 단체 중심적인 경향을 극도로 경계했는데, 그 배경에는 당시 일본 사회운동의 현실에 대한 비판적인 인식이 내재해 있었다. 기존의 조직 주도형 운동에서는 개인이 일단 어떤 단체에 소속되면 모든 사안이나 쟁점을 단체의 방침에 동조하는 것으로 기대 혹은 전제되었기 때문에 자신의 신념이나 판단에 따라 어떤 사안에 반대할 경우 사상적 선명성에 문제가 있는 것으로 치부되었다. 이를 다른 각도에서 볼 때 운동에 참가하는 것을 곧, 그 운동을 주도하는 특정 조직이나 집단으로 귀속 내지 연루되는 것으로 간주하는 경향이 있었기 때문에 개인이 어떤 저항운동의 목표에 동조하더라도 운동에 실제로 동참하기는 부담스런 상황을 초래했다. 또한 상설적인 운동단체 및 직업적인 운동가의 존재가 자칫 운동을 단체·운동가 중심으로 사물화(私物化)할 우려가 있었고 조직의 유지·발전 자체가 중시될 우려도 있었기 때문에 단체가 아닌 쟁점이 선행하는 운동, 단체를 중심으로 조직되는 것이 아니라 쟁점에 따라 사안별로 동조자들이 모여 조직되는 운동을 추구했다.

일본에서 1960년에 등장한 시민운동론은 오늘날 일본 시민운동의 성격을 전적으로 규정하는 요인은 아니다. 앞 절에서 논했듯이 사회변화에 따라 새로운 과제에 대응하는 다양한 시민운동들이 창출되었는데, 이들이 반드시 처음 제기한 시민운동 논리에 따라 조직된 것은 아니며, 쟁점이나 지향, 활동형태나 방식 등에서 상이한 측면이 있다. 그러나 기존의 사회운동(이념형으로서가 아니라 당시 일본에서 전개되어온 실체로서의 노동운동, 반체제운동 등)에 대한 대안으로 제시된 시민운동의 논리는 실천논리로서, 베헤렌(ベ平連='베트남에 평화를! 시민연합'의 약칭)[1] 등의 운동에서 자각적으로 실천되기도 했고 이후 시민운동의 전개방향에 일정한 영향을 끼쳤다고 생각된다. 또, 시민운동론은 대안적인 운동론이기는 하지만 단순히 반체제·혁신계 단체들이 주도해온 기존의 저항운동에 대한 비판에 머무는 것이 아니라, 일본의 체제 측과 반체제 측을 포괄적으로 규정하는 근본적인 문화와 구조에 대한 문제제기라는 점에서 중요한 함의가 있다고 본다.

이렇게 초기의 이념을 시야에 넣고 일본의 시민운동을 고찰함으로써, 그것을 외적인 특징만 보고 획일적으로 단순화하지 않고 입체적으로 이해할 수 있는 한편 우리나라의 '시민운동' 개념도 상대화함으로써 학문적, 실천적 차원에서 시사점을 얻을 수 있다. 한국의 시민운동 활동가들이 종종 일본의 시민운동으로부터 배울 점이라고 하는, 지역 수준의 생활과제에 대응하는 방법과 지역 시민의 폭넓은 참가방법, 학습과 자료를 뒷받침

---

[1] 정식명칭은 '베트남에 평화를! 시민연합'. 베트남 반전 시민운동 단체로 1965년에 발족하여 '베트남에 평화를, 베트남은 베트남인의 손에, 일본정부는 전쟁에 협력하지 말라'라는 목표를 내걸고 활동했다. 뉴욕타임즈에 반전광고 게재, 미군 탈주병 원조, 정례 데모, 《주간 안보》 창간, 반안보 공동행동, 기지 내 미군 반전운동 조직화 등 독특한 활동을 전개했으며, 전성기에는 전국에 약 500개 정도의 베헤렌 그룹이 활동했다. 가해자로서의 자기인식 등 사상적으로도 중요한 영향을 끼쳤다. 1974년에 해산했다(『戰後大事典』, 三省堂, 824쪽).

하는 전문성, 참여자의 성실성 등과 같은 '견실성'은 경험주의적인 관점에서 단지 외형만을 보고 답습한다면 정진성의 지적대로 그 저변에 깔려 있는 지역의 보수성과 국가의 영향력을 보지 못한 채 그 보수성까지도 떠안게 될 위험성이 있다. 뿐만 아니라 그것이 사회 전반의 민주화와 관련해서 갖는 근본적인 의미나 좀더 급진적인 계기가 될 가능성 등을 간과하는 결과도 될 것이다. 이것은 한국의 지방 시민운동 현장에서 필자가 접했던 활동가들의 고민 — 이런 운동은 결국 체제유지에 기여하는 게 아닌가 하는 — 에 대해 어떤 전망을 제공할 수 있는가 하는 문제와도 관계가 있다고 생각된다.

또, 일본의 시민운동론은 최근 한국 시민운동에 대해 운동권 내부에서 제기된 비판, 즉 시민운동 내부의 권위주의, 시민 없는 시민운동, 백화점식 활동내용(지방에서는 시민단체들의 활동내용이 비슷해서 단체들간의 유기적인 연대보다는 경쟁관계에 놓이게 되는 경우가 적지 않다고 함) 등의 문제점과 관련하여 시사하는 바가 적지 않다. 단 일본 시민운동의 강점을 만들어낸 초기의 이념적 기반이 역으로 단점의 원인이 된 측면도 있을 것이다. 예컨대, 지방의 변화에 비해 중앙정치는 후진성을 면치 못하고 있다던가, 시민운동이 분산되어 결집된 에너지를 창출하지 못하고 있다던가 하는 문제가 있다. 강점과 약점은 때로는 동전의 양면과도 같아서 강점이 곧 약점으로 작용하고 약점이 오히려 강점으로 작용하는 경우도 있다. 이런 점을 염두에 두고 일본 시민운동의 외형에만 초점을 맞추지 말고 그 이념과 운동의 논리에도 관심을 기울일 필요가 있다. 물론 시민운동의 논리도 변화하거나 새로운 논리의 등장으로 인해 다양해질 수 있음은 충분히 고려되어야 할 것이다.

4. 이분법적 도식의 문제

일본의 시민운동을 우리는 흔히 '국가/시민사회', '행정/시민(관/민)', '보수/혁신' 등의 이분법적 도식으로 파악하는 것 같다. 예컨대 '관민 협조' 혹은 '행정과 시민의 파트너십' 체제에 의한 운동은 일률적으로 '관변적', '보수적'인 운동으로 규정되며, 이는 결국 '행정(=국가)에 의한 시민(=시민사회)의 통제'로 이해된다. 지방 수준에서의 관민 협조적인 시민운동의 경우, 지방자치체와 국가는 '행정', 즉 '권력'이라는 범주로 동일시되고 지방자치체는 단순히 국가의지를 시민사회에 전달하는 매개체로 간주된다.

그러나 불완전하나마 제2차세계대전 후 50여 년에 걸친 지방자치제도의 역사를 통해 일본 시민사회와의 관계에서 지방자치체는 좀더 역동적인 역할을 하게 되었다. 기본적으로 지자체가 국가정책으로부터 완전히 자유로울 수는 없지만, 지자체의 이념적 지향과 정치적 입장에 따라 국가정책에 대한 지방의 의사표시, 국가정책을 지방 수준에서 구체화하는 방식이나 시민사회와의 관계 형성 방식이 달라질 수 있다. 또 내각책임제인 중앙정부와는 달리, 지자체는 의원과 수장을 모두 직접선거로 선출하기 때문에 지자체 수장(=정부)과 지방의회의 성향이 서로 다를 수 있다.

지방정부뿐만 아니라 지역사회도 '민'이라는 범주로 단순화시킬 수 없다. 지역사회에는 보수적인 지역 지배세력이 존재하는 한편, 기존의 지역지배구조를 넘어서려는 새로운 시민세력도 존재한다. 메이지 시대에 만들어진 전전(戰前)의 지방자치제도는 지역유지를 통해 말단까지 국가 의지를 관철시키기 위한 수단으로써, '자치'라는 형식으로 국가통제를 강화하고 이를 통해 전통적인 지역지배구조를 확립시켰다. 지연에 기초한 지역조직이 그 기반이 되었고 제2차세계대전 후에는 보수정권의 선거기반이 되었다. 전후(戰後) 새롭게 성립된 지방자치법은 지방자치체의 자율성을 강화하는 방향으로 제정되있으나 고도 경제성장에 따른 사회구조 변동으로 지역사회의 계층구성도 변화하여 새로운 시민세력이 형성되었다. 단,

이러한 변화는 지역에 따라 많은 편차가 있다. 이런 상황에서 지방정치의 장은 지방정부, 의회, 보수적인 전통 지배세력과 새로운 시민세력이 중층적인 관계를 맺는 역동적인 장이 되었다.

이들 사이의 관계는 지방정부의 성격이나 기존의 지역지배구조와 대항세력의 존재(예를 들어 노동운동 같은) 등에 따라 달라지는데, 필자의 경험적 연구들을 통해서도 그러한 관계양상의 차이를 발견할 수 있었다. 예를 들어 혁신자치체였던 가와사키 시의 경우, 노동운동과 시민운동의 연대를 통해 혁신시정이 탄생했으며, 시 정부는 '시민'의 육성에 힘썼다. 이것은 혁신시정의 지향에 맞는 정책방향이기도 했지만, 전략적인 측면에서도 보수계가 장악하고 있는 의회에 대항한 혁신시정의 의지를 관철하기 위한 기반으로 지역 보수세력에 대항할 시민세력의 성장이 필요했다(제3, 4, 5장 참조). 한편, 시민운동 측은 지역의 보수적인 여론에 대항한 운동목표를 실현하기 위해 행정의 힘을 빌어 위에서 압력을 가하는 전략을 취하고, 시 정부는 국가의지에 반하는 정책을 취하기 위해 '민의'를 명분으로 시민운동의 힘을 이용하기도 했다(제6장 참조). 이 같은 경우 행정과 시민의 관계는 협조적이지만 그렇다고 해서 그것을 '국가의 통제', 혹은 '보수'라고 규정할 수는 없다. 또, 행정과 시민운동의 관계는 고정적인 것이 아니라 사안에 따라 혹은 상황에 따라 변화되기도 한다. 진보적인 정책 추진을 위해 협력했던 행정과 시민운동은 어떤 문제를 둘러싸고는 '권력/민초'의 갈등관계에 놓이기도 한다. 다른 지방도시들의 사례를 보면, 지역의 문제를 지역사회의 자치에 맡기고는 있지만 이 때문에 지역의 전통적 지배구조가 재생산되거나, 또는 산업도시이기 때문에 노동운동과 혁신정당의 입지가 강한 곳이지만 보수/혁신 세력이 공히 지역지배의 중심 축을 이루고 있어 새로운 시민세력이 정치력이 있는 주체로 부상하지 못하는 경우(일본 '국가의 55년 체제'는 붕괴했지만 이 경우는 '지방의 55년 체제'라 할 수 있겠다)도 있었다.

그간의 필자의 연구를 통해서 보더라도 국가, 지방자치체, 시민사회(시민운동), 보수적 지역 지배세력 등 지방정치에 연루된 행위자는 다양하며 이들 사이의 관계는 지방에 따라 상당히 다른 양상을 보인다. 따라서 일본 시민운동의 총체적인 특징을 말하기 위해서는 경험적인 연구를 통해 축적된 다양한 사례들을 기반으로 이를 유형화하여 그 중층적인 구조를 밝혀낼 필요가 있다. 지방은 생활이 이루어지는 장인 동시에 정치의 장으로, 시민사회 형성의 구체적인 장이다. 1960년 안보투쟁 이후 전국적인 차원의 대중운동에 한계를 느낀 활동가들은 지역 수준의 운동을 조직하기 위해 지방으로 내려갔는데, 이는 결국 시민운동, 나아가 풀뿌리 민주주의의 구체적인 기반은 지역이라는 인식을 갖게 되었기 때문이다. 또, 오늘날 국가적인 또는 지구적인 쟁점을 다루는 시민운동도 지방 수준에서 이루어지는 경우가 많다. 그런 점에서도 시민사회 형성에서 지방자치체의 의미와 역할에 대해 좀더 주목하고 면밀한 경험적 연구가 필요하다고 하겠다.

시민운동과 지방자치체의 관계에 대한 면밀한 고찰은 한국 시민운동의 실천적 과제와 관련해서도 중요하다. 1990년대 들어 지방자치제가 시행되면서, 지방 수준의 시민운동 활성화에 대한 기대도 커졌고 실제로 지방 시민운동이 성장하고 있는 것도 사실이며, 그에 따라 지방 시민운동과 중앙 시민운동과의 관계, 지방 시민운동의 논리 등에 대한 성찰이 필요하게 되었다. 지방 수준에서 다양한 생활과제를 다루는 시민운동의 활성화는 지방정치를 매개로 새로운 리더십의 창출과 지역지배구조의 변화를 일궈낼 수 있고, 이는 곧 사회변혁의 중대한 측면 혹은 기반이라 할 수 있을 것이다.

5. 전망과 과제

이상에서 그동안 일본의 지역 시민운동에 대한 사례연구를 통해 필자가 발견한 점들을 토대로, 한국 시민운동 활동가 및 지식인들이 지적한 일본 시민운동에 대한 논의의 문제점을 간단히 짚어보았다. 이러한 논의는 단지 기존의 논의에 대한 비판이라기보다는 일본의 시민운동, 나아가서는 지역 연구방법과 관련하여 필자의 관점을 좀더 명확히 세우기 위해서이기도 하다. 끝으로 이 장에서는 필자가 그동안 연구하면서 홍미롭게 생각했던 점을 향후의 연구과제로 제시해보고자 한다. 여러 가지 홍미로운 점들을 발견했으나 여기서는 크게 두 가지만을 정리하겠다.

1) 지방자치체 혁신적 공무원들의 역할과 의미

가와사키 시는 20년이라는 긴 시간 동안 혁신시정을 유지해오면서 여러 가지 선진적인 정책들을 만들어냈으며 특히 외국인에 대한 정책면에서 그 선진성이 두드러졌다. 그동안 필자가 조사한 사례들, 공적 사회교육 정책과 시민의 사회교육 운동, 볼런티어 운동, 재일 외국인 교육운동, 그리고 글로 쓰지는 않았지만 외국인 시민대표자회의 등 여러 사례들을 통해, 행정이 지역의 보수적인 여론을 넘어서서 진보적인 시민운동의 주장과 이념을 수렴하여 이를 지자체 정책으로 창출해왔음을 알 수 있었다. 그 토대는 역시 가와사키 시가 오랜 기간 혁신자치체로 존재해왔다는 데 있다.

그러나 '혁신'이라는 용어가 단순히 '진보적'이라는 의미보다는 사회당·공산당과 같이 마르크스주의 이념에 기초한 정당과 그 계열 정치세력이라는 의미를 띠는 일본에서, 혁신자치체라는 것은 혁신계 후보가 수장인 지자체라는 의미 그 이상도 이하도 아니다(보수/혁신 이데올로기). 직원들이 시 공무원노조에 속하고 이 노조가 혁신계 후보의 지지기반이지만, 그렇다고 해서 공무원들 모두가 개인적으로 진보적인 의식의 소유자이거나 나아가 선진적인 정책형성에 적극적으로 관여하는 것은 아니다. 가와사키에서 발견한 중요한 점 가운데 하나는, 선진적인 정책을 만들어내는 데 있어 활성화된 시민사회의 존재와 그 정책의 창출을 위해 적극적으로 노력하는 지자체 공무원의 역할이 중요하다는 점이다.

가와사키의 '선진성'은 생활의 여러 영역에서 마이너리티(=사회적 약자)의 인권을 중시하는 정책을 선구적으로 만들어온 데 있으며, 가와사키에서 그 마이너리티의 대표적인 존재는 재일 한국·조선인을 비롯해 근년에는 뉴커머를 포함하는 재일 외국인이었기 때문에, 가와사키의 외국인 정책은 '선진성'을 가늠하는 핵심적인 부분이라고 하겠다. 그런데 가와사키에서 이러한 정책을 만들어내는 데 중요한 역할을 한 것은 소수의 관료들이었다. 물론 그 기반이 된 것은 시민세력의 끈질기고 강한 요구였지만 시민운동이 정책의 창출로 이어지는 데는 진보적인 공무원들의 역할이 중요했다. 공무원들은 부서를 옮기게 되면 업무가 달라지기 때문에 업무상 관심을 갖고 대응하던 일도 부서 이동 후에는 무관심해지는 것이 보통인데, 인권, 마이너리티 문제(특히 재일 한국인 문제)에 관해서는 부서와 상관없이 지속적으로 관심을 갖고 관여해온 공무원들이 있었다. 그런 점에 주목해서 필자는 혁신자치체 공무원들, 그 가운데서도 이런 선진적인 정책형성에 적극 관여한 공무원들의 의식과 행위에 관심을 갖게 되었다. 시민운동과 정책형성의 역동적인 과정을 집단적 주체뿐만 아니라 개인 행위자 차원에서도 고찰할 필요가 있다고 본다.

2003년 2월 필자는 가와사키와 구니다치를 다시 방문하면서 예비 고찰의 일환으로 몇몇 지자체 공무원들의 개인사에 대해 인터뷰 조사를 시작했다. 몇 가지 특징을 찾아볼 수 있었기 때문에 그 내용을 간단히 정리해 두고자 한다.

우선, 이들은 대학시절 학생운동에 참여했으며 지자체 공무원은 그 운동의 연장선상에서 자신의 이념을 추구하는 방법으로 선택한 길이었다. 이번에 1차 인터뷰를 한 4명은, 각각 1957~1961년, 1964~1968년, 1968~1972, 1969~1973년에 대학을 다닌 안보세대, 전공투세대에 속하는 사람들이었다. 이들은 학생회, 베헤렌 등에서 활동했으며 사회학, 법학, 경제학 등을 전공했는데, 당시 진보적인 교수들의 활동이나 이야기로부터 영향을 받기도 했다. 사회교육 분야 공무원인 두 사람은 모두 사회변혁을 위해서는 사회교육 혹은 시민교육이 중요하다고 생각해서 이 분야를 택했다. 안보투쟁 당시와 투쟁 종식 후에 많은 청년들은 귀향운동을 전개했는데, 안보투쟁은 현대 일본의 민주주의사에 기록된 대규모의 대중투쟁이었지만 도시 부에 국한되어 있었고 민주주의의 발전은 농촌의 변화 없이는 불가능하다고 생각했기 때문이었다. 한사람은 농촌의 사회교육 주사로 일하면서 청년회를 조직해서 활동하는 선배를 본받아 지자체 사회교육 공무원의 길을 택했고(농촌으로 가는 대신 농촌에서 노동자들이 대거 유입된 산업도시인 가와사키로 오게 되었지만), 또 한 사람은 사회변혁을 위한 운동을 계속하려면 지자체 공무원이 되라는 교수의 말에 공감하여 공무원이 되었다. 그는 본인의 희망과는 달리 일반 행정업무를 배정받았는데, 사회교육 업무를 맡기 위해서 3년간 계속 사회교육 논문을 교육장에게 제출해 결국 그쪽의 부름을 받게 되었다. 다른 두 사람은, 조선인이라는 사실이 밝혀져 회사로부터 채용이 취소된 재일 한국인 청년과의 우연한 만남으로 민족차별 철폐운동에 동참하게 되었고 가와사키의 재일 한국인교회 청년회와 인연을 맺게 되어, 이를 계기로 가와사키 시 공무원의 길을 택했다. 한 사람은 계속 민족차별 철폐운동에 참가했고, 다른 한 사람은 노동운동을 하기 위해 학력을 속이고 청소원으로 취직하여 노조를 중심으로 활동하다가 시의원이 되었다. 이들은 모두 학생운동 세대로 학생운동에 참여했을 때의 자신의 이상을 계속 추구할 수 있는 길을 택했으며, 그 길은 대중과 좀더 가까운 거리에 있는, 시민생활 관련 업무를 담당하는 지자체 직원이 되는 것이었다. 이들이 지자체 공무원이 되어 '관'에 속하면서도 대민 업무를 통해 시민계몽 및 시민과의 연대를 모색하는 한편 업무 이외의 시간에는 시민의 입장에서 시민운동체에서 활동해온 것은, 바로 이러한 개인적인 배경과 지향성 때문이었을 것이다. 안보세대, 전공투세대(1960년 안보세대, 1970년 안보세대)의 젊은이들 가운데는 안보투쟁이 종식된 후 전국 차원의 대중운동의 한계(관념성, 정치주의, 중앙 중심 등)를 느끼고 지역주민들의 계몽·조직화에 뜻을 두고 지역사회로 들어간 활동가들이 있다. 이들 지자체 공무원도 넓은 의미에서 그러한 노선에 포함될 수 있다. 이들은 시 공무원노조에 속해 노동운동을 하면서, 노동운동과 사회운동의 접합과 노동운동이 노동운동을 넘어서서 사회운동과 결합될 수 있는 방안에 대해 고민했고 이를 모색했다. 필자가 만난 이들은 지자체 공무원으로서 행정(=관)에 속하고 지자체 노동자로서 노동조합에 속했지만, 단순히 조직의 한 구성원으로서 조직의 논리에 매몰되기보다는 개인의 이상과 신념을 조직원의 입장과 연결시키려는 노력을 했으며 그런 의미에서 일본의 시민운동론자들이 제시한 '시민성'을 보여주고 있다. 또 한 가지 중요한 것은 이 공무원들이 시민운동체와의 만남에 의해 스스로 계몽되었다는 점이다. 이들은 혁신적인 지향을 갖고 학생시절부터 사회운동에 참가해왔지만, 재일 한국인의 민족문제에 대해서는 잘 인식하지 못하고 있었다. 가와사키에서 이 문제에 부딪히고 정책형성자인 공무원의 입장에서 운동체와 관계를 맺는 가운데서 이들은 문제의식의 지평을 넓힐 수 있었다.

2) 시민운동의 제도정치권 진입과 '시민성'의 유지 문제

이 책 10장에 실린 글은 시민운동가 출신으로 구니다치 최초의 여성시장으로 당선된 현 구니다치 시장에 대한 사례연구이다. 1999년 시민운동에 의해 탄생한 구니다치 시장은 2003년 4월 통일지방선거에서 재선에 성공했다. 지난번에는 시민의 입장에서 시민운동 그룹의 지원을 받아 출마했으나, 이번에는 현역시장으로서 출마했기 때문에 시민운동이 정치권력을 잡게 된 후 '시민성'이 어떻게 유지될 수 있는가 하는 문제를 생각해볼 수 있는 좋은 사례라고 하겠다.

내가 우에하라 시장을 만난 것은 2003년 2월로, 통일지방선거를 2개월 정도 남겨둔 시점이었다. 후속 연구를 염두에 두고 약간의 예비적 고찰을 했는데, 이 글의 문제의식과 관련하여 그 내용을 간단히 정리해보면 다음과 같다. 시민 후보가 아니라 현역시장으로서 재선에 도전하는 입장이었기 때문에 여러 면에서 변화가 불가피한 상황이었다. 우에하라 시장은 정당소속이 아니고(네트의 일원이지만 네트의 공천을 받은 것도 아니기 때문) 개인 후원회를 선거모체로 했던 만큼, 선거운동의 주체가 되었던 시민집단의 성격이 어떻게 유지 또는 변화되었는가도 흥미로운 문제였다. 우에하라 시장은 특정 정당의 조직적인 지원을 거부하고, 어디까지나 시민의 자발적 지원에 의거하는 입장을 견지하고 있으나, 후원회 회원의 절반(10여명)은 사망, 가족의 전근이나 기타 개인적인 사정으로 참여할 수 없게 되었다. 후원회 사무국장이었던 주축 회원은 자신이 시의원에 출마하는 관계로 사무국장 자리를 다른 사람에게 넘겼지만 실질적으로는 사무국장의 역할을 하고 있었다. 특정한 쟁점이나 목표를 중심으로 조직된 시민운동 그룹은, 목표를 달성하기까지는 구성원들이 열심히 활동하지만 일단 목적이 달성되면 목표 상실로 인해 급속히 약체화되는 경향이 있어 그 에너지를 어떻게 조직화하여 유지해나갈 것인지(어디까지나 시민운동체로서)가 중요한 과제라고 생각되었다.

시민운동을 기반으로 선거운동을 할 때는 특정 쟁점에 논의를 집중시켜 싸울 수 있으나 현역시장의 입장에서 싸울 때는 쟁점을 한 곳으로 모을 수가 없다는 점도 이전과는 다른 점이다. 우선 4년간 실적에 대한 평가를 받는다는 성격이 강하기 때문에 다양한 부분들에 대해 방어하면서 중요한 부분을 강조하는 방식을 취할 수밖에 없다. '시민'을 표방하는 또 다른 세력이 등장할 경우 현 시장의 이념적 기반인 '시민성'을 명료하게 드러내기가 어렵다. 우에하라 시장은 1999년 선거 때와 같이 명확한 보/혁 대결구도가 만들어지는 것을 희망하기 때문에, 그 구도를 애매하게 만드는 제3의 '시민' 후보가 나서는 것을 우려하고 있었다. 이는 곧 '시민'이라는 말의 의미가 확산되어 모호해진 상황에서 '시민성'이 혁신적·진보적 지향성과 연결되지 않고 오히려 이를 견제하는 방식으로 규정될 수도 있음을 의미한다.

시민운동 출신으로서 시민운동을 기반으로 시민운동적인 방식으로 시
장이 된 그가 자신의 공약을 얼마만큼, 어떻게 실천했는지, 거기서 시민운
동의 입장 혹은 이념으로서의 '시민성'이 어떻게 구현되었는지, 생활클럽
생협이나 네트 같은 조직에 기반을 두지 않고 선거를 위해, 우에하라 시
장을 탄생시키기 위해 볼런티어들이 모인 시민조직을 두었는데, 이런 조
직은 선거 후 그 성격이 어떻게 되는지, 그 외에 선거에 협력한 다른 조직
들, 특히 노조와 진보 성향의 다른 시민운동체들과의 관계는 어떠한지 등
등 시민운동의 성과로 탄생한 시정의 구체적인 실태를 파악하는 것은
1990년대 후반부터 한국사회에서 첨예한 쟁점으로 떠오른 시민운동의 정
치참가의 의의와 한계를 짚어보는 데 필요할 뿐 아니라 일차적인 성공이
좌절로 끝나지 않고 어떻게 다음 선거로 이어질 수 있는가 하는 문제에도
많은 시사점을 줄 수 있으리라 생각된다.

이 문제는 일본의 생협 중 하나인 생활클럽 생협을 모체로 만들어진 생
활자 네트를 통해서도 제기될 수 있다. 생활클럽 생협은 여성을 지방의회
에 보내는 운동을 전개했는데 이를 대리인운동이라고 했다. 대리인운동은
시민의 대표자로 선출된 의원(=정치인)과 시민이 괴리되어 결과적으로 시
민은 정치로부터 소외되는 대의민주주의의 한계를 극복하기 위해 생활과
정치의 항상적인 통로를 만드는 것을 목표로 한 시민운동이었다. 생활자
로서의 시민의 정치세력화를 꾀하되 이들이 직업 정치가가 되는 것을 막
기 위해 여러 가지 장치를 마련했으며, 의원들에게 대표가 아닌 '대리인'
이라는 명칭을 부여했다. 생활클럽 생협은 정치운동의 거점으로 생활자
네트(약칭 네트)라는 정치조직을 만들었으며, 네트가 지방의회에 입후보자
를 내고 이들의 선거운동을 하는 선거모체가 되었다. 최초로 결성된 것은
도쿄 네트이며 이어서 1980년대 초에 가나가와 네트가 결성되었다.

지난 2003년 통일지방선거에서 가나가와 네트는 66명의 후보를 공천
히어 정치조직으로서의 역량강화를 과시했다. 그런데 대리인운동이 시작
된 지 20년, 그리고 네트가 70명 가까운 후보자를 내세울 만큼 성장한 이

시점이 네트와 대리인운동의 새로운 전환점이 아닌가 생각된다. 가나가와 네트에서는 '대리인'이라는 명칭을 '네트 의원'으로 바꾸었다. 대리인운동은 본래 생활클럽 혹은 생활클럽 생협의 생활자운동의 한 축으로 출발했고 네트는 생협을 모체로 한 조직이지만, 이제 네트는 정치조직으로서 독자적인 정체성을 명확히 해야 할 시기에 이르렀으며 명칭 변경은 이러한 상황을 반영하는 것이 아닐까 생각된다. 프로 정치가화를 막고 생활과 정치의 항상적인 통로를 마련하기 위해 대리인의 임기는 2기(도쿄 네트는 3기)로 제한되는데, 기초자치체 의원을 한 후 광역자치체 의원으로 나아가는 경우도 있고, 정치활동을 계속하기 위해 네트를 탈퇴해서 입후보하는 경우도 있다고 한다. 그리고 2003년 지방선거에서 가나가와 네트는 지방의원 후보뿐만 아니라 시장 후보도 공천했다.

스스로를 지역정당(local party)로 규정한 네트는 결국 시민정당인 셈인데, 어떻게 시민성을 확보·유지해나갈 것인가가 하나의 관건이 되리라 본다. 생활클럽 생협의 조직이 커지면서 운동성 유지와 조직의 권위주의적 구조(지도부의 의사결정) 등에 대한 문제제기가 있었으며, 네트의 대리인 후보 결정과정에 대해서도 상이한 평가가 있었다. 또, 보통 주부들을 조직화한 것이 생활클럽이지만 네트에서 정치계로 나서는 사람들은 보통 주부가 아니라고 생각하는 사람들도 적지 않다. 가나가와 네트는 지난 선거에서 시장 후보도 내고 전보다 많은 의원 후보를 과시했지만, 당선자 수는 오히려 감소했다. 이런 결과가 시민성의 유지 문제와 관련이 있을까?

이렇게 시민운동 단체를 모체로 해서 탄생한 정치단체의 존립 근거, 그 중에서도 이념적 근거라 할 수 있는 '시민성'의 확보·유지 문제는 앞서 구니다치의 경우와 같은 맥락에서 관심을 가져야 할 연구과제라고 생각된다.

제1장

일본 시민운동 담론의 형성

1. 문제제기

1) 한국 시민운동의 정체성 혼란

1990년대 들어 한국의 시민운동은 급속히 성장하여 사회의 여러 영역에서 그 영향력이 증대했다. 그러나 괄목할 만한 성장에도 불구하고, 한국 시민운동은 아직 정체성이 모호하다. 많은 시민운동 활동가들은 민중·민주화운동에 참여한 경험이 있으며, 과거의 운동을 계승하면서 새로운 운동을 창출하고자 노력해왔다. 민중·민주화운동의 계승은 한국 시민운동의 정체성을 규정하는 핵심적인 부분이 되는 셈이다. 하지만 노동계와 시민사회가 별개의 운동권으로 존재하는 가운데 민중·민주화운동을 계승한다는 의미가 명확히 규정되지 않기 때문에 결국 시민운동의 정체성 혼란이 야기되고 있는 것 같다. 활동가들 사이에도 시민운동은 결국 중산층 운동에 머무는 것이 아닐까 하는 불안감이 존재하며, 다른 한편에서는 시민운동의 세력확대 혹은 정치세력화가 노동계층을 중심으로 한 진보진영의 역량을 오히려 분산·약화시키는 것이 아닐까 하는 우려와 의구심을 갖기도 한다.

이러한 시민운동의 정체성 혼란은 한국 시민운동의 논리를 서구의 시민사회론이나 사회운동론에서 찾는 데도 중요한 원인이 있다고 생각된다. 시민운동을 표방한 경실련이 결성된 이래 1990년대 들어 등장한 많은 시민운동 단체들의 활동에서 운동의 이론적 기반을 제공한 사람들은 주로 실천적인 면에 관심이 있는 연구자들이었는데, 이들은 대개 서구의 시민사회론이나 새로운 사회운동론에서 그것을 찾으려 했다. 시민운동의 전형은 서구 선진 산업사회에 존재하는 것으로 간주되었으며 한국의 시민운동은 그 전형에 비추어 한국사회의 특수성을 반영한 형태로 파악되고 논의되는 경향이 있었다. 이는 '시민'이라는 개념 자체가 서구에서 도입된 개념의 번역어로 인식되고, 특히 '시민'을 '프티부르주아 계급'과 동일한 개념으로 보는 좌파적 관념이 널리 받아들여지고 있는 데에도 기인한다. 또 하나의 요인은 다양한 부문의 시민운동 단체들이 운동의 실천모델을 동시대의 선진적인 사례들에서 구했는데 그 사례들은 많은 경우 탈산업화 단계에 있는 서구의 이른바 새로운 사회운동에 속하는 것들이라는 점이다. 이 같은 방식으로는 한국 시민운동권에 내재해 있는 '민중적 지향'을 적절히 자리매김해서 시민운동의 정체성을 명확히 할 수 있도록 뒷받침할 논리를 만들어내기는 쉽지 않을 것이다.

시민운동을 노동운동과 학생운동 이외의 다양한 부문 운동들을 포괄하는 명칭으로 사용하는 경향은 있으나 독자적인 의미를 적극적으로 제시한 경우는 찾아보기가 어렵다. 또한 시민운동은 노동운동과 대비되는 사회운동의 '영역'으로 인식되는 것이 일반적이며, 이것은 다시 '구사회운동/신사회운동'이라는 이분법적 도식에 적용되어 흔히 노동운동과 시민운동은 각각 구사회운동과 신사회운동(=새로운 사회운동)의 전형으로 받아들여지고 있다. 이 같은 유형화에는 사회운동에 대한 발전론적 또는 단계론적 관점이 내포되어 있어, 노동운동은 산업사회적인 특징을 지니는 데 비해 시민운동은 탈산업사회적인 특징을 지니는 것으로 인식된다. 이러한 '이분법의 연쇄'를 통해 규정되는 시민운동은, 부분적으로는 공통점이 있다 할지라도 한국 시민운동의 실체와 반드시 부합되지는 않으며 오히려 한국 시민운동이 정체성의 혼란을 일으키는 원인이 되기도 한다.

2) '시민운동' 개념의 기원: '시민운동'은 번역어인가?

그렇다면 한국 시민운동의 정체성을 모색하는 이론작업의 한 과정으로 우선 '시민운동'의 개념을 앞에서 지적한 이분법적 도식의 연쇄에서 해방시켜보면 어떨까? '시민운동'은 본래 서구에서 온 개념이라는 암묵적인 전제를 배제하고 '새로운 사회운동'과 전혀 무관한 맥락에서 이 개념을 정의해보면 어떨까? 이 같은 시도를 하기 위한 단서는 어디서 찾을 수 있을까?

사실 시민운동이라는 개념은 시민운동에 관한 논의들 가운데 단순히 전제되어 있을 뿐, 용어의 기원에 대한 의문이 제기된 일은 아직 없었다. 즉 '시민운동'이 번역어인지 한국에서 만들어진 개념인지, 번역어라면 그 원어는 무엇이며 누가 어떤 문헌에서(혹은 어떤 경우에) 이를 번역하여 도입했는지 그리고 왜 다름 아닌 '시민운동'이라고 번역했는지, 번역어가 아니라면 누가 어떤 맥락에서 왜 이 용어를 제시했는지 등등 '시민운동'이라는 용어에 관한 기본적인 사항들에 대한 질문조차 없다는 것이다. 이 용어는 적어도 1980년대 전반까지는 한국사회에서 그다지 사용되지 않다가 1990년대 들어서야 급속히 확산되었으며 초기에는 특정 집단 내지 특정한 범위 내의 사람들이 사용했을 가능성이 높기 때문에 그 기원을 추적하는 것은 비교적 용이하다고 생각된다.

그러나 대개는 '시민운동'이라는 개념을 막연히 번역어라고 추측하고, 서구의 시민사회론이나 새로운 사회운동론의 맥락에서 나온 개념이 한국에 도입된 것이라고 여기는 경우가 많다. 하지만 명확히 시민운동의 원어로 제시된 개념은 없었기 때문에, '사회운동'이나 '노동운동'과 달리

'시민운동'을 영어나 불어, 혹은 독어로 번역하려 할 때 어려움을 느끼지 않는 사람은 없을 것이다. 우리가 군이 사회운동이 아니라 시민운동 개념으로 범주화하는 것을 영미권에서는 대개 'social movement'라는 용어로 포괄하는 것으로 알고 있다. 만약 시민운동을 예컨대 'citizen's movement'나 'civic movement'라고 직역한다면, 영미인들은 이 단어에서 우리가 생각하는 '시민운동'을 연상할 수 없을 것이다.[1] '시민'을 부르주아로 규정하여 시민운동을 'bourgeois movement'라고 번역한다면, 역시 그 구체적인 내용을 연상하기가 어려울 것이다. 그렇다면 시민운동이라는 용어는 어디서 비롯된 것일까? 그것은 과연 번역어일까?

이상과 같은 문제의식에 대해 일본의 시민운동론은 중요한 단서를 제공한다. 일본에서 '시민운동'이라는 개념과 이를 축으로 한 '시민운동론'이 처음 등장한 것은 1960년 무렵으로, 유럽에서 새로운 사회운동론이 대두하기 훨씬 전에 그것도 전혀 다른 맥락에서 등장하였다. 당시 일본은 패전 후 10여 년, 샌프란시스코 조약에 의해 주권을 회복한지 10년도 안 되는 새로운 국가체제 형성의 초기단계에 있었다. 패전으로 갑자기 외부에서 주어진 민주주의제도는 시행된 지 불과 10여 년 밖에 되지 않은 상황이었고, 경제적으로는 고도성장 초기단계로 한창 산업화가 진전되고 있던 호황기였다. 또한 정치적으로는 냉전체제의 직접적인 영향하에서 성립된 55년 체제[2] 초기로, '좌/우', '보수/혁신'의 이데올로기가 첨예하게 대립되던 상황이었다. 이런 상황에서 일군의 지식인들은 '시민주의', '시민운동' 같은 개념을 제시하고 '시민운동론'을 적극적으로 개진하였다.

현재 일본에서 통용되는 '시민운동' 개념은 반드시 1960년대의 '시민운동' 개념과 일치하지는 않는다. 당초 이 개념의 핵심적인 의미는 오늘

---

1) 실제로 필자가 한번 이런 시도를 했더니 상대방이 'movement'를 'activities'로 수정해 준 일이 있다.

2) '55년 체제'란 양대 정당, 즉 보수정당인 자민당과 혁신정당인 사회당을 중심으로 정치운영이 이루어진 것을 말하며, 이런 정치체제가 성립된 것이 1955년이기 때문에 '55년 체제'라고 한다.

날 부분적으로 계승되기도 했지만 '시민운동'이라는 용어 자체에서 그 의미를 바로 떠올리기는 어려울 만큼 일본에서도 그 의미가 확장되고 모호해진 상태이다. 그 기본적인 요인은 일본사회 전반의 구조적 변동과 그에 따른 쟁점변화, 그리고 사회운동의 변용에 있다. 동시에 학문영역에서 사회운동에 관한 서구의 새로운 이론들이 도입되면서(예컨대 1960년대에는 존재하지 않았던 '새로운 사회운동'이라는 개념) 시민운동 연구에 적지 않은 영향을 끼친 탓도 있다. 그러나 의미가 변용 혹은 확장되면서도 시민운동이라는 용어는 폐기되지 않고 계속 사용되고 있으며, 초기 시민운동의 이념도 오늘날의 시민운동의 의미를 생각하는 데 하나의 준거로서 존재하고 있다고 할 수 있다.

이 장에서는 정치적으로는 좌우 이념이 첨예하게 대립했고 경제적으로는 산업화의 초기단계였던 일본사회에 '시민운동' 개념과 이론이 등장하게 된 배경과 그 구체적인 내용을 고찰해봄으로써, 우리가 흔히 전제하고 있는 '시민운동'의 개념에서 벗어나 그것을 새로운 맥락에서 재검토할 수 있는 단서를 찾아보고자 한다. 물론, 이 장에서 필자가 탐구하고자 하는 것이 '진정한' 또는 '올바른' '시민운동'의 의미는 아니다. 오히려 이 글은 그런 문제를 설정하는 것 자체가 적절하지 못하다는 관점에 입각해 있다. 필자는 일본의 사례를 통해 '시민운동'이라는 개념 및 '시민운동론'은 사회·역사적 산물임을 밝히고, 일본의 지식인들이 왜 일찍이 1960년 무렵에 '시민운동'이라는 개념을 만들고 '시민운동론'을 개진해야 했는가를 탐구함으로써, 서구 선진 산업사회의 사회운동론에서는 찾아내기 어려운 '시민운동'의 독자적인 의미를 발견해보고자 한다.

이 연구는 '시민운동'에 관한 담론분석이지 시민운동 자체에 대한 분석은 아니다. 일본 시민운동의 출발점을 어디로 잡는가 하는 것은 관점에 따라 달라질 수 있지만, 담론의 형성과정과 시민운동의 전개과정이 반드시 일치하는 것은 아니어서 무세적인 실세로서의 '시민운동' 개념 및 '시민운동론'은 그 등장 및 전개시기를 객관적으로 확정할 수 있다. 또 한 가

지 분명히 하고 싶은 것은, 필자는 '시민운동'이라는 개념과 이를 축으로
한 운동론의 형성과정을 고찰하는 데 목적이 있을 뿐, 시민운동의 사상을
탐구하려는 것은 아니라는 점이다. '시민운동'에 관한 담론의 사상적 배
경을 고찰해보면, 이러한 관념의 맹아를 찾을 수 있지만 그것은 별도의
작업이 될 것이다.

2. 일본 시민운동론의 등장

이번 연구를 통해 일본에서 '시민운동'이라는 용어를 최초로 사용한 인
물과 시기 등을 정확히 확정할 수는 없었지만, 사회학 분야의 주요 저서
및 학회지나 사회학 문헌목록, 주요 총합잡지(總合雜誌),[3] 사전류 등을 살
펴본 결과, 이 용어의 등장시기는 1960년 무렵이며 아카데미즘의 세계보
다는 저널리즘을 중심으로 '시민운동'론이 개진된 것으로 보인다.[4]

사회운동은 다른 어떤 분야보다도 주로 사회학에서 다루게 되는 주제
라고 생각되어 사회학 분야의 문헌을 집중적으로 살펴보고 일부 정치학
문헌도 참고했는데, 필자가 살펴본 범위에서는 전문 학술지나 대학의 교
재(교과서는 아니더라도 주로 대학교육을 염두에 두고 쓰어진 책), 사회학 또는
사회과학사전 등에는 1960년대 전반까지도 '시민운동'이라는 개념이 등
장하지 않는다. 예를 들어 1958년에 출판된 일본 사회학의 주된 흐름을
담고 있는 『강좌 사회학(講座社會學)』(東京大學出版會)에는 '사회운동과 대

---

3) 정치·경제·사회·문예 등 넓은 의미의 문화 일반에 대한 평론이나 수필·창작 등을 종
합적으로 편집하는 잡지를 말한다. 우리말에서는 쓰이지 않는 용어이나, 적절한 대응
어를 찾기 어려워 일본에서 쓰이는 용어를 그대로 쓴다.
4) 철학자 구노오사무(久野收)는 「시민주의의 성립 — 하나의 대화」(≪사상의 과학≫, 7
월호, 中央公論社, 1960)에서 "'시민대중'이라든가, '시민운동', '시민정신' 같이 자주
사용되기 시작한 말은, 무언가의 캄플라쥬에 지나지 않는 것인가. 그렇게 생각하고 싶
지는 않네" 라고 하였다(久野, 1996: 15). 이에 비추어볼 때 '시민운동'이라는 용어는
이 무렵부터 사용되기 시작한 것으로 추정된다.

중운동'이라는 장이 있는데, 이 장의 논의는 대중운동에 집중되어 있으며 '시민운동'이라는 개념은 찾아볼 수가 없다. 일본사회학회 학회지인 ≪사회학평론(社會學評論)≫의 경우, 1962년까지는 시민운동뿐만 아니라 사회운동에 관한 글이 발표된 바가 없으며, 1963년 봄에 나온 제13권 1호에 처음으로 사회운동에 관한 특집이 마련되었다.5) 이 특집은 1962년 가을 일본사회학회 대회에서 열린 '사회운동'을 주제로 한 심포지엄의 내용으로 「전후 일본의 사회운동」을 비롯한 3편의 논문발표와 토론내용이 실려 있다. 심포지엄의 사회를 맡은 히다카 로쿠로(日高六郎: 당시 도쿄대학교 교수이자 사회학자)는 안보투쟁 당시부터 대표적인 시민운동론자의 한 사람이었지만, 당시 심포지엄에서는 '시민운동'에 관해 언급한 기록이 없다. 이 심포지엄의 발표·토론문에서도, '사회운동' 외에 '대중운동', '계급운동', '노동운동', '민중운동', '국민운동', '반체제운동' 등의 다양한 관련 개념들이 거론되지만 '시민운동'이라는 개념은 등장하지 않는다. 내용적으로는 운동의 주체나 조직, 형태 등의 면에서 새로운 흐름으로 시민운동을 기술한 부분이 있지만 이를 '시민운동'이라는 개념으로 정의한 경우는 없다.

필자가 검토한 문헌의 범위 내에서 '시민운동'이라는 개념이 처음 등장하는 것은 '안보투쟁'을 총괄·평가하고 향후의 운동방향을 모색하는 1960년 6월 이후에 발표된 논문이나 좌담회 기록 등에서다. 현대 일본정치사·사회운동사의 한 획을 그은 역사적 사건으로 평가되는 안보투쟁은 1959~1960년에 전개된 「일미안전보장조약」(이하 「안보조약」)6) 개정 반대

---

5) 일본의 사회학에서 사회운동이 별개의 영역으로 다루어진 것은 그리 오래되지 않았다. 오랫동안 사회운동은 '사회구조'에 대한 '사회변동'에서 다루어졌다.

6) 1951년 샌프란시스코 회의를 통해 대일 「평화조약」과 동시에 조인되어 이듬해인 1952년 4월 28일에 발효된 조약이다. 이 조약은 구체적으로, ① 일본은 유효한 자위력이 없으므 미군주둔을 인정한다, ② 미국은 일본의 자위력 점증을 기대한다, ③ 미군주둔은 극동의 평화와 안전을 유지하고 일본정부의 요청에 따라 일본의 내란이나 소동을 진압하며, 외부로부터의 무력공격에 대해 일본의 안전에 기여하는 3가지 목적을 갖는다는 것 등을 규정하고 있다. 주둔군의 배치에 관해서는 일미행정협정으로 결정했다. 일본

운동으로, 특정 계층을 넘어서는 광범위한 대중의 참가로 유례 없는 정치적 에너지의 결집을 과시했다는 점에서 국민운동이라 일컬어지면서 전후 일본 국민운동의 정점으로 평가되어왔다. 안보투쟁은 1960년 6월 하순에 일단 종식되었는데 그 후 대표적인 총합지들은 각기 안보투쟁의 성과를 총괄하고 향후 이를 계승할 운동의 발전방향을 전망하는 특집들을 마련했다.[7] '시민운동' 개념과 이를 축으로 한 새로운 운동론이 등장한 것은 이러한 맥락에서였다.

안보투쟁 및 시민운동에 관한 논의들은 주로 전문 학술지가 아닌 총합잡지라 일컬어지는 계몽적인 성격의 대중 학술지들을 통해서 이루어졌다. 시민운동론을 개진한 사람들은 철학, 사회학, 정치학, 법학 등 다양한 영역의 전문 연구자들이자 대학교수로서, 제도화된 아카데미즘의 세계에 속하면서도 스스로 운동에 적극적으로 관여해온 실천 지향적인 지식인들이었다. 이들은 전문 학술지가 아닌 총합지를 통해 시민운동의 논리를 적극 개진했고, '시민', '시민운동' 개념에 적극적인 의미를 부여했다. 즉 시민운동론은 사회운동에 관한 학문적인 담론 속에서 제시된 것이 아니라 실천적인 담론 속에서 제시되었으며, 사회운동의 한 유형에 대한 추상적인 일반 이론이라기보다는 대안적인 실천운동론의 성격을 띠고 있었다.

이때 개진된 '시민운동'의 논리에는 서구의 사회운동 사례나 사회운동론에서 개념을 도입하거나 그것들을 참조한 흔적은 없다. 당시 일본의 사회운동론이라면 주로 마르크스주의의 운동론(계급투쟁)과 사회심리학적인 운동론(대중운동, 파시즘과 관련)으로 대별될 수 있으며, 이들은 서구에서

은 자위력이 없기 때문에 쌍무적 성격을 가질 수 없다는 이유로 조약은 잠정적인 조치로 규정되었고, 일본은 미국에 주둔권을 인정하였으나 주둔군은 일본방위의 의무를 지지 않는 편무적인 조약이 되었다. 이후 미국은 일본의 군사력 증강을 거듭 요구했고, 일본정부도 자위대가 강화됨에 따라 조약개정을 요구하기에 이르렀다(『日本史辭典』, 729~730쪽).

7) 안보투쟁에 대한 평가는 이들 외에도 여러 곳에서 이루어졌으나, 이번 연구에서는 ≪思想≫, ≪世界≫, ≪中央公論≫, ≪思想の科學≫ 등을 중점적으로 살펴보았다.

도입된 이론이었다. 그러나 시민운동론은 이들과는 선을 긋는 이론으로
일본의 정치·사회적인 현실 속에서 배태되었다. '시민'은 이미 존재하는
단어로 '부르주아'나 '시티즌'의 번역어로 사용되기도 하고 도시거주자를
가리키는 말로 사용되기도 하였지만, 당시 시민운동론에서 제시한 '시민'
은 새로운 의미가 부여된, 실질적으로 새로운 용어였다. 그것은 서민, 평
민, 국민, 대중, 계급, 민중, 인민 등 집합적인 아이덴티티를 표현하는 다
양한 용어들에 대해 이들과는 다른 독자적인 의미를 표현하기 위해 채택
된 단어로, 말하자면 시민운동론자들이 자신들의 중요한 메시지를 전달하
기 위해 선택한 하나의 상징이었다. 또한 '시민운동'은 용어자체가 새롭
게 만들어진 것이다.

시민운동론이 당초 실천적인 운동론으로 제시된 것이라면, 지식인들은
'과학적 이론'과는 무관한 일종의 행동강령으로 시민운동의 논리를 만들
어낸 것일까? 반드시 그런 것은 아니다. '시민', '시민운동' 등의 개념은
그들이 당시 일본의 사회현실에서 발견한 새로운 현상이나 흐름을 포착해
내기 위한 도구이기도 했으며, '시민운동론'은 올바른 현실인식에 기초해
서 국민운동 혹은 저항적인 사회운동이 나아갈 방향을 설정하려는 의지를
내포하고 있었다. 즉 실천의 논리는 이데올로기적·관념적으로 만들어지는
것이 아니라 객관적인 현실분석에 기초해서 수립되어야 한다는 것이 시민
운동론자들의 생각이었다. 이들은 종래 일본의 사회운동을 주도한 조직
혹은 리더들이 외부에서 하나의 관념적인 이론체계로 도입된 운동론에 의
존하고 다른 운동론에 대한 관념적·이론적 비판을 통해 자신의 정당성을
입증하는 경향이 있다고 비판하였다. 이 같은 입장에서는 과학적 이론과
실천적 이론은 분리되는 것이 아니라 긴밀하게 연결되는 셈이다.

3. 시민운동론의 등장배경

1) 전후 국민운동의 형성과 전개

패전 후 일본에는 수많은 자발적 결사체들이 등장하였다. 노동조합 수는 1946년에 약 1만 2,000명(조합원 370만 명, 조직률 40%), 1948년에 3만 4,000명(670만 명, 53%)으로 늘었고, 농지해방 문제와 관련하여 농민의 조직화도 급속히 진전되어 일농(日農) 110만 명, 전농(全農) 16만 명, 기타 70만 명에 이르렀다. 또한, 노동자·농민조직 이외의 각종 민주단체(계몽단체 포함)도 급속히 증대했으며 정치 영역에서도 360개 이상의 소정당이 난립했다. 전후 일본의 개혁운동의 실질적인 주체는 이 새로운 조직들, 즉 자발적 결사체와 혁신정당(사회당·공산당)이었다. 1947년 초까지는 혁신정당, 노동조합, 농민조합 등의 여러 단체들이 개별 행동으로 산발적인 쟁의 등을 했으나 '역코스'[8]라고 하는 미국의 대일 점령정책 변화에 따라 체제 재편이 진행되면서 사회운동도 통합되는 동시에 혁신정당과 운동단체들의 관계가 계열화되기 시작했다.

1950년대에는 군소 정당이 몰락하고 정치권이 보수-혁신으로 양극화되면서, 다양한 자발적 결사체들도 각 정당 아래 계열화되었다. 이는 냉전체제의 성립을 배경으로 한 미국의 대일 정책 변화(경제부흥·군사동맹 노선) 및 일본의 독점자본주의 부활에 따른 지배권력의 체제화와 그에 대한 저항세력의 반체제 수렴화로서, 양편의 조직재편 과정이라는 성격을 띠고 있었다. 보수·혁신을 불문하고 대중적인 기반을 얻지 못한 일본의 정당은 정치권 외의 자발적 결사체들을 실질적인 하부조직으로 계열화함으로써

---

8) 미국의 초기 대일 점령정책은 일본의 비무장화·민주화를 통해 군국주의 부활을 억제하는 것을 목표로 했으나, 1947년 이후 냉전체제가 성립되면서 일본이 아시아의 방공의 보루 역할을 할 수 있도록 재무장·경제부흥을 지원하는 방향으로 점령정책이 바뀌게 된다. 초기에 추진했던 개혁정책에 역행하는 것이라는 의미에서 '역코스'라고 한다.

이들을 정당의 대중적 기반으로 삼았다. '보수/혁신=체제/반체제'의 양극의 조직화 및 계열화가 진전됨에 따라 사회 제반 영역에서 긴장과 갈등이 심화되고 혁신정당과 그 아래에 계열화된 노조 등의 민간조직들이 반체제·반독점 대중운동을 조직하고 주도하였다.

지배권력의 강력한 체제재편 움직임에 대응하여 저항세력은 광범위한 통일전선의 구축을 지향하였다. 이것은 반체제운동 혹은 저항운동의 세력을 확대하는 것으로 운동의 대중적 확산을 의미했다. 이른바 '조직영역', 즉 혁신정당과 노조, 특정 정치적 이데올로기와 계급을 넘어서는 무당파 소집단들, 그리고 '비조직 영역'이 서로 연대하여 입체적인 저항운동의 통일전선을 구축할 필요가 있었다. 이러한 통일전선이 바로 '국민운동'이라는 용어로 표상되었다. 즉 국민운동은 이데올로기, 계급, 조직9)을 넘어서는 다양한 주체들의 연대에 기초한 운동으로, 좀더 정확히 말하자면 저항운동의 성격을 띠었다. 이때 국민은 국가와 구분되어 권력에 저항하는 민중적인 성격을 띠는 주체를 의미한다.

이렇게 계급운동 또는 노동운동을 넘어서는 국민운동은 평화운동에서 출발한다고 볼 수 있다. 1950년대의 일본정치는 '평화'라는 상징을 축으로 체제화와 반체제화, 지배권력과 저항운동세력의 긴장과 갈등과정으로 전개되었다. 패전 후 전후 민주주의의 상징인 신헌법으로 구체화된 '평화'의 이념은 1950년대 들어 냉전체제가 확립되면서 체제화의 논리와 그에 대한 저항의 논리로 분리되었다. 전자는 냉전체제하에서는 미국으로 대표되는 자유진영과의 동맹을 통해서만 일본의 안전과 평화를 보장받을 수 있다는 논리이며, 후자는 중립을 견지하고 평화헌법을 철저히 준수함으로써만 일본의 안전과 평화가 보장된다는 논리이다.

샌프란시스코 조약으로 주권을 회복한 후, 특히 55년 체제의 성립 이후

---

9) 이 용어들은 추상적인 개념이라기보다는 일본사회에서 구체화된 모습을 지칭하는 개념이라고 해야 할 것이다. 즉 이데올로기는 냉전체제의 정치적 이데올로기, 계급은 노동조합 또는 조직노동자, 조직은 정당과 노조 등을 말한다.

정부의 정책은 이러한 체제화의 논리에 입각해서 일관되게 추진되었으며, 「경직법(警職法)」 개정,10) 「안보조약」 개정 등은 그러한 선상에서 추진되었다. 이에 대항하는 운동 또한 광범위하고 격렬한 대중운동의 형태로 전개되었다. 평화운동은 정당과 노조 이외의 다양한 민주단체들, 예컨대 계몽적인 지식인과 문화인 조직이 참여했으나 운동의 주도권은 혁신정당과 계열화된 이른바 '조직영역'에 있었다. 체제와 반체제운동은 모두 '평화'라는 상징을 이용하고 있었는데, 양측이 여기에 부여하는 의미는 '보수/혁신'의 이데올로기 대립과 '친미/친소(반미)'의 정치적 입장 대립을 함축하는 것이었다. 즉 '친미·반공'세력이 체제 이데올로기로 평화를 내세우는데 반해, '반미·사회주의' 세력은 반체제 이데올로기로 평화를 주창하였다. 그러나 반체제운동으로서의 평화운동 내부에는 평화운동이 이렇게 특정한 정치적 입장에 입각한 운동으로 '왜소화'되는 데 대한 반발도 있었다.

「경직법」 개정 반대운동이나 「안보조약」 개정 반대운동은 평화운동의 맥을 잇는 면이 있으면서도 구체적인 정책을 쟁점으로 한 운동이었기 때문에 이전의 운동에 비해 더욱 다양한 계층의 사람들 혹은 집단들이 참여했다. 이렇게 국민운동이 확대되면서 종래에 운동 지도부를 자임해온 혁신 조직세력의 리더십과 조직방식의 한계가 노정되고, 다양한 집단이 참여하는 국민운동에 적합한 조직과 리더십을 모색할 필요성이 대두하였다.

---

10) 「경직법」은 「경찰관 직무집행법」의 약칭이다. 1948에 제정된 이 법은 경찰관이 행하는 직무질문, 보호, 입회, 무기사용 등의 조치를 규정하고 있다. 전전에는 1900년에 제정된 행정집행법으로 경찰관에게 강력한 권한이 부여되어 인권을 침해하는 사례가 많았기 때문에 이 법에서는 강제력의 사용을 엄격히 제한했다. 1958년 기시 내각은 이 제한을 완화시켜 경찰관의 권한을 강화하는 개정안을 제출했으나, 노조·문화단체·일반 시민 등 민간의 반대운동이 격심하여 결국은 개정안은 성립되지 못했다(高柳光壽·竹内理三(編), 『日本史辭典』 第二版, 角川書店, 1974, 309쪽).

2) '안보투쟁'과 '근본으로부터의 민주주의'

일본과 미국은 1951년 미군의 일본주둔을 규정한 「일미안전보장조약」을 체결한 바 있는데, 기시 노부스케(岸信介) 수상은 1957년 집권 직후부터 이 조약의 개정을 추진하여 1958년부터 본격적인 작업에 들어간다. 주요 골자는 구(舊)조약을 일미상호방위조약으로 전면 개정하는 것으로, 양국이 상호원조하여 자위력의 유지·발전에 힘쓸 것과, 일본의 시정 하에 있는 영역에서 일·미 어느 한 쪽에 대한 무력공격에 공동으로 대처하고 행동할 것 등을 규정하였다. 이는 미국의 극동지역 전략재편과 일본의 경제력·군사력 부활을 배경으로 하고 있었다.

이 같은 「안보조약」 개정에 대해 「신안보조약」은 일본의 무력포기를 규정한 헌법 9조에 배치될 뿐 아니라 중국 등을 적시(敵視)하고 있으며 일본이 미국의 군사행동에 휘말려들 위험이 증대한다는 이유로 대대적인 반대운동이 전개되었다. 1959년 3월에는 사회당, 총평, 중립노련(中立勞連), 호헌연합, 청년학생공투회의('전학련' 등) 등 13개 단체를 간사단체로 하고 134개 단체가 참가한 안보개정저지국민회의(이하 안보국민회의)[11]가 결성되어 원외 대중투쟁을 주도했다. 1960년 1월 조약이 조인되어 국회 심의에 들어가자 반(反)안보운동은 가속화되어, 사회당·민사당·공산당 등의 원내투쟁과 더불어 원외에서는 국회청원 데모가 전개되었다.

그러나 1960년 5월 19일 중의원에서 자민당은 회기연장과 조약 비준안을 단독으로 승인했으며, 이를 계기로 반대운동은 급속히 확대되고 격화되었다. 5월 19일 이후 안보투쟁의 양상은 '반안보' 혹은 '안보개정저지'에서 '반기시', '민주주의 수호' 투쟁으로 확대되었다. '반기시'는 단독강행타결의 책임을 묻는 의미도 있었지만, 국회에서 승인된 비준안은 1개월 후 자연 성립되기 때문에 내각 총사퇴와 국회해산을 통해 이를 무효화

---

11) 공산당은 간사단체에서는 제외되었지만 '국민회의'의 운영에 중요한 역할을 했다.

시킨다는 전술적인 의미도 내포하고 있었다. 즉 5월 19일 이후의 투쟁은 시한이 정해져 있는 가운데 긴박하게 전개되었으며, 그 1개월간 전후 최대 규모의 대중시위가 전개되었다. 「안보조약」에 찬성하는 사람들까지도 자민당의 단독 강행타결에 항의하여 민주주의 수호를 위한 국회청원과 시위에 참가했으며, 6월 4, 15, 22일에는 노조가 총파업을 단행했다. 국회는 한 달 동안 매일 10만 명 이상의 대규모 시위대에 둘러싸였고, 6월 15일 도쿄대 학생 간바 미치코(樺美智子)의 사망으로 시위는 정점에 달해 참가 군중이 30만 명에 이르렀다. 「신안보조약」 성립에 맞추어 6월 19일 아이젠하워 미국 대통령이 일본을 방문할 예정이었으나, 이에 대한 반대 또한 격렬해져 결국 아이젠하워의 방일은 취소되었다. 그러나 강행타결 한 달 후 「신안보조약」은 국회에서 자연 승인되어 6월 23일 정식으로 발효되었으며 이어서 기시 수상은 퇴진하였다.

이로써 '60년 안보'[12]라고도 하는 이 정치과정은 일단 막을 내리게 되었으나, 이후 안보투쟁의 역사적 의미와 성과를 평가하고 이를 계승·발전시키려는 노력이 이루어졌다. 「신안보조약」이 자연 성립되었기 때문에 '안보조약 개정저지'라는 당초의 목적은 달성되지 못했으며, 그런 점에서는 안보투쟁은 실패한 셈이었다. 그러나 안보투쟁은 그 성격을 어떻게 파악하는가에 따라 단순히 실패라고 규정할 수 없으며, 오히려 사회의 보다 근본적인 변혁으로 이어질 수 있는 중대한 성과들을 내포하는 것으로 평가되었다. 시민운동론이 제기된 것도 바로 그러한 맥락에서였다.

「신안보조약」의 강행타결이 이루어진 지 열흘 뒤인 1960년 5월 29일, 지식인들의 문화운동단체인 '사상의 과학연구회'는 강행타결에 항의하는 성명을 발표했다. 이 연구회는 성명에서 강행타결이 "토의의 룰을 위반하고 국민의 청원권을 무시한 부당한 처사"인데도 그에 대해 반성은커녕 그로 인해 야기된 혼란에 대해 책임을 지려 하지 않는 정부는 "진정으로 우

---

12) 신안보조약은 10년간의 최저 존속 기간을 규정했기 때문에 10년 후에 다시 쟁점이 되었다. 이를 '70년 안보'라 한다.

리의 의지를 대표하는 것이 아니"라고 비판하였다. 나아가 "신조약이 국회에서 승인, 성립되기 이전에 국회를 해산함으로써 중의원에서의 타결을 무효화하고 국민들에게 책임을 지는 동시에 자신의 행동과 그 결과에 책임을 지는 새로운 정부를 탄생시킬 것"을 요구하였다. '사상의 과학연구회'는 성명과 동시에 발표한 '성명 이유'에서 "사상의 다원적 교류 속에서 내실 있는 성과를 얻는 것"을 운동정신으로 하고 있는 이 연구회 회원들의 정치적·사상적 입장은 다양하여 「신안보조약」에 대해서는 찬성부터 반대까지 다양한 입장들이 존재하지만, "「신안보조약」 자체에 대해 어떤 태도를 취하는가 하는 문제를 넘어서서" 연구회의 입장으로 성명을 발표한다고 밝혔다. 즉, 「신안보조약」에 대한 태도를 넘어서서 회원들이 공감하는 문제를 성명을 통해 제기한 것으로, 그것은 "우리의 운명에 직접적으로 관련될 뿐 아니라 국론을 양분하고 있는 중요한 정치적 방책에 대해…… 위정자가 이성적 토의를 거부하고 일부세력의 힘으로 결착을 지으려는 태도를 공공연히 취했"다는 '반민주주의·권력주의'의 문제였다. 이 연구회는 이를 묵과하는 것은 "연구회의 운동정신과 원리적으로 모순되어 연구회의 존립의의를 상실케 하는 것"이므로 문제를 제기하고, "정치권력의 자율적 통제를 확립해가는 유일한 방법"이자 "무책임의 체계라 불리고 있는 일본의 정신상황을 변화시켜 책임 있는 토의의 체계를 만들어가는 길"로서 '국회해산'을 요구한다는 입장을 밝혔다.[13)]

이 같은 '사상의 과학연구회'의 입장은 이후 등장하는 '시민운동론'의 핵심적인 특징을 내포하는 것이었다. 그것은 한마디로 '민주주의의 확립'이며, 좀더 구체적으로 말하자면 책임 있는 민주주의 정치체제 및 제도의 확립과 그 기반이 되는 일본의 정신상황·정치문화의 개혁이었다. 패전 후 일본에는 민주주의 헌법이 만들어졌으나 1960년 5월 19일의 폭거는 그 헌법을 형해(形骸)화 시킨 처사로 일본의 민주주의가 형식적인 제도의 도

---

13) ≪思想の科學≫ No.19, 7월호, 1960년, 2~3쪽.

입단계에 머물러 있음을 잘 보여주었다. 따라서 향후의 과제는 일본에 실질적인 민주주의를 만들어가는 것이며, 그것은 정치이념이나 제도로서가 아니라 국민들의 정신에 내면화된 에토스와 이를 뒷받침하는 문화를 통해 형성되어야 한다는 것이다. 이러한 입장은 연구회 차원에서 표명된 것이지만, 이후 '시민운동'의 논리를 만들어가는 대표적인 시민운동론자들[예컨대, 구노오사무(久野收), 히다카 로쿠로, 쓰루미 슌스케(鶴見俊輔) 등]인 이 연구회의 리더 격에 해당하는 지식인들도, 얼마간의 개별적인 차이는 있을지라도 기본적인 인식은 일치하였다.

쓰루미 슌스케는 '근본으로루터의 민주주의(根本からの民主主義)'에서 "1960년 5월 19일부터 진행되고 있는 상태는 국가 대 사(私)[14]의 대립을 고전적인 방식으로 보여주고 있다"면서, "(서구) 시민혁명을 통해 이루어진 제도로부터 이익을 얻어온 일본 같은 나라는, 주어진 시민제도를 다시 한번 자신들 것으로 인정하기 위해 새로운 시민혁명을 거칠 필요가 있다. 지금까지 살펴본 한에서의 대중운동은 그런 형태를 띠고 있다. 이미 주어진 헌법을 지키라는 요구가 현실 정부를 뿌리째 뽑아버릴 정도의 철저한 변혁적 지도이념이다"라고 말한다(鶴見, 1960a: 25). 즉 안보투쟁의 전개과정, 특히 5월 19일 이후의 흐름에서 민주주의의 쟁취를 위한 시민혁명적인 성격을 발견하고 그 발전을 기대하는 것이다. '주어진 민주주의'를 자신의 것으로 만드는 것이야말로 이 대중운동의 목표로, 쓰루미는 그것을 '근본으로부터의 민주주의'라 칭한다. 그는 "일본의 공적 정책이 일본인의 사상의 사적인 뿌리로부터 새롭게 배태되어야 한다. 그것을 '근본으로부터의 민주주의'라고 한다면, 현재 1960년 6월 18일의 대중운동이 만들고 있는 이 형태를, 그대로 일본 전국에 확산시키는 것이 지금의 목표"라고 단언하였다(鶴見, 1960a: 27).

이상에서 살펴본 바와 같이 안보투쟁은 시민운동론의 중대한 배경이

---

14) 여기서 '사(私)'라고 표현된 것은 사회 또는 시민사회를 말하는 것으로 생각된다.

되었다. 특히 5월 19일의 강행 타결은 '민주주의'를 새로운 상징으로 한 시민운동론이 등장하는 직접적인 계기가 되었다.

4. 시민운동의 논리: 주체로서의 시민

1) '시민대중'의 발견

철학자 구노오사무는 안보투쟁 당시 "직장에서, 가정에서, 국회의사당, 수상관저, 그 외의 가두를 메운 시민의 대군은 실로 놀라운 수에 달하고 있다"며, "이 대군의 사상적 의미"는 무엇인가 하는 문제를 제기했다(久野, 1960a: 9). 구노를 비롯한 일군의 지식인들은 조직에 속하지 않은 사람들의 참가가 많다는 사실, 특히 5월 19일 이후 이들의 수가 급속히 증대한 사실에 주목했다. 기존의 대중적인 운동은 대개 조직이 동원한 대중이 참가했기 때문이다.

정부·자민당의 국회 단독 강행 타결이 감행된 5월 19일 이후 가두를 가득 메운 시위대 가운데는, 평소에는 "공부와 놀이에 열중하는 학생들"과 "정치에 대해 무관심하고 직장과 가정을 오가면서 사생활에 안주했던 서민들", "한번도 정치활동에 참가해본 일이 없는 사람들"이 다수 포함되어 있었다. 이들은 "직업적 혁명가에게 이끌린 전위그룹"이나 혁신정당의 대중적 기반인 노조나 학생조직의 일원으로서 참가한 것이 아니라, 안보조약 개정문제를 둘러싼 정권의 행동들을 용인할 수 없다는 스스로의 판단에 따라 "눈앞의 상황을 바꾸려는 의지를 갖고 자발적으로 참가했으며, 오히려 직업적 정치가들과 직업적 혁명가들의 변함 없는 지도자 의식이나 행동을 냉소적으로 바라보는 경향"이 있었다(久野, 1960a: 12~13).

이 새로운 참가자들은 정치문제에 관해 적극적인 의사표시를 하는 저항운동에 참가했다는 점에서 정치에 무관심하고 사생활에 매몰되어 있는

'대중'의 범주를 넘어서 있었다. 그러나 이들의 참가는 반드시 정치적인 이념 혹은 신념에 따른 것은 아니었다. 당초 안보국민회의는 「신안보조약」 문제를 전쟁의 공포나 생활의 일상적인 요구와 연결시켜 대중의 참가를 확보하려 했으나 여의치 않았다. 패전 후 15년이 흘러 감각적으로 전쟁의 기억에 호소하는 것이 어려워지기 시작한 상태였고, 경제적 호황기에 있었기 때문에 일상생활에서의 불안감을 광범위하게 확산시키는 것도 용이한 일은 아니었다. 그런 상황에서 U2기 추락사건이 일어나 전쟁의 두려움이 광범위하게 확산되었고, 이를 계기로 안보조약 개정에 반대하는 운동이 국민운동의 형태로 전개되기 시작했다. 그러다가 5월 19일 정부·자민당의 「신안보조약」 단독 강행 승인으로 국민운동 측에 '민주주의'라는 상징이 부여되자 사태는 급속히 진전되었다. 즉, 5·19 이후, '수익자(受益者)로서의 감각'에 안주해 있던 시민감정이 그 '시민적 이익의 방위 내지 그를 위한 저항'이라는 자세로 전환되었으며 그 범위와 규모는 「경직법」 투쟁 당시를 훨씬 넘는 것이었다.

'시민'은 이 새로운 스타일의 운동참가자를 집합적으로 지칭하는 개념이었다. 구노는 5·19 이후 학생들의 참가가 증가한 것은 이런 입장의 학생들 때문이라 보고, 이들을 "무류파(無類派) 시민학생"(久野, 1960a: 13)이라고 칭했다. '시민'이라는 단어 자체는 새로운 것이 아니었지만 안보투쟁에서 새로운 가능성을 발견한 지식인들에 의해 여기에 새로운 의미가 부여되었다.

2) '시민'의 의미

첫째, '시민'은 직업인이자 생활인으로서 정치에 대해 발언하고 행동하는 '비직업적인 정치 참가자'이다. 그런 의미에서 운동의 전위(前衛) 집단에 대한 '무당 무파(無黨無派)'의 풀뿌리 집단이다.

구노는 시민은 직업적인 정치가나 혁명가가 아니라 정치권 밖에서 "직업을 갖고 생활해나가는 인간"이라고 정의하고, 시민은 '직업인'과 '생활인'의 양면을 통해 자신을 자각해간다고 하였다. 직업조직은 본래 국가권력과 무관한 것이며, 직업인은 자신의 직업영역에서 직업인으로서의 에토스를 지니고 있다. 직업 내의 계급적인 구분이나 기업간의 구별은 직업인의 에토스를 기초로 해서 이를 넘는 연대를 형성할 수 있으며, 정치권력과는 무관한 이런 입장에서 정치권력의 정책결정이 잘못되었다고 판단할 때 이를 비판하고 저항해야 하며, '시민운동'은 기본적으로 이 같은 직업인으로서의 자각과 윤리에 입각한 운동이라고 정의했다(久野, 1960a: 11~12).

또한 그는 "정당정파의 안경을 끼고 그 일체를 당파의 이해와 승패의 입장에서 판단하는 사람들"을 "정치주의자"라 하고, 그에 대해 '시민'은 "정치로부터 생활을 보는 것이 아니라 생활로부터 정치를 보는 사람들"이라고 하였다(久野, 1960). '시민'의 생활지역은 정치지역이 아니라 직역(職域)에서 벗어나 쉬면서 일상생활을 영위하는 곳으로, 생활인으로서의 '시민'은 이곳에서 안정되고 풍요로운 생활을 누리고자 한다. 따라서 '시민'은 생활지역에서 생활상의 이익을 지키고 증대시키려는 활동을 하며, 이런 관점에서 정치에 대해 발언하고 행동하게 된다.

둘째, '시민'은 조직에 속박 당하지 않는 자각적인 개인이다. 전후 일본의 사회운동을 주도한 것은 '전위집단'으로서의 혁신조직 지도부이고, 조직 노동자들은 그 대중적 기반이 되었다. 조직 노동자들은 개별적인 판단보다는 지도부의 방침과 조직논리에 따라 운동에 참가했다. 그 대극에는 '체제의 지역세포'로서 조나이카이·부라쿠카이(部落會) 등의 지연조직이 보수세력의 대중적 기반이 되었다.

히다카 로쿠로는 5월 19일 이후 고양된 안보투쟁에서 "유명인을 감싸는 무명전사의 에너지"를 느끼고, "무명의 새로운 참가자, 무명의 새로운 리더, 그 무명성이 진 운동을 이끌어간다"고 된인하였다(日高, 1960c: 550). 그러나 이 "무명전사"들은 조직의 논리에 따라 움직이는 수동적인 존재가 아니라 스스로의 판단에 따라 행동하는 자율적인 개인이다. 엘리트가 아닌 '풀뿌리'를 의미하는 개념으로는 서민, 인민, 민중, 대중 등과 같은 개념도 있으나, '시민'이 이들과 구분되는 것은 '자율적인 개인'이라는 점이다. 즉 '시민'이 행동하는 추동력은 전위집단의 지도나 이데올로기, 조직논리 등이 아니라 개인의 내면에 있는 에토스다. 히다카에 의하면 그것은 "원리를 지키기보다 집단을 지키는 전통감정과 정반대"로, 내면의 일관된 논리를 중시한다. 쓰루미의 표현을 빌자면, "사상의 사적인 뿌리"가 곧 개인 내면의 에토스이며 바로 이것은 앞에서 말한 '무당 무파'의 입장과 일맥상통한다.

셋째, '시민'은 '저항권에 대해 자각'하고 연대를 통해 이를 실현해간다. 시노하라 하지메(篠原一)는 안보투쟁의 최대 특징으로 "시민의 발굴"을 들었다. "일반 시민은 데모에 참가함으로써 개인의 정치참가에 대한 중요성에 눈을 뜨고, 다시 집회 등 집단활동의 필요를 통감하게 되며, 그것이 다시 개인의 정치참가에 대한 자각을 강화시키게 된다. 이렇게 집단활동-개성-집단활동-개성의 연쇄반응으로 시민이 확대·재생산된다"는 것이다. 그는 "이런 시민으로서의 각성은 격렬한 부정의 에너지가 감소된 후에도 생산적으로 정치를 만들어가는 힘으로 지속될 것"이라고 전망하였다(篠原, 1960: 65~66).

여기서 중요한 것은 집단활동이 개성의 상실을 가져오지 않는 점, 즉 조직에 매몰되지 않은 자율적 개인으로서의 연대라는 점이다. 이시다는 일본에서 개인주의는 "다른 사람과 단절된 자신의 생활에 매몰되는 것"으로 이해되었지만, "5·19 이후의 상황하에서는 사생활의 안전을 권력의 침해로부터 지키는 것(이것은 헌법 전문에 있는 "정부의 행위에 의해 다시 전쟁의 참화가 일어나는" 것에 대한 방위적 자세도 된다)이 동시에 공공적 의미를 갖게 되었"으며, 이 같은 "사생활과 공공성과의 표리일체 관계"를 "새로운 개인주의"라 하였다(石田, 1960b: 71). 즉 사생활의 행복을 추구하는 것은 권력정치에 저항하는 연대감으로 자연스럽게 연결될 수 있으며, 연대에 책임을 갖고 참가하여 저항권을 행사하는 것이 '시민'이다. 후쿠다 (福田)는 이러한 '시민'의 개념에 대해 개인이 "독립적이면서도 연대감을 가지고 있다는 점에서는 이것이 프티부르주아적, 인텔리석일지도 모르지만, 거기서 자신이 책임을 지고 움직이기 시작한다는 면에서는 중요한 의미를 지니고 있다"고 평가하였다(좌담회, 1960: 93).

3) 이념형적인 인간형으로서의 시민

이상과 같이 정의되는 인간상은 종래 일본인 가운데서 흔히 볼 수 있는 유형은 아니다. '시민'은 안보투쟁 과정에서 명확히 모습을 드러낸 새로운 유형의 운동 참가자들을 개념화하기 위해 선택된 용어였다. 그러나 그것은 역사적 실체로서의 인간을 지칭하는 개념이라기보다는 앞으로 창출되어야 할 인간상을 표현하는 이념형의 성격을 띠고 있었다. 안보투쟁은 이러한 인간형의 존재를 보여주었을 뿐 아니라, 그 창출계기와 가능성을 제시했다는 점에서 중대한 의미가 있는 것으로 평가되었다. 마츠시타 게이치(松下圭一)가 지적했듯이 안보투쟁에서 현실적으로 "시민적 저항에 참가할 수 있었던 층은 사적 자유를 실감할 수 있는 신중간층이 중심이 되"었다(松下, 1960b: 120). 그러나 지식인들이 '시민'이라는 개념으로 형상화하고 의미를 부여하려 한 대상은 실체로서의 신중간층이 아니라 운동과정에서 보이는 그들의 모습에서 어떤 특징들을 선택하여 이념형으로 구성한 '인간형'으로, 특정 계급을 넘어서는 보편적인 성격을 띠는 것이었다.

예컨대, '시민'이라는 범주에 속하는 인간과 '노동자'라는 범주에 속하는 인간이 별개로 존재하는 것이 아니라 구체적인 한 개인이 노동자이면서 시민일 수 있다. 마츠시타는 "혁신세력의 주력부대인 조직 노동자"가 "직장에서의 조합활동과 거주지에서의 생활의식 사이에 단절이 있다는 것"은 주지의 사실이며 "이것은 일본 노동조합의 기간(基幹) 부분이 전후 위에서부터 만들어진 기업조합으로서, 노동자 개인의 사상혁명이 없었던 결과"라 지적하고, "오늘날 일본에서는 계급논리와 시민논리의 교류는 우선 노동자 개인의 자기변혁의 과제와 연결되어 있다"고 주장했다(松下, 1960: 119). 이는 일본 조직 노동자가 개인적인 자각이 없이 위로부터 조직화되어 내면에 일관된 의식 혹은 논리를 형성하지 못한 현실에 대한 비판이다. 사실 이 같은 문제는 비단 조직 노동자만의 문제는 아니었다. 전후 민주주의기에 노조와 더불어 급속히 증대한 농민조직(농협)도 마을단위로 일괄 가입하는 경향이 있어 많은 경우 마을의 지역지배구조가 그대로 농민조직에 계승되었다.

마츠시타는 혁신진영 내부에서도 "한 사람 한 사람이 이 투쟁에서 자신의 위치를 재확인"하고 "공식적 총괄을 벗어나서 자신의 내부에서 일어나는 변화를 전 국민운동 안에 자리매김하는 것"이 필요하다고 주장했다. 이는 곧 조직 노동자 개인 내면의 일관된 논리, 즉 '시민성'의 확립을 주장한 것이다. 후일 히다카는 미나마타 공해문제와 관련하여, 노조원들이 불이익을 당할 것을 우려하여 피해 주민들과의 협상에 극력 반대한 노조에 대해, "당파적 이익을 위해 사상을 버린" 처사라 비판하면서 이는 노동자 내부에 '시민성'이 확립되지 않았기 때문이라고 진단한 바 있다.[15] 이렇게 규정된 시민은 쓰루미가 말한 '근본으로부터의 민주주의'의 보루로서, 이는 곧 저항운동의 주체형성에 대한 근본적인 문제제기를 내포하는 상징이었다.

---

15) 日高, 『リディングス』, 1973, 139~140쪽.

5. 시민운동의 논리: 조직론

1) 시민운동론의 두 차원: 다양한 세력늘간의 연대와 풀뿌리 대중 조직화 방법

히다카는 "현재 진보적 세력, 특히 그 상층 지도자들 사이에 제도적 경직, 즉 일종의 동맥경화 현상이 널리 만연되어 있다. 공산당에도 사회당에도 노동조합에도 각종 민주적 단체에도 그것은 보인다"라고 "진보적 운동 속의 관료주의적·교조주의적 편향"을 비판하였다(日高, 1960c: 560). 시민운동의 조직론은 우선 이러한 진보 내지 혁신계 조직들의 관료주의적·권위주의적·교조주의적 구조에 대한 비판적 인식에서 출발한다. 이러한 조직구조의 문제는 혁신계에 국한된 것이 아니라 보수진영 조직들에서도 나타나는 문제로, 일본의 조직들이 공유하는 특징이었다. 히다카가 뒤에 시민운동을 '좌로부터의 중앙집권주의에도 우로부터의 중앙집권주의에도 저항하는 운동'[16]이라고 규정한 것도 그 때문이다.

그러나 시민운동론은 기본적으로 보수/혁신 양편에 대해 등거리에서 객관적인 비판을 하기보다는, 반권력적·반체제적인 국민운동 세력의 일원으로 현재 운동권의 문제를 내부에서 비판적으로 극복한다는 입장에 기초하고 있었다. 지식인들은 안보투쟁에서 "국민운동의 조직 혹은 더 넓게, 체제에 반대하는 조직에서 볼 수 있었던 결함을 극복할 수 있는 맹아"(石田, 1960c: 124)를 발견하고, 이를 적극적으로 발전시킬 수 있는 논리를 세우고자 하였다. 그런 의미에서 시민운동론은 대안적 국민운동의 조직원리

---

16) 히다카는 "국가 → 도·도·부·현(都·道·府·縣) → 시·정·촌(市·町·村)"식의 보수적 중앙집권제로부터도, "본부 → 현 본부 → 지구"식의 혁신적 중앙집권제로 부터도 벗어나, 어디까지나 철저하게 민중의 밑바닥으로부터 운동을 재조직한다는 것이 시민운동에서 비로수 자각되기 시작했다고 하고, 이것은 "전후 민주운동사에서 하나의 획기적인 출발점이 될 수 있다"고 평가했다(日高, 「市民と市民運動」, 『リーディングス 日本の社會學10 社會運動』, 東京大學出版會, 1986, 139쪽).

를 제시하고자 하는, 국민운동의 방법론 혹은 대안적 국민운동론의 성격
을 띤다. 이 경우 시민운동론은 정당과 노조 등 기존의 혁신계 조직들과
이를 넘어서는 다양한 성격의 조직들, 나아가서는 비조직 영역의 사람들
을 포괄하는 폭넓은 운동세력의 조직화 방식, 즉 이념과 정치적 입장을
달리하는 다양한 세력들이 특정한 목적을 위해 연대하는 방식을 제시하
는 논리가 된다.

한편, "국민운동은 대부분 노동조합을 중심으로 전개되었기 때문에 조
직의 문제는 대개 노동조합 조직의 문제와 같다"고 한 이시다의 지적처
럼, 당시 시민운동(국민운동)론자들이 인식하고 있는 조직의 문제는 기본
적으로 노조의 문제였으며 여기에는 혁신정당과 노조의 관계도 포함되어
있었다. 이들은 국민운동의 주도 조직이 안고 있는 문제가 국민운동 전체
의 조직에 그대로 투영되고 있다고 보았다. 따라서 기존의 조직들과는 다
른 원리에 기초한 새로운 조직 형성이 필요하다고 생각하였다. 특히 고도
성장단계에 들어가 경제적 호황기를 맞이하면서 민중의 '대중화'가 중요
한 쟁점이 되고 있었던 일본에서는 새로운 조직원리에 기초한 대중의 조
직화가 국민운동의 확산에 중대한 관건으로 인식되고 있었다. 사적 생활
에 매몰되어 사회적·정치적 문제에 무관심한 수동적인 존재로서의 '대중'
을 정치적 주체로서 조직화하기 위한 방법이 모색될 필요가 있었고, 시민
운동론은 그런 맥락에서 제시되었다.

안보투쟁 때 약 300명의 시민들이 조직한 '소리 없는 소리 모임(聲なき
聲の會)'[17]은 '무당 무파일 것, 의견 보류를 존중할 것, 직접적인 의사표시
의 장을 지키고 본부/지부를 두지 않을 것' 등을 기본방침으로 삼고 활동
했는데, 이는 시민운동의 조직원리를 자각적으로 실천하고자 한 시도였
다. 이 모임이 제창한 파방법(破防法)[18]반대 시민회의의 계획은 '① 목표

---

17) 시위 등에 참가하지 않고 침묵하는 보통 국민은 안보조약을 지지하는 것이라는 뜻으
   로 기시 수상이 말한 '소리 없는 소리'를 그대로 따와서 조직의 명칭으로 썼다. 기시
   수상의 말에 대한 반대의 뜻을 표명한 것.

를 한정하여 그 범위 내에서만 일정기간의 조직을 만든다. 조직을 항상화하거나 외부의 일을 청부받지 않는다. ② 개인 단위로 참가하며 집단 일괄 가입을 배척한다. 참가사의 시위는 평등하다. ③ 책임 범위 내에서 지도와 자발성을 조화시키려는 노력을 한다' 등을 기본방침으로 하여 시민운동적인 조직원리를 전형적으로 보여주었다(鹽原, 1963).

이렇게 당시 일본의 시민운동론은 '이념과 정치적 입장을 달리하는 제 (諸)조직들의 연대방법'과 동시에 '대중사회의 풀뿌리 대중을 조직화하는 방법' 모색이라는 두 가지 차원을 내포하고 있었다. 단, 이 두 차원은 불가분의 관계를 갖는 것으로 인식되었다.

2) 시민운동의 조직구조

시민운동의 조직원리로서 가장 핵심적인 것은 종적 위계에 기초한 중앙집권적 조직이 아니라 자격이 동등한 구성원들의 횡적 연대에 기초한 조직이라는 점이다. 이는 히다카가 비판한 "진보적 운동 진영 내의 관료·교조주의적 편향"이 바로 종적 위계에 기초한 중앙집권적 조직구조에서 기인한다고 생각했기 때문이다.

반체제운동권의 주도 조직인 노조와 혁신정당의 경우, 중앙에 전위 지도조직이 있고,, 그 아래 대중조직으로 단위 운동조직들이 수직적으로 계열화되어 중앙에서 통일적으로 지도하는 구조로 되어 있다. 운동의 방침

---

18) 「파괴활동방지법」의 약칭. 1952년 7월에 공포된 치안법규로 샌프란시스코 조약에 따라 강화가 성립됨에 따라 포츠담 명령으로 효력을 상실한 「단체 등 규정령」등을 대체하는 것으로 제정되었다. 내란·외환 원조 등을 폭력주의적인 파괴활동으로, 정치적 목적을 위해 형법상의 범죄를 저지르거나 그 정당성을 주장·선동·교사하는 행위를 죄로 규정하고 그런 활동을 하는 단체를 규제하는 것을 목적으로 하였다. 이를 위한 조사기관으로 법무성 외국에 공안조사청이 설치되었다. 그러나 이 법은 사상 그 자체를 통제할 위험성이 있기 때문에 노조의 파업을 중심으로 광범위한 반대운동이 전개되었다. 결국 법률은 성립되었지만 운용에 있어 재판소는 '현재적이고 명백한 위험'이 없는 경우는 무죄로 하고 있다(『日本史辭典』, 767쪽).

과 구체적인 행동강령은 상층 핵심간부들이 논의하여 결정했으며, 하부조
직의 리더들은 그 논의과정에 참여할 수 없다. 여기서 결정된 사항은 각
조직의 지령으로 하부로 전달되어 중앙 지도부를 정점으로 계열화된 조
직들은 이 지령에 따라 움직이게 된다. 이시다는 이런 정책결정방식을
'관료주의적 지령주의'라고 하였다.

이렇게 수직적으로 계열화된 연합조직과 각 단위조직들의 관계는 '전
면포섭(丸抱え)'의 관계이다. 즉 개별조직들이 독자적인 목표와 방침을 두
면서 공동목표에 연대하여 통일적인 행동을 취하는 것이 아니라, 모든 점
에서 단일한 지도방침에 따라 획일적으로 움직이는 것이다. 이 경우 연합
조직은 하부조직들간의 유기적인 관계를 통해 새로운 통일을 창출해내기
보다는 각 조직들이 획일적인 목표와 행동강령 아래 단순 결집되어 '세
(勢)를 불리는' 차원에 머무르게 된다. 즉 '전면포섭'의 관계는 필연적으로
조직을 단순 '세집합(勢揃い)'으로 만든다.

이 문제를 더욱 심화시키는 것은 일본 정치계의 현실이다. 일본의 정당
은 보수/혁신을 불문하고 고유한 대중적 기반이 없어서 다양한 민간조직
들(자발적 결사체)을 자신의 대중적 기반으로 삼고자 하는 경향이 있다. 그
러한 특성 때문에 일본의 정당조직은 민간조직과의 사이에 이익배분을
매개로 한 호혜적 관계를 맺어, 본래는 비정치권인 민간조직들을 실질적
으로 정당 아래에 계열화시키는 경향이 있다. 실제로 사회당, 공산당 등
각 혁신정당은 하부에 계열화된 노조와 민주단체들을 지지기반으로 삼고
있는데, 지지기반이 된다는 것은 곧 선거에서 표밭 역할을 한다는 것을
의미한다. 혁신정당의 중앙 지도부와 노조 지도부는 긴밀하게 얽혀 있으
며 이 상층부에서 정치적인 갈등이나 분열이 일어나게 되면 전면포섭 관
계로 수직 계열화되어 있는 하부조직들은 지도부를 따라 분열하게 된다.

이러한 혁신계 조직 내부의 문제는 그대로 국민운동 조직의 문제로 나
타나게 되었다. 일본에서 본격적인 국민운동으로 평가되는 경직법 개정
반대운동과 안보투쟁은 이른바 '국민회의' 방식과 '공투' 방식을 특징으

로 하게 되는데, '국민회의'는 다양한 조직들이 국민운동을 위한 연대조직으로 결성한 것으로 국민운동의 중앙조직 혹은 본부에 해당하는 것이며, '공투'는 지역 차원에서 제 조직들이 연대하여 투쟁하는 것을 말한다. 국민회의에는 혁신정당, 노조, 전학련(全學連), 그 외의 민주단체 등 서로 다른 영역의 단체들이 가입하고 있으나, 주요 단체들이 이른바 '간사단체'가 되어 주도권을 잡고 있다. 국민회의의 지도부는 일종의 연합 지도부에 해당하는데, 그 핵심세력인 혁신계 조직들의 '전면포섭'과 '세집합'적인 특성은 그대로 유지되어 이 연합지도부는 각 조직들간의 유기적인 연대로 구체적인 새로운 운동목표와 행동방침을 끌어내기보다는 국민회의를 혁신세력의 '총 세집합'적인 형태로 만들어버렸다. 지도부는 결정한 방침을 국민회의에 모인 하부 조직들에 수직적으로 지시하였으며, 더욱이 국민회의 지도부의 의사는 조직의 상층 핵심간부들이 결정하고, 하부조직들, 즉 개별조직이나 지역 단위, 그밖의 중간 수준의 리더들이 참여할 수 없는 구조로 되어 있었기 때문에 이시다가 말하는 '관료주의화에 따른 지령주의'의 경향은 온존하였다. 따라서 다양한 조직들의 독자적인 목표와 행동방침들을 존중하면서 안보투쟁으로서의 통일적인 운동을 만들어가기보다는 전체의 '통일행동'과 '스케줄 투쟁'에 중점을 두어 획일적인 방식으로 운동을 전개하는 결과를 낳았다.

이시다는 이러한 기존의 국민회의 방식을 "거대조직의 정점에 있는 세집합"이 주도한 "각 거대조직 운동의 동시적 전개에 불과"한 것으로, "국민운동 고유의 운동"이 아니라고 비판하였다(石田, 1960). 또한 그는 운동이 광범위하게 확산되어 명실공히 국민운동으로 전개된 것은 "중앙 국민회의의 지도를 넘어선 곳에 운동조직이 만들어진 결과"라고 지적하였다. 실제로 안보투쟁 과정에서는 기존의 거대조직 외부에 다양한 운동조직들, 특히 지역의 공투 조직들과 다양한 소집단들이 만들어져 국민운동으로서이 안보투쟁이 중요한 주체가 되었다. 이런 상황에서 운동의 지도조직이 종래의 중앙집권적인 구조를 넘어서지 못함으로써 사실상 지도력이 약화

되는 동시에 운동주체들 사이에 새로운 분열을 초래하였다. 즉 하부조직
들의 수직적 계열화와 전면포섭에 의한 세집합화는 정당간, 또는 정당내
의 주도권 쟁탈전으로 국민운동 조직 자체가 분열되는 위험을 야기했다.

이상에서 살펴본 바와 같이, 국민운동 조직의 문제에 대한 비판적 인식
에 기초해서 대안적인 조직원리로 가장 중요하게 제시된 것이 '무당 무파
일 것'과 '본부/지부를 두지 않을 것'이라 할 수 있다. '무당 무파'란 정치
에 대해 발언하지만 정치적 이해에 좌우되지 않고 다양한 참가자들의 공
통 감정이나 이익의 관점에서 행동하는 입장이라 하겠다. '본부/지부'를
두지 않는다는 것은 '전위/대중'이라는 관념, '중앙지도부와 하부조직'의
종적 계열화에 대한 반대를 뜻한다. 모든 구성원은 동등한 자격으로 횡적
인 연계를 맺으며, 이 경우 필요한 것은 전위 지도부가 아니라 구성원들
사이의 다양성을 조정·통일할 수 있는 일종의 간사 역할을 하는 존재이
며, 이는 종래의 권위주의적인 리더십에 대해 합리적·민주적인 리더십이
요청된다는 의미이기도 하다.

3) 다양성 존중과 역할분담

시민운동의 조직원리로서 제시된 두번째 원칙은 '다양성과 자발성 존
중', 그리고 '목표의 한정'이다.

히다카는 안보투쟁은 참가자의 계층·직업·연령, 그리고 정치적 입장이
나 사상적 신조, 참가동기, 운동목표와 운동형태 등 여러 면에서 다양성을
보였다고 분석한다. 그가 안보투쟁의 중대한 특징으로 '다양성'을 강조하
는 것은 일본의 사회운동사에서 '다양성'의 확보가 갖는 의의를 중시하기
때문이다. 히다카는 전전 일본의 사회운동은 대항 운동세력이 고립되고
체제 내의 다양한 계층이 흡수되어 있었던 데 반해, 안보투쟁에서는 거꾸
로 권력 측은 실질적으로 초보수주의 그룹에 국한되고, 반권력·반체제 운
동진영에 다양한 계층이 합류해 비교적 리버럴한 보수층도 공언은 하지

않았지만 실제로 기시 정권을 배척했다고 분석하면서, 이 같은 '세력 분포도의 역전(逆轉)'의 의미를 강조하였다. 그에 의하면, "이 분포도를 유지하는 것이 일본에서 완전한 형태의 파시즘 정권을 성립시키지 않는 가상 큰 보증"이었다(日高, 1960c: 542). 이러한 다양한 계층간의 연대는 경직법 투쟁에 비해 안보투쟁에서 더욱 명확해졌으며 '다양성'과 '자발성'을 존중함으로써 이를 유지하는 것이 가능했다. 참가자의 계층 및 참가동기, 이데올로기와 더불어, 개인 혹은 개별조직들의 다양한 운동목표와 운동형태가 존중되는 가운데서 어떤 공통분모를 끌어냄으로써 이 연대는 분열되지 않고 유지될 수 있었다.

그러나 구태의연한 국민회의는 다양성을 끌어안고 국민운동 전체를 끌어갈 만한 지도력을 보이지 못했다. 히다카는 경직된 지도부는 "통일전선을 대의명분으로 외치지만 그것은 공허한 전술적 요청으로 받아들여질 뿐"이며, 그러한 방식으로는 "정치적으로도 문화적으로도, 내면적 결합에 토대를 두어야 할 국민적 통일전선의 결성이 불가능해진다"고 주장하였다(日高, 1960c: 560). 다양성과 자발성을 존중할 때 필요한 것은 "기본적인 목표의 획일적 통제가 아니라 역할분담의 실질적 조정"이며, 이때 역할분담·조정은 "크고 작은 조직들이 각자 독자성을 갖고 활기를 띠면서도 고립·분산되는 일 없이 대중운동으로 연결되기 위해서 필요"했다(日高, 1960c: 542).

이시다는 「제조직간의 민주주의적 지도성 — 국민운동의 조직론(諸組織間の民主主義的指導性 — 國民運動の組織論)」에서 국민회의는 "고유의 조직목적에 합당한 유효한 의사결정과 조직목적을 중심으로 한 조직규율을 확보하는 데 상당한 곤란이 있었다"고 지적하고, 제 조직이 연합한 국민운동의 향후 과제 가운데 하나로 "목적에 따라 역할을 분화해 각 조직이 한정된 역할 속에서, 즉 고유의 조직영역에서 활동"할 것을 들었다. 이시다에 의하면, 흔히 행동을 획일적으로 통제하는 것이 조직규율을 강화하는 방법이라고 오해하지만, 복합적인 조직을 운영하는 데는 "극히 느슨하다고 생각되는 규율(행동을 획일화하지 않는 규율, 경우에 따라서는 서로의 행동이 방해를 하지 않도록 한다는 최소한의 규율)"을 엄수하는 것이 중요하다. 왜냐하면 "역할분화와 그 사이의 조정 노력이 있어야만 익숙함과 같은 단순한 친밀주의 대신, 조직규율이 객관화될 가능성"이 생기기 때문이다(石田, 1960c: 121~123).

이시다는 안보투쟁 과정 중 특히 5월 19일 이후의 상황에서 "각 집단 간의 완전포섭 세집합이 아닌 새로운 형태의 결합양식, 즉 자유로운 연합의 맹아"를 발견했다. "한번도 만난 적이 없는 사람들이 데모를 조직할 경우에도(예컨대 소리 없는 소리 모임) 같은 목적을 달성하기 위한 규율이 생기고 유기적인 역할분담이 이루어졌"으며, "대 조직의 지령에 의한 동원처럼 조직논리에 따라 조직에 의존해 운동에 참가하는 것이 아니라 같은 목적에 따라 자발적으로 운동에 참가한 사람들 사이에서 일어나는 자주적이고 창의적인 다양한 운동형태도 볼 수 있었다." 그러나 "하나의 통일된 지도부가 통제한 것이 아니"었음에도, 거기에는 "일견 소란스러운 가운데 질서가 있었다." 그리고 "이 질서는 획일적인 행동에 의한 질서와도, '치안' 감각에 의한 질서와도 다른" 것으로, "자발적인 참가자의 수가 전면포섭을 통해 세집합화 할 수 있는 범위를 넘어섰기 때문에 창출된 결과"였다 이시다는 이렇게 "참가자 스스로가 자발적으로 규율을 만드는 과정은 가장 근원적인 조직과정을 보여주는 것"으로 이런 "과정 속에서 창의적인 다양한 활동형태"가 나오고 "각자 자신에게 가장 알맞는 역할을 발견하여 그것을 수행하는 데 전력을 다하"게 된다고 보았다. 이시다는 "전체를 하나의 정당 외곽단체로 계열화하는 종래의 방식으로는 이렇게 폭넓은 층을 조직하는 것은 불가능"하다면서(石田, 1960c: 126), 긴급상태였던 5·19 이후의 국민운동, 즉 "예외적인 상황하에서 비일상적인 형태로 전개된 운동 속에서 나타난 새로운 맹아가 일상적인 조직 속에서 어떻게 자랄까 하는 문제"를 진지하게 고민하였다. 기존의 조직영역 밖에 있는 일반 시민, 학생, 그리고 이른바 '지식인'이라고 하는 사람들을 주축으로 '가벼운 부분'에 새로운 조직이 만들어지고 거기에서 새로운 조직형성의 맹아가 보인 것도 분명하지만, "그 조직을 그대로 방치하면 기존의 조직과 마찬가지로 화석화되거나 시대소식 아래에 계열화될 수 있고, 아니면 자연 소멸하게 될 것"이기 때문에, "거기서 보이는 새로운 조직체질의 맹아가 가볍지 않은 부분의 조직화에, 혹은 화석화된 기존의 거대조직을 되살리는 데 어떤 영향력을 미칠까에 더욱 주목"하였다. 다양성, 자발성, 창의성, 역할분화와 조정 등은 이러한 문제의식에 기초한 운동조직론의 핵심적인 내용이다.

그러면 이러한 역할분화를 어떻게 확보할 것인가? 이시다는 국민운동 조직과 같은 연합조직에서 조직간의 역할분화는 각 조직 내의 역할 분화 없이는 이루어지지 않으며, 이는 또 하나의 조직에 속해 있는 인간 내부에서의 역할분리와도 관련된다고 생각했다. 즉 "조직에 포섭된 개인과 그렇지 않은 인간으로서의 면, 그리고 조직 속에서도 직접적인 조직활동 참가자로서의 면과 거기에서 일단 떨어진 인식자로서의 면 간의 분리"가 필요하다는 것이다.

4) 목표의 한정

시민운동 조직의 세번째 원칙은 운동의 목적을 한정하여 그 목적에 한해서만 조직규율을 확립하는 것이다. 이시다는 "단선적인 발전단계설과 일원적인 상징서열을 중심으로, 그 중심으로부터의 거리로 모든 것을 판단하고 다른 중심으로 향하는 조직의 독자성을 인정하지 않는", "동심원적 발상"을 일본 조직의 특성으로 들었다. 이러한 동심원적 발상의 유산 때문에 "다수의 중심으로 결집된 조직은 비록 공통 목적을 위해 공통의 행동을 취할 수 있더라도 그 조직계열에 들어가지 않고 상징서열을 승인하지 않으면 배신가(이단자) 취급을 받는다"고 비판하였다. 이시다에 의하면 이런 유의 발상 때문에 "전위를 일정한 이데올로기 체계에 따른 일원적인 것으로 구성하려”는 “전위의 본가(本家) 투쟁”이 일어나며, 자신이 정통 전위임을 주장하는 자는 “자신의 무오류성에 대한 강한 신념이 있어 일이 잘못된 경우 운동조직 내에 있던 배신자를 비난”하고, “그들의 상징 서열에 대해 강한 신념을 갖지 않은 자는 ‘뒤떨어져 있다’”고 생각하는 경향이 있다. 이것은 결국 자신과 같은 조직계열에 전면포섭 되지 않은 조직에 대한 ‘전면부정’을 초래하며, 히다카에 따르면, “서로 전면부정의 논리를 전개하는 것은 한편으로는 수단과 방법을 가리지 않는 마키아벨 리즘을 낳고, 다른 한편으로는 정의를 독점하는 ‘양심’주의를 낳는다”고 하였다. 히다카는 또, 그것은 과거에도 민주주의적 대중운동에 큰 손해를 끼친 바 있으며, 무엇보다도 우선적으로 생각해야 할 것은 “공통의 적을 자각”하는 것이라고 지적하였다. 왜냐하면 ‘전위의 본가 투쟁’과 ‘전면부 정의 논리’는 운동권 내부의 분열과 갈등을 초래하여 공통의 적에 대한 대항력을 약화시키기 때문이다.

안보국민운동, 특히 「안보조약」에 찬성하는 사람들까지도 참가한 5월 19일의 대규모 투쟁 이후로, 각 주체들이 추구하는 목표나 입장이 반드시 동일한 것은 아니었다. 「안보조약」 반대보다는 민주주의 수호를 주된 목 표로 하는 경우도 있었으며, 예컨대 체제 문제에 관해서도 ‘사회주의혁 명’, ‘인민전선적 통일정권수립’, ‘철저한 시민혁명 혹은 부르주아 혁명’, ‘기시 내각의 교체’ 등 다양한 입장이 있었다. 이시다가 말하는 ‘동심원적 발상’에 의하면, 같은 운동에 동참하는 주체들은 이데올로기적으로 동일 한 계열에 속하는 것을 당연한 전제로 한다. 즉 ‘안보투쟁 참가 - 안보반 대 - 현 내각반대 - 반자민 - 반미 - 사회주의 이념’과 같이 하나의 상징계 열에 속하여 ‘안보반대’와 동시에 ‘친미’의 입장을 취하는 일은 있을 수 없는 모순이라고 생각하는 것이다. 그러나 이시다에 의하면, 국민운동에 서는 모든 견해를 획일적으로 통일하고 이를 강제하는 것은 운동의 성격 에 반하는 일이며 운동의 실태와도 모순된다. 따라서 운동주체들의 다양 한 입장을 존중하고 조직이 지향하는 중심의 다원성을 인정하면서, 각각의 입장과 구체적인 목표의 차이를 넘어서서 공감대를 바탕으로 국민운동으로 힘을 결집시킬 수 있는 어떤 공통목표를 석출해내고 이에 한해서 연대를 추구할 필요가 있다. 국민운동 조직은 참가주체들이 이 한정된 공통목표를 실현하기 위해 서로의 역할을 분담·조정하면서 통일성을 이룰 수 있도록 조직되어야 한다. 또한 참가주체들은 동등한 자격으로 연대할 뿐, '정통'이나 '본가'라는 것은 존재하지 않는다.

6. 안보투쟁 이후의 시민운동론

이 절은 일본 시민운동론의 형성과정에 초점을 맞춘 것으로 안보투쟁을 계기로 형성된 시민운동론이 이후 어떻게 전개·변용되어가는지에 대한 연구는 이 연구의 후속작업으로 추진될 것이다. 다만 여기서는 안보투쟁 과정에서 배태된 시민운동론이 안보투쟁 종식 후 어떤 방향으로 나아가게 되는지를 간략하게 정리함으로써 초기 시민운동론의 성격을 좀더 명확히 드러내고, 후속작업과의 연결고리를 만들어두고자 한다.

정확하게 말하자면 시민운동론이 본격적으로 전개된 것은 안보투쟁이 종식된 후이다. 안보투쟁의 성격을 어떻게 규정하는가 하는 것은 이를 어떻게 계승하는가 하는 문제와 직결되어 있는데, 이 운동은 당초 「안보조약」 개정 저지투쟁으로 출발했지만, 5월 19일 이후 '안보/반안보'라는 특정한 쟁점을 넘어서서 반권력주의와 실질적인 민주주의의 확립이라는 좀더 근본적인 문제를 제기하는 방향으로 전개되었다는 것이 시민운동론자들의 인식이었다. 이런 관점에서는, 「신안보조약」의 성립으로 좁은 의미의 안보투쟁은 실패한 셈이지만 기시 내각이 일단 국민의 권리침해에 대한 책임을 지고 총사퇴하도록 하는 데 성공했으며, 무엇보다도 일반 대중이 정치적 주체화를 통해 창출 내용적으로 「신안보조약」을 형해화시켜갈 기반을 마련할 수 있었다는 평가와 기대는 가능했다.

시민운동론자들은 안보투쟁을 통해 대중의 정치적 주체화는 이데올로 기가 아니라 생활에 기초한 주권자 의식의 내면화를 통해 이루어질 수 있 다고 보았다. 또한 기존의 권위주의적·관료적인 조직구조가 아닌 횡적 연 대를 통해서만이 사회 전반에 실질적인 민주주의를 확립할 수 있다는 것 을 확인하고, 이런 인식을 시민운동론으로 구체화했으며 시민운동의 성격 을 일정한 단계에서 종식되는 것이 아닌 '영구혁명'적인 것으로 보았다. 즉 특정한 쟁점을 둘러싼 개별운동으로서의 시민운동은 그 쟁점이 해소 됨으로써 소멸되지만, 시민운동은 시민적 권리와 민주주의를 침해하는 어 떤 것에도 저항하는 것이므로 지속적으로 전개되는 과정이기도 하다. 이 같은 인식은 시민운동론자들이 민주주의를 정치체제의 문제를 넘어 사회 전반에 걸친 사상과 태도의 문제로 파악하는 데 기초하고 있었다.

따라서 안보투쟁 종식 후 시민운동론은 실천운동론으로서 좀더 적극적 인 의미를 갖게 되었다. 그러나 「신안보조약」의 성립과 기시 내각의 총사 퇴로 중대한 정치적 쟁점이 해소되고, 기시 내각을 이어받은 이케다(池田) 내각이 '국민소득 배증계획'을 발표하여 일본이 '정치의 계절'에서 '경제 의 계절'로 넘어감에 따라 대규모 대중운동 즉, 국민운동으로서의 시민운 동은 기대하기 어려운 상황이 되었다. 또한 안보투쟁은 도쿄를 중심으로 한 도시부에서만 격렬하게 전개되었을 뿐 농촌부는 별로 움직이지 않았 고, '빌딩 내'로 표현되는 직장인들도 방관적인 태도를 보였으며 당시의 비조직 영역 내 운동은 계몽적 지식인들이 주도했다는 한계들이 나타났 다. 따라서 새로운 상황에서 기존의 문제점을 극복하면서 시민운동론의 이념에 맞는 운동방향을 모색하는 것이 안보투쟁 이후 시민운동론의 과 제가 되었다.

안보투쟁 때 조직된 '소리 없는 소리 모임'을 모태로 한 베트남 반전 시민운동 그룹 베헤렌은 규약이나 회원제도를 두지 않고 행동에 참가하 는 사람을 베헤렌으로 간주하는 새로운 조직형태를 창출하여 이후 각종 시민운동의 기초가 되었는데, 이것은 시민운동론의 이념을 자각적으로 실천한 본격적인 시민운동이었다. 시민운동은 집단 논리보다는 사상을 중시하고, 이데올로기보다는 직접 행동을 중시하며, 관료화된 조직 대신 행동하는 시민들의 횡적 연대를 추구하는 것이 기본적인 특징이었기 때문이다. 또한 생활 속에 뿌리내린 민주주의 사상과 주체형성이라는 시민운동론의 본질적인 목표를 지역 차원에서 구체적으로 추구하기 위한 노력들이 이루어졌다. 즉 지역은 새로운 시민운동 실험의 장이자 가장 적합한 목표구현의 장이기도 했다. 1960년대 말~1970년대의 주민운동은 이러한 의미에서 안보투쟁 과정에서 발견된 시민운동과 맥이 닿아 있다. 주민운동론은 시민운동론에 대한 비판적인 시각을 일부 내포하고 있지만, 생활에 기초한 시민주권이라는 점에서는 일맥상통하는 면이 있다고 하겠다. 특히 혁신자치체 운동은 지역 차원에서 실천적으로 중요한 시민운동론으로 자리매김했다.

1970년대 들어 이러한 주민운동과 소비자운동 등, 다양한 형태의 시민운동이 전개되면서 시민운동론자들은 시민운동론을 이론적으로 적극 개진하기보다는 구체적인 운동들을 확산시켜가기 위한 매개로 활용하는 방안을 모색하게 된다. 1970년대 초에 창간된 ≪시민(市民)≫이라는 잡지는 바로 그런 노력의 일환이었다. 1960년 안보투쟁 당시와는 달리 이미 '시민'은 일반적으로 익숙한 개념이 되었고, '시민운동'은 주요 신문에 정기적인 기획란이 마련되는 등 매스컴에 널리 홍보된 상태였다. '시민'과 '시민운동'의 논리를 적극적으로 개진해야 할 절박한 이유는 더 이상 존재하지 않았다. 단, '시민운동'이라는 관념에 대해 '마르크스주의' 진영과 '토착주의' 진영이 제기한 비판에 대해 '시민'과 '시민운동'의 의미를 적극적으로 주장하기 위한 담론이 이루어진 정도였다. 이 논쟁에 대한 고찰은 이 장의 범위를 넘어서는 작업이므로 후속 연구로 넘기고자 한다.

1980년대 이후 일본사회가 탈산업사회 단계로 들어가면서 안게 된 새로운 과제에 대응하기 위한 새로운 사회운동이 속속 등장하고 주민운동기에 비해 보편적인 이념에 기초한 개별 시민운동들의 연대, 나아가 국경을 넘어서는 시민운동의 연대를 추구하는 등 일본 시민운동은 새로운 단계에 접어들게 된다. 또한 지방정치 차원에서 시민자치를 확보하기 위한 정치운동들이 활발히 전개되는 가운데 혁신자치체 노조가 사회당 대신 시민운동에서 배태된 지역당과 제휴를 모색하는 등 '혁신'의 의미 변화를 보여주는 새로운 움직임도 등장하고 있다. 이제 안보투쟁 과정에서 형성된 '시민운동' 개념에 이런 새로운 요소들이 부가되어 일본의 '시민운동'은 중층적인 의미를 내포하게 되었다.

7. 결론: 일본 초기 시민운동론의 이론적·실천적 함의

이 장에서 필자는 한국의 시민운동이 서구 선진 산업사회에 그 전형이 있으며 한국적인 상황에 규정된 변이형 또는 특수한 형태라는 일반적인 인식에 대해, '시민운동'이라는 범주 자체가 서구 선진 산업사회와는 전혀 다른 맥락에서 독자적으로 성립되었을 가능성을 제시해보고자 했다. 또한 구사회운동/신사회운동이라는 이분법적 관념에서 이 개념을 해방시켜, 시민운동은 '구사회운동'과 '신사회운동'을 양극으로 하는 스펙트럼의 중간 어디쯤 위치하는 변이형이 아니라 독자적인 유형으로 파악되어야 한다는 것을 밝히고자 했다.

1960년 안보투쟁을 계기로 일본에 등장한 '시민운동'이라는 관념은, 일본이 서구 선진 산업사회와 다른 근대화(산업화·민주화 양면에서)와 국민국가 형성 과정을 겪은 사회였기 때문에 배태될 수 있었다. 제2차세계대전에 패배한 일본은 GHQ[19]의 점령 하에서 민주주의 국가로 새롭게 탄생했다. 1947년에 국민을 주권자로 규정한 신헌법이 시행되고 이에 기초하

---

19) 'General Headquaters'의 약칭으로 연합국군 최고사령관 총사령부를 뜻한다. GHQ는 전후 일본의 실질적인 통치권자로서 1945년 10월 2일부터 샌프란시스코 강화조약이 발효된 1952년 4월 28일까지 약 6년 반 동안 실질적으로 일본을 통치했다.

여 사회 각 부문에서 민주주의적인 제도정비가 이루어졌다. 전전의 지배
세력이 청산되지 않은 가운데 전후 민주주의의 상징인 신헌법의 제정을
비롯한 민주화 과정을 GHQ 내지는 미국이 주도했음은 주지의 사실이다.
즉 천황제 파시즘 체제에서 민주주의 체제로의 이행이라는 체제변혁은
일본 내부 저항세력의 성장으로 일본인 스스로 쟁취한 것이 아니라 일본
의 패전으로 이루어진 것이다. 메이지유신으로 근대 국민국가가 성립된
이래 일본 국민은 '시민'이 아닌 '신민(臣民)'으로 규정되어왔으나, 신헌법
의 제정으로 처음으로 '시민'으로 재규정되었다. 다시 말해, 투쟁을 통해
스스로 변혁적 정치 주체가 된 것이 아니라 외부로부터 주어진 민주주의
제도에 따라 정치적 주체로 만들어진 것이다.

이후 일본은 자위대를 창설하는 등 재군비에 들어갔으며, 냉전체제의
성립에 따라 '평화'라는 가치를 둘러싼 '보수/혁신'의 이데올로기 대립도
첨예해졌다. 1950년대 중반 이후, 보수정권이 주도한 체제재편이 가속화
되어 지역조직·농민조직 등을 중심으로 민중은 체제에 흡수되었고, 다른
한편에서는 경제성장과 급속한 도시화에 따라 대중 사회적인 상황이 진
전되어 사생활 중심적이고 정치적 문제에 무관심한 '대중'이 형성되었다.
이렇게 전통적인 '집단'의 논리에 매몰된 민중과 파편화 된 '사생활'에 매
몰된 대중이 공존하는 가운데, 지식인들은 밑으로부터 민주주의적인 변혁
을 지켜내고 신헌법의 이념을 실현해나갈 주체세력 형성을 시급한 과제
로 인식하였다. 그렇지 않을 경우 이미 재군비에 의해 헌법정신을 형해화
하기 시작한 보수세력이 다시 한번 파시즘을 부활시킬 가능성도 배제할
수 없다는 위기감이 있었기 때문이다.

이들은 파시즘의 부활을 막을 수 있는 광범위한 반체제연대를 추구했
으나 반체제운동 주도세력인 혁신정당과 노조는 보수세력과 마찬가지로
권위주의적인 집단논리와 정치적 당파성에서 벗어나지 못한 상태였으며,
그런 상황에서는 민중 개개인의 시민적 사고에 의한 정치적 주체화를 기
대하기란 어려웠다. 냉전체제에 규정된 일본의 정치현실에서 체제 이데올

로기인 '자유민주주의'도 대항 이데올로기로서의 '사회주의'도 본래의 사
상과는 무관한 정치적 이데올로기, 즉 미국과 소련이라는 종주국에 의존
하여 정치투쟁을 하는 집단 이데올로기에 불과했다.

　체제에 포섭된 민중도, 반체제 조직노동자도, 사생활에 매몰된 대중도
아닌 새로운 주체의 형성, 그리고 이를 통한 실질적 민주주의의 확보, 이
것이 바로 '시민운동'이라는 관념에 내포된 의미였다. 이를 이시다는 '근
본으로부터의 민주주의'라고 표현했는데, 그것은 생활 속에서 개인의 내
면에 뿌리내린 사상으로서의 민주주의를 의미했다. 시민운동론자들은 민
주주의를 개인 내면의 사상으로서, 그리고 사회의 정치문화로서 확립시킬
때 비로소 형식적인 제도로서의 민주주의가 실질적인 의미를 갖게 된다고
보았으며, 이를 위한 운동이야말로 당시 일본의 현실에서는 '보수/혁신'의
체제투쟁보다 더 근본적인 혁명이라고 주장했다. '시민혁명'을 거치지 않
고 하루아침에 '신민'에서 '시민'이 되어버린 일본 국민이 진정한 '시민'으
로 거듭나는 것은 곧 서구의 '시민혁명'과도 같은 의미로 여겨졌다. 그러
나 동시에 그것은 일단 목표를 달성하면 종식되는 혁명이 아니라 지속적
으로 추구되어야 할 '영구혁명'적인 성격을 띠는 것으로 간주되었다.

　일본의 경우에 나타나는 이러한 '시민운동론'의 특징은 비서구·후발 산
업사회의 사회운동을 설명하는 독자적인 분석틀을 만드는 데 기여할 수
있다고 본다. 예컨대 민주주의 제도가 외부로부터 도입된 사회에서 제도
는 그에 내포된 본래의 사상을 형해화시키는 방향으로 운용되고, 이를 견
제할 수 있는 주권자로서의 저항세력이 미성숙 상태인 경우 또는 정치제
도로서의 민주주의는 확보되었지만 사회 전반에 권위주의가 온존해 넓은
의미의 시민적 권리와 기본적 인권이 침해당하는 경우 이러한 유형의 '시
민운동'이 대두할 수 있다. 반면 형식적 민주주의조차 확보되지 않는 단
계에서 민중의 저항은 다른 형태를 띠게 될 것이다.

■ 참고문헌

荒瀬豊. 1960,「果して言論は自由であるか ― 研究者のノートから」, ≪世界≫ 8月號.

石田雄. 1960a,「現代日本における<體制>と<組織>」, ≪思想≫ 8月號, No.434.

_____. 1960b,「なぜ政治は國民のものにならないか」, ≪中央公論≫ 8月號.

_____. 1960c,「諸組織間の民主主義的指導性」, ≪思想≫ 11月號, No.437.

猪木正道. 1960,「政治的危機の底にあるもの」, ≪中央公論≫ 8月號.

江藤淳. 1960,「聲なきものも起ちあがる」, ≪中央公論≫ 7月號.

加藤秀俊. 1960,「日常生活と國民運動」, ≪思想の科學≫ 7月號.

北川隆吉·河村望. 1960,「農村の變化と國民運動」, ≪中央公論≫ 9月號.

久野收. 1960,「市民主義の成立」, ≪思想の科學≫ 7月號.

久野收·高畠通敏. 1971,「市民運動がめざすものは何か ― 戰後民主主義と市民運動の原點」, ≪時代≫ 7月號.

佐藤昇. 1960,「反權力集團內部の民主主義」, ≪思想≫ 11月號, No.437.

鹽原勉. 1962,「戰後日本の社會運動 ― その組織狀況の展望」, ≪社會學評論≫ 第13卷, 第2號.

思想の科學硏究會. 1960,「聲明と討論」, ≪思想の科學≫ 7月號.

篠原一. 1960,「議會のあり方と大衆運動」, ≪思想≫ 8月號.

_____. 1971,「市民運動デッサン」, ≪市民≫ 5月號, No.2.

清水愼三. 1960,「民主勢力の課題と勞働運動 ― 安保總括と三池の經過をかえりみて」, ≪世界≫ 10月號.

杉之原壽一. 1962,「社會運動相互間のDynamism」, ≪社會學評論≫ 第13卷 第2號.

竹內好. 1960a,「大事件と小事件 ― 五·一九前後」, ≪世界≫ 8月號.

_____. 1960b,「中國と日本」, ≪思想≫ 8月號.

田中淸助. 1962,「運動組織とリーダーシップ」, ≪社會學評論≫ 第13卷, 第2號.

鶴見俊輔. 1960a,「根本からの民主主義」, ≪思想の科學≫ 7月號.

_____. 1960b,「いくつもの太鼓のあいだにもっと調和を」, ≪世界≫ 8月號.

中本博通. 1962,「戰後日本の社會運動 における二つの問題點」, ≪社會學評論≫ 第13卷 第2號.

福田歡一. 1960,「日本民主主義の可能性 ― 責任政治の確立を」, ≪世界≫ 8月號.

_____. 1961,「日本における<國民的なもの>の形成 ― 課題と方法」, ≪思想≫ 6月號, No.444.

福武直. 1960a,「自然承認の夜を學生とともに」, ≪世界≫ 8月號.

_____. 1960b「農村と民主主義」, ≪世界≫ 9月號.

松下圭一. 1960a,「國民運動をどう發展させるか」, ≪中央公論≫ 8月號.

_____. 1960b,「社會科學の今日的狀況」, ≪思想≫ 9月號(松下. 1994,『戰後政治の歷史と思想』, 筑摩書房 재수록)

眞田是. 1962,「社會運動の區分と統一」, ≪社會學評論≫ 第13卷 第2號.

日高六郎. 1960a,「運動における多樣性と統一について」, ≪思想≫ 8月號.

_____. 1960b,『1960年 5月19日』, 岩波書店.

_____. 1960c,『現代イデオロギー』, 勁草書房.

_____. 1962,「'社會運動'シンポジウムに寄せて」, ≪社會學評論≫ 第13卷, 第2號.

_____. 1971,「市民と市民運動」, ≪市民≫ 3月號, No.1.

_____. 1973, 「市民と市民運動」, 『岩波講座 現代都市政策Ⅱ市民參加』(『リーディングス 日本の社會學10 社會運動』, 東京大學出版會, 1986, 128~144 재수록. ≪市民≫에 실린 논문과는 다른 내용)

_____. 1974,『戰後思想と歷史の體驗』, 勁草書房.

似田貝香門·梶田孝道·福岡安則(編). 1986,『リーディングス 日本の社會學10 社會運動』, 東京大學出版會.

山手茂. 1962,「社會運動研究の方法に關する若干の問題」, ≪社會學評論≫ 第13卷 第2號.

<記錄>
1960,「激動の一ヶ月」, ≪中央公論≫ 8月號.

<報告>
1960,「起ち上る市民」, ≪世界≫ 8月號. 149~181(9人の報告).

<討論·심포지엄 기록>
1960,「形なき組織の中で」, ≪思想の科學≫ 7月號, 75~112(日高六郎, 高畠通敏, 竹內敏晴, 前田康博, 中谷健太郎).

1960,「安保改定反對鬪爭の成果と展望 ― 國內·國際問題との關連において」, ≪思想≫ 8月號, 61~81(篠原一, 日高六郎, 齋藤眞, 竹內好).

1960,「これからの政治的爭點」, ≪中央公論≫ 8月號, 80~97(坂本楠彦, 田口富久治, 日高六郎, 福田歡一, 前野良).

1960,「躍動する市民精神」, ≪中央公論≫ 7月號, 66~83(石田雄, 篠原一, 福田歡一).

1960,「現在の政治狀況 ― 何を爲すべきか」, ≪世界≫ 8月號, 219~259(石田雄, 坂本義和, 篠原一, 隅谷三喜男, 田口富久治, 日高六郎, 藤田省三, 丸山眞男).

1960,「組織と國民運動 ― 五·一九以後の運動を中心に」, ≪世界≫ 10月號, 35~

60(篠原一, 福田歡一, 鶴見俊輔, 南博, 淸水愼三).

1960, 特集, 「國民は承服しない」, ≪世界≫ 7月號.

1974, 特集, 「どこからどこへ·市民運動の步みと展望」, ≪市民≫ 1月號, No.18.

제2장

현대 일본 시민운동의 흐름

1. 시민운동의 대두

1) 전후 일본의 사회운동 상황

GHQ 점령 하의 일본에서는 전후 민주화의 흐름 속에서 수많은 자발적 결사체들이 등장했다. 1945년에 치안유지법이 폐지되고 노동조합법이 제정됨에 따라 우선 직장 단위의 노조 조직률이 폭발적으로 증대했다. 전전의 노동운동에 대한 극심한 탄압으로 패전 직후 일본에는 노동조합이 전혀 존재하지 않았으나, 1946년에 약 1만 2,000(조합원 370만 명, 조직률 40%), 1948년에는 3만 4000(조합원 670만 명, 조직률 53%)의 단위노조가 결성되었다. 농지해방 문제와 관련해서 농민의 조직화도 급속히 진전되었고, 전전에 극심한 탄압을 받았던 학생운동도 부활하여 각 대학에는 학생자치회가 결성되었으며, 1948년에는 전국조직인 전학련(全學連: 전일본학생자치회총연합회)이 결성되었다. 그 외의 각종 민주단체들도 급속히 증대했다. 한편 정치 영역에서는 360개 이상의 소 정당이 난립했다. 전후 일본의 사회운동의 실질적인 주체는 이 새로운 조직들, 즉 자발적 결사체와 혁신계 정당(사회당·공산당)이었다.

1947년 초까지는 혁신정당, 노동조합, 농민조합 등의 여러 단체들이 개별적으로 산발적인 쟁의행위를 했으나 냉전체제 형성 및 그에 따른 미국의 대일 점령정책 전환('역코스')에 따라 체제재편이 진행되면서 정당과 자발적 결사체들의 관계가 계열화되기 시작했다. 1950년대에는 군소 정당이 몰락하고 정치권이 보수/혁신으로 양극화되면서 다양한 자발적 결사체들도 각 정당 아래 계열화되는 경향이 강화되었다. 보수/혁신을 불문하고 대중적 기반을 갖지 못한 일본의 정당들은 정치권 외의 자발적 결사체들을 실질적인 하부조직으로 계열화함으로써 이들을 정당의 대중적 기반으로 삼았다. '보수/혁신', '체제/반체제' 양극의 조직화 및 계열화가 진전됨에 따라 사회 제반 영역에서 긴장과 갈등이 심화되었고 혁신정당과 그 아래 계열화된 노조 등의 민간조직들이 반체제·반독점 대중운동을 조직하고 주도했다.

1960년대까지 사회운동의 주류를 이룬 것은 조직을 기반으로 한 노동운동과 학생운동으로, 특히 노동운동이 주축을 이루었다. 일본의 노동운동은 내부에 다양한 요소를 내포하고 있어 한 마디로 규정하기는 어렵지만 대체로 임금투쟁을 기축으로 하면서['춘투(春鬪)'라는 형태로 정착됨] 군사기지, 안보조약 등 정치적 쟁점을 둘러싼 정치투쟁을 병행하였다. 한편 학생운동도 조직 면에서는 서로 입장이 다른 복수의 계파로 분열되었지만, 수업료 인상이나 대학에 대한 국가의 관리·통제 등에 대한 저항운동을 넘어서서 정치·사회적인 운동으로 확산되었다.

노동운동이나 학생운동은 운동의 지도부와 이데올로기적인 지도이념이 있다는 것이 기본적인 특징이다. 지도자와 간부집단으로 구성된 지도부는 운동을 계획하고 체계적으로 조직하며, 대중은 일반 참가자로서 지도부의 방침에 따라 통일적인 행동을 취했다. 목표달성을 무엇보다 우선시 했고 효율적인 운동을 수행하기 위해 조직과 조직력을 중시하는 경향이 있었다. 또한 다양한 사회현상이나 문제들을 사회체제와 연관시켜 해석하며 체제변혁을 통한 근본적인 변화를 꾀하기 때문에 정치투쟁을 지향하는 경향이 있었다. 특히 제2차세계대전 후 냉전체제가 형성된 가운데 공산당, 사회당 등 좌파 정당의 존재는 노동운동과 학생운동의 전개방향에 중대한 영향을 끼쳤다.

그러나 1970년대 이래로 학생운동은 쇠퇴하고 노동운동도 사회운동으로서의 성격이 약화된 반면, 이들과는 다른 조직원리와 운동방식을 지닌 새로운 사회운동이 발전하여 오늘날 사회운동의 주된 흐름을 이루게 되었다. 이 새로운 사회운동은 '계급'이나 '국민' 등으로 환원되지 않는 '시민'을 주체로 한 운동이라는 의미에서 시민운동이라 일컬어졌다. 일본에서 시민운동의 맹아를 볼 수 있는 것은 1950년대 중반으로 거슬러올라가지만, 기존의 사회운동과 뚜렷이 다른 특징을 보이는 시민운동이 하나의 큰 흐름으로 모습을 드러낸 것은 1960년대였다.

2) 시민운동의 대두

1954년 3월 미국의 비키니 수폭실험[1]으로 일본 어선 후쿠류마루(福龍丸) 호가 피폭되어 승무원 1명이 사망했으며, 전국에 방사능 비가 내려 참치 등의 식품이 오염되는 사태가 발생했다. 이를 계기로 도쿄 스기나미구(杉並區)의 주부들이 전개한 원·수폭 금지 서명운동은 1년 동안 3,300만 명 이상의 서명을 모을 정도의 전 국민적인 운동으로 확산되었다. 이것은 생활에서 생명의 위험을 느낀 주부들이 자발적으로 전개한 운동이라는 점에서 정치적 이데올로기와 결부된 조직 주도의 평화운동과는 구

---

1) 미국은 1946년 이래 마샬 제도를 주요한 핵실험장으로 삼았는데, 그중 비키니 환초에서는 1958년까지 수소폭탄실험 3회를 포함한 23차례의 핵실험이 이루어졌다. 1954년의 수폭실험은 폭발규모가 15메가톤에 이르는 거대한 폭발이었고, 풍향의 변화 등도 작용하여 미국정부가 설정한 위험수역을 상당히 벗어난 범위까지 대량의 죽음의 재를 퍼뜨리게 되었다. 당시 비키니섬의 동쪽 160km에서 조업하고 있던 일본어선 승무원 23명이 피폭되는 사고가 발생했다(『前後史大事典』, 768쪽 참고).

분되는 운동형태였다.

또, 1958년 정부가 시위진압을 강화하기 위해 경찰관의 직무권한을 확대시키는 내용의 「경찰관 직무집행법(약칭 '경직법')」 개정안을 제출하자 이에 반대하는 운동이 전 국민적인 차원에서 폭넓게 전개되었다. 개정안 제출 후 곧 경직법 개악반대 국민회의가 결성되었고 모든 도·도·부·현(都·道·府·縣)에 공투(共鬪) 조직이 만들어졌으며, '데이트도 할 수 없는 경직법'이라는 슬로건을 내걸고 전국에서 시위가 일어나 결국 정부는 개정을 단념하기에 이르렀다.

이 같은 1950년대의 평화운동, 원·수폭 금지운동, 경직법 반대운동 등은 일본 시민운동의 단초를 보여주고 있으나, 시민사회가 아직 성숙되지 못한 가운데 점차 정당과 노조 등의 조직이 운동을 주도함으로써 시민운동이라기보다는 정치투쟁의 양상을 띠게 되었다.

그에 비해 많은 시민들이 자발적으로 참여한 1960년의 안보투쟁은 조직화된 노동자 계급이나 특정 정당이 주도해온 기존의 사회운동과는 뚜렷이 구분되는 특징을 보였다. 기시(岸) 정권의 「일미안전보장조약」 개정 움직임에 대해, 1959년 사회당과 총평(總評)[2]은 공산당을 옵서버로 하고 138개 단체가 참가한 일미안보조약 개정저지 국민회의를 결성했고, 지식인들은 안보문제연구회, 안보비판모임 등을 조직했으며, 학생운동 측도 학생세력의 결집에 나서 안보개정저지를 위한 통일행동이 전개되었다. 그

---

2) 1950년에 결성된 산업별 노동조합의 통일조직으로, 공식명칭은 일본노동조합총평의회(日本勞動組合總評議會)이다. 제2차세계대전 후 노동조합운동의 전국 조직으로, 1946년 8월 일본노동조합총동맹(=총동맹)이 결성되었다. 한편 정치범 석방으로 활동을 개시한 공산당의 영향하에 같은 해, 전일본산업별노동조합회의(=산별)가 조직되어 좌우대립이 표면화되었다. 이후 산별 내부를 반공산당 민주화동맹(=민동)세력이 장악한 것을 계기로, 점령군의 지원을 받아 바공산당계 조합의 전국조직으로 발족한 것이 총평이다. 그러나 1951년 이래 단독강화 반대, 재군비 반대의 입장을 취해 점령군과 멀어져 좌익화되었으며 '싸우는 총평'으로 발전했다. 총평운동의 특징이 정치·평화운동에서는 사회당과의 지지·협력관계를 기본으로 자민당에 대항하는 혁신의 중추역할을 했으며, 원수폭금지운동 등 반핵 평화운동을 전개했다. 『戰後史大事典』 549, 945~946쪽.

런 가운데 자민당은 경관대를 국회 내에 배치시킨 가운데 단독으로 「신안 보조약」 승인을 강행했고, 이를 계기로 안보조약개정 반대운동은 강행 타결에 항의하는 민주주의 수호운동으로 발전했다. 근 한 달 동안 매일 10만 명 이상, 많을 때는 30만 명에 가까운 대규모 시위대가 국회를 에워쌌으며, 노조나 학생단체뿐만 아니라 다양한 시민그룹들도 자발적으로 참가했다. 당시 기시 수상의 " '소리 없는 소리(聲なき聲)'의 지지를 확신한다" 는 발언에 대해 약 300명의 시민의 참가로 '소리 없는 소리 모임(聲なき聲の會)'이 조직되어 투쟁에 참여하기도 했는데 이 모임은 '무당 무파일 것, 의견의 보류도 존중할 것, 직접적인 의사표시의 장을 지키고 본부/지부를 두지 않을 것' 등의 방침을 정하고, 누구라도 참가할 수 있는 장을 마련하고자 하였다.

이 투쟁은 노조나 학생조직에 속하지 않은, 조직화되지 않은 일반 대중들이 직업과 그 외의 사생활을 유지하면서 가능한 시간에 대거 참여함으로써 기존의 조직 주도 운동과는 다른 양상을 보였다. 여러 학자들은 이를 노동운동이나 학생운동과는 구분되는 '시민운동'의 분출로 보았고, 기존의 사회운동과 대비되는 이 새로운 사회운동의 특징을 분석·제시하였다. 예컨대 사회학자 히다카 로쿠로(日高六郎)는 1960년 안보개정 반대운동 속에서 등장한 시민운동의 특징을, "첫째, 무당 무파라는 점, 둘째, 정치적 야심을 갖지 않는 점, 셋째, 24시간 활동가가 아니라 각자의 직업이 있는 생활인으로 말하자면 '파트타이머' 참가자라는 점, 넷째, 조직의 지령에 따라서가 아니라 자발적으로, 그리고 경제적으로는 '자신이 비용을 부담해서' 참가한다는 점"(日高, 1960)을 들었다. 시민운동은 이러한 참가자들이 횡적 연대를 통해 문제에 대응해간다는 점에서, '본부 - 지부', '지도부 - 대중'의 종적 위계구조가 존재하는 기존의 사회운동과 구분되었다.

안보투쟁 과정에서 새로운 사회운동의 흐름으로 등장한 시민운동은 1965~1974년에 진행된 베헤렌의 반전·평화운동으로 이어졌다. 베헤렌은 '소리 없는 소리 모임'의 주도로 조직된 시민운동 그룹으로서, "베트남에 평화를, 베트남은 베트남인의 손에, 일본정부는 전쟁에 협력하지 말라"는 슬로건을 내걸고 운동을 전개했다. 베헤렌은 규약이나 회원제도 없이, 운동에 참가하는 사람을 베헤렌의 일원으로 간주함으로써 노동운동·학생운동과는 우선 그 조직형태부터 명확히 구분되는 새로운 운동모델을 제시했다. 가장 많을 때는 전국적으로 500개 정도의 그룹이 활동했을 정도로 활발했던 베헤렌의 운동은 「일미안보조약」에 묶여 있는 일본을 가해국으로 보고 가해자로서의 자기 인식에 기초해서 베트남전에 반대함으로써 사상적으로도 중요한 영향을 끼쳤다.

안보투쟁에서 베헤렌의 반전·평화운동으로 이어지는 이 일련의 운동은 위에서 본 바와 같이 기존의 사회운동과는 구분되는 특징 때문에 시민운동으로 규정되었다. 이것은 전후 일본의 민중운동을 질적으로 전환시킨 것으로 평가되었는데, 그 이유는 "'국가 → 도·도·부·현 → 시·정·촌'이라는 보수적 중앙집권제로부터도, '본부 → 현 본부 → 지구'라는 혁신적 중앙집권제로부터도 거리를 두고 어디까지나 철저하게 밑으로부터의 민중운동을 새롭게 조직해간다는 것이 거기서는 자각되기 시작했기 때문"이었다(日高, 1986, 139).

2. 주민운동과 혁신자치체

1) 지역 시민운동의 전개

안보투쟁에서 베헤렌 운동으로 이어지는 1960년대 시민운동은 전후 계몽주의적 지식인을 중심으로 한 엘리트층이 주도했으며, 생활상의 문제를 쟁점화 한 것이 아니라 대의민주주의나 평화수호와 같은 전 국가적·사회적인 문제, 이념적인 문제를 쟁점으로 하고 있있다는 점, 그리고 전 국민적인 차원에서 조직된 일종의 국민운동의 성격을 띠고 있었다는 점 등에서, 고도성장 말기에 성장하여 1970년대 이후 일본의 정치·사회에 중대한 영향력을 끼친 시민운동과는 다른 성격을 내포하고 있었다.

고도성장 말기인 1960년대 후반부터 생활의 근거지인 지역 차원에서 다양한 시민운동이 전개되어 전국적으로 확산되었다. 1960년대 일본에서는 국가의 중화학공업 위주의 지역개발 정책으로 공업단지 건설과 더불어 건축물·도로·철도 등의 건설이 급진전되었으며, 대규모 공업지역을 중심으로 한 대도시권에 인구가 집중되었다. 공업생산이 급격하게 확대되자 그로 인한 대기오염·수질오염·소음·진동 등의 산업공해가 각지에서 빈발했고, 대도시는 급격한 유입에 비해 주택·도로·상하수도·교육시설 등 기반시설이 미비하여 심각한 생활의 곤란을 겪어야 했다. 또한 이 시기에는 민간자본에 의한 대형 유통점이나 시설물들이 속속 지역사회에 침투했는데, 이러한 시설들에 의한 지역의 생활환경 파괴도 중요한 쟁점으로 떠올랐다. 그러나 지방자치체 행정은 생활상의 시민들의 요구에 대응할 능력이 없었고 정당이나 노동조합도 시민생활에 직접 관련된 문제에 충분히 대응하지 못했다.

이 시기 시민운동의 가장 중대한 쟁점은 공해문제였다. 이전에도 공해는 존재했고, 1950년대 중반에는 규슈 지방의 구마모토 현(熊本縣) 미나마타 시(水俣市)에서 수은중독에 의한 중추신경환자가 대량 발생하여 많은 환자들이 사망하거나 고통을 입는 사건이 발생했다. 이것은 미나마타병(水俣病)이라 명명되어 일본 공해문제의 상징이 되어 왔다. 그 외에도 욧카이치(四日市) 천식, 이타이이타이병 등 대표적인 공해병 피해가 속출했다. 그러나 사회 전체가 경제성장을 위해 매진하고 있던 당시만 해도 공해는 우발적인 사건 또는 성장을 위해 불가피하게 치뤄야 할 대가 정도로 여겨졌다.

고도성장의 부정적인 측면이 명확히 드러나기 시작한 1960년대 말에야 공해는 고도성장에서 비롯된 구조적인 문제로 일상생활 속에서 시민들의 생활과 건강을 위협하는 긴급히 해결해야 할 과제라는 인식이 확산되기 시작했다. 그러나 경제성장과 개발을 주도하고 있는 국가나 기업에 그 해결을 기대할 수는 없었다. 기업별로 조직된 노조는 해당 기업 자체에서 발생한 공해문제에 둔감했고 기업이윤의 극대화를 통해 노동자의 이익도 확보한다는 점에서 기업과 이해를 함께 하고 있었기 때문에, 때로는 기업 경영자 측과 한 몸이 되어 시민과 대립하는 사례까지 있었다. 당시에는 노동운동 자체가 임금인상 요구를 중심으로 하고 있어 사회운동적인 성격은 이미 크게 약화되어 있었다. 정당들도 이데올로기에 기초한 정치투쟁에만 몰두할 뿐 시민들의 생활문제에는 관심을 보이지 않았으며, 도시문제·공해문제 등 현실문제에 대해 적극적으로 정책적 대응을 하지 못했다. 따라서 노조나 정당 같은 조직에 의존하지 않고 지역주민들 스스로가 문제를 해결하기 위해 나설 수밖에 없었다.

주민들은 예컨대, 석유 콤비나트나 원자력 발전소, 댐, 도로, 쓰레기 처리시설 등 개발을 위한 여러 시설 건설이 어떤 면에서 생활을 위협하는지 구체적으로 문제를 제시하였다. 또한 학습을 통해 이러한 문제점들을 과학적으로 입증할 수 있는 자료를 만들거나 건설 중지나 피해자 구제를 위한 소송을 제기하는 등 다양한 형태로 운동을 전개하였다. 생활과 직접적으로 관련된 문제의 해결은 특정 계층이나 정당의 이익과는 다른, 지역주민 공동의 과제로 설정되었기 때문에 이러한 운동은 주민운동이라고 했다. 이 시기의 주민운동은 주로 지역의 생활환경을 침해하는 공권력과 자본의 힘에 저항하고 그것을 저지하려는 운동이었다. 따라서 시민운동이라는 용어가 주민운동을 포함하는 좀더 포괄적인 개념으로 널리 쓰이게 된 후에도 운동의 저항적인 성격을 강조하기 위해 주민운동을 시민운동과 구분하여 사용하는 경우가 있었다.

주민운동은 일본의 시민운동 발전사에서 획기적인 의미가 있다. 사회학자 마치무라 다카시(町村敬志)는 주민운동은 지역사회라는 명확한 무대에서 특정한 계급·계층·직업에 한정되지 않는 폭넓은 시민들의 에너지를 끌어낼 수 있었기 때문에 큰 영향력을 가질 수 있었다고 평가한다. 또한 특히 거주지점에서의 운동이라는 점에 힘입어 여성이 매우 큰 역할을 한

점을 지적하고 있다. 이는 중앙의 계몽주의적 지식인이 리더십을 행사했던 안보투쟁이나 베헤렌 운동에 비해, 풀뿌리 차원으로 시민운동이 확대되고 리더십도 지역 시민 쪽으로 이행되는 면모를 보여주는 것이라 하겠다. 또 주민운동은 이념이나 체제문제를 논하는 대신 생활의 구체적인 문제들을 제기하고, 항상적인 조직에 의존하는 대신 사안별 혹은 쟁점별로 운동체 및 운동을 조직하여 문제를 풀어나가는 방식을 취했다는 점에서도 종래의 사회운동과 다른 특징을 보여주었다.

2) 혁신자치체의 탄생과 의의

이 같은 지역문제들을 계기로 주민들이 지역생활의 주체로 등장하게 되었다는 점에서 주민운동은 중요한 의의가 있다. 주민들이 일상생활에 기초하여 구체적인 정책을 제기하고, 지역개발과 관련된 의사결정에 직접 참여할 수 있는 길을 모색했던 주민운동은 도시부를 중심으로 1960년대 말부터 1970년대 초에 걸쳐 정치운동으로 발전했다. 주민운동 측은 자신들의 요구를 실현시키기 위해서는 지방의회보다는 지자체 수장의 역할이 중요하다고 인식했기 때문에, 혁신정당 및 노조와 연대하여 자신들과 직접 연계할 수 있는 수장을 선출하고자 하였다. 그 결과 각지에서 혁신자치체가 탄생하여 일본의 정치발전에 중대한 계기가 되었다.

혁신자치체란 혁신정당, 즉 사회당이나 공산당 혹은 양당의 공동추천을 받은 후보가 수장이 된 지방자치체를 말한다. 그러나 이 시기에 혁신자치체가 탄생할 수 있었던 것은 주민들이 혁신정당의 이념을 지지했기 때문이 아니라 주민들이 제기하는 생활상의 문제에 혁신정당이 정면으로 대응했기 때문이다. 당시 지방선거에서 혁신계 후보에게 투표한 많은 사람들이 국정 차원에서는 혁신정당을 지지하지 않았다는 사실도 이를 뒷받침한다.

혁신자치체는 1947년의 제1회 통일지방선거에서 홋카이도(北海道), 후쿠오카(福岡)에 처음 탄생한 바 있고, 1950년대 들어 조금씩 늘어났지만 1963년과 1967년 통일지방선거에서 폭발적으로 증대함으로써 비로소 현대 일본정치사에 유의미한 존재로 떠올랐다. 1964년에는 전국 혁신시장회가 결성되어 국정에도 어느 정도 영향력을 행사할 수 있는 유력한 정치세력이 되었으며, 특히 1967년 사회·공산 양당의 추천을 받은 경제학자 미노베 료키치(美濃部亮吉)가 도쿄 도지사에 당선된 것을 계기로 혁신자치체는 국정의 주요 과제에 공동으로 대응할 수 있는 힘을 키워가게 되었다. 분권과 주민 정치참가를 추구하는 시민운동이 확산되면서 혁신자치체도 증가하여 1971년 통일지방선거에서는 도쿄 도, 오사카 부를 비롯하여 약 160개 지자체에서 혁신수장이 탄생했고, 1973년에는 전국 혁신시장회에 가맹한 시가 132개에 달했다.

혁신자치체는 국가의 산업 우선 정책에 대해서는 생활 우선, 개발 우선 정책에 대해서는 환경 보호 우선, 관료 주도에 대해서는 시민 주도라는 새로운 가치관에 입각하여 국가에 앞서 공해방지조례를 만들거나 '시빌미니멈' 즉 생활환경의 최저기준을 구체적으로 설정했다. 이렇게 혁신자치체가 정책면에서 중앙정부에 대해 선도적인 역할을 하여, 환경행정이나 복지정책 면에서는 국가도 나중에 혁신자치체와 같은 수준의 정책을 만들지 않을 수 없게 되었다. 혁신자치체는 1970년대 후반부터 급속히 퇴조했지만, '생활'을 정치의 중요한 쟁점으로 부상시키고 지방정치에 다양한 시민참가제도를 도입함으로써 중앙정치의 방향전환에도 중대한 영향을 끼쳤다.

3) 혁신자치체의 퇴조와 시민운동의 변화

고도성장기가 끝나고 저성장기에 접어들면서 저항형 시민운동은 감소했다. 저항형 시민운동이 감소하게 된 요인 가운데 우선 긍정적인 측면을 보면, 고도성장 말기에 활발했던 시민운동이 어느 정도 성과를 거두어 시민들의 요구가 부분적으로 실현되었고, 각 지방자치체가 시민참가제도를 도입하기 시작했으며, 가장 큰 쟁점이었던 공해문제와 복지문제에 대한 대책이 어느 정도 수립되었다는 점을 들 수 있다. 한편, 혁신자치체 증대에 자극을 받은 보수계가 시민들의 요구를 정책에 반영시키게 된 것도 저항형 시민운동의 감소에 영향을 끼쳤다.

지방정치 차원에서는 점차 혁신계와 보수계가 제시하는 정책이 상당히 근접하여 쟁점이 분명하지 않게 되었다. 또 정책면에서 혁신계의 강점이 사라짐과 더불어 일본 경제가 저성장기로 이행하는 가운데, 당시 혁신자치체와 시민운동이 지닌 한계가 분명히 드러나게 되었다. 혁신자치체와 시민운동은 새로운 정치문화를 제시했지만 그것은 결국 고도성장의 틀 안에서 구래의 행정 의존적인 형태로 이루어진 셈이었다. 당시 혁신자치체는 시민들의 요구에 대응하여 공해, 환경, 복지 등 생활과 관련된 문제를 해결하는 데 막대한 재정을 지출했는데, 이는 고도성장에 따른 폐해들을 시정하기 위한 비용이었지만 그 재원은 고도성장에 따른 세수증대에 크게 의존하고 있었다. 따라서 석유위기 후 일본 경제가 저성장기로 들어서게 되자 혁신자치체는 재정 면에서 막대한 부담을 안게 되었고, 더 이상 적극적인 대응을 하기가 어렵게 되었다. 한편 당시의 시민운동은 아직 스스로 정책대안을 제시하고 문제해결 과정에 주체적으로 참여할 만큼 성숙하지 못하여, 행정당국에 문제에 대한 대응을 요구하는 단계에 머물러 있었다. 따라서 지자체가 이들의 요구를 수렴해서 예산을 배분하여 문제를 어느 정도 해결하게 되면 운동이 쉽게 정체되는 약점이 있었다.

저항형 시민운동의 약화와 더불어 1970년대 후반부터 혁신자치체 수는 급속히 감소하여 1978년에는 교토 부, 1979년에는 도쿄 도와 오사카 부 등 주요 광역자치체에서도 혁신계 후보가 패배함으로써 혁신자치체의 시대는 거의 막을 내리게 되었다. 혁신자치체의 퇴조에는 보수계의 적극적인 혁신계 무너뜨리기 전략, 사회당·공산당과 총평을 축으로 한 혁신계 통일 전선의 분열, 혁신자치체의 재정위기 등 여러 가지 요인이 작용했으나 앞에서 본 것과 같은 혁신자치체 및 시민운동의 성과와 한계가 기본적으로 중요한 요인이었다. 시민운동은 그러한 성과를 계승하는 동시에 한계를 극복하여 새로운 방향을 모색해야 할 시점에 놓여 있었다. 더욱이 저성장 기조하에서 경제성장을 희망하는 심리가 강해지고 사생활 중심주의가 확산되는 가운데, 1970년대 초반까지 급속한 성장세를 보였던 시민운동은 상대적으로 소강상태에 들어가게 되었다. 그러나 다른 각도에서 보면 이는 일본이 탈산업사회 단계로 넘어가는 과정에서 시민운동도 그에 대응하여 전환해가는 과도기적인 상태였다고도 할 수 있을 것이다.

3. 탈산업화 단계의 시민운동: 쟁점의 다양화와 네트워크형 운동의 확산

1970년대 주민운동이 주로 지역의 생활환경 침해에 대한 저항·요구 운동이었던 데 반해, 1980년대 이후의 시민운동은 생활상의 문제 외에 보편적인 가치 혹은 사회적 정의와 관련된 다양한 쟁점들로 그 영역이 확장되면서 저항·요구를 넘어서서 참가와 정책대안을 제시하게 되었다. 쟁점의 다양화와 시민참가의 증대에 따라 1980년대 이후 시민단체의 설립이 급속히 증대하였다. 1997년에 일본경제기획청이 실시한 '시민활동단체 기본조사'는 법인격이 아닌 단체를 조사대상으로 한 것인데, 각 지방자치체를 통해 파악된 비법인 시민단체 수만 8만 6,000개에 이르렀으며 이들 중 무작위로 선정한 단체들을 대상으로 한 조사결과, 1991년 이후 활동을 개시한 단체가 25%, 1980년대 이후 설립된 단체가 과반수에 달했다.[3]

1980년대 이후에는 공해반대, 고층건물 건설반대, 재개발반대, 대형점 침투반대 등과 같은 고도성장 말기에 부각되는 쟁점들은 상대적으로 중

---

3) 經濟企劃廳國民生活局(編), 『市民活動レポート』, 大藏省印刷局, 1997, 1쪽.

요성이 감소되고, 환경운동, 정보공개운동, 분권·자치운동, 반차별·인권
운동 등과 같은 새로운 문제를 제기하는 운동들이 증대했다. 그러나 이러
한 문제들은 1980년대 들어 전적으로 새롭게 제기되었다기보다는 이전의
다양한 시민운동이 제기했던 문제들이 새로운 차원으로 발전한 것이었다.
예를 들어 평화운동, 공해반대운동, 교육운동, 소비자운동, 여성운동, 재일
한국인 운동 등 다양한 시민운동은 1980년대 이전부터 이미 전개되어왔
지만 1980년대 이후 새로운 단계로 발전하게 되었다.

몇 가지 핵심적인 개념들을 중심으로 다양한 사회운동체들이 연대하여
운동을 전개해나가게 된 것도 1980년대 이후 일본 시민운동의 특징으로
꼽을 수 있다. 이전부터 활동해오던 여러 사회운동단체들, 혹은 민간단체
들은 각자의 독자적인 과제를 지속적으로 추진하면서 동시에 환경·인권·
자치 등의 이념을 운동의 새로운 축으로 설정하기도 했는데, 그것은 그동
안 추구해온 독자적인 과제들이 서로 분리되어 있는 것이 아니라 국가와
자본이 주도해온 산업문명의 구조 속에서 상호 연계되어 있다는 인식이
확대되었기 때문이라 하겠다.

1980년대에는 지역 차원에서 시민들의 네트워크형 조직들이 많이 형성
되어 이 같은 다양한 운동들의 추진세력이 되었다. 1980~1990년대에는
예컨대 인권이나 국제화 같은 문제들도 지역의 구체적인 생활과 관련된
과제로 파악하고 풀어가려는 경향이 나타났으며, 따라서 일상생활권인 지
역을 근거로 활동목표가 다양한 시민운동 그룹들이 형성되었다.

일본의 풀뿌리 시민운동은 지역을 근거로 한 많은 소그룹 활동들이 그
중요한 바탕이 되고 있으며, 여성들 특히 기혼여성들이 시민운동이 확대
되는데 아주 중요한 역할을 했다. 이들의 표현을 빌자면, '데즈쿠리(手作
り)'의 활동들이 지역의 다양한 시민운동들을 뒷받침하고 있다. 종래 지역
사회 차원에서 여성들의 조직화는 대개 지연을 기반으로 이루어져 왔는
데 1980년대 들어 다양한 자발적 결사체들이 형성되어 네트워킹을 통해
확산되었다.

지연을 기반으로 한 대표적인 것은 부인회이며, 그밖에도 모친클럽(부인회에 비해 아이를 키우는 젊은 어머니들이 속함), PTA[4] 등이 있다. 전후에 만들어진 PTA는 소학교(=초등학교)의 교사와 학부모로 구성된 조직으로 엄밀히 말하자면 지연을 기반으로 한 것도 아니고 남성이 참여할 수도 있으나(회장은 대개 남성), 일본에서 소학교구는 지역사회 단위로서 기능하며 지역 PTA는 그 지역 학부모들로 구성되고 대개 여성들이 활동을 한다는 점에서 실질적으로는 지연을 기반으로 한 여성들의 네트워크라는 성격을 지니고 있다.

과거에는 주로 이러한 조직들이 지역 내 여성들의 활동거점이 되었는데, 1980년대 들어 취미에서 봉사에 이르기까지 다양한 목적의 조직들이 많이 탄생하였고 이들을 거점으로 활동하는 여성들도 증가하였다. 이렇게 기혼 여성들이 주축이 된 많은 소그룹들이 지역사회에서 활동하게 된 중요한 배경 가운데 하나로 도시지역의 공적 사회교육의 발전을 들 수 있다. 1970년대 일본에서는 커뮤니티 형성을 추구하는 흐름 속에서 새로운 지역연대 형성의 기반으로 사회교육이 중시되었다. 지역시설을 거점으로 다양한 학습기회가 여성들에게 주어졌고, 학습이 끝난 뒤 학습성과를 사회에 환원할 기회를 찾았으며, 이 과정에서 좀더 심화된 학습이 필요해지면서 점차 학습의 영역을 넓혀가게 되었다. 이때 사회환원욕구는 반드시 사회의식이 뒷받침된 것이라기보다 상당 부분은 사회참가를 통한 자아실현 내지 자기표현 욕구의 성격을 띠는 것이었다. 사회교육 이상으로 지역에서 여성, 특히 주부들을 조직화하는 데 중대한 역할을 한 것은 생협운동이었는데, 이는 절을 달리 해서 살펴보도록 하겠다.

---

4) 'Parent-Teacher Association'의 약칭으로, 교육조건의 향상을 도모하고 어린이의 복지를 증진시킬 목적으로 학부모와 교사가 협력할 수 있도록 주로 학교단위로 조직된 단체를 말한다. 제2차세계대전 후 미국교육사절단의 권고로, 교육개혁의 일환으로 도입되었다. 문부성의 장려와 지도하에 학교단위로 PTA의 조직화가 급속히 확산되어 1952년에는 일본 PTA전국협의회(소·중학교), 전국고등학교 PTA협의회(80년에 전국고등학교PTA연합회로 개칭)라는 두 개의 전국조직이 결성되었다.

이상에서 살펴본 바와 같이 1980년대 이후 일본의 시민운동은, 쟁점이 다양화되었고 참가와 대안제시를 중시하게 되었으며, 풀뿌리 차원의 네트워크형 운동으로 확산되었다. 아래에서는 1980~1990년대에 발전한 시민운동의 흐름을 ① 라이프스타일과 관련된 운동, ② 사회적 공정 및 아이덴티티와 관련된 운동, ③ 시민주권 확보를 위한 대안정치운동, ④ 풀뿌리 차원의 국제연대운동 등을 중심으로 간략히 살펴보기로 한다.

4. 새로운 라이프스타일 추구: 환경운동과 생활협동운동을 중심으로

1) 환경운동

라이프스타일과 관련된 대표적인 운동으로는 환경운동이 있다. 일본환경협회가 1996년에 조사한 바에 의하면, 파악된 환경단체의 수는 4,227개이며 그중 약 51%가 1980년대 이후, 약 80%가 1970년대 이후에 설립된 것으로 나타난다.

고도성장 말기 주민운동의 핵심이었던 반공해운동·자연보호운동은 1980년대 들어 포괄적인 환경운동으로 발전했다. 반공해·자연보호운동은 대개 공해·자연파괴의 주범 격인 기업 및 이와 연계된 관에 대한 비판과 저항, 요구 등이 중심이었으나, 점차 환경문제의 발생원이 생산영역에만 국한된 것이 아니라 소비영역, 생활영역에까지 확산되어 있다는 사실이 명확히 드러남에 따라 일본의 경제구조, 사회구조, 라이프스타일, 가치관 등 사회제도 및 문화를 총체적으로 재검토하는 환경운동으로 발전하게 된 것이다. 조사를 통해서도 환경운동단체들의 활동내용이 자연보호나 삼림·물·대기 등의 자연환경을 보전하는 차원을 넘어서서, 폐기물 처리나 재활용, 소비생활, 환경교육, 지역환경관리 등으로 다양화된 것을 볼 수 있다.

환경운동의 일환으로 귀중한 자연환경이나 문화유산을 지키기 위해 시민들 스스로가 구체적으로 힘을 보태는 운동방식도 일어났다. 대표적인 것이 내셔널트러스트 운동인데, 이는 민간에서 널리 기부금을 모아 토지나 역사적 건조물을 구입·유지·관리하는 운동으로 난개발이나 파괴·손실 등으로부터 그것들을 지키는 운동이었다. 이 운동은 일본에서는 1964년에 처음 시작되었는데, 시민 주도로 시작되어 지방자치체가 이에 보조를 맞추는 형태로 운동을 추진하는 데 적극 관여하기도 하였다. 1983년에는 운동의 협력·연락조직으로서 '내셔널트러스트를 추진하는 전국모임'이 설립되었고, 1985년에는 자연환경보전법인(='트러스트 법인')이 법제화되었다.

1970년 일본변호사회는 "사람은 좋은 환경을 누릴 권리를 지니며, 환경을 오염시키는 자에게는 환경권에 기초해서 그 행위의 중지를 요구할 수 있다"는 법적 권리로서의 '환경권' 개념을 제시한 바 있다. 환경은 이제 자연환경을 넘어서서 주거환경을 포함하는 포괄적인 생활환경으로 그 개념이 확대되었다. 이러한 환경 및 환경권 개념에 기초해서 1980년대 이후 생활의 질을 추구하는 차원에서 지역 시민들의 환경운동이 전개되기도 하였다. 근년 도시부에서는 역사적 건조물 등의 보존이라는 차원에서 나아가 개발로부터 거리를 지키는 것이 중요한 문제로 대두했다. 대형 건설이 일반화됨에 따라 환경권 또는 경관권(景觀權)을 둘러싸고 주민들과 분규가 일어나는 경우가 증대했으며, 생활환경으로서의 경관을 지키려는 시민운동의 일환으로 개발을 추진하는 지자체 정부를 상대로 경관권 소송을 제기하는 경우도 발생하였다.[5]

이러한 흐름 속에서 소비자운동도 환경을 좌표축으로 새로운 방향을 모색하게 되었다. 소비자단체의 환경운동은 재활용운동에서부터 환경파괴에 대한 조사·학습활동, 환경문제를 배려한 상품개발과 환경에 대한 개

5) 1995년 도쿄 도 구니다치 시의 주민들은 도쿄 도와 구니다치 시를 상대로 일본 최초의 경관권 소송을 제기했다. 이 책 제10장 참조.

인의 의식과 행동을 점검하는 운동, 환경파괴 행위에 대한 규제를 요청하는 정치운동에 이르기까지 다양한 형태로 전개되고 있다. 생협운동은 안전한 식품을 얻기 위해 소비물자를 공동구입하는 데서 출발했지만, 식품의 안전성 확보나 단순한 공동구매의 차원을 넘어서서 생활구조 전반을 재검토하는 방향으로 나아가게 되었다.

2) '지역 생활협동운동'으로서의 생협운동

일본의 풀뿌리 시민운동에서 가장 성공적인 사례로 평가되는 것 중 하나는 생협운동이다. 생협(생활협동조합)은 조합원의 생활보호를 목적으로 하는 조직으로서, 직장생협, 지역생협, 대학생협, 학교생협 등으로 구분되는데, 이 글에서 시민운동의 일환으로 고찰하는 생협은 지역생협을 말한다. 서구에서는 생협이 주로 노동운동과 긴밀한 관련을 맺고 발전했으나 일본에서는 노동운동의 일환으로서의 생협운동뿐만 아니라 '시민형 생협운동'이라는 일본 특유의 생협운동도 발전했다. 이 운동의 핵심적인 특징 가운데 하나는 지역에서 주부들을 조직하여 여성들의 네트워크로 발전했다는 점이다.

일본에서 이러한 의미의 생협운동이 등장한 것은 고도 경제성장기인 1960년대 도시화의 진전 및 베드타운의 형성과 함께였다. 고도성장을 거치면서 일본은 소비재시장의 확대와 상품확대 등 소비사회가 형성되면서 소비영역에서 많은 문제들이 발생하는 한편, 도시형 생활문화를 창출하려는 움직임도 일어났다. 이를 배경으로 1960년대 후반 이래 물가문제와 상품의 안전성, 또는 도시형의 생활조건 정비 등을 과제로 하는 생협운동이 일어나게 되었다. 생협은 식품의 공동구입 활동을 기초로 조직화되었으며 기본적으로 소비자운동이라는 성격을 띠지만, 일본의 시민형 생협은 단순한 소비자운동이 아니라 지역주민의 요구를 실현하는 운동과 긴밀하게 연결되어 '지역 생활협동운동'으로 출발했다. 이 같은 생협운동은 주로 대도시 교외의 단지와 같은 신흥주택지를 기반으로 발전하여 점차 구시 가지, 농촌지역으로 확대되었으며, 그 주체는 대개 전업주부였다. 따라서 이를 일컬어 "부엌에서의 한숨을 조직적 요구로 승화시켜간 것"[6]이라 표현한 사람도 있다. 이 같은 시민형 생협은 중앙조직이 있고 지부로 단위 생협이 있는 피라미드형 조직이 아니라, 지역 차원에서 자생적으로 형성되어 필요에 따라 자신이 원하는 생협 연합에 가입하는 네트워크형 조직이었다.

1960년대 말에 대두한 시민형 생협은 1970~1980년대를 거치며 지속적으로 성장하여 단위조직의 수와 규모뿐만 아니라 사업규모도 커졌다. 사업규모가 커지면서 초기 '지역생활의 협동'이라는 성격이 약화되고 시민형 생협이 단순한 '소비자생협'화 되고 있다는 비판도 제기되었다. 그러나 주부들의 네트워크형 조직인 생협은 조합원의 생활보호라는 생협 본래의 기능 외에도, 여성들의 사회적·정치적 주체화를 위한 훈련의 장이자 여성들의 힘을 결집시키는 연대의 장이 되었다. 예를 들어 생협의 하나인 생활클럽 생협은 안전한 식품을 싸게 구입한다는 슬로건을 내걸고 출발했으나, 이후 단순한 소비자로부터 '생활자'로의 변혁운동을 전개하였다. 소비자에 대해 생활자란 생산과 소비의 분단을 극복하고 생활의 전 과정에 주체적으로 관여하는 개인을 말한다. 생활자운동은 생산과 소비가 분리된 사회체계 자체와 그 체제 가운데서 수동적인 소비자가 된 개인의 라이프스타일과 아이덴티티의 문제를 제기하는 것이다. 이런 관점에서 생활클럽 생협은 재생휴지 등과 같이 독자규격에 따른 소비재를 개발하고 생태계를 파괴하는 합성세제추방과 비누사용운동 등과 같이 정치를 생활의 도구로 사용하기 위한 운동을 전개해왔다.

---

6) 田中秀樹,『消費者の生協からの轉換』, 日本經濟評論社, 1998, 48쪽. '시민형생협'이 라는 개념도 이 책에서 쓰인 대로 사용하였다.

5. 사회적 공정성을 추구하는 운동: 반차별·인권운동을 중심으로

소수자에 대한 차별철폐 및 인권확보를 위한 운동도 1980년대 시민운동의 주된 흐름에 속한다. 소수자란 양적인 의미에서의 소수라기보다는 사회적 약자라는 의미를 내포하며, 여성, 노인, 장애인, 소수민족 등을 포함한다. 전후의 일본국헌법은 개인의 존엄성과 기본권 존중을 주된 이념으로 하고 있으며, 출신 등으로 인한 차별을 금지하고 있다. 이러한 헌법정신에 따라 여성의 참정권이 인정되는 등 전전에 비해 인권상황이 나아지기는 했지만 사회적·제도적 차별은 좀처럼 사라지지 않았다. 따라서 전후 일본의 인권운동은 헌법을 운동의 이념적 기초로 삼고 전개되었다. 여기에는 천부인권이라고 하는 개인의 기본권과 시민권의 두 가지 측면이 모두 포함된다. 일본에서 제기된 대표적인 인권문제는 부락민(部落民), 아이누·오키나와인, 재일 한국·조선인, 여성 등에 대한 차별문제였다.

여성운동이나 소수민족운동 등 각 영역의 운동은 과거에는 서로 별 관련 없이 전개되어왔으나 1980년대 들면서 인권이라는 공통의 이념하에 연대의 기반을 갖게 되었다. 예를 들어 재일 한국·조선인 문제도 재일 한국·조선인이라는 특정한 집단의 특수한 문제가 아니라, 인권·시민권 개념을 축으로 재조명되어야 할 보편적인 문제의 하나로 새롭게 제기되었다. 이것은 각 소수집단이 갖는 역사적 특수성과 그 의미를 희석시킬 우려가 있지만, 사회적으로 운동의 공감대를 형성하고 저변을 확대하는 데 크게 기여한 것으로 평가된다.

일본에서 1980년대에 인권운동이 발전하게된 데는 급속히 진전된 '사람의 국제화'도 중대한 영향을 미쳤다. 1980년대 후반 일본에는 외국인 노동자의 유입이 급증했다. 초기에는 주로 노동현장에서 이들의 인권침해 문제가 논의되었으나 이들이 일본에서 결혼하여 정착하는 경향을 보임에 따라 1990년대에는 노동자 개인뿐만 아니라 그 가족의 생활문제도 중요한 쟁점으로 떠올랐다. 여기에는 기본적인 생활도구인 일본어 능력과, 자녀교육, 의료, 복지 등 다양한 문제들이 포함되었다. 이런 상황은 이미 1970년대 말부터 일본에 유입된 인도차이나 난민 가족에게도 해당되는 문제였다. 이러한 문제들에 대응하기 위한 시민운동이 1980년대 이후 크게 증대했는데 그 방향은 크게 두 가지로 나눌 수 있다. 하나는 이들의 기본적 인권이 보장될 수 있는 제도의 정비를 촉구하는 운동이며, 다른 하나는 이들이 안고 있는 다양한 생활상의 어려움을 지원하는 운동이다. 외국인의 존재뿐만 아니라 일본인들 가운데서도 외국적이나 이질적인 문화적 배경을 가진 사람들이 증대하여 근년 일본에는 초유의 '다국적화·다민족화·다문화화'라고 하는 상황이 대두하였으며, 이들 또한 단일민족국가였던 일본의 사회체계 속에서 여러 가지 곤란을 겪고 인권을 침해당하는 사례가 증대하였다.

이런 상황 속에서 근대 국민국가 체제 및 일본사회와 일본인의 폐쇄성에 대한 비판이 제기되었고, 소수자 혹은 이질적인 존재와의 공생(共生)하면서 일본사회와 일본인의 변혁을 모색하는 움직임이 일어났다. 즉 종래에는 소수집단의 권리운동이 그 소수집단의 문제를 해결하기 위한 것으로 간주되었으나 그것이 오히려 다수집단의 삶의 방식을 되돌아보게 하는 다수집단 자신의 문제라는 인식이 새롭게 등장한 것이다. 그런 의미에서 반차별·인권운동은 사회적 공정성의 확보와 동시에 좀더 근본적인 체제의 변혁을 추구하는 운동이라 하겠다. 이 운동은 종래의 '시민' 개념에 내포되어 있는 배타성을 비판하고 이를 극복하고자 하는 자기 반성적 운동이었다는 점에서 시민운동 전체에 큰 영향을 끼쳤다.

소수자운동의 또 다른 중요한 측면은 아이덴티티 추구이다. 이것은 두 가지 면에서 찾을 수 있는데, 하나는 '시민' 개념의 배타성에 대한 비판을 통해 소수민족, 여성, 장애인, 노인, 어린이 등 근대 산업사회와 국민국가 체제 차에서 '2급 시민', '비시민'으로 배제되었던 사람들의 존재를 재규정한다는 점이고, 또 하나는 이들이 하나의 주체로서 자립적인 생활을 할 수 있도록 능력을 계발하는 것을 중시하게 되었다는 점이다.

국제연합은 그동안 여성, 난민, 장애인, 어린이들의 권리에 관한 조약을 잇달아 제정했고, 일본정부도 이러한 조약들에 조인을 했다. 1996년에는 인종차별 철폐조약에 조인했으며, 일본국헌법이 국제규약은 법적 효력을 갖는다고 규정하고 있기 때문에 일본정부는 조약내용을 준수하기 위한 구체적인 조치들을 취해야 한다. 이런 상황을 배경으로 소수자의 인권에 관한 시민운동도 활기를 띠게 되었다.

6. 시민주권 확보를 위한 대안정치운동

시민운동은 본래 국가와 자본이라는 거대한 권력과 관리장치를 견제하고 그에 저항하여 생활자로서의 시민의 주체성을 회복한다는 의미를 내포하고 있다. 이런 의미에서 1980년대 이후 시민운동의 또 다른 큰 흐름은 시민주권을 확보하기 위한 대안정치운동이라 하겠다. 정치학자 다카바타케 미치토시(高畠通敏)가 시민운동을 '반정치적인 정치운동'이라 규정한 바 있듯이, 시민운동은 기성정치에 대한 강한 반발을 기저에 두고 정책 결정과정에 영향을 끼침으로써 실질적인 정치적 영향력을 행사하고자 했다. 당초 일본에서 시민운동이 등장한 것은 기존의 사회운동이 정치권의 이데올로기 및 당파적인 이해에 강하게 영향을 받는 현실에 대한 비판이 깔려 있었다. 따라서 시민운동은 정치적 이데올로기와 당파성, 그리고 집단의 논리가 아니라, 개인의 자각과 사상, 생활의 관점에 기초해서 정치에 대해 발언해나가는 것을 추구했다. 즉 시민운동은 단순히 비정치적인 것이 아니라 '정치주의자'가 아닌 생활인의 입장에서 정치에 적극적으로 관여해나가고자 했으며 그런 의미에서 '반정치적인 정치운동'이라 할 수 있다.

실제로 주민운동기 이래 시민들은 행정이 독점해온 공적 영역에 참가하는 방안을 다각도로 모색해왔고, 그것은 도시부를 중심으로 구체적인 정치운동으로 이어져 혁신자치체가 탄생하기도 했다. 그러나 혁신자치체가 퇴조하고 혁신정당에 대한 기대가 급속히 감퇴하면서 1980년대 이후 지방자치체 수준에서 정치의 틀 자체를 바꾸고자 하는 대안정치운동이 전개되었다. 즉 기존의 정당정치에 기초한 대의민주주의의 한계를 명확히 인식하고, 주권자로서의 시민이 적극적으로 정치에 개입하는 대안정치를 모색하게 된 것이다. 혁신자치체를 탄생시켰던 주민운동은 시민생활 및 복지를 정치의 중요한 주제로 등장시키고 지자체 행정에 시민참가제도를 도입하는 등 정치의 성격에 중대한 변화를 가져왔지만, 정치 리더십은 정당(그리고 노조)이나 행정에 있고 시민은 참가제도나 운동을 통해 정부에 요구를 하는 단계에 머물러 있었다. 그에 비해 1980년대 이후의 대안정치운동은 정치적 리더십 자체를 시민이 획득하고자 하는 좀더 적극적인 방식으로 전개되었다.

생활클럽 생협의 '대리인운동'은 그 대표적인 사례이다. 생활클럽 생협은 안보투쟁의 경험을 바탕으로 지역에 근거를 둔 시민운동을 창출하고자 한 청년 활동가들이 시작한 운동조직으로, 우유 공동구입으로 출발했지만 수동적인 소비의 장이 되어버린 가정의 영역을 교환가치가 아닌 사용가치의 차원에서 어떻게 재편할 것인지, 사용가치의 측면에서 기존의 생산·유통구조를 어떻게 비판하고 재편할 것인지, 또, 사생활 중심주의 확산과 서비스 경제화의 진전에 따라 해체된 지역사회를 '협동'이라는 가치에 의해 어떻게 '공(共)'적 공간으로 되살려낼 수 있을 것인지 등의 문제를 고민해왔다. 대리인운동은 그 연장선상에서 전개된 정치운동이다.

생활클럽 생협은 당초 식품의 안전성 확보 등 개인의 소비와 관련된 문제를 공동 구입이라는 형태로 해결해왔다. 그러나 학교급식과 교육, 쓰레기와 물 등은 생활에서 중요한 부분들인데 세금으로 운영되는 공적 제도임에도 불구하고 실질적으로 납세자가 그 운영에 관여할 수 없다는 의문을 갖게 되었다. 공적 제도를 운영하는 것은 정치의 영역에 속하며, 결국 정치가 시민생활의 구석구석까지 일방적으로 영향을 미치고 있음을 인식한 것이다. 따라서 납세자 주권의 회복을 위해 세금이 어떻게 쓰이는지를 명확히 파악할 수 있도록 의원을 내보내자는 주장이 제기되었고, 이는 1979년에 지방의회에 여성을 보내는 대리인운동으로 발전하게 되었다. 단, 생활클럽 생협은 지역에 따라 조직된 시기와 활동방식이 다르며, 대리인운동을 시작하게 된 구체적이 계기나 시기도 조금씩 다르다.

'대표'가 아닌 '대리인7)'이라는 용어에는, 대표자와 대표되는 사람들이 단절되어 있는 현실에 대한 비판과, 자신들이 대리인을 통해 지역을 통치한다는 의미가 함축되어 있다. 즉 대리인운동은 직접 민주주의적인 요소를 도입하여 시민자치를 실현시키려는 실험이며, 대리인은 지역에서 시민으로 살아가기 위해 잘 사용해야 할 하나의 생활용구로 파악하는 것이다. 따라서 대리인의 정치전문가화를 피하고 대리인을 보내는 측이 대리인에게 모든 것을 일임하는 것을 막기 위해, 대리인의 임기를 3기 12년(도쿄, 가나가와는 2기 8년)으로 제한하고 있으며 임기가 끝나면 다른 대리인을 의회로 보낸다.

생활클럽은 대리인을 의회에 보내는 데 그치는 것이 아니라 대리인이 대리인으로서의 역할을 제대로 수행할 수 있도록 뒷받침하기 위해, 지방자치체 수준에서 '생활자 네트워크(지역 네트워크라고도 하고, 줄여서 생활자 네트 혹은 네트라고도 함. 보통 앞에 지역명을 붙여 '도쿄 네트', '가나가와 네트' 등으로 부름)'라는 별도의 조직을 만들었다. 이 조직은 정치조직으로서 대리인의 선거모체가 되며 대리인의 의정활동에 대한 보수도 네트에서 관리하고 대리인에게는 일정한 활동비를 지급한다. 네트는 생활클럽 생협의 활동이념을 지방의회에 반영시키기 위해 물과 녹지, 쓰레기 등의 환경문제, 고령사회의 복지문제 등에 대해 일상적인 조사·학습활동을 하고 구체적인 정책제안을 시도하며 이를 통해 대리인을 뒷받침한다.

대리인운동은 여러 면에서 중요한 시사점을 주지만, 특히 그것이 제시

---

7) 생활자 네트는 2003년부터 '대리인'이라는 용어를 '네트 의원'으로 바꾸었다.

하는 대안정치의 내용을 두 가지만 지적해보겠다. 하나는 '생활정치'이며, 다른 하나는 '대안세력으로서의 생활자'이다. 대리인을 보낸 조합원들은 시민주권이 배제된 성지에 대한 비판정신을 바탕으로 생활의 배후에 감춰진 정치를 끌어냄으로써 '생활의 정치화'를 꾀하고, 대리인은 심의하는 문제 하나하나에 생활자의 관점을 투영함으로써 '정치의 생활화'를 꾀한다. 대리인운동은 주부들이 가족의 건강을 위해 안전한 식품을 확보하고자 하는 사적 이해와 관심에서 출발하여, 지역에서 생활상의 문제에 관한 공감대를 형성하고 이 공감에 기초한 생활공간으로서의 지역을 기반으로 생활자로서의 정치운동을 전개하여 생활과 정치를 결합시키는 과정을 잘 보여주고 있다.

한편, 대리인운동은 여성을 지방의회에 보내는 운동이지만 여기에 여성 정치인 또는 여성 정치리더의 증대라는 의미를 부여하는 것은 아니다. 그보다는 시민생활자로서의 여성들, 풀뿌리 차원의 여성들의 이해와 문제의식, 의사 등을 정치과정에 투영시킬 수 있는 직접적인 통로의 마련이라는 의미가 강하며, 지방정치의 주체는 생활자라는 이념을 구체적인 방법을 통해 실천하고 있다. 보통 주부들을 조직화하고 그들을 의회로 진출시킴으로써 대리인운동은 사적 공간에 매몰되어 정치와는 가장 거리가 멀 것으로 보이는 사람들을 대안정치의 주체로 끌어올렸다는 점에서도 중대한 의의가 있다.

시민적 리더십에 의한 대안정치의 모색은 1990년대 시민파 자치단체장들의 탄생에서도 그 예를 볼 수 있다. 최근 일본에서는 여성 자치단체장들이 잇달아 탄생하고 있는데, 그중 3명의 현역 여성시장은 정계나 관계가 아닌 민간출신으로 시민조직이 후보로 옹립한 시민파 혹은 무당파라는 공통점이 있다. 이들은 조직선거를 거부하고 시민주도의 볼런티어 선거를 시도하는 등 선거과정에서도 대안적인 방식을 채택하였다. 가부장적 문화가 강한 일본사회에서 지방자치제의 정책결정 및 집행을 총괄하는 수장에 관료출신도 아니고 정당조직의 기반도 없는 여성이 당선되었다는 사실은 여성의 의회진출과는 또 다른 중대한 의미를 내포한다. 여성 단체 장의 등장에 대해 매스컴에서는 이들이 '여성'이라는 점에 초점을 맞추어 화제로 삼는 경향이 있으나, 이들 무당파 여성시장들은 '여성의 정치세력 화'라는 맥락이 아니라 '시민의 세력화에 의한 지방정치 개혁'이라는 맥 락에서 파악되어야 한다.

최근 일본에서는 분권이 적극적으로 추진되면서 지자체의 개혁문제가 중요한 과제로 부상하고 있는데, 앞에서 든 대안정치 모색의 사례는 행정 개혁 같은 부분적 개혁을 넘어서는 좀더 근본적인 개혁, 즉 새로운 지역 리더십 창출에 의한 지자체 내부 지배구조의 변혁을 추구하는 시민운동 이라 할 수 있다. 이렇게 시민이 직접 정치에 진출하는 움직임과 더불어, 지역의 특정 정책을 둘러싼 시비를 주민의 직접투표로 결정하기를 요구 하는 주민투표조례 제정운동이 근년 급증하고 있는 것도 지역사회의 책 임 있는 주체로서 의사결정 과정에 참가하려는 흐름을 보여주는 사례라 하겠다.

7. 국제협력을 추구하는 시민운동

1980년대 이후 새롭게 발전한 시민운동 영역으로서, 국제협력·국제연 대를 들 수 있다. NGO활동 추진센터에 의하면, 현재 일본에는 약 400개 의 NGO가 활동하고 있으며(실제로는 그보다 훨씬 많을 것으로 추정됨) 그 대부분이 1980년대 이후에 설립되었다. 일본에서는 시민단체에 대해 일 반적으로 NPO라는 용어를 쓰고, 국제협력활동이나 인권 관련 활동을 하 는 단체들을 NGO라고 하는 경향이 있음을 감안한다면, 이들 가운데 상 당부분은 국제협력단체라고 할 수 있다.

일본에서 국제협력을 추구하는 시민운동이 급속히 성장하게 된 계기 는 1979~1980년의 인도차이나 난민에 대한 긴급 구원사업이었다. 이 시기에 일본으로 난민들이 유입되었으며 그에 따라 1979~1982년 사이에 국제협력을 위한 시민단체들이 40여 개 만들어졌다. 당초 난민에 대한 긴급 구원활동을 위해 결성된 이 단체들은, 난민들이 난민캠프에서 벗어나 다음 단계로 넘어가면서 이들에 대한 지원활동의 내용을 변화시켜가게 되었다. 난민들이 본국으로 귀환한 후에는 난민의 거주지역을 거점으로 하는 지원에서부터 배후에서 이들의 발전을 가로막는 환경을 극복하기 위해 점차 활동규모와 지역을 확대시켜갔으며, 활동내용도 이들의 능력을 개발하고 자립생활을 뒷받침하기 위한 교육, 직업훈련, 농업지도, 보건의료 등으로 다양해졌다.

국제협력이 중시되는 대표적인 영역 중의 하나는 환경운동이다. 1980년대 들면서 환경문제는 국지적인 것이 아니라 국경을 넘어선 전 지구적인 문제라는 인식이 확대되었다. 지구 생태계의 보존, 인간과 자연의 공존이라는 관점이 새롭게 도입됨에 따라, 환경운동에서는 국경을 넘어선 시민운동의 연대가 특히 중시되었다. 예컨대 '열대우림을 생각하는 모임'이라든가 '얼터너티브 트레이드', '페어 트레이드' 등은 이런 관점에서 활동을 하는 NGO이다. 이들은 영리와 효율을 추구하는 생산과 소비, 그리고 선진국 중심의 무역시스템 등 오늘날 인간사회의 지배적인 시스템에 대한 대안을 추구하는 활동을 하고 있으며, 여기에 환경문제가 핵심적인 요소가 되고 있다.

국제협력과 국제연대를 추구하는 시민운동은 일본의 지역사회 내부에서 이루어지는 활동도 포함한다. 1980년대에는 지방자치체의 국제화가 진전되어 자매도시 결연과 이를 중심으로 한 지역간의 교류가 증대했으며, 이에 따라 예컨대 홈스테이를 제공하거나 통역 자원봉사를 하는 등의 국제교류활동을 목적으로 하는 시민단체들이 증대했다. 지역 차원에서 이루어지는 국제협력 시민운동의 또 다른 흐름은 '국내의 국제화(內なる國際化)'라고 하는 일본의 '다국적화·다민족화·다문화화' 현상에 대응하여 일어난 것으로, 일본 거주 외국인들의 생활을 지원하기 위한 각종 활동들이

포함된다. 예를 들어 생활도구로 일본어를 가르치는 것(말이 서툰 외국인에게 말을 가르치는 경우와 말은 잘 하지만 글을 모르는 사람들에게 글을 가르치는 경우), 생활상담, 외국인노동자를 위한 진료, 요리교실과 같이 다문화를 이해하기 위한 장을 마련하는 것 등의 활동들을 다양한 시민단체들이 추진하고 있다. 이것은 앞 절에서 소개한 소수자에 대한 반차별·인권운동과 연결되는 부분이다.

8. 사회관계 재구축의 모색: 볼런티어·NPO·NGO

1990년대 들어 일본에서는 시민들의 볼런티어 활동과 민간 비영리 섹터, 즉 NPO 또는 NGO의 활동이 활발해졌으며 이에 대한 관심도 급속히 증대했다. 1995년에 발생한 한신·아와지 대진재(阪神·淡路大震災, 일명 고베 지진)는 이들의 활동을 전 사회적인 관심사로 부각시키고 그러한 활동을 위한 제도적 지원법안을 마련하는 직접적인 계기가 되었다. 그러나 이들을 위한 활동을 활성화시키려는 노력은 이미 1980년대부터 이어져오고 있었다.

과거에는 볼런티어가 '자발성, 무대가성, 이타성'을 기본적인 특징으로 하는 '봉사' 혹은 '자원봉사'를 뜻하는 개념으로 좁은 의미의 사회복지영역에서 주로 사용되었으나, 1980년대 들어 시민들의 다양한 지역활동을 포괄하는 개념으로 그 의미가 확장되었다. 즉 특정 개인에 대한 시혜적인 행위를 넘어서서, 공공성을 띠는 활동에 자발적인 의사로 참여하는 행위도 볼런티어의 범주에 포함되었다. 이것은 한편으로는 오늘날 개인의 생활의 질이 공공성을 매개로 확보될 수 있다는 인식에 기초한 것으로, 그런 의미에서는 이타적·시혜적이라기보다는 자조적(自助的)인 성격을 띠는 행위라 할 수 있다(제5장 참조).

1990년대 들어 볼런티어 개념은 '시민공익활동'이나 '사회공헌활동',

'사회참가활동' 등의 용어로 대치되는 경향을 보였다. 보수를 목적으로 하지 않는 자발적인 사회 참가활동이라고 규정하는 오늘날의 볼런티어 활동은 활동의 동기 면에서도 지역사회에의 참가와 자기실현, 공생(共生) 과 상호성에 기초한 것으로 변화되었다. 오늘날 볼런티어 활동은 '선행' 에서 '사회적 시민권'이라 할 수 있는 일종의 시민적 권리로까지 규정되 기에 이르렀다. 볼런티어는 소득을 목적으로 하는 경제활동이나 직업 영 역 등과는 또 다른 개인의 능력을 살릴 수 있는 사회참가의 통로가 된 것 이다. 근년에는 '복지 볼런티어', '생애학습 볼런티어', '국제교류 볼런티 어', '재해 볼런티어' 등 볼런티어의 분화 또는 전문화 현상을 보여주는 용어들이 일반적으로 사용되고 있는데, 이를 통해 폭넓은 사회 참가활동 이 볼런티어 활동의 범주에 속하게 된 것을 좀더 분명히 알 수 있다.

볼런티어와 NPO, NGO는 밀접한 관련이 있다. 보통 NPO는 비영리조 직, NGO는 비정부조직으로 번역되며, 두 용어의 초점은 다르지만 양자 는 종종 같은 의미로 사용된다. 다만, 한국에서는 시민단체를 지칭하는 용 어로 주로 NGO를 사용하는 데 비해 일본에서는 일반적으로 NPO를 사 용하며, NGO는 국제원조와 같은 국경을 넘어서는 활동을 하는 비영리단 체를 지칭하는 경우가 많다. 또는 활동의 목표나 이념이 보편성을 띠고 있는 경우를 NGO라 하기도 한다. 법인격 획득여부를 NPO, NGO의 요 건으로 보는 경우도 있지만 보통은 비법인 조직도 포함하는 넓은 의미로 사용된다. 볼런티어는 개인, 관계성을 중심으로 한 개념인 데 비해 NPO, NGO는 조직을 중심으로 한 개념으로, 전자가 개인의 주체적, 자율적인 사회참가, 자기책임 등의 메시지를 내포하고 있는데 비해, 후자는 이러한 개인들의 의식과 행동을 묶어내는 시민사회의 조직화 문제와 관련이 있 다. 현재 일본에서는 볼런티어 정신의 함양 뿐 아니라 그것이 실제행위로 구체화되고 그 행위가 지속적이고 체계적인 활동으로 조직화될 수 있는 체제 만들기가 중시되고 있으니, 그런 면에서 NPO, NGO는 중요한 의의 를 지닌다.

한편, 1997년 일본경제기획청이 실시한 '시민활동단체 기본조사'에 의하면, 비법인 시민단체의 8할 정도가 연간 재정규모 100만 엔 미만의 영세단체(3할 이상은 연간 10만 엔 미만)이기 때문에 볼런티어 노동력에 의존하지 않고는 활동이 불가능한 것으로 나타나고 있다. 시민단체의 과반수가 1980년대 이후에 탄생했고 1991년 이후에 활동을 개시한 단체가 전체의 4분의 1에 달한다는 사실에 비추어볼 때, 1980년대 이후 시민 볼런티어 활동의 증대가 시민단체의 증대를 뒷받침했고 동시에 시민단체의 증대는 볼런티어 활동의 장을 확대시켰다고 할 수 있다.

최근에는 시민활동에 대한 정부의 제도적 지원방안도 적극적으로 모색되어, 1998년에는 「특정비영리활동 촉진법」(일명 「NPO법」)이 제정되었다. 많은 시민단체들이 오래 전부터 시민단체 지원법 제정의 필요성을 제기해 왔으나, 고베 지진을 계기로 시민 볼런티어 활동에 대한 정책적 지원문제가 정부차원에서도 적극적으로 검토되어 법 제정에 이르게 되었다. 국가뿐만 아니라 지방자치체 차원에서도 가칭 볼런티어 조례나 NPO조례, 시민참가 조례 제정을 검토하는 노력이 이루어지고 있다. 또한 1990년대 후반 들어 행정과 민간 연구기관이 함께 시민활동에 대한 조사·연구를 하는 경우도 많아졌다. 예컨대 시민활동이나 조직의 실태를 파악하기 위한 조사·연구, 볼런티어와 관련된 시민의 욕구 혹은 수요를 파악하기 위한 조사·연구, 그리고 이들에 대한 지원체제 구축 및 지원방식에 대한 연구 등이 그것이다.

이러한 현상에 대해 한편에서는 비용절감을 위한 정부의 자원동원전략, 혹은 시민사회에 대한 통제라는 부정적인 평가를 내리는 반면, 다른 한편에서는 시민사회의 자율성, 자치역량의 증대라는 긍정적인 평가를 내리고 있다. 그러나 근년의 볼런티어, NPO 혹은 NGO 활동의 증대 및 그에 대한 행정의 지원노력은 어느 한 쪽으로 규정할 수 없으며, 그보다는 1980년대 이래 일본사회가 심대한 변화를 겪으면서 직면하게 된 새로운 과제들에 대응하기 위한 새로운 사회관계의 모색과정으로 파악할 수 있다.

최근의 볼런티어, NPO, NGO의 활성화는 작은 정부를 추구하는 정부의 행정개혁과 시민운동의 영역 확대를 배경으로 하고 있다. 재정적 한계와 조직의 경직성 등으로 인해 정부 섹터에 의한 일원적인 공공서비스 공급이 한계에 봉착한 상황에서, 최근 일본정부는 규모축소와 효율성을 추구하여 지방분권화와 민간 비영리 섹터의 역할 확대를 적극적으로 추진하고 있다. 이런 추세 속에서 지방자치체는 광범위한 공공서비스 공급 주체로서의 역할이 증대했으나, 지방정부도 역시 공공부문의 구조조정을 통해 효율성을 추구해야 하는 과제를 안고 있어 공공서비스 공급에 관해 민간 섹터의 다양한 활동주체와의 다원적인 협동과 연계를 모색할 필요성에 직면하게 되었다. 지자체의 NPO에 대한 관심은 이런 필요성을 배경으로 하고 있다.

이렇게 사회적 서비스의 공급주체가 중앙정부, 지자체, 영리기업, NPO 등으로 다변화되고 있는 가운데, 비영리 시민조직에 의한 사회적 서비스 공급은 종래의 시민운동과는 다른 일종의 사업으로 시민운동의 변질로 이해될 소지가 충분히 있다. 일본에서 NPO와 NGO를 거의 같은 의미로 받아들이면서도 어느 한 쪽으로 통일하지 않고 굳이 구분해서 사용하는 것은 바로 이런 점 때문이 아닌가 한다. NGO는 국경을 넘는 활동을 하는 단체, 즉 특정영역의 NPO를 뜻하기도 하지만 상대적으로 운동성이 강한 경우를 칭하는 경향도 있다. 그러나 사회적 서비스 공급과 관련된 사업을 하는 경우라도 NPO의 활동목적은 영리적인 데 있는 것이 아니며, 단체마다 얼마간 편차는 있겠지만 책임 있는 사회주체로서 공적 영역에 참가한다는 의미가 부여된다. 그 배경에는 시민의 요구에 충분히 대응하지 못하는 정부에 대한 불신감이 중요한 요인으로서 존재하지만, 다른 한편에는 국가-자본의 거대한 관리체계하에서 공적 영역과 분리된 사적 영역에 매몰되어 살아가며 단순히 행정에 의존하고 요구하는데 안주해온 존재로부터 적극적인 참가를 통해 시민사회의 새로운 공공성을 창출한다는 이념이 분명하게 존재한다.

1960~1970년대의 주민운동기 이래 시민들은 여러 형태로 공적 영역에 참가하는 길을 모색해왔다. 이 시기의 시민참가가 정부의 정책에 이의를 제기함으로써 압력을 행사하려는 운동성이 강했던 데 비해, 1980년대 이래로는 정책결정 과정에 참획(參劃: 참가보다 적극적인 의미가 부여된 용어)을 추구하는 형태로 발전했으며, 나아가 정책결정 과정뿐만 아니라 집행과정을 포함하는 전 과정에 다양한 형태로 참여를 추구하는 방향으로 발전하고 있다. 앞 절에서 살펴보았듯이 1980년대 이후 시민운동의 쟁점이 다양화되었고 1990년대 들어 시민운동의 영역은 더욱 확대되었다. 다양한 영역에서 많은 시민운동들이 조직되고 있는데, 시민운동은 행정의 관리·통제를 거부하지만 과거와 같이 저항·요구 중심으로 행정과 기본적으로 대립하기보다는 사회의 주체로서 시민주권을 확보하면서 또 하나의 주체인 행정과 새로운 관계를 설정하고자 하는 움직임을 보이고 있다. 행정이 보유하는 인적·물적 자원이 NPO보다 훨씬 우월하므로 상호간의 특성을 살려, 가지고 있는 힘을 발휘할 수 있는 다양한 방식이 모색되고 있다.

그러나 일본의 시민운동이 전적으로 이상과 같이 단선적인 방향으로 발전을 해온 것은 아니다. 앞에서 시민운동의 흐름을 단계별로 정리한 것은 전 단계의 시민운동이 소멸되고 다음 단계의 시민운동으로 넘어갔다는 의미가 아니라, 새로운 문제를 제기하는 새로운 시민운동이 대두하여 시민운동의 주된 흐름이 변화되어가는 양상을 보여주기 위한 것이다. 일본의 시민운동 전체를 어떤 한 가지 성격으로 규정하기는 어렵고, 다양한 시민운동들을 몇 가지 범주 혹은 계보로 분류한다면, 이 서로 다른 계보들이 중층적으로 전개되고 있다고 할 수 있겠다.[8] 예컨대 평화운동은 1950년대에 대두한 초기 시민운동의 주된 흐름이었지만, 새로운 영역의 시민운동들이 성장하여 강한 사회적 영향력을 발휘했던 시기에도 사라지거나 약화되지 않고 지속되어왔다. 다만, 초기에는 '반전'에 집중되거나

---

8) 마치무라 다카시, 「일본의 시민운동과 대안정치 ― 대안을 추구하는 주체의 계보」, 2000 참조.

이데올로기성이 강한 운동이었던 것이 지역주민의 생활침해에 대한 저항
과 연계되거나 환경파괴에 대한 저항과 연관되는 등, 시대에 따라 새로운
내용과 방식이 유입되면서 평화운동의 내용자체가 다양화되었다. 이것은
재일 한국·조선인운동이나 여성운동, 소비자운동 등도 마찬가지이다. 현
재 일본의 시민운동은 쟁점이나 사안에 따라, 혹은 지역에 따라 저항형,
요구형, 참가형 등 다양한 운동형태가 공존하고 있으며, 행정과의 관계도
일원적으로 설정되어 있지는 않은 상태라고 할 수 있다.

일본 시민운동의 가장 중요한 특징으로 꼽히는 것은 지역에 기반을 둔
운동으로 발전했다는 점이다. 일본의 시민운동은 주민운동을 통해 운동의
리더십이 지역에서 형성되어 계몽적인 지식이 주도한 엘리트 중심의 운
동이 아니라 풀뿌리 운동으로 발전하였으며 지역의 생활상의 문제해결을
추구하는 운동으로 발전되어왔기 때문에, 지역문제에 매몰되어 국가적인
문제나 보편적인 문제에는 무관심하거나 무력하며 사회 전체를 추동하는
힘이 약하다는 평가를 받기도 한다. 그러나 최근에는 지역이 이를 통해
전체의 변혁을 추구하는 거점으로서의 의의를 새롭게 부여받고 있으며,
보편적인 이념의 추구 혹은 국제연대 활동도 지역을 토대로 이루어지는
경우가 많다. 평화나 민주주의, 인권과 같은 가치의 실현을 목표로 하는
시민운동의 경우에도, 참가자들은 이를 추상적인 관념으로서가 아니라 생
활상의 구체적인 문제를 통해 인식하고 추구하기 때문이다. 일본에서는
메이지 시대 이래 국가의 의지를 관철하기 위해 지역사회를 조직화하고
지연에 기초한 조직을 통해 유지 중심의 지역지배구조를 확립시켰으며,
이는 보수정권의 기반이 되었다. 시민운동이 지역 단위에서 발전하는 것
은 새로운 시민적 지역 리더십의 확립을 통해 이러한 지역지배구조를 변
혁시킨다는 의미가 있다. 이것은 현재진행 중인 과정으로 일본 내에서도
지역에 따라 편차가 많으며, 과거의 지연조직들과 새로운 시민조직들의
관계도 일정치는 않다.

■ 참고문헌

마치무라 다카시. 2000, 「일본의 시민운동과 대안정치 — 대안을 추구하는 주체의 계
　　보」, 한신대학교 사회과학연구소 편.
이민우(편). 1998, 『일본의 NGO활동 연구』, 세종연구소.
한신대학교 사회과학연구소(편). 2000, 『시민운동과 대안정치: 새로운 시민적 지역리
　　더십의 모색』, 한신대학교 개교 60주년 기념 국제학술회의 발표집.
한영혜. 1995, 「볼룬티어 운동과 시민참가의 의미」, 한국산업사회학회(編), ≪경제와
　　사회≫, 도서출판 한울.
＿＿＿. 1996, 「어느 사회교육운동 집단의 생애사: 가와사키의 사회교육을 생각하는
　　모임」, 한국산업사회학회(편), ≪경제와사회≫, 도서출판 한울.
＿＿＿. 1999, 「생활대(生活臺)로서의 지역사회와 교육 — 쓰루오카(鶴岡) 생협의 교
　　육운동 사례를 중심으로」, ≪한림일본학연구≫, 한림대학교 한림과학원 일본학
　　연구소.
＿＿＿. 2000, 「오이타의 지역사회와 시민운동 — '생활학교'와 '그린코프생협 오이타'
　　사례를 중심으로」, ≪한림일본학연구≫, 한림대학교 한림과학원 일본학연구소.
＿＿＿. 2001, 「일본의 시민운동 담론의 형성」, 한국산업사회학회(편), ≪경제와사회≫
　　(특별부록), 도서출판 한울.
크리스챤 아카데미 한국사회교육원(편). 1996, 『일본 시민운동과 지방자치』, 도서출
　　판 한울.
天野正子. 1996, 『生活者とはだれか』, 中央公論社.
神奈川人權センター(編). 1997, 『國際化時代の人權入門』, 明石書店.
金子郁容. 『ボランティア―もうひとつの情報社會―』, 岩波書店.
國廣陽子. 1995, 「地域における'主婦'の政治的主體化 — 代理人運動參加者のアイデ
　　ンティティ分析から」, 地域社會學會(編), 『地域社會學年報 第7集 地域社會學
　　の新爭點』, 時潮社.
經濟企劃廳(編). 1992, 『平成4年版 國民生活白書 — 少子化社會の到來,その影響と
　　對應』, 大藏省印刷局.
經濟企劃廳國民生活局(編). 1994, 『個の實現を支える新たな絆を求めて』, 大藏省
　　印刷局.
＿＿＿. 1994, 『自覺と責任のある社會へ』, 大藏省印刷局.
＿＿＿. 1995, 『個人の自立と社會參加』, 大藏省印刷局.
＿＿＿. 1997, 『市民活動レポート』, 大藏省印刷局.
國民生活センター(編). 1997, 『戰後消費者運動史』, 大藏省印刷局.
佐藤慶行(外 編著). 1995, 『女性たちの生活者運動―生活クラブを支える人々―』, マ

ルジュ社.

社會保障研究所(編). 1996, 『社會福祉における市民參加』, 東京大學出版會.

高橋勇悅(外 編). 1996, 『高齡化とボランティア社會』, 弘文堂.

高畠通敏. 1997, 『戰後日本の政治思想』, 三一書房.

_____. 1993, 『生活者の政治學』, 三一書房.

田中秀樹. 1998, 『消費者の生協からの轉換』, 日本評論社.

田中尙輝. 1998, 『ボランティアの時代: NPOが社會を變える』, 岩波書店.

辻元淸實·早瀨昇·松原明. 2000, 『NPOはやわかり Q&A』, 岩波ブックレット, No. 511, 岩波書店.

地方議員政策研究會. 1998, 『地方から政治を變える』, コモンス.

電通總硏. 1996, 『NPOとは何か』, 日本經濟新聞社.

似田貝香門. 1994, 『都市社會とコミュニティの社會學』, 日本放送出版協會.

似田貝香門(外 編), 1986, 『リーディングス 日本の社會學10 社會運動』, 東京大學出版會.

ヒューライツ大阪. 1998, 『問われる多文化共生 ―敎育·地域·法制度の視點から―』, 解放出版社.

ボランティア白書編輯委員會(編). 1995, 『ボランティア白書1995 「ボランティアライフ」新時代』, 日本靑年奉仕協會(JYVA).

_____. 1999, 『ボランティア白書1999 わたしたちがつくる新しい「公共」』, 日本靑年奉仕協會(JYVA).

眞田是. 1995, 『部落問題の解決と行政·住民』, 部落問題研究所.

町村敬志. 1985, 「低成長期の社會運動」, ≪思想≫ No.737, 岩波書店.

松下圭一. 1975, 『市民自治の憲法理論』, 岩波書店.

松田道雄. 1990, 『私は女性にしか期待しない』, 岩波書店.

山內直人(編). 1999, 『NPOデータブック』, 有斐閣.

山梨學院大學行政研究センター(編). 1999, 『ボランティア活動の進展と自治體の役割』, 公人の友社.

渡戶一郎(編). 1996, 『自治體政策の展開とNGO』, 明石書店.

제3장

사회교육과 지역연대

새로운 지역연대 형성운동과 지역주민조직의 위상변화

1. 머리말

오늘날 가와사키(川崎)의 지역정책에서 사회교육은 상당히 큰 비중을 차지한다. 현재 교육행정 외에도 다수의 행정분야에서 사회교육과 관련된 사업을 실시하고 있다. 다니 도미오(谷富夫)는 커뮤니티 기반 형성의 두 측면으로 '물적(物的) 환경의 정비'와 '커뮤니티 의식의 고양'을 들면서, 가와사키에서는 후자와 관련하여 사회교육이 중시되고 있다고 보았다(谷, 1993: 15~18). 가와사키의 사회교육은 다니의 지적대로 커뮤니티 의식의 고양을 중요한 기능으로 하고 있지만 구체적인 행동과 그 주체가 될 개인 및 조직들을 창출함으로써 '의식'뿐만 아니라 '실천'의 차원에서도 지역연대 형성에 기여하고 있다. 이 글에서는 이러한 사회교육의 '지역연대형성' 기능에 초점을 맞추어 가와사키 사회교육정책의 전개과정과 구체적인 활동을 고찰하고자 한다.

1970년대 이래 일본의 지방행정에서 사회교육이 차지하는 비중은 급속히 커졌다. 그것은 고도 경제성장에 따른 사회구조와 생활양식의 변화에 따라 전통적인 지역사회가 해체되면서, 새로운 지역공동성의 창출과 지역

활성화의 기반이 될 지역연대 형성이 중대한 지역과제로 대두했기 때문이다. 정부는 지역정책의 중점을 커뮤니티 형성에 두었고 그 수단으로 사회교육을 중시했다.

한편, 고도성장의 부정적인 영향이 노정되기 시작한 1960년대 후반에 지역문제 해결을 행정에 요구하며 생활 방어 차원에서 일어났던 주민운동이, 1970년대 이래로는 주민 스스로가 지역문제 해결의 주체가 되고자 하는 방향으로 변화되는데, 이러한 주민운동의 흐름이 중앙/지방정부의 지역정책과 접점을 맺게 된 것도 사회교육의 발전에 중요한 요인이 되었다. 그 연장선상에서 1980년대에는 주민참가 또는 주민자치에 의한 지역연대 형성이 사회교육의 중대한 목표로 설정되기에 이르렀다.

물론 이는 주로 도시지역에 볼 수 있는 경향으로 일본의 모든 지방에 일반화될 수 있는 것은 아니다. 또 1980년대에는 시민의 권리로서의 '학습권'이라는 이념이 보급되고 공적 영역에 대한 주민참가를 추구하는 경향이 확산되었지만, 외형적으로 유사한 경우에도 구체적인 실천내용은 지방에 따라 많은 차이를 보이기도 했다. 가와사키는 진보적인 사회운동이 축적된 곳으로 1971년에 혁신자치체가 된 이래 여러 면에서 선진적인 정책을 취해 왔는데, 사회교육 영역에서 그러한 특성이 잘 나타나고 있다.

일본 지역사회의 통합기능은 주로 지연(地緣)에 기초한 주민 생활조직인 조나이카이(町內會)가 수행해왔다. 그러나 사회구조의 변동에 따라 오늘날의 조나이카이는 실질적인 지역통합 기능이 약화된 가운데, 행정의 하청조직으로 보수 정당의 정치적 기반이 되고 있다는 부정적인 평가를 받기도 한다. 하지만 역으로 새로운 지역공동성 창출을 위한 사회교육이 조나이카이와 결합되는 경우도 적지 않은데, 사회교육시설(동시에 조직이기도 함)인 공민관과 조나이카이가 실질적으로 연결되어 있는 형태가 그러한 경우이다. 가와사키 시의 사례는 이와는 다른 경우로, 사회교육으로 '시민'을 '육성'하고 이들의 조직화를 통해 지연조직과는 다른 차원에서 새로운 연대를 형성하고자 한다. 따라서 이 장에서는 가와사키 사회교육의 이러한 지향이 어떤 구체적인 정책과 활동들을 통해 추구되고 있는지 살펴보고자 한다. 단, 그 구체적인 정책과 활동은 가와사키 사회교육의 전반적인 흐름 속에서 보아야 그 성격을 좀더 잘 파악할 수 있기 때문에 우선 전후 일본의 사회교육과 가와사키 사회교육의 역사를 간단히 개괄해보기로 하겠다.

2. 전후 일본의 사회교육

1) '사회교육'의 뜻

일본에서 '사회교육'이라는 용어는 학교교육의 보급, 산업자본의 발전과 더불어 메이지 중기에 처음 등장했다.[1] 그러나 '사회'가 사회주의를 연상시킨다 하여 1912년(메이지 44년, 다이쇼 1년)에 통속교육이라는 용어로 대치되었다가, 1921년 문부성이 통속교육은 사회교육으로 환원했고, 1924년 다시 정부에 의해 사회교육이라는 용어가 공식적으로 사용되었다.[2] 일본의 사회교육에 해당하는 용어로 보통 영미에서는 'adult education', 독일에서는 'volksbildung', 프랑스에서는 'education populaire' 등의 용어가 사용되고 있으나, 각각이 의미하는 바가 반드시 일치하는 것은 아니다. 일본에서도 사회교육의 의미와 실질적인 내용은 시대에 따라 적지 않게 변화해왔으나, 일반적으로는 사회에서 이루어지는 교육을 총괄하는 말로, 좁게는 학교교육과 가정교육을 제외한 잔여 부분을 뜻한다. 일본의 「사회교육법」은 사회교육을 "「학교교육법」(1947년 법률 제26호)에 기초하여 학교의 교육

---

1) 19세기 말에는 山名次郎, 『社會敎育論』(1892), 佐藤善次郎, 『最近社會敎育法』(1899) 등의 저서가 간행되었다.
2) 야마모토(山本)에 의하면, 당시 사회사상, 사회문제 등, 사회라는 말이 널리 사용되고 있어 문부성도 이 말을 사용하여 사회를 선도하고자 했다고 한다.

과정으로 시행되는 교육활동을 제외하고, 주로 청소년 및 성인을 대상으로 하는 조직적인 교육활동(체육 및 레크리에이션 활동을 포함)"(中嶋, 星 1992: 347)이라고 정의하고 있다.

1980년대 들어 '생애교육',3) '생애학습' 등의 용어가 보급되어 흔히 사회교육과 혼용되고 있는데, 양자 사이에는 기본적인 차이가 있다. 1960년대에 처음으로 일본에 소개된 생애교육 개념은 창조적이고 개성적인 자기 개발을 꾀할 수 있는 학습권을 개인의 기본적 권리로서 모든 사람들에게 전 생애에 걸쳐 제도적으로 보장한다는 이념에 기초하고 있다.

그에 비해 메이지 시대 일본에서 만들어진 사회교육 개념은 사회가 주도해서 올바른 인간을 육성한다는 관점에 입각한 것으로, 기본적으로 공권력의 통제를 함축하고 있다. 따라서 공권력의 관료적 통제로부터 자유로운 국민의 자주적인 자기교육과 상호교육 활동이 사회교육의 본질이라는 이념적 정의를 내리는 경우도 있지만 기본적으로 사회교육은 국가나 지방의 공권력이 일정한 목적에 따라 시민을 대상으로 시행하는 학습·문화활동을 포괄적으로 지칭하는 개념이다.4) 그러나 이것은 반드시 공권력이 주체가 되어 교육내용을 제공하고 시민은 수동적으로 그 교육을 받는 객체가 되는 일방적인 관계를 상정하는 것은 아니다. 오히려, 시민의 자주

---

3) 생애교육은 1965년 파리에서 개최된 '제3회 세계 성인교육 추진 국제위원회'에서 당시 유네스코의 성인교육 부장이었던 폴 랑그랑(Paul Lengrand)이 처음으로 제시한 개념이다. 그가 제시한 'education permenante' 개념은 일본에서 처음에는 '영구교육'이라고 번역되었으나 뒤에 그 개념의 영역인 'lifelong education'을 번역한 '생애교육'이라는 용어가 일반화되었다.

4) 이 점에 관해 한 가지 지적할 것은, 일본의 「사회교육법」이 내포하고 있는 이념과 실제 사회교육행정 사이에는 괴리가 있다는 사실이다. 사회교육 연구자나 실천가들 사이에서 사회교육의 정의를 둘러싸고 논쟁이 계속된 근본적인 원인도 거기에 있다. 전후에 제정된 「사회교육법」은, 사회교육은 국민 스스로가 주체가 되는 자기 교육이며, 지자체 및 국가는 이를 측면에서 장려하고 원조해줄 의무가 있다고 언명함으로써 국가의 지휘·통제를 부정하고 있지만 실직적으로 사회교육을 행정이 대상으로 규기 또는 기자체의 정책을 기조로 공권력의 통제를 받아왔다. 따라서 이념과 실체 중 어느 쪽에 초점을 맞추느냐에 따라 사회교육의 정의는 달라질 수밖에 없었다.

적인 활동을 육성함으로써 구체적인 활동방향 및 내용설정이 시민주도·
시민참가로 이루어지는 현상도 볼 수 있다. 이 글에서 사회교육이라 함은
공권력의 직·간접적인 통제를 받으면서 그 궁극적인 목적을 특정 개인이
나 집단의 이익보다는 지역주민 일반 또는 지역사회의 문화고양 및 복리
실현에 두는 학습·문화활동의 체계를 뜻하는 것이라 할 수 있다. 즉 이
글에서는 사회교육을 민간의 교육·문화사업과 구분하여 공교육으로서의
사회교육이라는 의미로 한정하여 사용한다.

2) 사회교육 정책의 흐름

패전 직후인 1945년 9월, 패전의 충격과 그로 인한 혼란을 수습하기
위해 문부성은 '신(新)일본건설 교육방침'을 공포하여, 성인교육·근로자교
육·가정교육·도서관·박물관 등 사회교육 전반의 진흥을 도모하고 청소년
단체의 결성을 촉진하는 사회교육정책 방침을 밝혔다. 이어서 10월에는
문부성에 사회교육국이 부활되어 '청소년단체의 설치 및 육성에 관한 건',
'일반 장년에 대한 사회교육 실시요령에 관한 건', '여성교양 시설의 설치
및 육성에 관한 건' 등 사회교육 재건책을 속속 발표했다.

그러나 전후 일본사회교육의 실질적인 출발점은 공민관의 탄생(1946년)
과 「사회교육법」 제정(1949년)이다. 공민관은 패전 후 생활불안에 시달리
는 국민들에게 심리적 위안을 얻고 생활향상을 도모할 수 있는 장을 제공
하는 동시에, 평화주의와 민주주의 이념을 보급하는 것을 목적으로 설치
되었다. 공민관은 당시 기능이 마비된 시·정·촌 행정의 역할을 대신함으
로써 순식간에 전국에 보급되었다.[5]

한편, 1947년에 제정된 「교육기본법」에 의거하여 「사회교육법」이 1949
년에 제정됨으로써 사회교육은 처음으로 법률에 근거를 두게 되었다. 「사

---

5) 이 같은 중요성 때문에, 뒤에 제정된 「사회교육법」은 전문 57개 조 중 23개 조를 공민
관 규정에 할애했고, 그래서 「공민관법」이라고 불리기도 한다.

회교육법」은 자유민주주의 이념에 입각하여 사회교육의 뜻과 사회교육에 관련된 국가 및 지방 공공단체의 의무를 규정하였다. 여기서 사회교육은 국민 스스로가 주체가 되는 자기교육이며, 지자체 및 국가는 이를 측면에서 장려하고 원조할 의무가 있다고 규정했다.

1950년대는 전후 사회교육행정의 골격이 형성된 시기이다. 1952년에는 모든 시·정·촌에 교육위원회가 설치되어 교육행정의 독립과 지방분권화라는 기본 원칙하에 지방교육 행정기구가 확립되었다. 또한 「도서관법」(1950), 「박물관법」(1951), 「청년학급진흥법」(1953)등의 사회교육관계법이 정비되었고, 도서관·박물관·공민관·청년의 집·어린이문화센터 등 사회교육시설이 다양화되면서 시설 및 직원의 양적 증대와 기능적 분화가 촉진되었다. 사회교육의 중핵시설인 공민관은 빠른 속도로 보급되어 1958년에는 시·정·촌의 공민관 설치 비율이 88%에 이르렀으며, 시·정·촌 1곳당 공민관 수가 약 10관에 이르렀다.

1960년대에는 고도 경제성장에 따른 사회구조와 국민생활의 변화로 사회교육이 전반적으로 정체되었다. 산업화·도시화의 진전은 우선 농촌사회교육의 침체를 가져왔다. 종래의 사회교육은 공민관을 거점으로 하면서도 청년단·부인회 등을 주축으로 하는 단체활동이 중심이었는데, 산업화의 물결 속에서 많은 청년들이 도시로 유출되자 이러한 단체활동들이 쇠퇴했기 때문이다. 한편 도시에서는, 공해문제로 인해 촉발된 주민운동이 고양되면서 주민운동의 일환으로 다양한 학습활동들이 전개되었는데, 사회교육은 이러한 시민들의 자주적인 학습활동과 연계를 맺지 못하고 오히려 대치되는 양상을 보이기까지 했다. 또, 농촌과는 반대로 유입(流入) 청년들의 문제나 핵가족화와 주부의 취업 증대 문제, 청소년 비행 증대 문제 등이 새로운 과제로 등장했다. 경제성장에 따른 국가와 지방자치체 재정 호전으로 공민관은 시설이 확대되었지만 내실은 오히려 퇴보하는 경향을 보였다. 이 같은 전반적인 상황 속에서 사회교육은 종래의 단체 중심적인 방법과는 다른 방향을 모색하게 되었다.

1970년대 들어 일본의 사회교육은 자치성의 커뮤니티 정책과 밀접하게 관련되어 활로를 찾게 된다. 자치성은 1971년에 '커뮤니티(근린사회)에 관한 대책요강'을 발표하여 주민주체를 강조하고 지역적 연대의 회복과 창조를 통해 생활의 기본 단위인 근린사회를 적절한 인간성 회복의 장으로 만든다는 시책을 폈다. 사회교육은 커뮤니티 정책이 인간형성의 문제로 귀착되었기 때문에 커뮤니티 개념의 계몽과 주민동원 및 조직화 수단으로 중요시되었으며, 그에 따라 국고보조에 따른 사회교육시설 및 직원이 확충되었다. 1971년의 사회교육심의회 답신6)인 「급격한 사회구조의 변화에 대처하는 사회교육의 방향」은 생애교육의 관점을 사회교육의 재편성 원리로 도입할 것을 제안했으며, 이는 1970년대 일본 사회교육의 기본 지침이 되었다. 이 답신을 계기로 국민들이 생애의 각 시기별로 모두 사회교육 행정의 대상 범위에 들게 되었는데, 이는 커뮤니티 정책과 관련하여 사회교육의 발전을 촉진시키는 기반이 되었다.

1981년 중앙교육심의회의 답신 「생애교육에 대해서」로 막을 연 1980년대는, 1970년대에 사회교육의 개혁과 재편 원리로 도입되었던 생애교육론이 교육제도 전체의 개혁·재편 원리로 확산되는 동시에, 교육개혁이 행정개혁과 일체가 되어 추진되는 시기로 특징지을 수 있다. 1984년에 발족한 임시교육심의회(임교심)에서는 행정용어에서 생애교육을 생애학습으로 통일시키고, '생애학습체계로의 이행'을 키워드로 4차에 걸쳐 교육개혁안을 제출하였다. 이에 따라 정부는 문부성의 사회교육국을 생애학습국으로 바꾸고, 1990년 「생애학습진흥을 위한 시책추진 체제 등의 정비에 관한 법률」(「생애학습진흥법」)을 제정했다. 생애학습의 진흥에 관한 도·도·부·현의 사업과 그 체제, 민간 사업자를 활용한 지역 생애학습 기본구상, 국가와 도·도·부·현에 생애학습심의회 설치 등을 골자로 하는 「생애학습진흥법」은 많은 비판과 논란을 불러일으켰다. 특히, 민영화와 시장화의 논리가 사회교

---

6) 정부(중앙 또는 지방)의 자문기구로 조직된 심의회 등에서는 정부의 요청에 따라 어떤 문제에 관해 검토하여 정리한 내용을 '답신'으로 정부에 제출한다.

육에 도입되었다는 점, 생애학습심의회가 교육위원회가 아닌 도·도·부·현에 설치됨으로써 교육행정의 독립성을 지키기가 어렵게 되었다는 점 등이 중대한 문제점으로 제기되었다.

3. 가와사키 사회교육의 전개과정

가와사키 시의 사회교육은 기본적으로 앞 절에서 개괄한 정부정책의 흐름에 어느 정도 종속되면서도 나름대로 독자적인 방향을 모색하며 전개되어왔다. 가와사키의 경우도, 패전 후 1948년경까지는 사회교육이 청년단이나 부인회 등을 중심으로 이루어졌다. 청년단과 부인회는 당시 GHQ에 의해 해체되었던 조나이카이를 바탕으로 만들어진 것이다.7) 「사회교육법」이 제정된 1949년에 이르러 비로소 가와사키에서는 성인학교 창설과 함께 현대적인 공적 사회교육이 시작되었다. 1950년에는 교육위원 선거가 시행되었고, 최초로 공선제로 구성된 교육위원회가 1951년 4월부터 정식으로 발족함으로써 사회교육 행정체계가 갖추어졌다.8) 또한 1949년부터 1953년 사이에 가와사키(川崎: 가와사키 시내의 행정구), 이나다(稲田), 나카하라(中原), 다카츠(高津)에 차례로 공민관이 설치되었다. 1950년대 말에서 1960년대 초까지 가와사키 사회교육에서 중요한 비중을 차지한 것은 청년학급이었다. 1958년부터 현립 공업고등학교의 협조

---

7) 예를 들어 부인단체의 경우, 1946년에 시내 15개 조나이카이 유지들(주로 주부)이 모여서 부인연맹(현재의 부인단체연락협의회)을 결성했고, 이를 시발로, 1947년에는 10개 단체, 1948년에는 14단체가 조직되었다. 부인회는 친목도모, 교양·생활기술 습득, 복지 등의 다양한 활동을 했고 행정이 실시하는 계발사업에 대한 협력도 중요한 활동에 속했다.
8) 교육위원회 공선제는 1948년에 시행된 「구(舊)교육위원회법」에 의거한 것이었는데, 당초 도·도·부·현의 5개 대도시를 제외하고는 전국적으로 극히 저은 수의 지역에서만 공선을 실시했다. 가와사키는 제2회 때인 1950년에 처음으로 공선을 시행했다(川崎·市民フォラムの會, 『かわさき市民の市政白書』, 1993, 442쪽).

를 받아 '유입 근로청소년'들을 대상으로 한 공업 청년학급을 개설했는데, 이는 1953년에 제정된 「청년학급진흥법」에 의거한 것이다. 전후 몇 년 동안 가와사키에는 직장 연극서클들이 많이 있었는데, 한국 전쟁을 계기로 '아카(赤)(=불온)'라는 이유로 대개 해산되었으며 그 후, 노동운동과 주민운동기를 거치면서 공적 사회교육은 시민의 자주적 학습운동과 분리된 채 전개되었다. 가와사키의 사회교육도 1960년대에는 새로운 방향을 모색하지 않으면 안 될 단계에 이르렀다.

가와사키의 사회교육이 양적·질적 발전을 이루어 오늘날과 같은 사회교육 체계가 대체로 형성된 것은 1970년경부터 1980년대 중반에 이르는 시기이다. 이 시기에는 가와사키의 사회교육 시설이 확충·정비되었고, 시설을 중심으로 많은 학급과 강좌들이 개설되었으며, 그동안에 학급과 강좌를 거쳐간 사람들의 다양한 그룹이 형성되어 자주적인 학습·문화활동을 전개했다. 중앙 정부의 커뮤니티 정책은 가와사키 사회교육의 이러한 발전에 중요한 배경이 되었다. 우선 사회교육예산의 상당 부분을 국가 보조금으로 충당했다. 따라서 국가의 직접적인 통제를 받지는 않더라도 어느 정도는 제약을 받을 수밖에 없었다.

사회교육위원회가 1970년도에 '가와사키 시 시민관 계획(약칭 시민관 계획)'을, 1973년도에는 '가와사키 시 사회교육시설의 기본계획과 새로운 중간시설(공민관) 구상(약칭 중간시설구상)'을 제출한 것을 출발점으로, 가와사키의 사회교육 시설정비 및 체계화가 시작되었다.[9] 1949~1953년에 설치된 공민관들은 기존의 시설 일부를 빌어 개설되었기 때문에 점차 증가하는 활동에 대응하기에는 비좁고 낡은 실정이었다. 그 때문에 학습그룹들은 일찍부터 사회교육 전용시설의 건설을 요망하고 있었다. 시민관 계획은 도시화가 진전됨에 따라 다양화된 시민들의 요구에 부응할 수 있는 사

---

9) 그밖에도 1971년도에 '생활 속의 도서관', 1972년도에 '가와사키 시의 바람직한 박물관'을 제출하였다. 시민관 계획에 앞서, 1963년에는 '공민관의 존재방식에 대해서'라는 의견서가 제출된 일이 있다.

회교육체제를 갖출 필요성 때문에 구상된 것인데, 커뮤니티 정책과 관련한 사회교육 발전정책도 중요한 배경요인의 하나였다. 시민관은 「사회교육법」에 규정된 공민관에 해당하는 시설로서, 전문직원(주사, 사회교육주사 자격 소유자)을 배치하여 각종 학급·강좌를 개설하고 시민집회나 그룹활동 및 휴게의 장으로 이용하도록 되어 있다. 1967년도에 가와사키 구에 산업문화회관이 건설되면서 가와사키 공민관은 그 일부로 흡수되었고, 1972년부터 가와사키 시의 제2차 종합계획의 일환으로 시민관 계획이 구체화되기 시작하여 1982년까지 네 곳에 시민관이 건설되면서, 과거의 공민관 기능은 시민관으로 통합되었다. 또 기존의 행정구에서 분구된(1982년) 두 행정구에도 1985년까지 시민관이 건설되어 현재와 같은 각 행정구에 1관씩 총 7관이 설립되었다.

시민관 구상에 이어 제출된 '기본계획과 중간시설 구상'은 각종 시설들을 거점으로 하는 가와사키 시의 새로운 사회교육 체계형성에 대한 비전을 제시한 중요한 건의서로서, 이후의 사회교육 시책은 이를 기초로 전개되었다. 이 건의서는 가와사키 시를 '근린 거주구', '일상생활권(중학교구)', '제2차 생활권(행정구)', '광역권(전 시역)'의 네 단계로 나누어, 각 단계에서 사회교육의 거점이 될 시설들을 정비하고 행정당국(교육위원회)과 각 시설, 그리고 시설 상호간의 체계적인 관련망을 형성함으로써 좀더 효율적인 사회교육 체계를 확립할 것을 제안하였다. 시민관은 도시형 사회교육시설로 구상된 것이지만, 관할구역이 너무 넓어서 모든 주민들이 쉽게 이용하기는 어렵고 일상생활과 관련된 문제를 다루기도 부적합하다는 점 때문에 일상생활권의 사회교육 거점시설로서 중간시설(공민관)을 구상하게 된 것이다. 지역생활의 가장 말단이라 할 수 있는 근린 거주구 단계에서는 조나이카이회관과 자치회관이 거점시설로 상정되었다. 조나이카이회관과 자치회관은 주민자치 시설이지만, 사회교육 행정기관과의 협력하에 조직적인 사회교육 프로그램을 도입해서 실시하는 경우도 있었다. 1980년대 들어 중대한 변화가 일어나기까지, '광역권(전 시역; 사회교육센터)—2차 생활권(행정구; 시민관)—일상생활권(중학교구; 공민관)—근린 거주구(조나이카이관; 자치회관)'의 거점시설 연계망을 형성하는 것이 가와사키 사회교육의 주된 정책방향이었다.

이러한 사회교육 정책이 주민운동과 접점을 이루게 된 것을 이 시기의 특징으로 꼽을 수 있을 것이다. 주민운동기를 통해 형성된, 혹은 사회교육 강좌 등을 계기로 결성된 시민들의 자주적 학습·운동그룹들은 당시 집회시설 건설을 강력히 요구했다. 즉 주민이면 누구나 언제든지 이용할 수 있고 시민의 학습욕구에 대응할 수도 있는 지역의 센터를 걸어서 다닐 수 있는 장소에 건설해달라는 것이었다. 이러한 주민들의 요망이 사회교육위원회가 1973년에 제출한 '중간시설구상'과 합치되면서 적극적인 운동으로 발전했다.10) 그런데 이 같은 시설요구 주민운동을 전적으로 자발적 결사체가 주도한 경우라도 그 전개과정에서 조나이카이와 협력하게 되는 경우가 대부분이었다. 우선, 시설을 설치하는 지역주민들의 합의가 형식상으로라도 필요했고 행정당국과의 실질적인 연결도 조나이카이를 통해 이루어지는 경우가 많았기 때문이다.

또한, 시민관 등 현장에서 시민과 직접 대면하며 일하는 공무원들이 주민들과 함께 자주적인 학습·운동그룹을 형성하게 된 것도 이 시기의 중요한 특징이라 하겠다. 그 대표적인 예인 '가와사키의 사회교육을 생각하는 모임'은 이 시기의 사회교육 상황을 상징적으로 표현하는 단체로, 1977년에 결성되어 1987년에 해산할 때까지 ≪남부센(南武線)≫이라는 일반 시민을 독자층으로 하는 회보를 총 100호 발간하여 사회교육정책 및 시민들의 자주적 활동 등에 대한 정보를 제공하고, 이를 기초로 사회교육의 현황에 대해 반성하고 독자적인 방향을 모색하면서 가와사키 사회교육의

---

10) 일례로, 1987년에 중간시설로는 최초로 건설된 스가오(菅生) 분관은, 스가오 소학교의 PTA활동을 통해 알게 된 주민들이 만든 학습그룹과 다른 단체들이 함께 '스가오 분관을 일으키는 모임 (盛り上げる會)'을 결성하여, 1975년 10월에 시장에게 진정서를 제출한 이래 12년에 걸쳐 주민운동을 펼친 성과였다. かわさきの社會敎育を考える會, 『線路はつづく…』(≪南武線≫ 縮刷版, 創刊號-100號, 1887, 31쪽).

흐름에 큰 영향을 끼쳤다. 이 시기는 지방자치체 직원들의 자주적인 정책
연구활동이 급격히 증대된 시기로,[11] 일선 직원들의 이 같은 정책 결정과
정 참가는 일종의 시민운동석인 성격을 띠는 것으로서 주민운동과 진화
력이 있었다. 가와사키의 사회교육을 생각하는 모임은 그러한 흐름을 배
경으로 탄생한 것이라 하겠다.

1980년대, 특히 1980년대 중반 이후의 사회교육은 지역 교육운동이라
는 맥락 속에서 파악해야 할 것이다. 가와사키 시는 임교심과 「생애학습진
흥법」으로 상징되는 국가의 교육개혁 정책에 종속될 수밖에 없는 상황에
서, 가능한 한 가와사키다운 독특한 정책방향을 설정하기 위해, 1984년에
가와사키 시 교육간담회(약칭 간담회)를 설치하고, 가와사키 교육시민토의
(약칭 시민토의) 사업을 시작했다. 그 배경에는, 비행, 폭력, 괴롭히기(이지메
いじめ), 등교거부 등 어린이나 학교·교육을 둘러싼 심각한 문제가 있었고,
'밑으로부터의, 시민합의의' 교육개혁운동은 그 문제의 해결을 목표로 하
는 것이기도 했다. '생애학습의 시점에 선, 지역으로부터의 교육개혁'을
목표로 한 시민토의는, 1984년 7월 14일 나카하라 시민관에서 시 집회가
열린 것을 출발로, 2년간 소학교구별, 행정구별, 혹은 과제별로 242개소에
서 개최되어, 연 인원 4만 명이 참가했다.[12] '간담회'는 여기서 나온 의견
과 발언 등을 정리하여 1986년 1월에 「활력 있는 가와사키의 교육을 목표
로(いきいきとした川崎教育をめざして)」라는 보고서를 제출했다. 이를 통해
간담회는 지역의 교육력을 높이기 위해 시민참가및 시민자치에 의한 생애
교육 구상 만들기를 제언했다. 보통 「이키이키 리포트」라고 하는 이 보고

---

11) 瀨沼克彰, 『市民文化と自治體』, 大明堂, 1987, 45~48쪽.

12) 2,500만 엔의 예산이 책정되어 시행된 시민토의 사업은 일종의 직접 민주주의적인 시
   민참가방식이라는 의미를 부여받기도 했는데, 자녀교육을 주제로 한 행정 주도의 시민
   학습운동과 같은 것이었다. 당시의 교육장은 가와사키의 사회교육을 생각하는 모임과
   의 인터뷰에서, 이것을 "나카소네 임조(臨調)의 가와사키 시 판"으로 인정하면서, 그렇
   지만 섬세한 운영을 통해 가와사키 나름의 독자적인 성과를 내려 한다는 입장을 밝히
   고 있다. 『線路はつづく···』, 1987.

서는 오늘날까지 가와사키 시 교육정책의 근간이 되고 있으며, 이 제목을 본떠 1980년대 중반부터를 '이키이키 시대'라고 하게 되었다. 「이키이키 리포트」에서 제언된 교육개혁 방향과 구체적인 시책들은, 간담회가 보고 서를 제출하고 1986년에 해체된 뒤에도 행정기관 내부와 지자체 직원들 의 자주적인 연구회와 학습회에서 계속 논의·검토되었다.13)

한편, 사회교육 위원회의에서도 2년간 연구협의를 통해, 1990년 3월에 「가와사키 시의 생애학습추진을 위한 체계와 방법」이라는 의견서를 제출 했다. 이어서 1990년 9월에는 '가와사키 시 생애학습추진 기본구상 책정 조사위원회'가 발족하여 이듬해 '기본계획 책정조사위원회'로 개칭되었 고, 잇달아 각 행정구마다 '행정구 생애학습추진 기본계획 책정조사위원 회'가 설치되었다. 기본구상 책정조사위원회는 보고서 「가와사키 시 생애 학습추진 기본구상」('기본구상」)에서, 지역에 뿌리박은 시민의 생애학습의 발전을 통해서 교육개혁의 힘이 창출된다는 점을 강조하면서 학습활동의 충실화를 통한 지역창조를 주장했다. 「이키이키 리포트」가 청소년 교육의 문제상황에서 출발하여 교육개혁을 추구하고 지역의 교육력 증진을 그 근본적인 방안으로서 기대한 데 비해, 「기본구상」은 지역의 교육력 증진 자체에 초점을 맞추고 생애학습체제의 확립을 통한 지역창조를 강조하게 된 것이다. 1990년대 들어 현재까지, 사회교육은 이 '생애학습추진체제' 하에서, '생애학습'이라는 이념을 홍보·계몽하는 데 가장 중요한 역할을 수행하고 있다.

---

13) 이에 관한 직원들의 연구모임으로서 대표적인 것을 들자면 가와사키 교육개혁 협의회 가 있다. 이 모임은 가와사키 교직원조합과, 시 직원노동조합의 교육지부 및 민생지부, 그리고 가와사키 지방자치 연구센터의 직원들이 모여서 1988년에 발족한 것이다.

4. 사회교육과 지역연대 형성: 시민관 활동을 중심으로

1) 시민관 활동의 개요와 활동지침

시민관은 「사회교육법」에 규정된 공민관에 해당하는 시설로, 교육위원회에 소속되며 가와사키 시의 공적 사회교육 활동의 중심이다. 다른 행정부국의 관할에 속하는 시설들과 커뮤니티센터 같은 민간시설들에서도 사회교육 관련 활동들이 이루어지고 있지만, 시민관은 무엇보다도 전문직원이 배치되어 있다는 점이 다른 시설들과 다르다.[14] 현재 각 행정구에 1관씩 총 7관의 시민관과 3관의 분관이 있으며 각 시민관에는 시민관 사업에 대한 검토와 조언을 목적으로 하는 운영심의회가 설치되어 있다.[15]

시민관 활동은, 성인교육·청소년교육·문화진흥 및 시청각교육사업·단체육성 등, 크게 네 영역으로 나뉜다. 그리고 이 모든 영역에서 구체적인 활동 혹은 사업내용을 정하는 데 지침이 될 시책방향으로서 다음과 같은 다섯 가지를 설정하고 있다.

① 학습활동에 대한 대응
② 청소년 건전육성에 대한 대응
③ 고령화사회에 대한 대응
④ 주민자치에 기초한 지역연대에 대한 대응
⑤ 환경정비에 대한 대응

---

14) 전문직원의 배치는 행정의 통제수단이며, 시민문화의 자율성을 상실한다 하여 이 제도를 비판하는 입장도 있으나, 반대로, 자주적인 시민문화는 어디까지나 이상일 뿐, 현실적으로는 전문직원이 존재하지 않을 경우 공민관은 지역유지의 지배하에 놓일 가능성이 크다는 입장도 있다.
15) 1987년까지는 가와사키 시 전체에 시민관운영심의회가 하나만 설치되어 있었다. 시민관 운영은 지역특성에 맞게 이루어져야 한다는 주민그룹들의 요구에 따라, 1988년도부터 시민관 별로 설치되었다.

이 원칙들 중 네번째 '주민자치에 기초한 지역연대에 대한 대응'은, 커 뮤니티 정책기부터 '이키이키 시대'를 거쳐 생애학습추진 체제기인 오늘 날에 이르기까지 사회교육정책의 근간이 되는 가장 중요한 지침이다. 각 시책에는 하부 지침들이 있는데, 이 네번째 원칙의 하부지침들은 다음과 같다.

① 사회교육 관계단체 및 학습그룹의 자주적 활동촉진
② 인권·평화·지역문제에 대한 이해를 심화시키는 학습추진
③ 국제이해 증진 및 교류추진
④ 자원봉사 활동 및 자원봉사 그룹과의 연대추진
⑤ 지역 문화활동 추진

즉, 이 지침들을 통해 '지역'과 '국제'를 두 가지 기본 축으로 하고 양 편 모두와 관련되는 보편이념으로 '인권·평화'를 추구하며, 이들 과제를 실천하기 위해 다양한 그룹들과 연대를 도모하고자 함을 엿볼 수 있다. 여기서 '국제'와 '인권·평화'라는 보편이념이 '지역연대'의 실현을 위한 하부 지침으로 되어 있는 것은 흥미로운 사실이다. 그것은 1982년 6월에 핵병기 철폐 평화도시 선언을 하고, 늘어나는 외국인을 같은 가와사키 시 민으로서 받아들여 열린 지역사회를 창조하자는 혁신시정이 추구하는 지 역상과 이념이 반영된 것인 동시에, 오늘날 가와사키의 지역문제, 다시 말 해 지역통합을 위해 극복해야 할 문제와 관련이 있음을 말해준다.

그러면 이상에서 고찰한 활동지침이 어떤 구체적인 사업으로 구현되는 가를 살펴보기로 하자. 앞에서 든 네 가지 사업영역 중, 시민관 사업의 중 심이 되는 것은 성인교육사업이며 그 주축을 이루는 것은 학급·강좌들이 다. 우선, 이 절에서는 청소년을 포함한 일반 시민을 대상으로 하는 성인 교육과 청소년교육 사업을 간략히 살펴보고, 다음 절에서 '주민자치에 의 한 지역연대'의 측면과 보다 직접적인 관련이 있다고 생각되는 사례들을 좀더 상세히 고찰하겠다.

2) 성인교육활동

사회교육의 주축이 되는 성인교육은 <표 3-1>과 같은 다양한 사업들을 포함하고 있다. 이 학급·강좌들은 대개 시민관에서 기획하여 실시하지만, 고등학교 개방강좌 및 대학 공개강좌는 협력 학교에서 열리며, 고령자교실은 각 지역의 학습 관련 시설과 노인클럽의 협력을 얻어 실시되는 경우가 많다. 위탁 가정교육 학급은 각 소학교의 PTA에 가정교육학급을 개설하여 운영을 위탁한 것으로, 1992년(1993년 3월까지) 현재 132개 소학교 PTA에서 실시하고 있다. 또, 인권존중학급과 식자(識字)학급은, 시민관과는 별도로 후레아이관(ふれあい館)16)에서도 시 교육위원회의 위탁을 받아 시행하고 있다. 각 사업들이 처음으로 실시된 연도를 보면, 초기(1960년대까지)의 사회교육은 성인학교, 여성학급, 고령자교실, 가정교육학급, 그리고 1964년에 개설된 청년교실 등의 대상을 중심으로 한 단순한 형태의 학급·강좌로 이루어져 있었으며, 지역과제를 다루거나, 국제화·평화·인권 등의 이념을 지향하는 강좌들은 거의 1980년대 중반 무렵부터 개설되었음을 알 수 있다.

아래 표에 기술된 강좌들 중 '주민자치에 기초한 지역연대' 및 그 하부지침들과 관련이 있는 강좌들을 뽑아보면, 생애교육 영역에 속하는 지역세미나와 환경보호 실천강좌, 평화·인권교육 영역에 속하는 평화·인권존중학급과 식자학급(일본어 자원봉사자연수 포함), 가정교육 영역에 속하는 위탁 가정교육학급과 육아교류집회, 여성교육 영역에 속하는 여성 자원봉사자 강좌와 사회교육 관계 단체활동촉진 사업의 일환인 성인 자주그룹육성 지도자파견, 그리고 기타로 분류된 사회교육 연구집회 등이다. 그 외의 학급들은 주로 교양·취미·생활기술 등의 습득을 목적으로 하는 것이다.

---

16) 후레아이관은 사단법인 청구사가 그 운영을 위탁받고 있는 사회교육시설로, '사회교육 관련시설'로 규정되어 있다. 후레아이관에 대한 상세한 내용은 『일본의 도시사회』 제4장을 참조할 것.

<표 3-1> 주요 성인교육 사업

<사업영역>	<사업명> *( )안은 사업개시 연도
생애교육	성인학교(1949), 시민대학강좌(1970-産文, 문화대학), 지역세미나(1984, 위탁-1987), 방송이용학급(1985, 실험학급-1972), 환경보호 실천강좌(1991), 고등학교 개방강좌(1991), 대학공개강좌(1992)
평화·인권	평화·인권존중학급(1985), 평화교육학급과 인권존중 학급 통합(1992), 사회인 교육학급(1982), 식자학급(1990), 일본어 자원봉사연수(1992)
가정교육	뉴커플 세미나(1981-보건소와 협력), 乳幼兒학급(1974-보육활동 사업병설), 가정교육학급(1964), 위탁가정교육학급(1983), 육아교류집회(1989)
여성교육	여성학급(1959), 여성 직업생활 준비세미나(1986), 여성 자원봉사자강좌(1976)
고령자교육	고령자교실(1963-쓰루가메(鶴龜)·오다(小田) 노인학급, 지역개설사업-1985)
사회교육관계 단체활동촉진	성인 자주그룹육성 지도자파견(1979), PTA 지도자연수(1985)
기타	사회교육 연구집회(1974, 각 관별 개최-1978)

주) 1. '시민대학강좌'는 산업문화회관에서는 '문화대학'으로 개설.
　　2. '평화·인권존중학급'은 '평화교육학급'과 '인권존중학급'이 1992년에 통합된 것.
　　3. '뉴커플 세미나'는 보건소와의 협력사업
　　4. '유유아(乳幼兒)학급'은 보육활동사업이 병설되어 있음.
　　5. 사이와이와 나카하라에서는 '육아교류집회'를 '가정교육 지역교류사업'이라 칭함.

이들 중에도 학습내용이 지역과제나 보편적 이념과 연결되는 부분이 있는 경우가 있지만, 그에 대한 분석은 다음 기회로 미루고 이 절에서는 설치목적 자체가 지역연대나 보편적인 이념을 추구하는 학급을 중점적으로 보려고 한다. 지역세미나에 대해서는 다음 절에서 별도의 사례로 소개하고, 여기서는 그 외의 학급들에 대해서 간단히 소개하기로 한다.

(1) 환경보호실천강좌

그 전부터 게이힌 공업지대를 중심으로 한 공해문제가 심각했던 가와사키에서는 일찍이 1976년부터 성인학교에서 가와사키의 대기오염 문제에 관한 강좌를 개최하는 등 환경문제와 관련된 사회교육사업을 다각도로 실시해왔으며, 그 흐름을 배경으로 1992년부터 환경보호 실천강좌가 국가의 보조를 받는 사업으로 나카하라·다카츠 두 시민관에 개설되어 있었다. 강좌내용은 영화·사진·책 등의 매체나 직접 체험을 통해 자연환경에 대한 인식을 높이고, 환경을 지키기 위한 여러 가지 방법들을 생각해보는 것이었다. 전문가의 강연을 듣거나 다른 지역의 사례를 알아보기도 하지만, 더욱 중요한 것은 주변 환경을 직접 체험하고 조사해봄으로써 환경문제를 지역과제로 인식하는 계기를 고양시킨다는 점이다. 1992년도 환경보호 실천강좌는 부모와 자녀가 함께 학습하는 방법을 도입했다.

(2) 평화·인권존중학급

이 학급은 인권존중학급과 평화교육학급이 통합된 것이다. 인권존중학급은 지역사회와 학교에 재일 한국·조선인에 대한 민족차별이 존재하는 현실과 이를 해소하기 위한 시민운동 및 행정의 정책적 노력을 배경으로 탄생했다. 따라서 가와사키의 인권학습을 재일 한국·조선인에 대한 차별문제를 중심으로 전개된 것이 특징이다. 강좌는 다음과 같은 다양한 내용들로 구성되어 있다. 일본의 헌법을 일상생활·인권·재일 외국인 등과 관련지어 공부하는 것, 지역의 평화교육과 실천에 관해 공부하는 것, 그리고 전쟁과 일본의 책임, 재일 조선인 문제와 관련된 역사를 공부하는 것, 일본인의 인권 감각에 대한 논의와 환경보호와 평화의 관련성을 생각하는 것, 지역 외국인과의 교류를 체험하는 것 등이 있다.

(3) 식자학급

식자(識字)학급은 외국인에게 일본어를 가르치는 사업이지만 가와사키에서는 이를 단순한 일본어 교육의 차원을 넘어서 외국인 시민이 지역에서 생활하는 데 필요한 일본어 문화, 생활과제 등을 학습함으로써 주제적으로 살아갈 수 있는 힘을 기르는 학습의 장이다. 이전에도 중학교 야간학급과 사회인학급에서 식자교육이 이루어졌으나 시민관에서 정식으로 식자학급이 개설된 것은 1990년 국제식자년을 맞이하면서 였다[후레아이관의 전신인 사회복지법인 청구사(靑丘社)에서는 1978년부터 주로 재일 한국·조선인 1세를 대상으로 식자학급 운영]. 당시 아사오(麻生) 시민관의 평화교육학급과 다카츠 시민관의 인권존중학급에서 '정주난민의 이해와 지원', '외국인의 식자학습'에 대한 학습이 끝난 후 일본어 학습지원활동을 목표로 한 시민그룹이 결성되었다. 양 시민관은 이듬해 일본어 지도에 관한 강좌를 개최했고 이를 수강한 시민이 일본어 볼런티어가 되어 1992년 나카하라 시민관에 식자학급을 개설하기에 이르렀다. 시민관 등에서는 일본어를 가르쳐주는 자원봉사자들에 대한 연수도 실시하고 있다. 시민관에서 개설하는 학급·강좌 외에 교육위원회가 후레아이관 같은 관련 시설과 각급 학교에 위탁하여 실시하는 경우도 있다.

(4) 위탁가정교육학급

이것은 가정·학교·지역이 연계하여 어린이 교육에 임한다는 취지에서 마련된 사업이다. 사회교육에서 가정교육학습은 핵가족화의 진전과 도시로의 인구유입에 따른 가정의 교육력 저하현상에 대응하기 위해 마련된 것으로, <표 3-1>에서 보는 바와 같은 여러 학급이 개설되었다. 그런 가운데서 1980년대 초반 가정 내 폭력, 교내 폭력, 등교 거부, 이지메, 자살 등 청소년 비행문제가 심각해지자, 이 같은 긴급한 과제에 대응하기 위해 가와사키 시에서는 가정교육학급의 운영을 전 소학교 PTA와 일부 중학교 PTA에 위탁하게 되었다. 지역 실정에 따라서는 어린이 문화센터나 시민관 등에서 자주적으로 학습하고 있는 육아그룹에 이 학급을 위탁하기도 했다. 위탁가정교육학급은 정부의 '민간활력' 도입정책에 따라 가정교육학급에 대한 국가의 보조가 끊어지게 되자 하나의 전략으로서 PTA에 사업을 위탁했다는 측면이 있지만, 가정교육을 테마로 한 성인교육의 네트워크를 확대했다는 점에 주목할 필요가 있다.

(5) 육아교류집회

육아교류집회는 가정교육에 관한 사회교육사업과 지역의 자주적인 학습그룹 활동을 유기적으로 연계시키기 위한 프로그램이다. 이 프로그램에서는 부모와 자녀들이 함께 모여 지역에서의 자주보육문제를 생각한다. 이것 역시 보육이라는 복지문제를 공적 서비스에 의해서가 아니라 지역에서 해결하도록 하는 측면이 내포되어 있으나 육아를 지역과제로 설정하여 지역의 네트워크를 형성한다는 점이 흥미롭다.

(6) 사회교육연구집회

학급·강좌 또는 자주그룹 활동에 참가한 사람들과 시민관 직원이 함께 그해의 활동을 반성하고 새로운 방향을 논의하면서 상호교류를 도모하는 집회이다. 이것은 1975년에 시 교육위원회 주최로 개최된 사회교육에 대해 이야기하는 시민집회를 모태로 한 것으로, 1978년부터 행정구 별 연구집회가 되었다. 이 모임은 당초 공립 사회교육시설을 포함하여 지역의 다양한 장에서 학습활동에 참여하며 사회교육을 실천하고 있는 사람들이 함께 가와사키 시의 사회교육에 대해 논의한다는 취지에서 일반 주민과 사회교육행정 및 시설 직원들이 함께 하는 자리로 마련된 것인데, 지역에 밀착된 과제들을 논의한다는 이유로 1978년에 행정구별 연구집회로 바뀌어 각 시민관의 학습활동에 대한 반성회의 성격을 띠게 되었다.17) 근년에는 '생애학습'을 주제로, '생애학습'의 의미와 '생애학습시대'의 지역에서의 학습과 시민관의 역할 등에 대해 강연을 듣거나 토론회를 갖기도 하고

---

17) 이 모임은 시 교육위원회에 의해 1975년에 처음 개최된 뒤 1976년에는 중단되었다가, 가와사키의 사회교육을 생각하는 모임의 요청에 따라 1977년에 제3회 모임이 열리게 되었다. 이 제3회 모임은 실행위원만 해도 주민 60명과 직원 20명, 합계 80명에 이를 정도로 대대적으로 열렸다. 행정구별 연구집회로 변경할 때 시민 측에서는 시기 상조라고 반대했으나 행정 측이 독자적으로 결정을 내리면서 이에 대해 시민 측에서는 일종의 '분할지배전략'이 아니냐는 비판이 있었다. 川崎の社會敎育を考える會, 『線路はつづく…』, 83, 45, 279쪽.

학습그룹들의 학습활동 사례를 발표하기도 한다. 요컨대 이는 '생애학습' 학습회와 같은 성격을 띠는 것으로 '생애학습' 자체를 학습함으로써 '생애학습'이라는 이념이 수용되는 기반이 만들어지는, 일종의 메타이데올로기 형성의 기능을 하는 것으로 생각할 수 있다.

3) 청소년교육

청소년교육 사업으로는 사회교육시설의 청소년활동, 학교시설개방, 성인의 날 축하모임, 자매도시 청소년 교류사업, 청소년 지역활동 촉진사업, 지역교육회의와 같은 것들이 있다. 이 절에서는 이들 중 사회교육시설의 청소년활동에 대해 간단히 소개하고, '청소년 지역활동 촉진사업'과 '지역교육회의'에 관해 절을 달리하며 고찰하겠다. 이들은 청소년을 대상으로 하는 사업이라기보다는 청소년 혹은 청소년교육을 매개로 하여 성인들을 학습대상으로 하는 사업이며, 지역연대 형성과 직접적인 관련이 있기 때문이다.

공적 사회교육시설에서 실시하는 청소년 활동으로는 '청년교실', '소년 친구 사귀기', '청소년 지도자 프로그램 연수' 등이 있다. '청년교실'은 1964년에 처음 개설되어 20년간 계속되어온 일종의 전통적인 사회교육 프로그램이며, '소년 친구 사귀기'는 1988년도에, '청소년 지도자 프로그램 연수'는 1987년도에 시작된 사업이다.

(1) 청년교실

시내에 거주하거나 근무하고 있는 청년들을 대상으로 하는 청년교실은 본래 청년세대의 진취성과 사회성, 미래에 대비하는 능력 등을 키우기 위해 마련된 전통적인 프로그램인데, 근년에는 국제화와 인권에 관련된 프로그램이 큰 비중을 차지하게 되었다. 예를 들면, 가와사키 시 주재 외국 청년들과 교류하면서 다른 나라의 문화에 대해 학습하거나 영어를 공부하는 교실, 그리고 지역의 복지시설과 협력하여 장애청년들과 교류하고 장애에 대해 학습하는 교실 등이 그것이다. 이 같은 새로운 프로그램들은 종래의 청소년교육 프로그램에 더 이상 매력을 느끼지 못하는 새로운 청년세대들을 가능한 한 많이 활동에 참여시키려는 전략적인 측면을 내포하면서 동시에 새로운 보편이념을 추구하고자 하는 의도를 반영하는 것이라 하겠다.

(2) 소년친구 사귀기

일상생활권에 설치되어 있는 어린이문화센터(민생국 소관)와 모친클럽의 협조를 얻어서 시행되는 활동으로, 소년기(소·중학교)에 속하는 다양한 연령층의 어린이들이 교류를 하는 프로그램이다. 시민관마다 독자적인 주제를 정해서 그와 관련된 활동들을 통해 교류의 장을 마련하고 있는데, 레크리에이션을 중심으로 하는 곳이 있는가 하면, 생활주변 혹은 가와사키 시의 자연을 직접 돌아보며 자연·생태계·환경에 관한 학습과정을 통한 교류나 환경문제를 주제로 어린이들이 공동으로 직접 비누나 재생지를 만들거나 지역 하천의 수질조사를 해보는 작업을 통한 교류, 또는 지역의 역사와 관련된 곳이나 현재를 상징하는 곳들을 견학하면서 가와사키의 지역사를 체험하는 학습하는 활동을 통한 교류 등 다양한 방법을 취하고 있다.

(3) 청소년지도자 프로그램연수

이 사업에는, 성인 지도자 프로그램과 중·고생 지역활동 리더 연수가 포함되어 있다. 전자는 소년단체 지도자·어린이회[18]·모친클럽, 그밖에 청소년 활동에 관심이 있는 사람을 대상으로 하고, 후자는 중·고등학생을 대상으로 한다. 이 연수회는 레크리에이션과 지역활동을 포함한 청소년

---

18) '어린이회'는, 소학교에 다니는 연령층의 자녀를 둔 부모들을 구성원으로 하는 조직으로, 조나이카이의 하부조직인 동시에 자체 피라미드 조직에 속해 있다.

활동에서 지도자가 알아두어야 할 지식과 기술 등의 습득을 목적으로 한 것이다.

5. 사회교육과 지역연대형성: 활동사례

1) 지역세미나

지역세미나는 지역의 연대의식고양, 문제해결능력의 함양, 마을만들기의 주체형성 등을 목적으로 1984년도에 처음 개설된 프로그램으로, 지역의 현실적인 과제에 대해 학습한다. 1970년대까지 사회교육 사업은 대부분 문부성의 보조금에 의존하고 있었으며 교육대상 층과 학습과제도 위에서 미리 정해져 내려왔다. 이 같은 상황에 대해 시민관 직원들, 특히 젊은 층이 문제제기를 했고, 이를 바탕으로 성인학교에 대한 재검토 논의가 일게 되었다. 일선에서 일하는 직원들은 지역에 밀접한 과제와 학습자가 배우고 싶은 것을 더 자유롭게 배울 수 있는 방법을 모색하기 시작했고 그 결과로 탄생한 것이 지역세미나이다. 1984년에 가와사키 시는 중앙정부의 보조금에 의거하지 않는 독자적인 예산을 책정하여 이 프로그램을 출범시켰다. 그 이후 지역세미나는 공적 사회교육이 직접적으로 마을만들기를 다루는 유일한 학습 프로그램으로 오늘날까지 계속되어 왔다. 지역세미나가 시작된 1984년도는 '2001 가와사키 플랜'이 수립된 이듬해로, 마을만들기 운동이 본격적으로 전개되기 시작한 때였다. 따라서 공적 사회교육이 지역과제를 다루려는 시도는 자연스럽게 마을만들기를 학습주제로 설정하는 방향으로 나아가게 된 것이다.

구체적인 시행방법은 지역에 따라 조금씩 다르지만, 일반적으로 4, 5개월간의 준비기간을 설정하여, 그동안 여러 차례 기획회의를 갖고 학습 주제와 구체적인 학습내용 및 방법을 정한 후 본 세미나를 개최한다. 기획회의(또는 기획위원회)는 시민관 직원과 일반 시민으로 구성되며 시민은 공모하도록 되어 있다.[19] 기획회의는 이를테면 준비회의인 셈인데, 열리는 횟수가 본 세미나보다 많은 경우도 있고, 단순한 준비단계라기보다도 그 자체가 중요한 학습활동이라 할 수 있다. 지역세미나가 목표로 하는 연대의식의 고양이나 마을만들기의 주체형성은 오히려 이 단계에서 구심점이 형성된다. 세미나는 1년에 8, 9회 정도 개최되며 개최시기와 기간은 지역에 따라 다르다. 운영방식은 다양한데, 한 가지 주제에 대해 강의와 세미나, 워크숍, 간담회 등 다양한 학습방법들을 함께 채택하기도 한다. 세미나에서는 같은 주제를 2년 이상 계속해서 다루거나, 장기적으로 다룰 포괄적인 주제를 정하고 그 범위 내에서 그 해의 특정 주제를 설정하는 경우가 많다. 참고로 1991, 1992년에 각 시민관에서 열린 지역세미나의 주제들은 다음과 같다(<표 3-2>).

이러한 주제들은 일상생활의 거점인 지역에 대한 인식을 새롭게 하고, 일상생활의 문제를 지역 차원에서 주민들이 함께 발견해고 해결방법을 모색하는 사안들이 대부분으로, 이들은 결국 마을만들기라는 이념으로 통합된다.

참가자의 기록을 토대로 지역세미나의 사례를 하나 소개해보자.[20] 미야마에(宮前) 시민관에서는 1989년부터 1991년까지 3년간 마을만들기를 과제로 지역세미나를 개최했다. 첫해에는 다섯 차례의 기획회의를 거쳐 세미나 프로그램을 만들었다. 기획회의는 시민 공모를 통해 구성되었다. '우리들의 지역 미야마에 구—마을만들기는 사람의 네트워크로부터'라는 제

---

19) 기획회의에서 일반 시민의 역할이나 비중은 지역에 따라 차이가 있는 것 같다. 주민들의 자주그룹 활동이 활발한 지역인 미야마에 구(宮前區)의 경우에는, 세미나 전체 및 각 회의주제와 강사선정은 시민이 맡고, 시민관 직원은 연락 등 사무적·기술적인 일을 맡아 직원이 옵서버와 같은 존재였다. 桃井敏博, 「まちづくりプランをめぐる覺書」, 川崎地方自治硏究センター, ≪くるとうーる≫ 第3號, 1993年 2月, 14~29쪽, 특히 16~19쪽 참조.
20) 桃井, 앞의 글.

<표 3-2> 가와사키 시 각 시민관의 지역세미나 주제

교육문화회관	생활과 쓰레기(1991), 지역 내의 자주보육(1992)
사이와이	사이와이 구역의 역사(1991), 전후 지역의 역사-가까이 있는 문화유산(1992)
나카하라	나카하라 거리의 새로운 발견(1991), 육아환경 조사를 통해 보다 나은 마을만들기를 생각하기(1992)
다카츠	다카츠 지역; 새로운 가족관계 및 지역과의 관련 방식(1991, 1992), 다치바나 지역; 다치바나의 역사·문화·풍부한 綠을 알자(1991), 다치바나 향토 재발견(1992)
미야마에	워크숍을 통한 마을만들기 지도 만들기(1991), 지역에서 쓰레기 문제를 생각하기(1992)
다마(多摩)	육아를 즐겁게 하고 있습니까? '다마 육아 가이드'작성· 배포(1991), 육아 네트워크 플래너<총편집>(1992)
아사오	아사오 거리 탐정단, 걷고·보고·생각하고·교류하기 1,2(1991, 1992)

목으로 열린 첫해 세미나에서는, 일본 각지의 마을만들기 사례를 학습하고 미야마에 구의 다양한 자주그룹들의 활동내용을 발표했으며 이를 통해, 활동그룹들간의 횡적인 네트워크 형성과 마을만들기 의식의 공유가 필요하다는 것을 확인하였다. 2년째 되는 해에는 '누구나 살고 싶어지는 거리, 자연과 함께 살아가는 마을만들기를 위하여'라는 주제하에, 지역과제를 자연·생활환경·문화·복지의 시점으로 나누어, 각 그룹들이 그간 활동하면서 경험이나 연구·조사를 통해 파악했던 미야마에 구의 현상에 대해 발표하여 실태를 알아보는 작업을 했다. 실태파악을 위해서는 지역의 곳곳을 다니며 현상을 직접 확인하기도 했다. 지역세미나 마지막 해의 주제는 '워크숍을 통한 마을만들기 지도 만들기'였다. 이번에는 그간의 논의와 연구에 기초해서 구체적인 행동을 취해보기로 하였다. 우선 워크숍 수법에 의해 이미지를 표현해보고, 참가자를 세 그룹으로 나누어 각각 다른 주제[어린이 놀이터·공원, 복지, 아리마가와(有馬川) 유역의 농업과 녹지]에 대한 조사와 연구를 하였다. 역 주변을 휠체어로 통행해본다든가, 강 유역

의 녹지와 공원을 걸어본다든가 하는 체험조사를 하기도 하고, 기존의 활동그룹들과 공동조사를 하기도 했다. 그리고 이 조사에 의거해서 생활자로서의 지역주민의 눈높이에서 마을만들기 지도를 작성하는 것으로 일단 3년에 걸친 세미나를 마감했다.

단, 가와사키 시 북부에 위치한 미야마에 구는 다른 곳에 비해 주민들의 자주그룹 활동이 활발한 지역으로, 위에서 소개한 지역세미나 사례는 비교적 잘된 경우라 하겠다. 지역의 주민구성과, 개인이든 집단이든 리더 역할을 할 수 있는 층의 존재여부에 따라 상당한 차이가 있을 것으로 예상된다. 또 한 가지 지적해둘 것은, 지역세미나는 사회교육 사업의 하나이기 때문에 여기서 발견한 문제들 및 그 해결방안, 혹은 마을만들기를 위한 구체적인 방법 등이 실제로 얼마만큼 실현되는가 하는 것은 별개의 사항이라는 점이다. 지역세미나는 주민들의 역량을 동원할 수는 있지만, 지역과제나 생활과제를 해결하기 위해 행정의 힘을 필요로 하며, 결국 지역세미나의 결과가 어느 정도 행정에 수용되는가에 달려 있다. 그런 의미에서 지자체 직원들과 주민운동의 연계가 중요하다.

2) 청소년 지역활동 촉진사업

'청소년 지역활동 촉진사업'은, 지역 교육력 활성화를 목적으로 1987년도부터 실시되었다.[21] 1986년 「이키이키 리포트」에서 가와사키 시 교육간담회는 시민이 참가하는 지역교육회의를 창설할 것을 제안한 바 있다. 이 제안을 검토한 결과, 지역의 교육 네트워크 형성방안으로서 지역교육

---

21) 1986년에 「이키이키 리포트」가 제출된 후, 시에서는 곧 시행을 위한 검토작업을 거쳐 이듬해 가능한 것부터 조속히 시행에 옮겼다. 1987년에 시행된 사업은, 한 학교 한 가지 재량사업인 '교육활동 활성화사업', 지역의 인재를 교실에 초대하는 '학교지역 연대사업', 그리고 지역교육력 활성화를 목적으로 한 '청소년 지역활동 촉진사업', 이 세 가지이다. 伊藤長和, 「市民參加による生涯學習基本構想·基本計劃づくり」, 川崎地方自治硏究センター, ≪くるとうーる≫ 第4號, 1993, 66쪽.

회의 대신 '청소년 지역활동 촉진사업'을 시행하게 되었다.

행정구 별로 각 시민관에서 시행하는 이 사업은, 관계자회의 및 정보교환활동, 청소년을 대상으로 하는 교육활동, 그리고 부모, 교육관계자, 일반 시민 등이 참가하는 '교육을 이야기하는 모임' 등 세 가지 활동영역으로 구성되어 있다. 그중 청소년을 대상으로 하는 청소년 지역활동은 시민관 주관으로 시행되는 통상적인 청소년교육과 별로 다를 바가 없으며, 자연관찰, 토론회, 영화감상, 강연회 등 시민관에 따라 다른 프로그램이 마련된다.

'청소년 지역활동 촉진사업'을 시행하는 핵심조직은 구(區)청소년지역활동촉진위원회(구촉진위원회)라 하겠다. 관계자 회의 및 정보교환 활동은 이 위원회를 중심으로 이루어지는데, 실질적으로 그것이 유의미한 활동을 한다기 보다는, 지역단체들을 조직화하거나 네트워크를 만든다는 데 의미를 두었던 것으로 생각된다. 이 위원회는 점차 지역교육회의로 전환될 예정이다. 위원회에 속한 단체는 기본적으로 구청, 시민관, 어린이문화센터, 조나이카이, 어린이회, 지역부인회, 모친클럽, 청소년지도원 연락협의회, 청소년문제 연락회, PTA, 구민간담회, 각급학교장회의(고등학교는 빠진 곳 있음), 교직원조합, 민생아동위원회, 체육지도위원회, 사회복지협의회 같은 곳이 있다. 이들은 대부분의 구(區)촉진위원회에 소속된 단체들이다. 청소년 지역활동 촉진위원회는 중학교구단위에도 설치되어 있어서 교구 촉진위원회의 회장도 행정구 촉진위원회에 참가한다. 1992년도의 구(區)촉진위원회 회장은 가와사키·사이와이·다카츠·아사오에서는 구조나이카이 연합회장이 맡고 있고, 나카하라와 라마에서는 중학교장이, 그리고 미야마에에서는 구청소년문제연락회장이 맡고 있다.

'교육을 이야기하는 모임'은, 시민관·가와교조(川敎組: 가와사키 시 교직원조합) 지부·PTA협의회·부모와 교직원의 모임 등이 합동으로 개최하는 것으로 되어 있으며, 행정(사회교육 관련직원 포함)·교육(PTA, 교직원조합 포함)·지역·일반 시민 등을 대상으로 한다. 이 모임은 '청소년 지역활동 촉진사업'의 일환이지만, 실질적으로는 지역교육회의 설치를 위한 계몽·홍보가 주된 목적으로 보인다. 1992년도의 논의주제를 보더라도 대개 '가정·지역의 교육력 창조', '학교 5일제' 등 교육개혁 시책에 관련된 것들이다. 시 교육위원회 청소년교육과에서 낸 자료 「지역교육회의 시행의 추진방식」을 보면, 지역교육회의 준비위원회라는 조직이 있고, 그 조직의 임무 중에 '지역교육회의에 대한 이해를 깊게 하는 활동'이 있는데, 그중 지역주민을 대상으로 한 활동의 하나가 바로 중학교구 '교육을 이야기하는 모임'을 개최하는 것으로 되어 있다.22)

3) 지역교육회의

지역교육회의는 현재 가와사키 시가 생애학습추진 정책에서 가장 역점을 두고 있는 사업이다. "시민이 스스로의 교육을 책임지기 위한 자주적·민주적 조직"으로서, ① 자녀교육과 주민의 생애학습에 관한 네트워크 형성, ② 시민들의 교육참가 시스템 형성(교육행정에 학구 주민의 총의 반영할 수 있는 통로), ③ 여러 단체들과의 연대를 통한 지역으로부터의 교육개혁 등을 목적으로 하는 지역교육회의는 1986년 「이키이키 리포트」에서 처음 제안되었다. 여러 조직과 단체들의 연구·검토 및 의견수렴 과정을 거쳐 1990년도에 중학교구 단위로 교구 지역교육회의가 탄생했다. 첫해에 다지마·다치바나·가키오의 세 중학교구에 지역교육회의가 설치되었고, 이듬해에 7개 교구, 1992년에는 14개 교구로 확대되었다. 시에서는 현존 중학교구 단위의 청소년 지역활동 촉진위원회를 점차 지역교육회의로 이행시켜 나갈 방침이다. 한편, 1991년에는 다카츠 구, 1992년에는 가와사키 구에 '행정구 지역교육회의'가 설치되었다.

지역교육회의는 선출위원과 비선출위원으로 구성된다. 선출위원은 부

---

22) 川崎市敎育委員會 靑少年敎育課, 「韓國日本硏究團·町內會と敎育行政關聯調査」, 1993年 2月, 10쪽.

모(소·중학교 PTA에서 각 1명), 교직원(관리직 제외, 1명), 주민(학구 내 주민 20명 이상의 추천을 얻은 사람 중 추선, 주민 1만 명 당 1명 비율), 조나이카이· 자치회(1명), 어린이회(1명)로, 각 단체에서 민주적으로 선출하도록 되어 있다. 비선출위원은, 학교장, 청소년 지도원, 사회복지협의회 위원, 어린이 문화센터 관장, 교의(학구내 중학교 담당), 시민관 직원(사회교육주사), 기타 필요에 따라 위촉하는 위원 등으로 구성된다. 즉 선출위원은 학교·부모· 지역에서 각각 선출된 경우이고, 비선출위원은 관리·행정 측의 대표라 하겠다. 의장은 선출위원으로서 교직원이 아닌 사람 중에서 선출하는 것으로 되어 있다.

지역교육회의의 활동은, 크게 ① 조사 및 제언, ② 연락조정과 네트워크 형성, ③ 홍보 및 정보제공 등 세 영역으로 나뉜다. '조사 및 제언'은, 교육집회나 앙케이트 조사 등을 통해 지역의 교육활동(주민 자신의 생애학습을 포함해서)에 대한 의견과 요망사항을 조사하여, 각 교육행정 기관이나 활동단체들에게 제언하는 활동이며, '연락 조정과 네트워크 형성'은, 교육행정기관이나 지역단체 등의 활동내용을 파악하여, 이들 상호간의 협력· 정보교환 등이 이루어지도록 연락조정하고 네트워크를 형성하는 일이다. 그리고 '홍보 및 정보제공'은 홍보지를 발행하여 교육회의를 비롯한 다양한 교육활동 정보를 제공하고, 조사·연구자료를 홍보하는 활동이다. 그리고 이 세 영역에 속하는 구체적인 활동의 실질적인 주체는, 학교·시민관· 어린이문화센터·보건소·도서관·복지사무소 등의 시설과 기관, PTA·어린이회·조나이카이 및 자치회·사회복지협의회·자주학습그룹·교직원조합 등의 그룹·단체, 의사·청소년지도원·체육지도원·변호사·보호사·민생위원·대학교수 등의 개인·자원봉사자로 되어 있다. 경비는 일단 시의 위탁료로 충당한다는 방침이다.

지역교육회의는 공적 시설, 학교, 지역이라는 생활의 세 장을 연결시키면서 동시에, 학습그룹과 직원집단(공적시설), PTA와 교직원집단(학교), 조나이카이·어린이회 및 일반 주민(지역), 그리고 자원봉사자 들의 네트워크를 형성하는 핵으로서 구상된 것이라 하겠다. 그러나 지역교육회의는 현재 설치 초기단계에 있어 본격적인 활동을 하고 있는 것은 아니므로, 아직 실제로 어떤 성격의 조직인지 단정하기 어렵다. 교육개혁협의회는 「우리가 바라는 교육개혁 — 지역교육회의·학교개방·학교 5일제」(1992년 5월)라는 보고서에서 1990년에 최초로 이를 설치한 세 중학교구의 사례를 검토하였다. 여기서 사무국을 중학교에 두었기 때문에 중학교가 행하는 사업인 것처럼 인식되고 있다는 점이 지적되었다.23) 다시 말해, 아직 지역교육회의의 취지와 성격에 대한 이해부족으로 구상한 바와 같은 역할을 수행하기에는 이른 단계에 있다는 것이다. 그동안 청소년 지역활동 촉진위원회와 지역교육회의 준비위원회가, 지역교육회의에 대한 이해를 구하는 홍보·계몽활동을 전개해왔다(앞 절의 '청소년 지역활동 촉진사업'에 대한 부분 참조). 준비위원회는 지역의 각종 단체들의 모임에서 설명회를 갖는 한편, 일반 주민들의 이해를 얻기 위해 학교 소식지나 가정교육학급 등을 통해 홍보를 하기도 했다.

나는 이 장에서 지역교육회의의 활동과 성격 자체보다는, 이 같은 '자주적·민주적 조직'의 조직화를 시, 즉 행정이 중점시책으로서 정책적으로 추진해나가는 과정과 그 의미에 초점을 맞추어보고자 했다. 이는 지역교육회의가 아직 조직화 단계에 있기 때문이기도 하다. 그런 관점에서 아래에서는 「이키이키 리포트」에서 처음 제안된 이 조직이 '생애학습 추진체제' 하에서는 어떻게 재정의 되는가를 살펴보려고 한다.

「이키이키 리포트」에서 간담회는 부모·교사·지역 주민들이 함께 자녀양육 및 교육에 대해 의견을 교환하고 합의하기 위한 조직으로서 지역교육회의의 설치를 제안했다. 지역교육회의는 지역의 다양한 교육조직 및 시민조직과의 연대를 도모하고, 교구 내의 교육문제를 토의하여 필요에 따라서는 시 행정 전반에 대해 협의할 수 있는 소학교구단위의 자주적·민주적 조직

---

23) 川崎の教育改革協議會, 「私たちの望む教育改革 — 地域教育會議·學校開放·學校 五日制」, 1992年 5月, 12～16쪽.

으로서 구상되었다.

한편, 오랜 기간 부모와 함께 지역의 교육문제를 논의해온 전통이 있는 가와사키 시 교직원조합은, 그 실적을 기반으로 간담회가 설치된 1984년경부터 교육개혁을 위한 연구조사를 실시했다. 그 성과를 정리한 보고서 「교구로부터의 교육개혁을 목표로 — 교구 교육협의회의 연구」(1987년)에서 가와교조는 교구 교육협의회 설치를 주장했다. 이 보고서는 우선 교육을 지역주민의 공동사업으로 재편해갈 것을 기본방향으로 설정했다. 그리고 학교와 교구를 교육자치의 기초단위로 하여 교구 내의 교육에 대한 논의를 통해 합의를 형성하고, 필요에 따라 교육행정에 총의를 반영시키기 위한 지역주민과 교직원에 의한 협의회로서, 중학교구단위의 교구 교육협의회를 설치할 것을 제안하였다.

이상에서 알 수 있듯이, 이른바 '이키이키 시대'에 교육개혁을 위한 지역교육운동 속에서 제안된 이 두 구상은, 기본적으로 학교교육의 개혁을 지향하면서 그 방법론으로 개혁을 학교와 교육행정에만 맡겨둘 것이 아니라, 지역과 지역주민 스스로가 적극 참여해야 하며, 그러기 위해서는 지역과 지역주민 스스로가 주체가 될만한 역량과 연대를 확보해야 한다고 주장한 것이다.

한편, 1990년도에 조직된 '가와사키 시 생애학습추진 기본구상 책정조사위원회'는 「이키이키 리포트」를 계승·발전시킨다는 입장에서 「가와사키 시 생애학습추진 기본구상」(「기본구상」)을 제출했는데, 여기서 지역교육회의에 "지역창조의 핵심"[24]이라는 의미를 부여했다. 「기본구상」은, 구체적인 시책들의 책정에 기반이 될 중요한 지침의 하나로 "지역의 자립과 교류를 추구한다"는 것을 들고 있으며, 이를 실현하기 위해 제안한 것이 바로 지역교육회의와 '교육 이노베이터(innovator)'이다. 「기본구상」은 지역교육회의는 청소년의 건전 육성만을 목적으로 하는 것은 아니며, 교육문제는

---

24) 川崎市生涯學習推進基本構想策定調查委員會, 「川崎市生涯學習推進基本構想」, 1991, 23쪽.

지역의 문화 및 생활과 깊이 관련되어 있기 때문에 지역 그 자체를 창조하는 장으로서의 역할이 필요하다는 것을 강조했다. 나아가 생애학습은 복지와 교육을 양 축으로 발전할 수 있다고 하고, 지역교육회의의 역할을 문화 발신의 장이자 지역복지 활동의 장으로까지 확대시켰다. 지역교육회의는 중학교구단위로 설치하는 것을 기본으로 하고 교구간의 연락·조정, 그리고 필요에 따라서 행정과의 연계를 위해 행정구 단위에도 설치할 것을 제안했다. 그리고 지역교육회의를 활성화시킬 기반으로서 '교육 이노베이터'의 적극적인 참여를 강조했다. '교육이노베이터'란 "가까운 생활의 장에서 교육문제, 환경문제, 나아가서는 발달과제나 지역과제 등에 대해 조예가 깊은 사람으로서, 주민들의 학습을 적극적으로 도와주는 자원봉사자"[25]를 지칭한다. 「이키이키 리포트」에서는 '교육 이노베이터'를 "어린이의 소리에 귀를 기울이고, 가까운 생활의 장으로부터, 교육의 쇄신에 힘쓰는 사람"[26]으로 규정하고, 이들을 중심으로 한 시민의 자발적인 참가로 풀뿌리 민주주의의 발전으로 이어질 수 있을 만큼 유연한 조직을 만들 것을 제안한 바 있다.

당초 지역교육회의 구상은 주로 학교·교직원 측에서 나온 것으로, 학교교육과 지역의 연결을 도모하기 위한 발상이었다. 따라서 청소년교육 혹은 '청소년 건전육성'이라는 측면에 중점을 두었다. 그런데 '생애학습 사회의 실현'이라는 기치하에 지역정책이 추진되는 가운데 이 구상이 생애학습계획 전반에 흡수되면서, '교육·문화·복지를 축으로 한 지역창조의 장'으로, 초점이 이동하게 된 것이다.[27]

---

25) 앞의 책, 24쪽.
26) 川崎市敎育懇談會, 「いきいきとした川崎の敎育をめざして」, 1986, 67쪽.
27) 川崎の敎育改革協議會, 「私たちの望む敎育改革」, 13쪽.

6. 맺음말

지금까지, 현재 가와사키 시에서 전개되고 있는 새로운 지역연대 형성의 움직임을 사회교육정책 및 구체적인 활동사례들을 통해서 고찰해보았다. 1972년에 혁신자치체가 성립된 이래 가와사키 시는 어느 정도 국가정책에 종속되면서도 나름대로 독자적인 방향을 추구해왔다. 사회교육에서도 그러한 기본적인 성격을 파악할 수 있었다. 정부의 커뮤니티 형성정책에 힘입어 일본의 사회교육은 1970년대부터 본격적인 발전을 꾀할 수 있었는데, 1970년대에는 우선 커뮤니티 형성의 기반이 될 시설과 조직을 정비하는 데 역점을 두었다. 그리고 1980년대 중반부터는 생애학습 진흥정책이 일종의 사회재편 원리로서 적극 추진되었다. 가와사키에서도 1970년대부터 1980년대 중반까지 사회교육의 거점시설들이 정비되었고, 1980년대 이래 사회교육이 '생애학습'을 키워드로 마을만들기 운동, 지역교육운동, 지역창조 운동 등의 지역활성화 운동과 연계되어 왔다.

사회교육의 역할은 이러한 지역활성화 운동의 기반이 될 새로운 지역연대를 형성하는 것으로서, 연대형성의 두 측면은 연대의식의 고양과 네트워크의 형성이다. 가와사키 시는 국가정책에 어느 정도 종속될 수밖에 없는 상황에서도, '시민참가·직원참가'의 통로를 중층적으로 제도화함으로써 가능한 한 '가와사키다운' 독자성을 확보하고자 노력했고, 공적 사회교육은 주민운동 혹은 사회교육을 통해 형성된 자주학습그룹과, 일선 공무원의 연구모임들, 교직원 노동조합 등, 다양한 그룹들의 학습·운동과 광범위한 연계를 맺고 새로운 지역연대형성을 목표로 하는 활동 프로그램들을 실시해왔다. 종래 지역사회 통합 내지 연대의 기반이 된 것은 전통적인 주민조직인 조나이카이였다. 그러나 가와사키 시가 추구하는 새로운 지역연대는 전혀 새로운 조직과 네트워크에 기반을 둔 것이었다. 본론에서 마지막으로 살펴본 지역세미나와 지역교육회의는 그러한 지향성을 잘 볼 수 있는 사례이다. 조나이카이는 이 새로운 네트워크의 일부를 이루고 있을 뿐 아니라 불가결한 구성원으로 자리매김하고 있다. 그러나 그것은 조나이카이의 전통적인 성격과는 배치되는 시민사회적 원리에 종속되는 것이라고도 할 수 있나.

이 같은 새로운 지역연대 창출정책은 그 근저에 갈등의 요소를 내포하고 있다. '주민자치에 의한 지역연대'라는 목표는 거의 행정 주도하에 실행되고 있다. 공적 사회교육은 '공(公)의식'의 함양 및 시민육성을 새로운 지역연대창출을 위한 기본과제로 삼고 있는데, 행정이 주도해서 시민을 육성한다는 것은 역설적인 이야기이다. 공권력을 실현시키려는 의지와 시민의 자치력 증진을 추구하는 것이 미묘하게 접점을 맺고 있다고도 할 수 있겠다. '시민참가'란 사적 세계에 매몰되어 있는 주민들을 공적 영역으로 끌어들이는 '시민동원'이기도 하다. 사회교육은 이러한 긴장을 해소시키거나 감추기 위한 통로로서의 역할을 수행하기도 한다.

이 글에서는 가와사키의 사회교육 시책을 중점적으로 다루었고 자주그룹들의 활동은 극히 일부만을 고찰하는 데 그쳤다. 또, 사회교육 프로그램에 참여한(학급 수강생 등) 사람들과 일반 시민들의 의식과 행동, 대응양식 등에 대해서는 고찰하지 못했다. 위에서 언급한 문제에 대해 어느 정도 전망을 할 수 있으려면 이러한 부분들에 대한 연구가 이루어져야 할 것이다.

■ 참고문헌

문옥표. 1993, 「지역개발운동과 지역주민조직」, 서울대학교 지역종합연구소, ≪지역연구≫ 제2권 제3호(가을).

川崎市敎育委員會. 1991, 「川崎市社會敎育委員會議 上申·建議·答申集(昭和44年度~昭和52年度)」.

_____. 1992a, ≪社會敎育要覽≫ No.39.

_____. 1992b, ≪敎育かわさき≫ No.38.

_____. 1992c, 「川崎市敎育委員會槪要(平成4年度)」.

_____. 1992d, 「平成4年度川崎市靑少年地域活動促進事業實施要項」.

_____. 1992e, 「學校施設開放實施要項」.

_____. 1992f, 「川崎市青少年指導員設置要綱」.

_____. 1993a, 「1992年(平成4年)度活動報告書(教育文化會館·市民館)」.

_____. 1993b, 「川崎の社會教育(平成5年度)」.

_____. 1993c, 「かわさきの社會教育事業ガイド」(팜플렛).

_____. 1993d, ≪社會教育要覽≫ No.40.

_____. 1993e, 「韓國日本硏究團·町內會と教育行政關聯調査」.

川崎市教育懇談會. 1986, 「いきいきとした川崎の教育をめざして」.

川崎市社會教育委員會議. 1992, 「川崎市社會教育委員研究活動報告書」.

川崎市總合教育センター. 1989, ≪川崎市社會教育情報≫ 第4號.

_____. 1990, ≪川崎市社會教育情報≫ 第5號.

川崎市生涯學習推進基本構想策定調査委員會. 1991, 「川崎市生涯學習推進基本構
     想 — 市民がつくる·市民が學ぶ·市民がひらく」.

川崎市生涯學習推進基本計劃策定調査委員會. 1993, 「川崎市生涯學習推進基本計
     劃 — 市民の, 市民による, 市民のための生涯學習の推進を支援するために」.

川崎市生涯スポーツ振興基本構想策定調査委員會. 1993, 「川崎市生涯スポーツ振興
     基本構想; キャッチ·スマイル·プラン — 健康·スポーツ都市川崎をめざして」.

(財)川崎市生涯學習振興事業團·川崎市教育委員會. 1993 「市民館利用者の學習實
     態に關する調査報告書」.

_____. 「かわさき市民のアカデミー」(팜플렛).

麻生區生涯學習基本計劃策定委員會. 1993, 「麻生區生涯學習基本計劃: 豊かな自
     然と文化の見える街···麻生」.

川崎區生涯學習推進基本計劃策定委員會. 1993, 「川崎區生涯學習推進基本計劃:
     ささえあい學びあう高齢社會をひらく」.

中原區生涯學習基本計劃策定委員會. 1993, 「中原區生涯學習基本計劃: いつでも,
     どこでも,だれでも學べる なかはらの生涯學習をめざして」.

宮前區生涯學習基本計劃策定委員會. 1993, 「宮前區生涯學習基本計劃: 助けあい
     學びあう街 宮前の創造を」.

幸區生涯學習基本計劃策定委員會. 1993, 「幸區生涯學習基本計劃: 生きがいと思
     いやりのある"まち"づくり」.

高津區生涯學習推進基本計劃策定委員會. 1993, 「高津區生涯學習推進基本計劃:
     心がかようふるさと高津の學びあい」.

多麻區生涯學習基本計劃策定委員會. 1993, 「多麻區生涯學習基本計劃: 綠と水と
     文教のまち·學園都市 多麻區」, 川崎の社會.

川崎市. 1992, 「あゆみ: 區民懇談會の記録」 No.7.

教育改革協議會. 1992, 「私たちの望む教育改革 — 地域教育會議·學校開放·學校

五日制」.

自治勞川崎市職員勞動組合. 1992, 「第6回かわさき自治研究集會」.

＿＿＿. 1993, 「第6回かわさき自治研究集會 報告·記錄集」.

川崎の社會敎育を考える會. 1887, 『線路はつづく···』(≪南武線≫ 縮刷版, 創刊號~100號).

川崎·市民フォーラムの會. 1993, 『かわさき市民の市政白書』.

秋元律郎. 1990, 「中間集團としての町內會」, 倉澤 進·秋元律郎(編), 『町內會と地域集團』, 京都: ミネルヴァ書房.

千野陽一(外3人). 1967, 『現代日本の社會敎育』, 東京: 法政大學出版局.

廣原盛明. 1989, 「先進的まちづくり運動と町內會」, 岩崎信彦(外5人 編), 『町內會の研究』, 東京: 御茶の水書房.

伊藤長和. 1993, 「市民參加による生涯學習基本構想·基本計劃づくり — 市民がつくる·市民が學ぶ·市民がひらく」, 川崎地方自治研究センター, ≪くるとうーる≫ 第4號.

倉田和四生. 1990, 「社會システムとしての町內會」, 倉澤 進·秋元律郎編著, 『町內會と地域集團』, 京都: ミネルヴァ書房.

桃井敏博. 1993, 「まちづくりプランをめぐる覺書」, 川崎地方自治研究センター, ≪くるとうーる≫ 第3號.

森本貴久博. 1993, 「まちづくりっと市民參加」, 川崎地方自治研究センター, ≪くるとうーる≫ 第3號.

永野 勝. 1993, 「有馬川コミュニティパークロード計劃 — 市民の手によるまちづくり提案」, 川崎地方自治研究センター, ≪くるとうーる≫ 第3號.

中嶋明勳·星永俊. 1992, 『21世紀への社會敎育 — 生涯學習の理論と實踐』, 京都: ミネルヴァ書房.

西山和美. 1993, 「市民の手によるまちづくりをめざして — 社會敎育現場での試みから」, 川崎地方自治研究センター, ≪くるとうーる≫ 第3號.

越智昇. 1990, 「ボランタリー·アソシェーションと町內會の文化變容」, 倉澤 進·秋元律郎編著, 『町內會と地域集團』, 京都: ミネルヴア書房.

瀨沼克彰. 1987, 『市民文化とコミュニティ4: 市民文化と自治體』, 東京: 大明堂.

園田恭一. 1980, 「地域生活の變化と行政の對應」, 蓮見音彦·奧田道大(編), 『地域社會論』, 東京: 有斐閣.

谷富夫. 1993, 「川崎市のコミュニティ施策」, 社會分析學會, 『社會分析』.

山本英治. 1980, 「地域生活と住民運動」, 蓮見音彦·奧田道大(編), 『地域社會論』, 東京: 有斐閣.

山住正己. 1986, 「社會敎育」, 國史大辭典編纂委員會(編), ≪國史大辭典≫ 第7卷, 東京: 吉川弘文館.

어느 사회교육 운동집단의 생애사
가와사키의 사회교육을 생각하는 모임

1. 연구과제와 의의

이 장에서는 1977부터 1987년까지 가와사키 시에서 활동했던 한 사회교육 운동집단의 성립부터 해체에 이르는 궤적을 고찰해보고자 한다.

'가와사키의 사회교육을 생각하는 모임(이하 생각하는 모임)'은 사회교육의 실현을 목표로 주민들과 사회교육 관련 일선 공무원들이 손을 잡고 결성한 지역모임이다. 이 모임은 사회교육행정의 낡은 체질을 변화시키는 동시에 주민들의 역량을 키움으로써 주민과 행정이 연대하여 지역사회의 발전을 이루고자 했다. 1977년에 발족하여 1987년 해체될 때까지 11년 동안 회보 ≪남부센(南武線)≫을 매체로 한 다양한 활동들을 통해 '생각하는 모임'은 가와사키 사회교육사에 큰 족적을 남겼다. 또 모임의 핵심회원들은 현재도 가와사키 시의 시민운동과 행정 양편에서 중요한 역할을 하고 있다.

그러나 주요 회원들이 가와사키에서 계속 활동하고 있는데도, 생각하는 모임은 1987년에 자진해체했다. 11년 동안 발간된 ≪남부센≫ 총100호의 축쇄판을 만든 것이 마지막 활동이었다. 생각하는 모임이 해체된 것은 가와사키의 사회교육이 퇴조했기 때문은 아니다. 오히려 이 모임이 해체를 거의 결정한 무렵부터, 가와사키 시는 생애학습의 관점에 입각해서 사회교육의 새로운 발전을 추구했으며, 시 행정에서 사회교육이 차지하는 비중도 더욱 커졌다.[1] 생각하는 모임이 해야 할 일, 하고자 했던 일들이 더 많아졌다고 할 수 있는 상황에서 모임은 결연히 해체를 택했던 것이다.

1972년 이래 20년간 혁신자치체가 유지되어온 가와사키 시는 일본에서 가장 선진적인 시정을 펴는 지자체 중 하나이다. 일관된 혁신시정이라는 맥락 속에서, 사회교육은 정치의 주체가 될 수 있는 시민을 키워내는 장이 되기도 했다. 즉 가와사키의 공적 사회교육은 진정한 시민자치의 기반을 형성하는 데 일익을 담당하면서 오늘날까지 일관된 방향으로 발전해온 것으로 평가된다. 그러면 이 같은 가와사키 시의 사회교육사에서 생각하는 모임이라는 존재는 어떤 의미를 갖는가? 이 모임의 해체는 표면에 잘 드러나지 않는 가와사키 시의 사회교육, 나아가서는 혁신시정 전반의 미묘한 변화를 반영하는 것이 아닐까?

생각하는 모임은 이제 역사의 한 장에 기록될 과거의 존재가 되었다. 그러나 그것이 성립되어 왕성한 활동을 전개하다가 해체되기까지의 궤적은 해체 이후 오늘날의 가와사키 사회교육의 성격을 밝히는 데 중요한 단서가 된다. 이것은 또한 혁신자치체의 정치권력과 시민의 관계 혹은 시민참가의 양상과 의미에 대해서도 시사하는 바가 있을 것이다.

이러한 문제의식에 기초해서, 이 장에서는 생각하는 모임이 어떻게 만들어졌으며, 어떤 활동을 했고, 어떤 이유로 해체하게 되었는지를 고찰하려 한다. 이번 연구에서 가장 중요한 자료는 총100호에 이르는 축쇄판 ≪남부센≫이었다. 사실, 생각하는 모임을 연구대상으로 정하고 자료를 모은 것이 아니라, 지난 해 가와사키의 사회교육에 관한 연구[2]를 통해 입수한 자료들

---

1) 가와사키 시 사회교육사에 관해서는, 하영혜, 「지역연대와 사회교육 ─ 새로운 지역연대 형성운동과 지역주민조직의 위상변화」, ≪지역연구≫ 제2권 제3호, 서울대학교지역종합연구소, 1993, 171~175쪽 참고.

중 ≪남부센≫ 축쇄판이 상당히 인상깊었기 때문에 이번에는 그 회보의 발행 주체인 생각하는 모임을 연구대상으로 삼은 것이다. 그밖에 생각하는 모임 핵심회원들의 인터뷰(집단 인터뷰 2회, 개별 인터뷰 2회)를 통해서도 중요한 자료들을 얻을 수 있었다.

2. 성립에 이르기까지[3]

'생각하는 모임'의 성립 전사는 성립 이후의 활동 못지않게 모임의 성격을 이해할 수 있는 중요한 부분이다. 성립 전사는 1970년대 초반으로 거슬러 올라간다. 출발점은 스가오(菅生) 지역의 유아(幼兒)기, 학령기 자녀를 둔 젊은 주부들과 새로운 사회교육을 추구하는 혁신적인 일선 공무원의 만남이다.

스가오는 가와사키 시 북부의 미야마에 구에 속한 지역으로, 1960년대 초반 도심에서 떨어진 언덕배기에 개발된 신흥 주택지이다. 주민들은 대부분이 1960년대 후반에 고층 시영주택이 건설되면서 이주해온 사람들인데, 당시 이주해온 세대들은 주로 젊은 핵가족 세대였다. 따라서 많은 가정들이 이곳에서 출산·육아를 경험했다. 1970년대에 들어서자 학령기를 맞는 아동 수가 급증하여 소학교 과밀 문제를 비롯한 교육문제가 대두되기 시작했다. 지역 내에는 어른들은 물론 어린이들이 이용할 수 있는 도서관이나 여타 문화시설들이 없었고, 교통이 불편한 외진 곳이어서 다른 곳으로 나가기도 아주 힘들었다. 그동안 도심에서 떨어진 이곳의 좋은 자

---

2) 한영혜, 앞의 글, 1993, 167~191쪽

3) 이 부분의 내용은 쥬몬지 씨·반다이 씨의 인터뷰 내용과 다음과 같은 세 가지 문헌자료에 기초하고 있다. ① 川崎の社會敎育を考える會, 『線路はつづく···』(≪南武線≫ 縮刷版), 1987; 특히 675~684쪽에 실린 편집부 좌담회. ② 川崎市こども文化センター10周年記念事業實行委員會, 『あかい屋根』, 1985; 특히 1-10쪽. ③ 十文字美惠, 『子育ては地域社會共同の責任—菅生こども文化センター10年の步み』, 1986.

연환경에 만족했던 주부들은 아이들이 자라면서 예상치 못했던 문제에 직면하게 된 것이다.

그러던 차에 1971년에 시립 스가오 유치원에서 사회교육 프로그램의 하나인 '가정교육학급'이 개설되었다. 이것은 다카츠(高津) 공민관의 출장학급이었다.[4] 이 학급은 어린 자녀를 둔 주부들이 수강할 수 있도록 보육시설을 제공하고 있었다. 뒤에 생각하는 모임의 리더가 된 쥬몬지 미에(十文字美惠) 씨는 당시 장남이 다니던 스가오 유치원 원장의 권유에 따라 '가정교육학급'을 수강하게 되었다. 젊은 시절 적극적으로 노동운동에 참여하기도 했던 쥬몬지 씨는 민의(民意) 위에서 군림하는 존재로만 여겼던 관이 보육에 대한 배려까지 하면서 주민들에게 학습의 기회를 준 것에 감격했다. 또한 공민관 주사의 학급운영방식과 학습자에 대한 대응방식에서도 깊은 인상을 받았다. 종래의 공민관 직원은 위에서 내려보내는 프로그램을 그대로 실시할 뿐인 시설관리인과 같은 존재였다. 그런데 새로 부임한 공민관 주사 호시노 나루미(星野修美) 씨는 사회교육을 전공했고 새로운 사회교육관을 가진 사람이었다. 그는 공무원이면서도 사회교육전문가로서 자신의 사회교육관에 입각한 혁신적인 접근방식을 시도하고 있었다.

'가정교육학급'에서 깊은 감명을 받은 쥬몬지 씨는, 노력 끝에 이듬해인 1972년에 자신이 거주하는 동네에 출장학급을 유치하기에 이르렀다.[5] 여기서는 종래의 교양강좌 식 사회교육과는 전혀 다른, 주민들 스스로가 대화를 통해 지역의 생활과제를 발견하고 이 과제에 기초해서 구체적인 학습 프로그램을 구성하는 등, 주민이 주체가 되어 만들어가는 새로운 스

---

4) 당시 스가오는 다카츠 구에 속해 있었다. 미야마에 구는 다카츠 구에서 분구된 것이며, 다카츠 공민관은 현재의 다카츠 시민관이다. 출장학급이란, 공민관을 찾아오기 어려운 지역주민들을 위해 공민관의 교육프로그램을 지역시설로 가져가 개설한 것을 말한다. 이것은, 공민관에서 학급을 개설하고 찾아오는 사람을 기다리던 종래의 자세를 바꾸어, 주민의 편의를 위해 사회교육행정 측이 주민을 직접 찾아 나서는 새로운 시도였다.
5) 조나이에 출장학급을 위치하기 위해 쥬몬지 씨는 자청해서 조나이카이(町內會)의 회장을 맡는 등, 상당한 노력을 기울였다고 한다.

타일의 학습이 이루어졌다. 이 학급의 학습테마는 '지역의 연대 속에서 어린이들에게 넓은 생활의 장을' 이었다. 이는 스가오 지역 주부들이 느끼고 있던 문제를 공적 사회교육의 학습에 반영한 것으로, 이 같은 학습 구성법을 가르쳐준 것은 바로 호시노라는 혁신적인 일선 공무원이었다.

이 학습을 계기로 '아동관을 만드는 모임'이 만들어졌다.[6] 모임의 활동은 철저히 조사와 학습을 바탕으로 전개되었다. 새로운 제도를 만들도록 관에 요구하기 위해서는 객관적인 사회정세에 대한 인식을 바탕으로, 누가 어떤 각도에서 의문을 제기하더라도 충분히 대응하고 설득할 수 있는 근거와 자료를 준비해야 한다는 생각에서였다. 주민들은 학습의 성과를 바탕으로 행정 측에 구체적인 요구를 했다. 1972년에 탄생한 혁신시정이 주민들의 요구를 받아들임에 따라 스가오 어린이 문화센터가 건설되기에 이르렀다.

그 후, 스가오 어린이 문화센터는 단순한 어린이 전용시설에 머무르지 않고 주민 누구나 자유롭게 이용할 수 있는 지역시설로 자리잡아, 스가오 지역 사회교육의 거점이 되었다. 본래 어린이 문화센터는 교육위원회가 아니라 민생국 관할의 복지시설이기 때문에, 이곳에서 사회교육활동을 하는 데는 많은 제약이 있었다. 그러나 주민들은 시민관 설치운동을 하면서 이곳에서 꾸준히 그룹 학습활동을 해나갔다. 어린이 문화센터에 새로 부임한 젊은 직원들도 유일한 지역시설인 어린이 문화센터의 역할에 대해 주민들과 인식을 같이하여 이곳을 거점으로 한 지역운동에 동참하게 되었다.

스가오 유치원의 '가정교육학급' 개설에서부터 스가오 어린이 문화센

---

6) 이 모임의 모태가 된 것은 주부들의 '차 마시는 모임'이라고 한다. 쥬몬지 씨가 스가오 유치원에서 '가정교육학급'을 수강할 때, 제2의 삶을 맞는 듯한 즐거움을 느껴 유치원 스쿨버스) 시간이면 만나는 주부들에게 늘 신나게 학습내용을 이야기하곤 했는데, 그것이 차 마시는 모임으로 발전한 것이다. 이 모임이 주축이 되어 그 후 무공해식품 공동구입, 유통센터건설 반대운동, 문고활동 및 아동관만들기 운동을 포함한 지역교육운동 등이 잇달아 전개되었다.

터 건설에 이르기까지의 과정은 민(民)과 관(官)의 새로운 관계정립을 가능하게 했다. 이 과정을 통해 스가오 주민들은, 행정과의 대립이 아닌 연계야말로 지역발전에 유용할 수 있고, 더불어 단지 뜨거운 열정만으로 하는 운동이 아니라 주민의 주체적이고 치밀한 학습이 뒷받침된 운동만이 주민과 행정의 대등한 연계를 가능하게 한다는 확신을 갖게 되었다.

한편, 이러한 주민운동의 방법론을 제공하고 사회교육의 구체적인 학습법을 가르침으로써 주민들의 잠재력을 끌어낸 것은 혁신적인 일선 공무원들이었다. 1970년대 전반에 생각하는 모임은 이렇게 장기적이고 단계적인 과정을 통해 축적된 스가오 지역주민들과 일선 공무원들 사이의 연대감과 자신감을 기반으로 비로소 만들어질 수가 있었다. 1975년에 개관한 스가오 어린이 문화센터는 바로 이를 상징하는 결실이었으며, 뒤에 생각하는 모임의 결성과 해체를 위한 준비모임은 모두 이곳에서 이루어졌다.

이런 기반 위에서 생각하는 모임이 탄생하게 된 좀더 직접적인 계기는, 1976년 4월 산업문화회관에 개설된 성인학급 '교육강좌'와, 같은 해 8월 사가미하라 시(相模原市)에서 열린 '가나가와의 사회교육을 이야기하는 모임'이다.

'교육강좌'는 사회교육 공무원들이 성인학교를 개혁하기 위해 하나의 실험으로 개설한 학급이었다. 준비단계에서부터 협력한 '교육강좌'의 강사 후지오카 사다히코(藤岡貞彦) 씨[7]는, 생활자 스스로가 밑바탕에서 삶과 직접 연결되는 과제를 택하여, 서로 체계적으로 학습해가는 것을 강조하는 진보적인 사회교육관의 소유자였다. 강좌를 기획한 일선 사회교육 공무원들과 수강생들도 이에 공감하고 있었다. 쥬몬지 씨를 비롯한 스가오 지역 주부들도 이 강좌를 수강했다. 이 '교육강좌'에 참여했던 사람들은 이듬해 생각하는 모임 결성을 주도하는 주축이 된다. '교육강좌'는 추구하는 바가 같은 이들이 사회교육 전문가를 중심으로 이론적·방법론적 틀

---

7) 당시 히또쓰바시(一橋) 대학교수였으며, 이후 오랫동안 가와사키 시의 사회교육과 긴밀한 관련을 맺게 된다.

을 만들고 이를 서로 확인하는 장이 되었다.

가나가와의 사회교육을 이야기하는 모임은 매년 가나가와 현 내에서 장소를 바꿔 개최되는 현 단위의 사회교육 관계자 집회인데, 1976년 사가미하라 집회에서 쥬몬지 씨는 스가오 지역의 실천사례를 발표하게 되었다. 쥬몬지 씨를 이 넓은 무대로 끌어낸 것은 호시노 주사였다. 당시 새로운 사회교육을 추구하고 있던 가와사키의 일선 공무원들에게는 주민들이 학습의 성과를 무기로, 역으로 행정당국을 공략해오는 것이 신선한 충격이었다. 사회교육을 통한 시민의 주체성 형성을 보여주는 이 사례는 곧 사회교육 공무원 자신들의 성공사례이기도 했다. 집회를 마치고 돌아오는 길에 가와사키에서도 이런 모임을 만들어보자는 이야기가 오갔고, 한 달 남짓 후 생각하는 모임의 준비위원회가 발족되었다.

그 후, 1976년 10월부터 주민과 공무원들은 공통된 인식기반을 마련하기 위해 다섯 차례 준비회를 가졌으며, 1977년 2월 14일 가와사키의 사회교육을 생각하는 모임이 정식으로 발족했다.

지금까지 스가오 지역주민들과 사회교육(혁신적인 일선 공무원들 포함)의 연계 형성과정을 중심으로, 생각하는 모임이 성립하게 된 경위를 살펴보았다. 모임성립의 기반이 축적된 1971~1976년은 혁신자치체의 성립 초기에 해당한다. 성장과 개발의 부정적인 결과에 대한 저항의 표시로 탄생한 혁신자치체는, 주민들의 삶의 질과 복지를 중심으로 한 지역발전의 청사진을 내걸고 관과 민의 연대 가능성에 대한 희망을 갖게 해주었다. 아직은 정치권력의 속성보다는 탄생 초기의 이상과 희망이 부각되는 시기였던 것이다. 생각하는 모임은 바로 이러한 희망을 바탕으로 하고 있었다.

3. 활동

1) 모임의 성격과 활동방향

앞 절에서 본 바와 같이 생각하는 모임은 주민과 일선 사회교육 공무원들 사이의 연대를 기반으로 성립되었다. 그러나 출발 초기부터 모임의 성격을 어떻게 규정할 것인가에 관해 입장의 차이가 있었다. 양측이 이 모임에 궁극적으로 기대하는 바가 달랐기 때문이다.[8] 공무원들은 생각하는 모임을 '자주적인 학습조직'으로 규정하고자 했다. 그러나 주민들은 학습은 문제의 발견과정이며, 발견된 문제를 해결하기 위한 운동으로 이어지지 않는 학습은 의미가 없다고 생각했다. 이 같은 입장차이가 완전히 해소되지는 않았지만, 학습이 무엇보다 중요한 기초가 된다는 인식은 공유하고 있었기 때문에 생각하는 모임은 일단 정례학습회를 중점적인 활동으로 삼아 출발하게 되었다.

생각하는 모임은 경계가 명확한 회원제 조직체가 아니라 회보의 독자를 중심으로 한, 들고나는 것이 자유로운 느슨한 연계망과 같은 조직이었는데, 이것은 회보와 학습회 등을 통해 사회교육을 생각하는 사람들의 연계와 확산을 용이하게 하기 위한 방법이었다. 모임의 주축 회원들은 상설기구인 사무국과 회보 편집부를 통해 활동을 주도해나갔다. 사무국과 편집부가 사실상 생각하는 모임의 실체였던 셈이다. 이 핵심기구는 11년 동안 규모를 확대하지 않고 거의 같은 회원들이 유지해왔으며 사무국은 줄곧 쥬몬지 씨의 자택에 설치되어 있었다.

일정한 회원이 있는 조직체가 아니니 일정한 '회비'라는 것도 있을 수 없었다. 회보인 ≪남부센≫의 정기구독료(연간 1,200엔, 우송료 포함)가 모

---

8) 제5회 쥬비모임 안내문(1977년 1월 18일자)은, 그동안의 쥬비회를 통해 양측이 모임에 기대하는 내용이 다르다는 것이 분명히 드러났음을 밝히고 있다. 川崎の社會教育を考える會, 『線路はつづく‥‥』, 17~18쪽.

임의 중요한 재원이었고, 활동비용의 적지 않은 부분을 실질적인 활동회
원들 스스로가 부담했다. 그러나 특별강좌·학습회 같은 집회나 행사를 개
최할 때는 참가비를 받아 충당했다.

생각하는 모임은 학습체로서 출발하여 처음 2년간은 정례학습회가 활
동의 중심이었으나, 그 후에는 회보 ≪남부센≫으로 중심이 옮아가게 된
다. 그래서 생각하는 모임은 "≪남부센≫을 매체로 실천해온 주민주체의
수많은 지역활동 그 자체"[9]라고 평가되기도 한다. 어떤 의미에서 ≪남부
센≫은 생각하는 모임의 중심이라기보다 바로 그 자체였다고도 할 수 있
다. 조사·연구 및 학습, 정보제공, 행정에 대한 비판과 제언, 여러 가지 실
천운동, 이런 활동들이 거의 모두 ≪남부센≫을 통해서 이루어졌기 때문
이다.

2) 남부센

생각하는 모임의 회보 제1호는 ≪생각하는 모임 뉴스≫였는데, 제2호
부터 ≪남부센≫이라는 명칭을 채택했다. '남부센'은 본래 가와사키 시를
동서로 횡단하는 지역철도의 이름이다. 1919년에 만들어진 이 철도는 오
랫동안 가와사키 시민에게는 없어서는 안 될 통학·통근 수단이었다. 생활
의 리듬이 빨라지고 쾌속전철이 생기는 가운데서도 각 역에 정차하며 견
실하게 움직이는 이 지역선은 가와사키 시민에게는 듬직한 존재였다. 생
각하는 모임은 이 같은 남부센 철도의 이미지를 빌어서 자신들이 추구하
는 지역활동의 모습을 상징적으로 표현하고자 한 것이다.

1977년 3월 26일부터 1987년 3월 10일까지 11년간 꾸준히 발간된 ≪남
부센≫은 처음에는 정례학습회의 경과를 '보고'하기 위한 매체였다. 그러나
3년째 될 무렵 ≪남부센≫은 단순한 기관지의 성격을 탈피하여 시민들의

---

9) 岩淵英之, 「教育行政と南武線」, 『線路はつづく···』, 4~5쪽. 인용은 4쪽에서.

학습활동과 행정의 동향을 취재·보도하는 적극적인 역할을 자임하게 된다. 그 배경에는 사회교육과 관련된 시민그룹의 증대와, 학습기회를 더 많이 제공하려는 행정 측의 적극적인 대응방식이 있었다.

창립 당초부터 주된 활동이었던 정례학습회는 이 무렵 사실상 폐지되어 다른 방향으로 나아가고 있었다. 이와 함께 ≪남부센≫ 기사도 학습회에 관한 것은 감소되고, 좀더 직접적으로 실천과 연결되는 내용, 행정에 강력한 문제제기를 담은 내용이 증가하게 되었다. 그러다 보니 왕성한 취재활동이 필요했다. 쥬몬지 씨의 술회에 따르면, 이 무렵부터 1980년대 초반에 이르는 3, 4년간이 가장 충실했던 시기로, 당시에는 취재를 위해 하루에 50킬로미터 정도나 차를 움직이는 바람에 가솔린 값을 대기가 힘들어 경유로 바꿀 정도였다고 한다. 11년간 생각하는 모임의 활동궤적은 ≪남부센≫ 기사를 통해 그대로 드러난다.

3) 학습회·강좌 개최

생각하는 모임은 처음 2년간은 매년 9회의 정례학습회를 개최했다.[10] 그 내용을 간략히 소개하면 다음과 같다.

▶1977년

제1회·제2회: '주민학습을 위한 방법'에 대해

첫번째 학습회에서는 1976년 스가오 가정교육학급의 사례, 두번째 학습회에서는 다카츠 시민관과 스가오 어린이 문화센터 직원들의 체험보고가 있었다. 전자는 주민과 직원의 협력관계 및 보육에 관한 사례이고, 후자는 기존의 시민관 프로그램이 학습요구와 맞지 않아 스스로 프로

---

10) 모임결성 전에 여러 차례의 준비회에서 주민과 공무원들은 상호이해와 공통인식을 목표로 학습계획안을 만들었다. 정례학습회는 이 계획안에 기초해서 이루어졌다. 학습계획안은 1977년 1월 18일자로 만들어진 제5회 생각하는 모임 준비회 안내문에 제시되어 있다. 『線路はつづく…』, 18쪽 참조.

그램을 만들었던 경험과 시설의 대응자세를 보여주는 예이다.

제3회·제4회: '모친의 학습과 보육문제'에 대해

제3회 학습회에서는 「안심하고 사회교육을 받을 수 있는 보육제도 확립에 관한 청원」을 제출한 시로반다이(白幡臺) 생활학교의 경험 보고와, 보육 선진 지역인 미다마(三多摩) 견학, 보육기술강좌 보고가 있었다. 제4회 학습회에서는 육아기 여성의 학습의 의의와 모친의 학습과 병행되는 어린이 집단보육의 의의에 대해 논의하였다.

제5회·제6회: '주민은 시설직원에게 무엇을 바라는가'에 대해

제5회 학습회는 각 시민관의 학급·강좌 참가자들의 이야기와 직원들의 업무 및 역할에 대한 보고로 구성되었다. 이어서 제6회 학습회에서는 시민관의 학습활동에 오랫동안 참가해온 주민들이 주민이 바라는 직원의 전문성에 대해 발표했다.

제7회·제8회·제9회: '공적 사회교육 체계와 현상'에 대해

제7회 학습회에서는 공적 사회교육의 역사적 고찰과 「사회교육법」에 비추어본 가와사키 사회교육의 조직과 체제에 대한 발표가 있었다. 제8회 학습회에서는 교육위원회 사회교육과 공무원이 가와사키 시 사회교육시설 계획에 대한 강연을 했으며, 제9회에서는 그 속편으로 사회교육시설의 현황과 문제점에 관해 논의했다.

▶1978년

제1회·제5회: 학습 체험 듣기

제2회·제3회·제4회: '자주그룹의 원조'에 대해

3회에 걸쳐 자주적인 학습그룹의 의미를 생각하고, 자주그룹 육성방안을 모색했다. 우선 당시 가와사키의 이른바 '사회교육 관계단체(공금의 보조를 받고 있는 단체들)' 및 시민관에 등록되어 있는 자주그룹의 실태와 문제점을 파악하고, 행정의 보조를 전 주민에게 개방할 것과 주민의 요망에 맞는 학습의 장을 보장할 것을 요구하기 위한 행동방안을 논의했다.

제6회·제8회·제9회: '어린이의 학교 외 교육'에 대해

제6회 학습회에서는 학교 밖 교육이 문제가 되는 이유와 지역에서 청소년 사회교육이 갖는 의의에 대한 전문가의 강연을 들었고, 제8회 및 9회 학습회에서는 아동관에 대해 학습했다. 아동관 조례, 예산, 그동안의 발자취 등을 공부하고, 청소년회관과 어린이 문화센터에서 이루어진 실천활동에 대해 보고했다.

이와 같이 관심 있는 문제별로 학습을 했는데, 전문 연구자나 행정관료 혹은 다른 지역의 주민을 강사로 초빙해서 강연을 듣기도 하고, 생각하는 모임의 회원이 실천사례나 직접 조사내용을 발표하고 주제에 대해 토론회를 갖기도 하는 등 다양한 방식으로 문제를 탐색해갔다.

3년째 되던 해부터는 정례학습회를 중단하고 다른 단체들이 주관하는 학습회·강좌를 후원하는 방향으로 변화된다. 그것은 자주학습·운동그룹이 증가한 한편, 생각하는 모임은 학습보다는 운동체로서의 성격이 강화된 데 기인한 것으로 보인다. 다른 그룹 혹은 단체들이 각자의 활동목표에 맞는 학습회나 강좌들을 개최하는 일이 많아짐에 따라, 생각하는 모임이 학습회에 집중하는 의미는 상당히 감소되었다. 따라서 생각하는 모임은 학습회의 주관자가 되기보다는 ≪남부센≫을 매개로 다양한 그룹들간의 연계를 형성하는 구심점 역할을 하는 데 중점을 두고, 다른 그룹들의 학습회·강좌를 ≪남부센≫을 통해 홍보하고 뒷받침하는 방향으로 역할을 전환한 것이라 풀이된다.

4) 자주적인 시민그룹들의 연계형성

생각하는 모임은 시민들 혹은 시민그룹들간의 광범위한 연계를 도모하기도 했다. 각종 그룹들을 발굴하여 ≪남부센≫에 그 활동상을 소개하기도 하고, 연락조직을 만들거나 대대적인 집회를 기획하여 개별적으로 활

동하고 있는 그룹들이 연계할 수 있는 계기를 제공하기도 했다. 뿐만 아니라, 학습회를 통해 발견한 문제를 해결하기 위한 또 다른 조직을 만들기도 했다.

우선 ≪남부센≫은 제2호(1977년 3월 26일자)부터 제50호(1981년 5월 28일자) 사이에 45개의 자주그룹을 발굴하여 소개했다. 여기에는 단순한 학습회부터, 취미서클, 자원봉사그룹, 지역운동그룹 등 다양한 그룹들이 포함되어 있다. 이런 다양한 시민그룹들을 소개함으로써, 이른바 사회교육 관계단체나 시민관에 등록된 자주그룹 같이 공식적으로 인정된 경우 외에도 많은 시민그룹들이 활동하고 있음을 밝히고자 했다. 공적 사회교육이 이러한 시민 자주그룹을 원조하여 이들을 활성화시킴으로써 비로소 시민자치의 기반이 만들어진다는 것이 생각하는 모임의 기본입장이었기 때문이다.

생각하는 모임은 새로운 연계조직을 탄생시키기도 했다. 1978년 6월에 출발한 '가와사키 시 문고·독서서클연락협의회'가 그것이다. 당시 가와사키에는 주로 주부들로 구성된 독서활동그룹이 100개 이상 있었고, 문고활동그룹도 많았다. 하지만 이들간에는 별로 교류가 없었는데, 생각하는 모임의 제안과 노력으로 지속적인 교류의 장으로써 연락협의회가 만들어지게 되었다. 문고활동그룹과 독서활동그룹의 연계는 시의 도서관 행정에 대해 발언하는 토대를 마련한 것이기도 했다.

생각하는 모임의 학습회를 계기로 해서 결성된 그룹도 있었다. '사회교육의 보육을 생각하는 모임'은 1977년에 2회 연속으로 개최된 육아를 하는 여성의 학습과 보육에 관한 학습회를 마친 후 학습성과를 살려 발전시키기 위해 발족한 그룹이다. 이 그룹은 가와사키 시의 사회교육 보육(어머니들이 학습하는 동안 아이를 맡아줌으로써 자녀를 키우는 여성도 사회교육에 참여할 수 있게 하는 것)의 현상과 나아갈 방향에 대한 조사와 연구를 수행하여, 이를 바탕으로 행정당국에 제언해갈 것을 목적으로 삼았다.

생각하는 모임은 '가와사키의 사회교육을 이야기하는 시민집회',[11] '가와사키의 풍요로운 교육과 문화를 생각하는 집회'12) 등 대대적인 사회교육 관련 시민집회 개최를 주도하기도 했다. 이들 집회는 가와사키 시에서 학습 및 실천활동을 하고 있는 시민들과 시의 관계 공무원, 교육 관계자, 사회교육에 관심 있는 사람 등이 한자리에 모여 사회교육에 대해 집중적으로 논의한 자리로, 공적 사회교육에 대한 시민참가와 광범위한 연계형성을 시도한 것이다.

5) 조사·연구 및 정보제공

조사·연구 및 정보제공은 사실상 생각하는 모임의 가장 핵심적인 활동이었다. 그것은 ≪남부센≫에 실린 많은 기사들이 기본적으로 가와사키의 사회교육에 관한 정보였기 때문이다. 시민들의 활동이나 의견에 관한 기사는 시민들과 사회교육행정 양측 모두에게 중요한 정보가 되었다. 또한 시민들은 ≪남부센≫을 통해 좀처럼 파악하기 힘든 사회교육행정에 관한 정보에 접할 수 있었다. 때로는 공무원들조차 ≪남부센≫을 보고 알게 되는 내용도 있었다고 한다. 이것은 생각하는 모임의 시민 측 회원의 적극적인 취재활동과 더불어, 직원 측 회원의 협조가 있었기 때문에 가능한 일이었다. 몇 가지 예를 들어보면 다음과 같다.

---

11) 이 집회는 교육위원회 주최로 이전에도 두 번 열렸으나 중단되었다가 생각하는 모임의 건의로 1978년도에 제3회 집회가 열리게 되었다. 그러나 이전의 두 집회는 제3회 집회와는 성격이 달랐다고 한다. 가와사키 사회교육사에서 제3회 집회가 중요한 의미를 갖는 것은, 실행위원회에 주민이 참가했고 대대적인 시민주도의 집회였기 때문인데, 제3회 집회를 이런 형태로 건의하고 개최한 것은 생각하는 모임이었으며, 실행위원회에도 직접 참여했다.
12) '가와사키의 사회교육을 이야기하는 시민집회'는 이듬해 행정구별 연구집회로 바뀌게 되는데, 생각하는 모임이 이에 대해 의문을 제기하면서 대응할만한 새로운 시민집회로 구상한 것이 바로 '가와사키의 풍요로운 교육과 문화를 생각하는 집회'였다. 처음에는 시민실행위원회가 주최했으나 공무원들의 참여를 촉진시켜 집회를 활성화시키기 위해 제2회 집회(1980)부터는 시 공무원노조와 공동으로 주최를 하게 되었다. 1984년의 제5회 집회는 오히려 시민실행위원회가 빠지고 공무원노조가 주최하게 되었다.

우선, ≪남부센≫은 매년 초에 신년도 사회교육 예산의 개요와 특징을 취재하여 보도하고, 평가할만한 점과 문제점을 지적했다. 때로는 사회교육 예산뿐만 아니라 민생국 예산 가운데 아동관 예산과 같이 사회교육과 관련된 부분을 찾아 보도하기도 했고, 도서관 예산과 같이 특정부분의 예산에 대한 기사를 싣기도 했다. 또, 한 걸음 더 나아가 주민들이 사회교육 과장을 비롯한 행정 측으로부터 사회교육 예산 및 시책에 관해 이야기를 듣는 모임을 개최하거나 인터뷰 혹은 취재를 통해 사회교육 시책과 구체적인 사업들을 소개하고 평가하는 작업을 하기도 했다.

또, 중요한 문제에 대해 앙케이트 조사를 하고 그 결과를 ≪남부센≫에 발표하기도 했다. 예를 들어 1979년에는, 선거가 목전에 다가온 시점에서, 시의회 의원들을 대상으로 사회교육시설과 아동관에 대한 앙케이트 조사를 실시했고, 1978년에 처음으로 발족한 자주그룹 보조금제도의 시행결과에 대한 반응과 사회교육행정에 대한 자주그룹의 요망을 조사했다.

생각하는 모임은 어떤 사회교육 관련 시책이나 사업이 계획되거나 실시되면 그 경과 및 추진상황을 조사하여 ≪남부센≫에 보도하고, 그에 관한 논의의 장을 마련하기도 하면서 이를 행정에 제언하는 단계로 발전시키려고 노력했다. 조사·연구 및 정보제공은 시민 측이 원하는 것을 획득하기 위해 행정에 적극적인 요구를 해나가는 데 기반이 되는 활동이었다. 시민 스스로가 실태를 정확히 파악하고 전문적인 부분에 대해서도 확실한 지식을 갖춤으로써 비로소 행정 측의 논리에 대응할 수 있고, 이를 바탕으로 진정한 시민참가가 가능하다고 생각했기 때문이다.

6) 다양한 실천운동 참여

생각하는 모임이 학습체인가 운동체인가 하는 문제는 발족 당시부터 회원들 사이에서 논란의 소지가 있었으나, 점차 운동체로서의 성격이 강화되어갔다는 것은 앞에서 살펴본 바와 같다. 물론, 운동이라 해도 그것은 학습을 기반으로 한, 혹은 학습을 통해 변혁을 이루고자 하는 운동이었고, 학습, 조사, 연구, 정보수집 및 제공활동 자체가 곧 운동이기도 했다.

생각하는 모임의 운동은 주로 ≪남부센≫을 매개로 이루어졌으나 그 외에 생각하는 모임이 주체로서 어떤 운동에 참가하는 경우도 있었다. 이 것은 모임의 회원이 개인적으로 여러 그룹 활동에 관여하는 경우가 아니라 생각하는 모임으로서 참여하는 경우를 말한다. 그런 예로는, 앞에서 언급한 '가와사키의 사회교육을 이야기하는 시민집회'와 '가와사키의 풍요로운 교육과 문화를 생각하는 집회'에 생각하는 모임이 실행위원으로서 참가한 것이라든지, '가와사키 시 볼런티어센터 설립추진협의회'(1979년)에 사회교육단체로 참가한 것 등을 들 수 있다.

가와사키 시 볼런티어센터는 건설방침이 정해진 뒤, 전통적인 복지개념으로 이를 파악하려는 측과 새로운 복지개념을 주장하는 측 사이에 센터의 기본방향을 둘러싸고 논의가 일었던 시설이다. 순수 민간차원의 설립추진협의회와 민생국 후생과를 사무국으로 하는 행정차원의 가와사키 시 볼런티어센터 추진준비회가 서로 다른 입장에서 센터설립을 추진하고 있었다. 구성원들이 중복되는 경우도 있었지만 대체로 전자는 볼런티어 활동을 개인의 자기변혁과 관련된 활동으로 보고 이를 기반으로 개인 및 지역사회의 풍요로운 삶을 실현한다는 관점에서 볼런티어와 복지를 사회교육과 연계시키고자 했다(제5장 참조). 생각하는 모임은 그 일원으로 참가하는 동시에 자원봉사의 의미를 생각하는 시리즈 기획물과 시민 자주그룹들의 다양한 볼런티어 활동을 소개하는 기사 등을 ≪남부센≫에 실어 양면으로 운동을 전개했다.

그 외에도 사회교육에 보육을 병설하는 운동, 아동관과 사회교육시설 연계운동, 시민관 사용료 무료화 운동 등, 주민들이 사회교육에 참가할 기회를 확대하기 위한 운동을 다른 그룹들과 손잡고 전개해왔는데, 산문·시민관 운영심의회(산문=산업문화회관) 설치운동은 사회교육행정에의 주민 참가를 실현시키기 위한 노력의 대표적인 예이다. 산문·시민관운영심의회는 「사회교육법」 제29조에 규정된 공민관운영심의회에 해당하는 기관으로, 가와사키에는 7개 시민관(산업문화회관 포함) 전체에 하나만 설치되어 있었다. 생각하는 모임은 가와사키 최초로 운영심의회를 방청하여, 회의 내용을 ≪남부센≫에 기록하고 문제점을 지적하는 한편, 주민들의 요망사항을 반영할 수 있도록 각 시민관에 운영심의회를 설치하는 운동을 펴나갔다. 생활학교연락회 회장이었던 이시이교코(石井恭子) 씨는 운영심의회 위원으로 위촉된 후 1983년부터 ≪남부센≫에 '운심소식'을 연재하여 격월로 열리는 운영심의회에서 입수된 정보와 자료를 공개했다. 또, 주민들의 요구에 따라 보고회를 개최하기도 하고 자료를 복사해주기도 했다. 같은 해 생각하는 모임의 리더격인 쥬몬지 씨가 대표를 맡고 있던 '미야마에의 사회교육을 좋게 하는 모임'은 '1관 1심의회'를 요청하는 청원서를 제출했고, 마침내 1986년에 시의회에서 청원이 받아들여져 운동은 결실을 맺게 되었다. 그 사이에 생각하는 모임은 운영심의회의 역할을 고민하는 기사나 청원서 심의방청기 및 심의 요지 등을 싣는 방식으로 운동에 참여했다.

4. 생각하는 모임의 해체

이렇게 활발한 활동을 했던 생각하는 모임은 결성된 지 만11년 되던 1987년 자진해체했다. 마지막 활동은 1987년 3월 10일자로 ≪남부센≫ 제100호를 발행한 것이다. 생각하는 모임은 '남부센 그룹'이라 불릴 만큼 ≪남부센≫을 통해서 존재해왔기 때문에 ≪남부센≫의 종간(終刊)은 곧 생각하는 모임의 해체를 의미했다. ≪남부센≫을 종간하고, 약 한 달 뒤인 4월 19일에 ≪남부센≫ 종간 기념 파티를 개최함으로써 생각하는 모임은 완전히 해체했다. ≪남부센≫에 실려있는 글들과 인터뷰 내용에서 생각하는 모임이 해체에 이르게 된 몇 가지 원인을 정리해보면 다음과 같다.

우선, 주축 회원들이 변화했다. ≪남부센≫ 그룹은 1983년경부터 활동에 한계를 느끼기 시작했다. 행정 측은 ≪남부센≫에 어느 정도 협조하는 모습을 보이면서도 적극적으로 발언해오는 ≪남부센≫을 껄끄럽게 여기고 있었으며, 특히 시책과 관련된 정보들이 공개되는 것에 신경을 곤두세웠다. 그런 상황에서 처음에 함께 시작한 공무원들도 승진함에 따라 점점 소극적인 자세를 취하게 되었다. 이들은 가와사키 시 공무원노조에도 속해 있었는데, 생각하는 모임이 추구하는 바가 노조의 이익과 배치되는 경우가 있어 난처한 입장에 놓이기도 했다. 주민과 행정의 파이프 역할을 자임했던 생각하는 모임은 공무원들이 소극적으로 나오자 취재원과 정보의 확보를 비롯한 여러 가지 어려움에 직면하게 되었다.

한편, 시민회원들도 이 무렵 피로감을 느끼고 있었다. 리더인 쥬몬지 씨가 건강 때문에 일선에서 물러난 것도 타격이었다. 쥬몬지 씨는 수술을 받은 것 외에 도기점을 열어 직업도 갖게 되었다. 이들이 피로감을 느끼게 된 배경요인은 활동이 어려워진 데 대한 부담이 커진 것도 있었겠지만 그보다는 이들을 둘러싼 조건의 변화 때문이었다. 생각하는 모임은 사회교육 운동집단이지만 그 출발점은 지역 어린이문제였다. 소학교에 다니는 아이를 둔 주부들이 지역사회에서의 어린이교육과 어른들의 변화, 지역사회의 변화를 연계시키면서 이 모임에 참여하게 되었던 것이다. 그런데 시간이 흐르면서 아이들은 자라났고, 자연히 이들의 관심도 변화되었다. 오랜 학습과 활동을 통해 얻은 성과가 그들의 관심을 다양한 방향으로 발전시키는 데 기여하기도 했다. 이들은 대개 다른 활동에 참여하면서 ≪남부센≫에도 관여하고 있었기 때문에, ≪남부센≫ 발간을 중심으로 한 생각하는 모임의 활동에 대해 종래와 같은 열정을 갖기는 어려웠다.

생각하는 모임의 기본적인 체질도 모임 해체의 한 요인이 된 것으로 보인다. 쥬몬지 씨는 생각하는 모임이 시 공무원노조와 손잡은 것을 실패의 원인으로 꼽았다. 생각하는 모임의 세장으로 1979년에 '가와사키의 풍요로운 교육과 문화를 생각하는 집회'가 열린 것은 앞에서 언급했다. 이 집회는 가와사키 최초의 민간 차원의 사회교육연구·교류 집회로서, 기존 사회교육의 틀에 얽매이지 않고 넓은 의미의 다양한 사회교육 활동을 하고 있는 주민들을 결집시키고 주민과 직원들 간의 연대의 장을 만들기 위해 기획된 것이다. 제1회 집회는 주민 주도로 이루어졌으나 '일부 주민'과 '일부 직원'들에 한정된 운동으로 끝나지 않도록 저변을 확대하기 위해, 이듬해부터 시 공무원노조 교육지부와 공동으로 개최하게 되었다. 주민 측은 노조의 조직력을 빌어 운동기반을 확대시키고자 했던 것이다.[13]

그런데 노조의 실행방식은 기본적으로 생각하는 모임의 방식과는 맞지 않았다. 생각하는 모임을 비롯한 주민 측은 개인의 내면에 문제의식이 확립되는 것과 다양한 의견을 충분히 듣고 충분한 논의를 거쳐 문제에 대한 공감대를 형성해가는 과정 자체를 중시하는 입장이었기 때문에 소수의견을 존중하여 논의를 거듭했다. 하지만 조직체로서 효율성을 추구하고 관료적인 성격을 띤 노조 측은 결정되어야 할 사항들이 논의만 거듭될 뿐 쉽게 결정되지 않는 상황에 상당히 불만을 품었다. 또 집회에 필요한 비용의 상당 부분을 공무원노조 측이 부담하게 된 것도 갈등의 소지가 되었다. 주민 측이 재정적으로는 공무원노조에 의존하면서도 공무원노조가 주도하는 것을 용인하지는 않았기 때문이다. 그러나 결국 점차 막강한 조직력을 갖춘 공무원노조 측의 발언권이 강화되어, 마침내 1984년의 제5회 집회는 공무원노조가 단독으로 개최하기에 이르렀다. 생각하는 모임은 결국 노조의 방식을 받아들이지 못하고 그들이 주도하여 이룬 집회에서 손을 떼고 노조와 결별을 하게 된 것이다.

공무원노조와 이 같은 갈등이 벌어진 밑바닥에는 양자간에 해소하기 어려운 이해관계의 대립이 있었다. 즉 주민 측이 추구하는 권리로서의 사회교육 기회확보가 직원들에게는 업무부담의 증대를 가져오는가 하면, 자

---

13) 실제로 노조와 공동 주최한 제2회 집회는, 노조의 조직력을 충분히 살려 전보다 훨씬 많은 직종의 공무원들이 참여하게 되었다. 이에 비해 일반 시민들의 참여는 증대되지 않았다.

제4장 어느 사회교육 운동집단의 생애사 173

신들의 고유한 업무권한을 주민주체라는 이름으로 '침해'당하기를 원치 않았던 것이다.

또한, 노조 내부의 갈등도 영향을 미쳤다. 공무원노조는 정치적 입장이 공산계인 급진파와 사회계인 온건혁신파로 나뉘어 있었다. 그런데 '가와사키의 풍요로운 교육과 문화를 생각하는 집회'에 관여하는 과정에서 급진파의 세력이 강해지자 온건파에 속하는 직원들이 참여를 꺼리게 되었다. 생각하는 모임에 참여했던 공무원들도 점차 멀어져갔다.

≪남부센≫ 편집부 회원들이 피로감을 느끼게 된 시기는 바로 이 집회와 관련하여 공무원노조와의 사이에 갈등이 일어났던 시기와 중복된다. '가와사키의 풍요로운 교육과 문화를 생각하는 집회'에서 후퇴하게 된 것은 생각하는 모임(=≪남부센≫ 그룹)에게 큰 타격을 주었던 것 같다. 생각하는 모임이 추구하는 형태의 운동은 노조라는 정치적으로는 혁신세력이지만 거대하고 강력한 관료조직체의 운동과는 결합될 수 없었다.

생각하는 모임의 해체에는 이 밖에도 다양한 요인들이 관련되어 있겠지만, 이상에서 언급한 것들이 주요한 요인이 되었다고 생각된다.

5. 결론: 생각하는 모임의 존재 의미

지금까지 '가와사키의 사회교육을 생각하는 모임'이라는 사회교육 운동집단의 성립에서 해체에 이르는 과정을 고찰했다. 이제는 해체되고 없는 집단이지만 생각하는 모임의 성립·활동·해체의 궤적은 오늘날의 사회교육 상황을 이해하는 데 중요한 시사점을 제공한다.

생각하는 모임은 1960년대 후반에 대두하여 1970년대 안정성장기에 들어서면서 활발히 전개되기 시작한 새로운 사회운동의 전형적인 예이다. 새로운 사회운동은 생활자로서의 개인이 일상생활 속에서 발견한 문제를 해결하기 위해 자발적으로 참가하는 것을 기본성격으로 하며, 그런 의미에서 '풀뿌리 운동'이라고도 한다.[14] 즉 각자 자신의 직업을 갖고 일상생활을 영위하고 있는 보통시민이, 생활 속에서 갖게 되는 의문을 문제화하여 스스로의 판단에 따라 주체적으로 운동에 참가하는 것이다. 이때 개인은 특정계급이나 당파를 초월하여 순전히 개인의 책임하에 참여하게 된다. 따라서 지도체계가 명확한 이데올로기적으로 통합된 집단보다는 느슨한 횡적 연대의 네트워킹을 지향하며, 직접 민주주의적인 활동원칙을 지키려고 한다. 또한 새로운 사회운동은 가치지향적이고 표출적이다. 따라서 개인들이 자신들의 의견을 갖고 자율적으로 참가하여 의지를 표명한다는 것 자체가 아주 중요하다. 이것은 기본적으로 국가의 거대한 관리체계에 대항하여 자신의 라이프스타일과 아이덴티티 결정권을 지키고자 하는 것이다. 본론에서 고찰한 생각하는 모임의 조직 및 활동방식은 바로 이런 특성을 그대로 보여주고 있다.

생각하는 모임이 주체적이고 풍요로운 사회교육의 실현을 추구했던 것은, 사회교육 혹은 학습이라는 것 자체가 그들의 라이프스타일의 일부이자 아이덴티티의 확인과정이었기 때문이며, 동시에 일상생활에서 품게 되는 다양한 의문들을 문제화하고 스스로 그 해결방법을 찾을 수 있는 능력을 계발하는 수단이 되기 때문이었다. 일상생활에서 주체성을 회복하고 발휘하는 것은, 나아가 자신의 삶에 직접적인 영향을 끼치는 사회에 대한 주체적인 관여를 가능하게 하는 것이기도 하다.

생각하는 모임의 또 하나의 중요한 특성은 그 운동이 저항보다는 참가형이라는 점인데, 이는 역시 안정성장기에 들어선 이후 시민운동의 특징을 보여주는 것이다. 즉 이전의 주민운동이나 노동운동이 대규모 건설저지 운동에서 볼 수 있듯이, 주로 국가의 정책이나 대기업의 경제활동에 대항한 저항형 사회운동이었던 데 반해, 생각하는 모임의 운동은 행정과의 연계나 일선 공무원들과의 연대와 정책결정 과정에 대한 주민참가 또

---

14) 高田,「草の根運動の現代的位相-オールタナティブを志向する新しい社會運動」, ≪思想≫, 第737號, 1985, 178-180쪽.

는 시민참가를 추구했다.

생각하는 모임이 성립되어 활발한 활동을 전개하던 시기는 앞서도 지적했듯이, 가와사키 시에 혁신사치체가 들어서 진보적인 분위기가 넘치던 시기와 일치한다. 혁신적인 공무원은 생각하는 모임이 탄생하는 데 직접적으로 중요한 역할을 담당했다. '주민(혹은 시민)주체'나 '주민(혹은 시민)참가'는 관과 민의 일치된 슬로건이었다. 그러나 1980년대 중반 이후, 행정 측의 '시민참가'를 외치는 소리가 더욱 커지고 '생애학습'정책이 강화되었음에도 불구하고 생각하는 모임이 자진해산하고 만 것은, 혁신정권의 한계를 보여주는 동시에 새로운 사회운동으로서의 시민운동의 본질에 대해 다시 한번 생각하게 해준다.

혁신시정과 혁신적인 관료들은 '주체적인 시민'을 '육성'하고자 했다. 생각하는 모임의 탄생에 결정적인 역할을 했던 일선 사회교육 공무원들은, 사회교육을 통해 자신들이 '주체적인 시민'을 '키워낸' 것에 스스로도 놀라고 흐뭇해서 이들을 작은 지역사회 밖의 더 넓은 세계로 끌어냈다. 그러나 이들이 역량을 키워가면서 오히려 그 '주체성'을 감당하기 어려웠을 것이다.

혁신자치체는 특정한 정치적 이데올로기를 존립기반으로 하고 있다. 그에 반해 생각하는 모임과 같은 사회운동은 '삶과 일상생활'을 중시하고 정치적 이데올로기를 배제하고자 했다. 성장 위주의 정책에 대항하여 기존의 보수정권을 무너뜨리고 새로운 정책방향을 추구하는 데 합의가 이루어졌을 때, 어느 정도 기간까지는 양자가 협조하여 밀월관계를 유지할 수 있지만 기본원리가 다르기 때문에 결국 어느 시점에선가는 그것이 깨어질 수밖에 없다

생각하는 모임이 어려움을 느끼게 된 것은 이러한 문제점들이 서서히 표면화되기 시작했기 때문이다. 본질적으로 융합될 수 없는 양자가 연대할 수 있다는 기대를 갖고, 또 그것을 중요한 목표의 하나로 삼아 출발했으나, 이루어질 수 없는 기대로 끝나고 만 것이다. 한편, 생각하는 모임의

회원들은 운동 자체가 새로운 자기 자신들을 발견한 또 다른 삶이었기 때문에, 자신들의 삶을 열심히 살아내는 데 만족했을 뿐 세대를 이어 지속적이고 조직적인 사회운동을 만들어간다는 생각은 전혀 하지 않았던 것 같다. 그렇게 적극적인 활동을 전개했던 모임이 순식간에 완전히 자진해체를 할 수 있었던 데는 이런 배경요인이 있다.

현재 가와사키 시는 일본에서도 선진적인 시정을 펴는 곳으로 손꼽힌다. 사회교육도 물론 그중에 속한다. 시정의 핵심적인 슬로건은 '시민참가'이며, 직접 민주주의적인 요소도 도입하고 관민 협조체제를 유지하기 위해 노력하고 있다. 그러나 '시민참가'라고 해도 시민이 주도권을 잡는 시민참가라기보다는 관료가 주도하는, 다시 말해 관료가 시민을 지도·육성해서 참가시킨다는 측면이 강한 것 같다. 이곳의 혁신적인 관료들은 이른바 '계몽관료'적인 성격이 강하다. 이렇게 관료가 주도권을 쥐고 '시민참가'라는 이념에 의거해서 시민과의 직접적인 연결을 강화시키려 하기 때문에 의회의 역할은 과연 무엇인지 생각해볼 필요가 있다. 사회교육은 바로 이러한 관과 민의 관계형성 기반이 되는 장이다. 생각하는 모임의 해체와 더불어 시정에서 사회교육의 비중이 강화된 것은, 드러나는 것만으로는 평가하기 어려운 측면들을 생각하게 해준다.

■ **참고문헌**

한영혜. 1993a, 「일본의 새로운 사회운동」, ≪기러기≫ 제29권 제2호, 홍사단.
_____. 1993b, 「지역연대와 사회교육―새로운 지역연대 형성운동과 지역주민조직의 위상변화」, 서울대학교 지역종합연구소, ≪지역연구≫ 제2권 제3호.
川崎市敎育委員會. 1988, 『川崎の社會敎育を語る市民のつどい報告書』.
川崎市敎育懇談會. 1986, 『いきいきとした川崎の敎育をめざして』.
川崎·市民フォラムの會. 1993, 『かわさき市民の市政白書』.
川崎の社會敎を考える會. 1987, ≪線路はつづく…≫(≪南武線≫ 縮刷版, 創刊號~100號).

川崎の豊がな教育と文化を考えるつどい實行委員會事務局. 1979, 『いま語ってみよう ― 明日へのかけはし, 川崎の豊かな教育と文化を考えるつどい』(プログラム).

_____. 1979, 『川崎の豊かな教育と文化を考えるつどい 記錄集』.

_____. 1980, 『ともに育てよう活力ある地域を-第2回川崎の豊かな教育と文化を考えるつどい記錄集』.

川崎の豊がな教育と文化を考えるつどい準備會. 1979, 『私たちの社會教育基礎講座』.

菅生こども文化センター10周年記念事業實行委員會. 1985, 『あかい屋根』.

堀尾輝久. 1994, 『日本の教育』, 東京大學出版會.

十文字美惠. 1986, 『子育ては地域社會共同の責任-菅生こども文化センター10年の步み』(第35會, 讀賣敎育賞 受賞論文).

谷富夫. 1993, 「川崎市のコミュニティ施策」, 社會分析學會, 『社會分析』.

高田昭彦. 1985, 「草の根運動の現代的位相-オールタナティブを志向する新しい社會運動」, ≪思想≫ 第737號, 岩波書店.

기타 인터뷰 자료.

제5장

볼런티어 운동과 시민참가의 의미

1970년대 가와사키 볼런티어 운동: 볼런티어 개념의 새로운 지평추구

1. 볼런티어의 의미와 연구목적

이 장에서는 1970년대 후반부터 가와사키 시에서 전개된 볼런티어 (volunteer) 운동에 대해 고찰하고자 한다.[1) '볼런티어'는 '독지가', '지원 자', '자원봉사자(또는 자원봉사활동)' 등으로 번역되기도 하나, 오늘날 일본 에서는 대개 원어를 그대로 쓰고 있다. 사전적인 의미로는 자발적으로 어 떤 행위를 하거나 무언가를 제공하는 것 또는 그런 사람을 뜻하며,[2) 일반 적으로 무보수성, 자발성, 이타성 등의 특징을 내포한 활동 혹은 그런 활 동을 하는 사람을 말한다.[3) 굳이 '볼런티어'라는 말을 쓰지 않더라도, 아

---

1) 이 연구는 교육부의 지원을 받아 1994년 6월~1995년 6월에 수행된 공동연구 「가와사 키의 시민운동」의 일부이다. 「지역주민 생활조직」, 「사회교육」에 이어 가와사키 시 지 역사회 연구의 제3차년도 연구에 해당하는 이 공동연구는 볼런티어 운동 외에 다양한 영역의 시민운동에 대한 연구를 포함하고 있다. 이 장은 1995년 2월 5일부터 1주일간 실시한 현지조사와 8월의 현지보충조사 및 문헌연구에 의거한 것이다.
2) 『뉴우월드 英韓大辭典』, 시사영어사, 1980. 2784쪽 'volunteer' 항목 참조.
3) 예를 들어 "명성, 지위, 금전, 혹은 그밖의 이익획득을 위해서나 타인의 강제에 의해서 가 아니라, 사람들에게 도움이 되기를 바라는 스스로의 의지에 따라 자신의 지식, 기 능, 노력, 경험, 시간, 재력 등을 제공하는 사람"으로 정의되어 있다. 岡本包治·結城光

무런 대가도 기대하지 않고 때로는 자기 희생을 하면서까지 남을 돕는 행위는 이전부터 존재해왔으며, '자선행위', '봉사활동' 등이 그런 행위를 일컫는 말로 쓰여왔다. 일본에서 '볼런티어'라는 용어는 1970년대에 확산되기 시작하여 1980년대 후반 이후 볼런티어 붐이 일면서 정착되었다. 이 용어가 번역되지 않은 채 그대로 쓰인 것은, 기존의 번역어들로는 잘 표현하지 못하는 새로운 의미들이 부여되었기 때문이다. 달리 말하자면, 새로운 의미들을 담는 그릇으로써 '볼런티어'라는 용어가 차용된 것인데, 그런 의미에서 일본에서 쓰이는 '볼런티어'는 일본의 사회적·시대적 상황의 규정을 받고 있는 말이라 하겠다.

볼런티어 운동은 한 마디로 볼런티어의 확산을 목적으로 하는 운동이라고 할 수 있다. 여기에는 크게, '볼런티어 인간형성(히도즈쿠리 人作り)'과 '볼런티어 활동시스템의 구축'작업이라는 두 측면을 포함한다. 전자는 볼런티어 의식을 내면화 한 활동주체들을 형성하는 것이고, 후자는 이들이 실제로 활동할 수 있는 기회와 장을 확보하고 연결시켜주는 체계를 정립하는 것이다.

가와사키에서는 1970년대 후반에 이 같은 운동이 일어나기 시작했다. 볼런티어 운동은 혁신시정의 정책 차원과 시민운동 차원에서 각각 별도로 일어나는 형태로 출발했지만, 도중에 양자가 연계되는 형태로 전개되었다. 이 과정에서 볼런티어에 관한 많은 담론들이 형성되어, '볼런티어'라는 개념에 새로운 의미들이 부여되었다. 새로운 담론을 주도한 것은 혁신 시정 당국과 시민그룹들이었다. 가와사키에서는 1972년 사회당의 이토 사브로가 시장으로 당선됨으로써 혁신자치체가 탄생하였다. 당시는 아직 혁신자치체 초기단계였으므로 시민운동그룹 및 활동가들과 행정이 연대하여 여러 가지 혁신적인 시책과 운동들을 추진해가는 분위기가 형성되어 있었다. 볼런티어 운동은 이 같은 연대를 기반으로 전개된 것이다.

夫(共編), 『學習ボランティアのすすめ』, きょうせい, 1995, 5~6쪽.

볼런티어 운동의 일환으로 1982년에는 가와사키 볼런티어센터(이하 KVC)가 설립되었다. 이 조직은 볼런티어 활동을 활성화·체계화하고 시민의 볼런티어 의식을 고양하기 위해 각 지역에서 활동하고 있는 볼런티어들의 상호교류 및 정보교환의 거점으로 만들어진 것이다.[4] KVC는 혁신자치체 가와사키의 시민운동의 가능성과 한계를 동시에 상징적으로 보여주는 존재이다. 혁신자치체 행정과 시민의 연대를 기반으로 볼런티어 운동이 확산되었고 KVC는 운동의 가시적인 결실 가운데 하나였다. 그것은 볼런티어 운동의 거점조직으로 기획되었다. 그러나 구체적으로 KVC 설립을 추진해가는 과정에서 그 연대는 무너져갔고, 운영의 주도권을 둘러싼 갈등 때문에 오랜 산고 끝에 겨우 탄생할 수 있었다. 또한 KVC는 설립 후 위상이 애매해져 볼런티어 운동의 거점역할을 제대로 하지 못한 채 오늘에 이르고 있다.

이 글은 KVC의 설립과정에서 나타난 사회세력들간의 관계와 볼런티어에 관한 새로운 담론들을 분석하여 1970년대 후반 가와사키의 볼런티어 운동의 성격을 고찰한 것이다. 이 과정에서 다음과 같은 두 가지 점에 중점을 두었다.

첫째, 지방자치에서 시민의 주체적 참가의 의미와 가능성에 대해 생각해보고자 했다. 지방자치에는 '분권'과 '시민참가'라는 두 측면이 내포되어 있다. 1970년대 후반 이후 가와사키에서 전개된 볼런티어 운동 및 KVC의 사례를 살펴봄으로써, 시민운동과 혁신적인 지방정부, 그리고 노동운동 간의 연계가 갖는 성격을 '시민참가' 또는 '시민주체'라는 측면에서 조명할 수 있다고 본다.

둘째, 볼런티어 운동의 전개과정에서 형성된 새로운 담론들로부터 볼런

---

4) '볼런티어 센터'라 하면 보통 각 도·도·부·현·정령지정도시, 구·정·촌에 설치되어 있는 사회복지협의회 산하의 '볼런티어 센터'를 연상하게 되는데, KVC는 그와는 다른 가와사키 특유의 조직이다. 가와사키에도 사회복지협의회의 하부조직인 '볼런티어 활동 진흥센터'가 KVC와 별도로 있다.

티어의 적극적인 의미를 끌어내고자 했다. 즉 '선행'이나 '봉사'와 같은 고전적인 의미를 초월하여 시민사회의 주체적 역량형성이라는 관점에서 재해석되는 볼런티어 개념을 제시해보고자 했다.

2. 가와사키 볼런티어 운동의 배경

가와사키 시에서 1970년대 후반에 볼런티어 운동이 일어나게 된 배경으로 대체로 국가의 지역정책, 혁신자치체의 탄생, 시민부문의 성장 등 세 가지를 들 수 있다.

1) 국가의 지역정책과 사회교육

고도성장에 따른 지역사회 및 공동성의 해체가 사회문제로 부상된 1970년대 초에는 '커뮤니티 형성'이 지역정책의 핵심이 되었다. 1960년대의 지역정책이 지역의 개발에 치중했던 데 반해, 1970년대는 지역연대의 회복·창출을 중심으로 한 커뮤니티 형성이 주요 과제였다.[5] 커뮤니티 형성은 곧 '인간형성(人作り)'의 문제로 간주되었고, 자연히 지역정책은 공적 사회교육과 관련지어졌다. 사회교육은 커뮤니티 개념의 계몽과 주민 동원 및 조직화의 수단으로서 중시되었다.[6]

1971년 사회교육 심의회의는 「급격한 사회구조의 변화에 대처하는 사

---

5) 자치성은 1971년에 '커뮤니티(근린사회)에 관한 대책요강'을 발표했는데, 이것은 주민 주체를 강조하고 지역적 연대회복 및 창조를 통해 생활의 기본단위인 근린사회를 인간성 회복의 장으로 적합하도록 만든다는 시책이었다.

6) 커뮤니티 형성과 사회교육의 관계에 대해서는 다음 논문을 참조할 것. 한영혜, 「지역연대와 사회교육 — 새로운 지역연대 형성운동과 지역주민 조직의 위상변화」, ≪지역연구≫ 제2권 제3호, 서울대학교지역종합연구소, 1993, 167~191쪽. 특히 정부 및 지자체의 정책과 관련된 부분으로는 170~175쪽 참조.

회교육의 방향에 대해」에서, 지역의 연대의식 형성을 위해 여성 볼런티어 활동을 육성하고 고령자 교육과정에서 사회봉사활동을 다룰 것을 제언했으며, 이어서 1973년에는 「재학 청소년에 대한 사회교육의 방향에 대해」를 통해 청소년들이 지역사회의 여러 활동들에 볼런티어로 참여함으로써 지역사회 형성에 공헌하도록 할 것을 제언하는 등, 지역연대의 형성과 관련하여 주민들의 볼런티어 활동을 장려하는 정책방향을 시사하였다.[7] 이러한 정책의 주 목적은 커뮤니티 형성과 공동성의 회복이었지만, 그 배경에는 오일쇼크 이래 지자체의 재정궁핍으로 종래와 같은 행정 의존형 서비스가 어려워지자 볼런티어 활동에 의존하지 않을 수 없는 사정도 있었다.

1976년에는 '여성 볼런티어 활동 촉진사업'이 실시되기 시작하여 지자체의 사회교육시설에서 정부의 보조금을 받는 '여성 볼런티어 양성 강좌'가 개설되었다. 그 취지는 "여성이 자유의지에 따라 사회발전과 사람들의 행복을 위해 자신의 능력이나 기술을 제공하고 이를 통해 자신의 인간성을 높이는 여성 볼런티어 활동을 촉진시키는 것"이라 하였다.[8] 가와사키의 시민관에도 정부보조를 받는 여성 볼런티어 강좌가 개설되어, 1976~1978년에 이미 7회에 걸쳐 약 300명의 시민들이 이 강좌를 수강했으며 강좌종료 후 그룹 볼런티어로 활동하는 경우가 증가했다.

이렇게 국가의 지역정책과 맞물린 사회교육에서의 볼런티어 활동은 볼런티어의 의미를 확장시킴으로써 볼런티어 운동이 일종의 시민운동으로 전개될 수 있는 중요한 기반을 제공했다.

2) 혁신자치체의 탄생과 '시민 끌어안기'

1972년 공해문제가 심각했던 산업도시 가와사키에 시민들의 안정된 삶과 복지증진을 기치로 내건 혁신계 후보 이토 사브로가 시장으로 당선되

---

7) 稻生勁吾(外), 『學習ボランティア活動』, 實務敎育出版社, 1987, 36~37쪽.
8) 稻生勁吾(外), 앞의 책, 38쪽.

었다. 그러나 시의회는 여전히 보수파가 장악하고 있었다. 이토 시장의 기본적인 정치적 기반은 노조였지만, 1960년대 후반부터 활발한 활동을 전개해온 주민운동그룹 및 활동가들도 중요한 지지세력이었다. 보수계가 지배하는 중앙정부와 시의회로부터 독립성을 확보하여 혁신시정을 펼쳐 나가기 위해 혁신자치체의 행정당국은 일종의 직접 민주주의적인 요소를 도입하고자 했다. 다시 말해, 시민들의 참가를 확대함으로써 중앙정부와 의회에 대한 대항력을 키우고자 한 것이다.

혁신 관료들은 '자주적인 시민'을 육성하고자 했다. 한편, 시민복지 및 생활의 질 향상을 정책목표로 내걸었던 이토 시정은, 마을만들기(마을만들기)를 통해 이를 실현시키고자 했다. 혁신자치체의 이러한 시정 방향은 앞에서 살펴본 정부의 지역정책과는 또 다른 차원에서 시민의 계몽과 동원을 필요로 하게 되었다. 따라서 가와사키 시정은 사회교육을 상당히 중시했고 자발적인 시민참가를 키워드로 볼런티어 활동을 적극적으로 장려했다. 뒤에 다시 언급될 이토 시장의 '백만 시민 총 볼런티어화' 구상은 이를 집약적으로 표현한 것이다.

3) 사회교육과 시민운동의 성장

1970년대 후반 가와사키 볼런티어 운동의 가장 중요한 배경은 사회교육의 발전과 시민운동의 성장이라고 생각된다. 또한 혁신자치체의 탄생 이후 사회교육을 통해 시민을 계몽하여 주체적인 시민으로 육성하려는 젊은 혁신관료들이 나타나게 되었다는 점에도 주목할 필요가 있다. 주체적인 시민의 육성은 이 새로운 유형의 관료들이 자신의 이념을 실현하는 방법이자 일종의 실험이기도 했다.

한편, 가와사키에는 혁신자치체가 탄생하기 전부터 축적된 주민운동의 기반이 있었다. 혁신자치체의 탄생은 혁신계 정당의 정치적 기반인 노조와 주민운동세력이 연대함으로써 가능했다. 주민운동의 주된 사회적 기반은 가와사키 시 북부지역에 거주하는 신중간층 주민들이었다. 가와사키 시는 1960년대부터 시 북부지역에 주택단지를 새로 개발했는데, 이곳 주민들은 대개 외지에서 온 이주민들로 1970년대 후반에 대체로 정착하여 이곳에서 자식을 낳고 핵가족을 이루며 살아온 경우가 많았다. 이들은 생활의 질과 복지문제에 관심이 많았고 생활상의 문제를 지역의 문제로 보아 지역사회의 발전을 통해 생활의 향상이 가능하다고 생각하고 있었다.

1970년대에는 생활과 관련된 다양한 문제들을 학습하고 여러 영역에서 지역의 문제들을 해결하고 생활환경을 개선하려는 시민운동이 활발히 전개되었는데, 이는 주로 자주학습그룹들을 통해 이루어졌으며 이 자주그룹들은 사회교육과 밀접한 관련을 맺고 있었다. 즉 많은 그룹들이 생활을 지역의 맥락에서 파악하는 시각이라든지 지역에서 문제를 발견하고 이 문제에 관해 학습하는 방법, 그리고 이 문제들을 해결하기 위한 실천방법 등에 관한 것들을 사회교육을 통해 습득하였다. 또, 사회교육 프로그램인 시민관 강좌 등에서 수강생들이 강좌 종료 후 자주학습그룹을 만들어 활동을 계속하는 경우가 증대하였다.

자연히 당시 가와사키에는 사회복지 분야 외에도 문고나 극장운동, 생활학교 등 사회교육 영역의 여러 활동들과, 녹음(綠陰)을 지키는 주민운동, 그밖에도 생활의 다양한 영역에 걸쳐 활동하는 자주적인 시민운동 그룹(=시민운동 그룹)들이 상당 수 존재하고 있었으며, 특히 1970년대 후반에는 자주그룹들간의 네트워크를 형성하려는 움직임들이 나타나 실제로 활동영역별로 네트워크가 이루어지기도 했고 시민들의 자주적인 활동을 더욱 활성화시키기 위한 제도적인 지원에 대한 요구가 시민운동 측에서 강력히 제기되기도 했다.9) 이들은 시민의 자주적인 활동 그 자체를 시민의 권리인 동시에 마을만들기와 시민자치의 기반이라고 생각했다. 볼런티어 운동은 이러한 시민운동 움직임의 연장선상에 있었다.

---

9) 이 점과 관련해서는 이 책의 4장을 참조할 것.

3. 볼런티어 운동과 KVC의 설립과정

1) '백만 시민 총 볼런티어화' 구상과 '사회교육 볼런티어센터' 제안

1978년 3월 가와사키의 시민관·산문 운영심의회[10]는 「주민에 밀착된 시민관을 만들려면」이라는 제목의 보고서에서, 인재를 개발하고 사회적으로 활용할 방안을 논하는 가운데, 가칭 가와사키 사회교육 볼런티어센터 설립을 제안했다. 운영심의회는 볼런티어 활동을 하고자 하는 주민과 볼런티어의 도움을 받고 싶은 주민을 연결시켜줌으로써, 지역주민의 연대의식을 높이고 주민자치를 발전시키는 것을 볼런티어센터의 목적이라 규정하고, 이 센터는 주민의 자발성을 기본으로 하기 때문에 그 설립과 운영을 주민이 주도하는 것이 원칙이며 행정의 개입은 가능한 한 피해야 한다고 제언했다. 또, 센터의 기능으로 볼런티어의 수급조정 및 연락상담, 정보제공, 학습·훈련보장, 집회·활동원조 등을 들었다.

이 보고서가 제출된 것과 거의 같은 시기에 이토 시장은 '백만 시민 총 볼런티어화' 구상을 제시했다. '백만 시민 총 볼런티어화'란 글자 그대로 가와사키 시민 누구나 볼런티어가 되도록 하자는 것으로, 전 시민이 자발적으로 가와사키의 마을만들기에 참가할 것을 촉구한 것이다. 시장이 정책방향을 제시함에 따라 볼런티어를 제도적으로 뒷받침하기 위한 시책이 행정차원에서 강구되기 시작했다.

---

10) 공적 사회교육시설인 시민관에는 운영심의회라는 것을 두어 시민관 운영에 관한 전반적인 사항을 검토하고 있다. 현재는 각 시민관마다 운영심의회를 두고 있으나, 당시에는 가와사키의 시민관 전체에 하나의 운영심의회만 존재했다. '시민관·산문' 중 '산문'이란 '산업문화회관'의 약칭으로, 가와사키 구에서 시민관 역할을 하는 시설이다.

2) 센터 설립추진 과정: 볼런티어센터 설립추진협의회와 볼런티어
활동 추진준비위원회

1979년에 가와사키 시는 볼런티어 활동 진흥을 목적으로 약 1,000만
엔의 예산을 책정했다. 이것은 이토 시장의 구상을 구체화하는 행정당국
의 첫 움직임이었다. 시에서 예산이 책정되자 곧, 같은 해 4월 15일, 산업
문화회관에서 '가와사키 볼런티어센터 설립추진협의회(이하 추진협의회)'가
탄생하였다. 추진협의회는 7명의 개인을 포함하여 39개 단체에서 약 80명
이 참가한 시민 모임으로, "복지가 중심이 된 마을만들기를 추진하는 자주
적 시민활동의 거점이 될 볼런티어센터와 지역의 거점으로서의 볼런티어
사무국의 설립"이 모임결성의 목적이었다. 또, 계획의 수립 및 설립된 센
터의 운영은 시민 각계 각층의 참가를 바탕으로 이루어져야 한다는 것을
천명했다.

추진협의회가 만들어진 지 2달 후인 6월에는 시청 민생국 후생과를 사
무국으로 하는 '가와사키시 볼런티어 활동 추진준비회(이하 추진준비회)'가
발족되었다. 모임의 과제는, 가와사키 시의 볼런티어 활동을 좀더 효과적
으로 추진하여 더욱 활성화시켜가기 위한 기본방책을 수립하는 것이었으
며, 그 가운데는 볼런티어 활동의 추진 거점형성에 관해 고려할 것이 포
함되어 있었다.[11]

이 모임은 추진협의회 회장, 사회복지협의회 회장, 민생국 국장, 이 3명
이 발기인이 되어 결성한 것으로 되어 있는데,[12] 실제로는 민생국이 결성
을 주도한 것으로 생각된다. 우선, 추진협의회는 만들어진 지 불과 2개월
밖에 되지 않았기 때문에 그 회장이 볼런티어센터 설립준비를 위한 또 다

---

11) ボランティア活動推進準備會, 『ボランティア活動の推進に關する基本構想』, 1979年
3月, 1쪽.
12) ≪南武線≫ 제31호(1979년 10월 11일자), 「ボランティアを考える(その四) ― どこ
へ行くボラティアセンター」라는 제목의 기사에 기술되어 있다. 『路線はつづく……』
1987, 145쪽.

른 모임의 발기인으로 나설 이유가 없었다. 또, 사회복지협의회는 형식상 민간단체이지만 실질적으로는 민생국의 관리하에 있는 관변 조직이고, 민생국 후생과는 시정의 복지 관련 업무를 담당하는 부서였다. 양자는 전통적인 복지영역에서 긴밀한 관련을 맺고 있을 뿐만 아니라, 다양한 시민자주그룹들, 특히 사회교육을 기반으로 만들어진 활동그룹들에 대해 공통의 이해관계를 갖는다고 할 수 있다. 무엇보다도 추진준비회 사무국이 민생국 후생과에 설치되었다는 사실은 이곳이 추진준비회를 주도하고 있었음을 시사한다.

추진협의회가 사회교육시설인 산업문화회관에서 발족되었으며 이 모임이 "자주적인 시민활동의 추진거점으로서의 볼런티어센터 설립"을 목적으로 들고 나오기 전에 시민관·산문 운영심의회가 '사회교육 볼런티어센터'의 설립을 제안했었던 경위에 비추어 볼 때, 추진준비회는 볼런티어를 자신들의 고유영역이라고 보는 민생국과 사회복지협의회가 주도하여 만든 것으로 추론할 수 있다. 그러나 볼런티어센터 설립운동이 사회교육 및 시민운동그룹들 쪽에서 적극적으로 전개해온 상황에서 이들과의 접점을 모색하기 위해 추진협의회 회장을 추진준비회의 발기인으로 끌어들인 것으로 보인다. 추진준비회는 위원 구성에 있어서 일부가 추진협의회와 중복되어 있었다. 두 모임은 형식상 아무 관련을 맺지 않고 활동을 했는데 민생국에 사무국을 두어 행정의 뒷받침을 받는 준비위원회 쪽이 모임도 자주 열고 활발한 움직임을 보였다. 추진협의회와 중복된 위원들은 시민운동 측의 의견을 반영시키기 위해 노력을 기울였다.

그러나 봉사와 선의라는 전통적인 복지관을 가진 사회복지 관계자와 상호학습·자치의식의 고양을 중심으로 생각하는 사회교육 관계자 및 시민그룹 사이의 볼런티어 개념에 대한 인식 차가 컸기 때문에, 모임을 거듭해도 공통 기반이 마련되지 않았다. 특히, 당시 볼런티어로 활동하고 있는 시민들과 주로 민생위원의 제도 볼런티어 및 조나시카이 가키히 등의 조직을 기반으로 활동하는 사회복지협의회 측 인사들 사이의 견해 차이는 워낙 커서 볼런티어센터의 방향이 좀처럼 잡히지 않았다.

3) KVC의 설립: '시민생활 활동센터'에서 '가와사키 볼런티어센터'로

그런 가운데서도 추진준비회는 30여 차례의 회의를 거쳐, 1980년 3월 「볼런티어 활동 추진에 관한 기본구상」(이하 「기본구상」)을 발표했다. 이 문건은 볼런티어 활동의 중심이 될 거점조직을 설립하기 위한 기본적인 구상을 정리한 것으로, 머리말에는 그간의 경과가 간략하게 기술되어 있는데 거기에서도 내부 의견 차이가 있었음을 인정하고 있다. 의견의 일치를 본 것은, 볼런티어 활동을 전 시민에게 확대시킬 필요가 있다는 것과 이를 위해 모든 분야의 볼런티어 활동을 횡적으로 연결할 수 있는 새로운 활동 시스템을 만들고 이 활동 시스템을 유효하게 기능시키기 위해 활동의 거점이 될 조직을 설치함이 바람직하다는 것과 거점조직의 설치에는 시민의 적극적인 참가가 필요하고 조직의 유효한 운영도 시민의 주체적 참가 하에 이루어져야 한다는 것 등 원론적인 요소들이었다. 센터의 설립주체 및 운영주체, 설치장소와 재원, 조직의 바람직한 상 등과 같은 구체적인 방법론에서는 합의를 이루지 못한 상태였다. 새로운 거점조직의 명칭에 대해서는, '시민생활 문화사업단', '사회참가 추진협회', '시민활동센터', '볼런티어센터' 등이 제안되었으나, 조직의 성격과 활동방향에 대한 윤곽이 잡히지 않았기 때문에 추진준비회는 뒤에 조직의 성격에 맞는 명칭을 택할 때 참고하기 바란다는 정도의 제언에 머물렀다.

「기본구상」의 중요한 내용들에 대해서는 다음 절에서 살펴보겠으나, 볼런티어 활동을 사회복지 영역의 볼런티어 활동, 사회교육활동으로서의 볼런티어 활동, 그밖의 시민생활에 관련된 볼런티어 활동으로 절을 나누어 기술하고 있다는 점이 주목할 만하다. 그밖의 시민생활에 관련된 볼런티어 활동의 예로는, 생활환경, 건강, 소비생활, 기타 일상생활의 문제에 관련된 운동 등을 들고 있다. 이러한 점들로 미루어 볼 때 기존의 복지행정 측이 주도권을 잡고 있다고는 해도, 볼런티어의 의미를 마을만들기와 관련지어 넓게 해석하는 흐름은 어쩔 수 없었다 하겠다.

「기본구상」의 발표와 함께 추진준비회는 해체되고 기존의 추진준비회를 계승하면서 여기에 십여 명의 새로운 인물을 더한 시민·학자·행정 3자로 구성된 '볼런티어센터 설립준비위원회(이하 설립위원회)'가 발족되었다. 설립위원회의 임무는 「기본구상」에 기초해서 센터의 명칭, 설치장소, 사업내용, 법인체의 형식, 재정계획 등 구체적인 문제들을 검토하는 것이었으며, 같은 해인 1980년 10월 센터 발족을 목표로 정했다. 센터 명칭은 논의를 통해 다시 결정할 것이지만, 볼런티어라는 말의 느낌이 아무래도 협의의 사회복지적인 인상이 강하다 하여 일단 가칭 '시민생활 활동센터'로 말을 바꾸어서 출발하게 되었다.

한편, 이 같은 움직임에 행정이 호응하여, 가와사키 시는 민생국 참사, 민생국 주간, 민생국 주사 등 3명을 4월 1일자로 볼런티어센터 준비담당자로 발령냈고, 이들은 시노련회관(市勞聯會館)에서 일을 시작했다. 이들의 임무는 센터가 설립할 때까지의 사무처리를 돕는 것으로 되어 있었다. 이렇게 해서 일단 민생국이 센터 설립작업의 주도권을 잡게 되었다. 시민 측은, 예산이 민생국에 배정되고 준비담당 전원이 민생국에서 발령 받은 상황에 대해 우려하면서, "순수하게 민간의 손으로 만들기를 원하면서도 돈도 없고 조직도 없어 행정에 의존하지 않을 수 없는 나약한 입장에 있어 주체성을 관철시키고 싶은 마음과 이 모임은 서로 모순되는 점이 있으니 시민으로서는 괴롭기만 하다"13)라고, 행정과 연대하는 일의 어려움을 토로했다.

센터가 설립되기까지는 상당한 진통이 있었을 뿐만 아니라 시일도 오래 걸렸다. 설립위원회 내부에서는 관련 사항들에 대해 결론을 내렸으나

---

13) ≪南武線≫ 제3호, 『路線はつづく……』, 1987, 191쪽.

행정 측과의 의견조정이 잘 안 되었기 때문이다. 특히 조직의 형태와 구성, 운영방식에 대해 설립위원회 측과 행정 사이에 견해 차이가 있었다. 설립위원회 위원장은 한 일간지의 칼럼에서 다음과 같이 회의적인 글을 기고하기도 했다.

"…… 볼런티어의 이런 조직은 종래의 종적 계열이 아니라 횡적 연결이 필요하다는 것을 어떻게 살릴 수 있을까를 생각하여 다소라도 그 방향을 따른 것이다. 이런 움직임 속에서 새로운 볼런티어 활동도 태어나리라고 생각해서이다. 행정 측에서 이런 법인형태에 대해 다소 이의가 있는 모양이다. 역시 종적 조직, 상하의 계통제에 의한 조직운영을 선호하는가?…… 아무리 생각해보아도 볼런티어의 주변을 돌고만 있는 느낌이다.…… 시민이 자신들의 생활의 질을 높이기 위해 운동을 시작하는데, 행정이 그것을 체크한다. 이래도 되는 건가?"

당초 1980년 10월을 목표로 했던 센터 개설은 1982년 3월에야 실현되었다. 센터의 명칭은 최종적으로 가와사키 시민생활 활동센터가 아닌 가와사키 볼런티어센터로 결정되었다.

KVC는 이상과 같은 경위를 통해 재단법인체로 설립되었다. 그 목적은 "시민복지의 증진을 위해 볼런티어 의식의 계발 및 볼런티어 활동의 개발을 통해 시민들의 연대와 협조의식을 고양시키고, 시민주권과 참가의 원칙에 기초해서 볼런티어 활동 및 그밖의 지역 활동에 시민참가를 추진·원조함으로써 살기 좋은 문화적인 지역사회 확립에 기여하는 것"[14]이라고 명시되었다.

4) KVC의 애매한 위상과 무력화

사실 볼런티어센터 설립을 촉구한 시민들의 요구와 사회교육과의 관계

---

14) 「財團法人 川崎ボランティアセンター <概要>」, 1쪽에서 인용. 1995년 2월 현지조사 때 받은 팜플렛.

는 미묘한 측면을 내포하고 있었다. 시민들의 요구는 볼런티어의 영역을 시민생활과 관련된 전 영역으로 확대시키자는 것으로 이는 사회교육의 토양에서 형성된 발상이라 할 수 있다. 또, 볼런티어 활동의 중대한 부분은 사회교육 관련 활동이기 때문에 시민 측과 사회교육행정 측과는 볼런티어센터 설립운동, 나아가서는 당시 가와사키의 볼런티어 운동 전반에 걸쳐 어떤 연대관계가 형성되어 있는 셈이었다. 한편, 시민들이 지역사회에서 자주적인 활동을 활발히 행하기 위해서는 언제라도 자유롭게 쓸 수 있도록 개방된 지역시설이 필요했다.

KVC는 자체 소유의 건물이 없어, 처음에는 나카하라(中原) 시민관의 일부를 빌려서 자리를 잡았다. 나카하라 시민관은 전부터 볼런티어 활동의 중심지였던 곳으로 그런 의미에서 시장이 추천했다고 한다. KVC가 시민관에 자리잡게 된 것은 그 활동방향과 관련해서 시사적인 일이었다. 그러나 시민관 측과 KVC 사이에는 곧 갈등이 일어나기 시작했다. KVC는 시민참가를 확대하기 위해서는 시설을 시민들이 이용할 수 있는 시간에 충분히 개방하는 것이 필요하다는 입장이었다. 그런데 시민 자주활동그룹의 주된 거점이 되고 있는 시민관의 개관 시간이 보통 직장들과 별 차이가 없었기 때문에 시민들이 원하는 시간에 사용하지 못하는 어려움이 있었다. 시민의 자주적인 활동을 육성한다는 시민관의 기본방침에도 불구하고, 자주활동을 위해 시민관 개방시간을 연장하는 일은 관리상 어려움이 있을 뿐 아니라, 시민관 직원들의 이익과는 배치되는 것이었다. 요컨대, 시민활동을 위한 시설 개방시간 연장 문제는 시민들과 일선 공무원들의 이해관계가 대립되는 문제였기 때문에 시 공무원노조에서는 시민들의 요구를 받아들일 수 없었다. 시민들은 이 같은 시민관 직원들의 자세를 시민을 위한 공적 시설이 시민의 입장에 서지 않고 관리자의 입장, 행정편의주의를 견지하는 것이라고 비판해왔다. KVC는 행정 측과 논의하여 시민관을 밤 9시까지 개방하고 휴관일을 금요일이 아닌 월요일로 한다는 것에 합의를 보았다. 그러나 나카하라 시민관 측은 시민관을 관리하기 어렵다는 이유로, 종래와 같이 오후 7시에 폐관하고 휴관일은 금요일로 하였다. 시민관이 닫혀 있을 때도 볼런티어 활동을 하는 시민들이 KVC에 드나들 수 있도록 셔터를 만들어 줄 것을 요청했으나 이것도 받아들여지지 않고, 결국 나카하라 시민관 측은 KVC를 이전시키고자 하였다.

설립 직후부터 겪게 된 이러한 예가 시사하는 바와 같이 KVC의 운영 상황은 당초 의도되었던 바와는 상당히 거리가 있었다. 시민이 볼런티어 센터 설립을 요구한 것은, 공적 사회교육시설인 시민관이 행정의 입장을 우위에 두는 데 대해 순수하게 민간차원에서 시민활동을 지원해줄 수 있는 조직과 시설을 원했기 때문이다. 혁신시정과 연대해서 볼런티어 운동을 주도하고 센터 설립청원을 냈던 시민들은, 설립과정에서 느꼈던 "순수하게 민간의 손으로 만들고 싶으면서도 돈도 없고 조직도 없어서 행정에 의존할 수밖에 없는 무력함"을 운영과정에서 다시 한번 뼈저리게 느낄 수밖에 없었을 것이다.

KVC는 운영비의 90%를 시의 보조금에 의존하고 있었으며(기본재산은 시의 출연금 41.1%, 시민의 기부금 58.9%), 사무국의 상근 직원 4명 중 2명이 시에서 파견되고 있었다. 또한, 이사회의 부이사장 3명중에는 시 조역(助役)[15]과 시 사회복지협의회 부회장이, 그리고 20명의 이사 가운데에도 시의 민생국장과 전임관료, 그리고 각 구 사회복지협의회의 회장 또는 부회장(7개 구에서 7명)이 포함되어 있다. 그밖의 이사들도 주로 행정과 관계가 밀접한 단체들의 대표들이다.

주된 활동은, '볼런티어 대학강좌' 등 정기적·부정기적인 학습회와 연구회의 개최, 볼런티어 활동에 관한 상담, 잡지(≪シ―ズン≫) 및 정보지(≪ナンバ―ゼロ≫)를 통한 계발과 홍보, 볼런티어 활동 및 그밖의 지역적 활동들에 관한 조사·연구와 정보수집 및 제공, 볼런티어 그룹활동의 지원, 볼런티어 연수 등이다. 볼런티어 활동을 원하는 그룹이나 개인이 등록을 하

15) 지방자치단체의 수장 다음 가는 직위로, 수장은 선거를 통해 정해지는 것이므로 관료직 중에서는 최고직이라 하겠다.

면 원조를 필요로 하는 측과 적절히 연결시켜 주는 코디네이터의 역할도
수행한다.

그러나 활동내용 면에서 시민관이나 사회복지협의회와 겹치는 부분이
많아 독자적인 색채를 내지 못하고 있다. 그런 가운데서 이들과의 관계를
어떻게 설정해서 자신의 정체성을 확립할 것인지는 설립 13년이 지난 현
재(=본 현지조사 시점)까지도 과제로 남아 있는 실정이다. 오히려, 생애학
습시대를 맞아 시에서 생애학습 관련 단체를 새로 만들고 복지의 개념이
확대되면서, 사회복지협의회가 새로운 활로를 모색하는 등 환경이 변화되
어 가는 가운데 KVC의 위상은 더욱더 표류하고 있는 듯하다.

4. 새로운 담론: 볼런티어 개념의 새로운 지평추구

1) 새로운 의미부여

볼런티어센터 설립이라는 구체적인 목표를 추진했던 1970년대 후반의
볼런티어 운동에서는, 볼런티어의 의미에 관한 담론들이 많이 형성되었
다. 행정 측은 이토 시장의 '백만 시민 총 볼런티어화' 구상으로 집약되는
지자체의 정책을 실현하기 위해, 시민 측은 시민들의 자주적인 활동을 더
욱 활성화시킬 수 있는 제도적 기반을 마련하기 위해 각기 강연회나 학습
회를 비롯한 여러 가지 그밖의 방법을 통해 볼런티어의 의미를 홍보했기
때문이다. 서론에서 필자는 볼런티어 운동을 볼런티어를 확산시키려는 운
동, 즉 볼런티어 의식을 내면화한 주체형성과 볼런티어 활동의 기회와 장
을 제공해줄 수 있는 시스템의 구축이라는 측면을 내포한 운동으로 규정
했다. 1970년대 후반 가와사키의 볼런티어 운동은 이 두 작업을 추진하는
동시에, 볼런티어의 의미를 재해석함으로써 볼런티어의 아이덴티티를 새
롭게 정립하고자 했으며, 오히려 후자 쪽에 무게가 실렸다고 할 수 있다.

당시의 볼런티어 운동은 기존의 볼런티어의 의미를 확장하고 재해석하는 새로운 담론의 형성과 함께 전개되었다.

새로운 담론의 내용을 크게 두 가지로 정리해보면 다음과 같다.

우선, 볼런티어를 '커뮤니티즈쿠리, 마치즈쿠리'의 맥락에서 논의하고 있다는 점이다. 산문·시민관 운영심의회는 '사회교육 볼런티어센터' 설립을 제안했던 보고서에서, 마을만들기의 기초가 되는 주민의 연대의식 형성을 위해 볼런티어 의식을 계발하고 활동을 촉진시킬 필요성을 주장했다. 이토 시장의 '백만 시민 총 볼런티어화' 구상도, 살기 좋은 지역사회를 만들기 위해 시민 한 사람 한 사람이 볼런티어 정신을 갖고 다양한 지역활동에 자발적으로 참여할 수 있도록 한다는 것이었다. 이 같은 맥락에서 볼런티어 활동이란 자발성, 자주성, 봉사성, 무상성뿐만 아니라 '커뮤니티성' 또는 '지역연대성'을 포함하는 활동을 뜻하는 것으로 규정되었다.

볼런티어를 마을만들기의 맥락에서 재해석하는 점은 시민 측도 마찬가지였다. 시민들은 사회복지협의회 산하의 이른바 '제도 볼런티어'에 대해 비판적인 인식을 갖고 있었다. '제도 볼런티어'란 형식상으로는 민간단체이지만 실질적으로 행정의 하부 조직이라 할 수 있는 사회복지협의회 산하에서 활동하는 민생위원·보호사 등의 제도화된 볼런티어를 말하는 것으로, 이들은 사회복지협의회의 기반인 조나이카이 등 지역조직이 그 송출모체이자 활동영역이 되고 있었다. 따라서 그 활동은 행정의 하청 또는 보완형태로 전개되기 쉽고, 주체적인 활동이 아니라 한정된 임무를 수행하게 될 뿐이라는 것이 시민그룹들의 주장이었다. 이들은 제도 볼런티어의 존재 자체가 제도적 근거가 없는 볼런티어 활동을 사적인 취미활동으로 여겨지도록 함으로써 시민의 자발적인 활동들이 지속·조직화되지 못한다고 비판하였다. 이는 결국 개개인의 마음 속에 있는 볼런티어 정신이 드러나지 못하게 함으로써, 사실 누구나 할 수 있는 볼런티어 활동을 특별한 것으로 만들어버린다는 것이다. 협의의 볼런티어 개념에 따르면, 사회복지협의회를 중심으로 한 복지영역의 활동만이 공익성이 있는 볼런티

어 활동으로 인정되고, 시민들의 지역사회 활동은 사적인 활동으로 간주
되어 제도적인 뒷받침을 받기가 어려워진다. 그러나 생활의 다양한 영역
에 걸쳐있는 시민들의 활동은 궁극적으로 지역사회발전에 기여하므로 공
익성을 띠는 것이고 따라서 볼런티어 활동으로 간주되어야 한다. 이 같은
입장에서 시민 측은 볼런티어의 의미를 지역연대성을 포함하는 것으로
확대 해석하는 데 찬성했다.

그러나 지역연대성을 강조하면서 동시에 자발성과 무상성이라는 볼런
티어의 본질을 다시 강조하였다. 즉 볼런티어의 본질은 주체성·자립성에
민간성·지역성·무상성을 더한 것이라 주장했다. 이는 제도 볼런티어와 유
상 볼런티어의 행정 하청화 경향을 지적하고, 민간의 주체적인 지역활동
이야말로 진정한 의미의 볼런티어임을 주장한 것이다. 여기에는 복지영역
의 볼런티어 활동이 복지시설 위주로 이루어져 온 종래 관행에 대한 비판
도 내포되어 있다.

이렇게 해서 볼런티어 활동은 행위 그 자체가 아니라 교류(후레아이: 마
음과 마음을 통하게 하는 것)와 연대의 지역사회 만들기에 인간이 참여하는
방식이며, 함께 무거운 짐을 나누어진다는 커뮤니티 활동에 대한 마음의
문제라고까지 재규정되기에 이르렀다. 대부분의 시민은 반드시 타인에게
전해줄 수 있는 무언가를 지니고 있고 그런 의미에서 누구나 볼런티어가
될 수 있다는 것이다.

둘째로, '자조'와 '자기변혁'을 볼런티어 활동의 중요한 목표로 설정한
점이다. 협의의 복지개념에서는 볼런티어란 본질적으로 이타적인 것이었
다. 볼런티어 활동은 정신적인 기쁨을 얻는 것 외에는 자기 희생을 수반
하면서 남을 돕는 봉사와 시혜라고 여겨져 왔다. 그러나 그것이 시민들의
생활의 모든 영역과 관련된 지역활동으로 확대 해석될 때, 볼런티어 활동
은 박애와 이타적인 정신에 입각한 봉사와 시혜라는 차원을 벗어나게 된
다. 즉, 볼런티어 활동이란 사랑과 자기희생의 정신으로 한 개인이 다른
특정 개인에게 자신이 지닌 무언가를 제공하는 사적인 행위가 아니라 공

익성 또는 공공성을 띠는 행위가 되는 것이다. 시민 측은 볼런티어 활동이 공공성을 띠는 활동임을 명확히 하기 위해 무상성이 볼런티어 활동의 본질임에는 틀림없지만 활동 중에 문제가 생겼을 경우와 노후의 보장에 대한 문제를 제기하기도 했다.

지역사회의 발전은 결국 그 사회에 속하는 개인의 생활의 질을 향상시킨다. 지역활동, 즉 넓은 의미의 볼런티어 활동에 참가하는 사람들은 많은 경우 자신의 생활을 향상시키려는 목적이 있다. 그러나 이것은 사적인 이익을 추구하는 것이 아니라 공익성을 매개로 자신의 삶을 스스로 책임지려는 자조적인 정신에 기초한 행위이다. 그런 의미에서 볼런티어 활동은 더 이상 특정 수혜자를 대상으로 한 봉사활동이 아니라 활동을 통해 자기변혁을 이루고 주체성을 확립하며 자신의 삶을 스스로 책임질 수 있는 것이야말로 진정한 볼런티어 활동이라고 해석되기에 이르렀다.

즉, 새로운 볼런티어 개념은 기존의 볼런티어 개념이 무의미해지는 지점에서 의미를 갖게 되는 것이다. 특히 시민 측은 주체성과 자기변혁을 볼런티어의 본질로 중시했다. 주체성과 자기변혁을 강조하는 입장은 자연히 사회교육을 중시했다. "볼런티어 활동을 계속해가는 사람들이 그 활동을 통해 자기변혁을 이루어갈 때 그 과정에서 전개될 '학습'이라는 측면에 초점을 맞추는 것이 사회교육"16)이기 때문이다.

이상에서 고찰한 바와 같이, 1970년대 후반 가와사키의 볼런티어 운동은 볼런티어 개념을 새로운 지평 위로 끌어올리고자 한 운동이었다. 그리고 그 새로운 개념에 입각해서 볼런티어 주체를 형성하고 그들간의 횡적인 네트워크를 형성하고자 한 것이다. 그런 의미에서 당시의 볼런티어 운동은 단순히 특정영역의 시민운동 — 이를테면 복지에 관한 시민운동이라기보다는 일종의 '메타 시민운동'적인 성격을 띠고 있었다. 즉 전통적인 복지 및 볼런티어 개념을 확장시켜 재규정한 것이면서도 각도를 달리 해

---

16) 『路線はつづく……』, 1987, 109쪽.

서 보면, 지역사회의 시민참가에서 주체성과 자발성이라는 가치를 강조하고 그러한 참가의 과정을 통해 자기변혁이라는 의미를 새롭게 발견함으로써 시민운동의 바탕이 되어야 하고 또 시민운동이 추구해야 할 가치를 제시한 것이라 할 수 있다. 요컨대, 시민 개개인이 주체가 되어 참여하는 시민운동의 활성화와 네트워크 형성을 위해 볼런티어라는 용어가 전략적인 개념으로 채택되었고 볼런티어 운동이 적극적으로 추진된 것이라 하겠다.

2) 새로운 담론 주도세력 내부 집단간의 관계

볼런티어 운동의 확산에서부터 KVC의 설립에 이르기까지의 과정을 보면, 1970년대 볼런티어에 관한 새로운 담론의 형성을 통해 볼런티어 운동을 주도하며 KVC 설립결정을 이끌어낸 혁신세력들이 1980년대 들어 서로 갈등하고 결별하는 과정을 찾아볼 수 있다. 혁신시정 초기인 1970년대 후반에는 행정과 시민이 연대하여 새로운 정책들을 추진해가는 분위기가 형성되어 있었다. 볼런티어 운동은 그 같은 연대를 기반으로 확산되었고 KVC는 이 흐름의 상징적인 존재였다. 그러나 1980년대 들어서는 혁신자치체 행정과 시민운동 측의 관계가 새로운 단계로 접어들게 된다. 설립결정을 이끌어내기까지 시민들은 강한 열정과 기대를 갖고 있었는데도 1982년 KVC가 발족되면서 곧 무력화되고만 것은, 혁신세력 내부의 갈등으로 KVC에 명확한 정체성을 부여하지 못했기 때문이다.

KVC의 설립에 연루된 집단들간의 관계 구도는 '복지행정·사협/전통적 지역조직/구중간층' 대 '사회교육행정/시민운동 그룹/신중간층'으로 단순화시켜볼 수 있다. 즉 볼런티어를 전통적인 복지개념으로 파악하는 기존의 담론을 유지하려는 측(전자)과 새로운 담론을 창출해내려는 측(후자)의 대립이다. 혁신자치체는 후자의 힘께 마을만들기와 구제직 참가를 키워느로 한 볼런티어 운동을 주도했다. 혁신자치체의 정치적 기반은 전자보다는 후자 쪽이었고, 후자와의 연대를 통해 혁신자치체의 혁신성은 유지될 수 있었다. 볼런티어의 운동에 관해 양자가 논리를 공유할 수 있었던 것은 이런 점에도 기인한다.

그러나 앞에서도 보았듯이, KVC의 설립과정에서 양자는 결국 주도권을 놓고 갈등을 겪게 되었다. 시민운동으로서의 볼런티어 운동은 지자체의 혁신성에 의해 고양될 수 있었지만, 혁신성이 곧 시민의 주체적 참가를 전면적으로 용인하는 것을 의미하지는 않았던 것이다. 시민의 주체성, 자발성, 민간성을 강조하는 시민 측에 대해 행정 측은 재정과 조직의 힘을 바탕으로 주도권을 장악할 수 있었다. 시민들은 관과 민의 새로운 관계 정립에 희망을 가졌었으나 혁신자치체 정부는 관에 대해 민이 우위에 있는 시민참가·시민주체를 지지한 것이 아니었다. 결국 혁신시정의 주도권을 뒷받침할 수 있는 한에서 직접 민주주의적인 요소로서 시민참가를 용인한 것일 뿐이었다.

여기에는 관과 민의 관계뿐만 아니라, 혁신자치체의 정치적 기반인 노동조합과 시민운동 간의 관계도 포함된다. 혁신성이라는 공동기반 위에 서면서도 양자의 조직·활동원리에는 근본적인 차이가 있었다. 전자는 명확한 수직적 위계구조를 갖고 효율성을 추구하나, 후자는 느슨한 횡적 연계를 추구하고 효율성보다는 참여하는 개개인의 자각과 과정을 중시했다. 즉 전자가 기존 정치세계의 패러다임에 입각해 있는 데 반해, 후자는 대안적인 패러다임을 추구했다. 이러한 대안적인 구조와 가치를 추구하는 시민세력을 기존의 패러다임에 속하는 노조 및 이를 기반으로 한 혁신자치체가 받아들이는 데는 한계가 있었기 때문에, 기존의 패러다임을 유지할 수 있는 범위 내에서의 '시민 끌어안기'에 그칠 수밖에 없었다. 더구나 본론에서 고찰했듯이 노조와 시민운동 측의 이해관계가 부딪치게 될 때, 갈등을 새로운 공동기반의 형성이라는 방향으로 풀어가지 못했다.

KVC의 설립에 관해서는 행정 내부에서도 사회교육행정과 복지행정이 이해관계를 달리 하고 있었다. 따라서 처음에 '가와사키 사회교육 볼런티

어센터'라는 가칭으로 제안되었던 이 조직이 추진준비회에 의해 '시민생활
활동센터'라는 명칭을 부여받았다가, 결국은 가와사키 볼런티어센터로 결
성되고 민생국이 구체적인 설립과정의 주도권을 잡게 된 배경에는, 행정
내부의 정치적인 역학관계도 어느 정도 작용했으리라고 생각된다. 그러나
새로운 볼런티어 담론을 주도했던 혁신자치체 및 노조와 시민운동 간의 연
대가 좌절되면서, 새로운 담론을 밀고 나가 KVC를 그 담론에 입각해서 조
직화할 수 있는 추진력이 상실되었다는 것이 가장 근본적인 원인일 것이다.

5. 시민운동의 한계와 가능성: 우리에게 시사하는 바

1980년대 중반 교육개혁을 통해 생애학습이 새로운 시대적 과제로 떠
오른 이래, 일본에서는 새로운 볼런티어 붐이 형성되고 있다. 가와사키에
서도 제2의 볼런티어 운동이 전개되고 있다. 그러나 KVC는 운동의 구심
체로서의 역할을 제대로 하지 못하고 있다. 관 또는 민간 사회교육기관과
사회복지협의회 볼런티어 진흥센터 등이 각자 비슷한 활동을 전개하고
있는 가운데 KVC 위상은 애매한 상태에 놓여 있다. 한편, 생협을 비롯한
자조 조직들도 볼런티어 운동을 전개하고 있으며, 복지와 문화가 산업의
중요한 부분이 되면서 볼런티어의 의미에 대한 재검토가 요청되고 있는
상황이기도 하다.

많은 사람들이 오늘날 일본에는 볼런디이 '붐'은 있으나 진징한 볼런티
어 '정신'은 없다고 근년의 볼런티어 운동을 회의적으로 평가한다. 국가
가 담당해야 할 복지를 국민에게 떠맡기기 위한 일종의 '동원'에 불과하
다는 비판과 경계의 소리도 적지 않다. 그러나 다양한 영역에서 어려운
처지에 있는 이웃을 돕는 '봉사'가 아닌, 시민 스스로 주체가 되어 지역사
회의 문제를 해결하고 지역 혹은 공공 차원의 삶의 조건을 향상시킴으로
써 시민생활의 향상을 꾀하는 활동들이 증대하고 있고 그런 활동에 볼런

티어로서 참가하고 있거나 참가하려는 시민들이 늘고 있는 것도 사실이다. 이제는 볼런티어가 전통적인 복지영역에 속하는가 여부는 더 이상 논란의 대상이 되지 못하는 것 같다.

이 글에서 고찰한 1970년대 가와사키의 볼런티어 운동은 시민운동의 한계와 가능성을 동시에 보여준다. 오늘날의 볼런티어 운동이 일종의 유행양상을 띠는 가운데서도 이것이 더불어살기, 공공선, 개인의 주체성과 자각 등 몇 가지의 주요 개념들을 중심으로 방향을 잡고 시민운동으로서의 아이덴티티를 정립해가는 것은, 볼런티어의 의미를 새로운 지평 위에 올려놓은 1970년대의 볼런티어 운동을 기반으로 했기에 가능한 것이라 생각된다. 국가와 지자체 정부가 여러 가지 제도적인 장치를 통해 시민을 동원하기 위한 수단으로 볼런티어 붐을 조성하면 할수록, 볼런티어의 의미에 대한 근본적인 질문의 무게는 더욱더 커질 수밖에 없다.

필자는 앞에서 볼런티어 운동이 특정 영역에 관한 시민운동이라기보다는 '메타 시민운동'적인 성격을 띤다고 했다. 볼런티어 운동은 사회변혁과 동시에 개개인의 변혁을 중시하는 새로운 담론을 통해 시민운동에 방향을 제시하였다. 종래의 사회운동들이 사회변혁에 중점을 두고 있었다면, 볼런티어 운동은 개인의 주체적 자각과 변혁을 운동의 요건으로 중시했을 뿐 아니라 그 자체를 중대한 과제로 삼았다.

KVC의 성립을 통해 본 1970년대 볼런티어 운동의 한계와 좌절도, 혁신성을 공동기반으로 해서 전략적인 연계를 맺은 혁신세력들이 목표들을 구체적으로 실현시켜나가려면 새로운 공동기반의 형성과 그에 기초한 결집이 중요하다는 교훈을 남겼다.

■ 참고문헌

한영혜. 1993, 「지역연대와 사회교육 ― 새로운 지역연대 형성운동과 지역주민조직의 위상변화」, ≪지역연구≫ 제2권 제3호, 서울대학교지역종합연구소.

川崎市ボランティア活動推進準備會. 1980, 『ボランティア活動の推進に關する基本構想』.

川崎の社會敎育を考える會. 1987, 『路線はつづく‥‥(≪南武線≫ 縮刷版)』.

川崎ボランティアセンター. 1991, 『KVC 10周年記念誌』.

＿＿. 1988春~1994秋, ≪シーズン≫ 第1~16號.

川崎ボランティアセンター ボランティアニーズ調査研究委員會. 『ボランティア派遣事業のニーズに關する調査研究』, 1991.

川崎ボランティアセンター・川崎ライオンスクラブ. 1992, 『ボランティア・ハンドブック すてっぷ』.

稻生勁吾(外). 1987, 『學習ボランティア活動』, 實務敎育出版.

岡本包治・結城光夫(共編). 1995, 『學習ボランティアのすすめ』, ぎょうせい.

기타 인터뷰 자료.

제6장

일본 공교육에서의 새로운 집합적 아이덴티티 형성
「가와사키 시 재일 외국인 교육 기본방침」의 성립과정을 중심으로

1. 일본의 국제화와 외국인 학습권 문제 대두

1) '다국적화·다민족화·다문화화'의 진전

1990년대 들어 일본사회는 전례 없는 '다국적화·다민족화·다문화화' 현상에 직면하게 되었다. '다국적화·다민족화·다문화화'란 오늘날 일본에 거주하는 주민의 구성이 국적이나 민족, 그리고 문화면에서 다양화된 현상을 말한다.[1]

1996년 일본의 외국인 등록자 수는 약 140만 명으로 총인구의 1%를 넘고 있으며, 도쿄 도, 오사카 부, 교토 부는 주민 50명 중 1명이 외국적 주민이다. 이들의 재류 자격은 약 절반이 '영주자', 약 30%가 '일본인의 배우자 등'의 '정주자(定住者)'로, 외국적 주민의 약 80%가 일본에 생활기

---

[1] 후쿠오카 야스노리(福岡安則)는 일본사회의 구성원을 '국적', '혈통', '문화'의 세 요소를 기준으로 이른바 '순수 일본인'에서부터 '비일본인'까지 8가지 유형으로 분류하고 있다. 즉 오늘날 일본에는 '일본민족의 피'를 잇고 '일본문화'를 내면화했으며, '일본국적'이 있는 '순수 일본인'에서부터 이 세 가지 모두가 이질적인 '비일본인'에 이르기까지 다양한 종류의 사람들이 살아가고 있다는 것이다(福岡, 1998: 2~20).

반을 두고 있는 실질적인 일본사회의 구성원이다. 이들 외국인 등록자의 국적별 구성비를 보면, 한국·조선이 1980년에는 약 85%를 차지했으나, 1990년 64.0%, 1996년 46.5%로 급격히 감소하였다. 이는 종래 재일 한국·조선인이 대부분을 차지하던 재일 외국인 사회의 국적 및 민족적 구성이 1980년대 후반 이후부터 다양화되었기 때문이다(李節子, 1998: 77~78).

이 같은 현상은 1985년 플라자 합의에 의한 급속한 엔고(円高)로 외국인 노동자 유입이 급증하면서 현저히 진행되었다. 외국인 노동자의 유입과 더불어 1980년대 후반 이후 일본 내 국제결혼건 수가 급증했으며, 그에 따라 1990년부터 외국적 어린이의 출생건 수도 급속히 증대하여 1995년에는 한국·조선인보다 그 외 외국적 어린이들의 출생이 더 많아지게 되었다.[2] 외국인 노동자나 국제결혼을 한 사람 외에도 일본에는 1970년대 후반에 들어온 인도차이나 난민들이 정착해서 살고 있으며, 유학생도 1980년대 후반에 급증하였다. 이들은 전전(戰前)이나 전중(戰中)에 일본에 들어와 전후에도 일본에 머물게 된 구식민지 출신자들과 구분되어 '뉴커머즈(new comers)'라고 한다.

뉴커머즈의 증가와 일본인의 해외체재 및 국제결혼의 증대는 '혈통·국적·문화'의 동일성을 전제로 한 '일본인'이라는 관념의 현실적 기반을 동요시키는 요인이 되었다. 1990년 입국관리법 개정을 계기로 급증한 일계(日系) 브라질인의 경우처럼 혈통으로 보면 일본인이지만 국적상으로는 외국인인 경우, '일본인'으로 간주해야 할지 '외국인'으로 간주해야 할지 애매해진다. 또, 국제화의 진전에 따른 일본인의 해외 체재와 국제결혼의 증대 등으로 이(異)문화를 내면화한 일본인이나 한 가족이 '일본인'과 '비일본인'으로 구성된 경우도 늘어나게 되었다.

---

2) 1985년 재일 한국·조선인의 출생수가 감소한 또 한 가지 중요한 원인은 일본국적법의 개정이다. 부계혈통주의였던 일본국적법은 1984년에 양계혈통주의로 바뀌어, 재일 한국 남성과 일본인 여성 사이에 출생한 어린이들이 일본국적을 취득하는 경우가 급격히 증대했기 때문이다.

일본에서 이 같은 '다국적화·다민족화·다문화화' 현상은 '국내의 국제화'라고도 일컬어지는데 이는 '국제화'가 흔히 외국과의 교류 증대와 같은 '일본사회 외부와의 관계'에 초점을 맞춘 개념으로 받아들여지는 데 반해, '일본사회 내부의 이질적인 집단형성', 즉 '일본사회 내부의 이질화'를 강조한 개념이다. 일본에서 '국제화'라는 개념은 이중적인 의미를 내포한다. 즉 '물건, 자본, 사람이 국경을 넘어서 이동하는' 구체적인 현실추이를 뜻하는 동시에 실현시켜야 할 이상을 표현하기도 한다. 마찬가지로 '국내의 국제화'라는 개념은 일본의 '다국적화·다민족화·다문화화'라는 현실을 일컫는 동시에 일본사회 구성원(일본열도 주민)의 동질성을 전제로 하고 있는 일본사회 체제의 근본적인 변혁을 추구하는 강한 지향성을 함축한다.

2) 외국인 학습권의 두 측면

'다국적화·다민족화·다문화화'의 진전에 따라 일본에서는 외국인의 인권문제가 새롭게 대두하였다. 새로운 인권문제의 한 영역으로서 근년 중요한 쟁점이 되고 있는 것이 바로 '외국인 학습권' 문제이다.

일본문화에 거의 동화된 올드커머들과 달리 뉴커머들은 일본어가 미숙하고 일본의 생활문화에도 익숙하지 못할 뿐만 아니라 일본에서의 생활에 필요한 기본적인 지식이 부족하여 일상생활에서 많은 어려움을 겪게 되었다. 또한, 뉴커머 어린이들은 외국인이기 때문에 예컨대 학령기에 이르러서도 일본 어린이들과 같이 가정으로 취학통지서가 나오지 않거나, 입학 후에 일본어 능력의 부족으로 학업에 어려움을 겪는 등의 문제에 부딪히게 되었다.

뉴커머들의 이 같은 상황에 대해 외국인에게도 '생활권'으로서의 '교육받을 권리'를 보장해야 한다는 주장이 제기되었다. 교육은 인간이 한 사회의 구성원으로서 생활을 영위하는 데 필요한 기본적인 지식과 기능 등을 습득하는 수단이므로, 외국인도 일본인과 동등하게 교육을 받을 권리를 확보해야 한다는 것이다. 이에 따르면, 예컨대 재일 외국인에 대한 일본어나 일본문화 교육도 '일본에서 살아가는 한 일본의 룰을 따라야 한다'는 관점이 아니라 '일본에서 생활하는 데 필요한 생활도구로서의 언어와 문화를 습득하는 것은 일본주민으로서 보장받아야 할 시민적 권리'라는 관점에서 이루어져야 한다는 것이다.

　교육은 생활에 필요한 지식과 기술을 습득하는 장인 동시에 그 사회의 문화를 습득하고 아이덴티티를 형성하는 장이기도 하다. 일본의 공교육 체계 안에 들어가 있는 학교들은 일본국민을 길러내기 위한 장으로서 만들어졌기 때문에, 일본문화 이외의 타민족 고유의 문화를 이해하고 포용하는 교육은 이루어지지 않았다. 따라서 일본학교에 다니는 외국인 어린이들이 증대함에 따라 갈등이 종종 발생하게 되었다. 이름이 이상하다던가 복장이 이상하다던가 때로는 종교적인 이유로 급식으로 나온 음식 중에 안 먹고 남기는 것이 있다던가, 그밖에도 예기치 못한 여러 가지 이유로 학교에서 괴로움을 당하는 어린이들이 증대한 것이다. 따라서 외국인 어린이들은 자신이 내면화한 고유문화, 즉 자신의 에스니시티(ethnicity)를 당당히 드러내기보다는 가능한 한 이를 억제하고 일본 어린이들과 같은 문화를 습득하려고 했기 때문에 일본사회에 살아가는 외국인으로서 자신의 아이덴티티를 정립하는 데 상당한 혼란을 겪게 되었다. 이것은 또한 다른 한편으로, 뉴커머 부모 세대와 자녀 세대의 단절을 촉진시키는 요인이 되어 가정 내에서 일본문화에 급속히 동화되어가는 자녀들과 부모 사이에 갈등을 야기하기도 했다.

　이것은 뉴커머 만의 문제가 아니라 올드커머에게도 해당되는 문제이다. 일본에는 현재 민단(대한민국 거류민단)계가 운영하는 한국학교와 조총련(조선총연합회)계의 조선학교, 중국인의 화교학교 같은 민족학교가 있다. 일본문화가 아닌 민족문화를 가르치는 것은 전적으로 이들 민족학교의 몫이었다. 그러나 민족학교는 일본의 학교교육 체제 외부에 놓인 '각종학교'로 인가되었기 때문에, 민족학교 졸업자는 국공립대학에 응시할 수 없는 등 여러 면에서 차별 대우를 받아왔다. 한편 보통 일본학교에 다니는 학생들은3) '일본국민'을 전제로 한 교육을 받고 있었기 때문에 자신의 에스니시티를 자각하고 그에 기초한 아이덴티티를 정립할 기회가 없었다.

이것은 또한 일본인 가운데 소수민족 집단인 아이누, 오키나와인 등에게도 공통되는 문제이기도 하다. 따라서 마이너리티에 속하는 사람들도 주류문화에 동화를 강제 당하지 않고 자신의 민족문화를 학습함으로써 에스니시티를 보전하고 자신의 아이덴티티를 선택할 수 있는 시스템이 마련되어야 한다는 주장이 제기되면서 외국인 학습권이 중요한 문제로 대두되었다.

2. 외국인 학습권에서 포스트 국민교육으로

1) '포스트 국민교육' 논의의 등장

근년의 외국인 학습권에 관한 논의는 외국인에 대한 시혜적인 차원에서가 아니라, 일본사회 및 일본인 스스로의 변혁과 결부되어 논의되고 있다는 데 핵심적인 의미가 있다. 즉 '외국인 학습권' 논의는 일본의 근대국민국가 체제의 문제와 결부되어 국민국가 체제의 재편을 위한 새로운 논리 또는 새로운 집합적 아이덴티티의 창출에 관한 '포스트 국민교육' 논의로 발전하고 있다.

---

3) 재일 한국·조선인 대다수는 일본학교에 다니고 있다. 이는 그들이 앞으로 일본에서 살아갈 것이므로 그에 적합한 교육을 받을 필요가 있기 때문이기도 하지만, 민족학교에 대한 사회적 차별이 존재하기 때문이기도 하다. 1991년 5월 조사에 따르면 오사카 부 내에서 의무교육 단계(초등학교·중학교)에 있는 재일 한국·조선인 어린이의 87.5%가 일본학교에 재적하고 있으며, 조선학교에는 9.6%, 한국학교에는 2.8%만이 다니고 있다(杉谷, 1993: 109쪽).

일본에서 '포스트 국민교육'이라는 관념의 등장은 1980년대 이래의 학계·사상계 흐름을 배경으로 하고 있다. 1980년대에는 일본의 학계·사상계에 포스트모더니즘, 포스트마르크시즘, 세계체제론 등 기존의 사회과학방법론에 근본적인 문제제기를 하는 새로운 이론과 방법론이 도입되어 사회의 모든 영역에 내재되어 인간생활을 규율하고 있는 '근대적 원리'를 상대화하고 해체하려는 시도들이 이루어졌다. 근대 국민국가 체제와 내셔널 아이덴티티는 그런 지적 작업의 중요한 대상이 되었다. 국민국가는 인위적으로 만들어진 '상상의 공동체'로서, 내셔널 아이덴티티는 '상상의 공동체'를 존립시키는 이데올로기적 기반으로서 국가의 동화정책에 따라 인위적으로 창출된 것으로 재규정되었다. 공교육제도는 동질적인 '국민'형성과 '내셔널 아이덴티티' 확립이라는 국가의 목표를 달성하기 위한 수단으로 성립되었다. '포스트 국민교육'이란 이러한 근대 공교육의 기본성격이 오늘날 사회적 소수집단에 대한 차별과 편견의 중요한 기반이라는 인식에 기초하여 '국민교육'을 넘어서는 새로운 교육을 추구하는 것이다.

그런데 이러한 논의들은 대개 분석은 날카롭지만 제시하는 대안은 추상적이고 원론적인 경우가 많다. 국민국가를 넘어서는 새로운 사회체제의 구체적인 모습은 어떤 것인지, 내셔널 아이덴티티가 국가의 제도적 장치를 통해 형성되었다면 현존하는 국민국가 체제하에서 누가 어떤 방법으로 그것을 창출할 수 있으며 대안적인 아이덴티티는 구체적으로 어떤 공동성의 논리에 기초한 것인지 등의 문제에 대해서는 충분한 논의가 이루어지지 않고 있다.[4]

2) '다문화·공생교육'으로서의 '포스트 국민교육'

'외국인 학습권'에 관한 논의와 다양한 실천사례는 이러한 문제들에 대

---

4) 이 점에 관해서는, 한영혜의 1998년 논문, 「일본의 내셔널 아이덴티티와 전후민주주의의 이중성」을 참조할 것.

해 중요한 단서를 제공한다. 이들은 '외국인 학습권' 보장이라는 실천적 관심에 입각하여 교육현장에서의 다양한 구체적인 실천을 바탕으로 하면서, 교육의 틀과 내용, 교육정책과 실천 등을 포함하는 기존의 교육체제를 외국인의 인권을 확보할 수 있는 방향으로 재편하고자 한다. 여기서 '외국인 학습권' 논의는 '포스트 국민교육' 논의로 발전하게 된다. 이것은 '국제화'를 일본에서 생활하는 사람들의 구체적인 삶에 초점을 맞추어 일본사회 내부의 구조적인 문제로 파악하며, 일본인들이 '타자를 타자로 인정'하고 '공생'할 수 있는 능력을 함양하는 것을 외국인의 인권을 보장할 수 있는 기본조건으로 간주한다. 이는 국제화에 대응해 일본정부가 추진하는 '국제교육' 또는 '국제이해교육'과는 일선을 긋는 것으로 '다문화·공생교육'이라고도 한다.5)

'포스트 국민교육'은 근년 뉴커머즈의 급증으로 사회적 쟁점으로 부상했지만, 이는 1970년대 이래 재일 한국·조선인의 현실을 시야에 넣은 외국인 교육운동의 맥을 잇는 것이다.6) 가나가와 현 가와사키 시의 「재일 외국인 교육 기본방침」은 재일 한국·조선인을 중심으로 한 '외국인 교육'

---

5) 일본정부도 1980년대 이래 국제화에 대한 대응을 교육의 중대한 과제로 삼고 '국제교육' 혹은 '국제이해교육'을 추진하고 있지만, 정부가 추진하는 '국제교육'은 기본적으로 일본 '국내의 국제화'가 아닌 '세계 속의 일본'이라는 관점에 입각해 있다. 이것은 국가의식의 극복보다는 국가·민족의식 강화를 추구하기 때문에 일본의 '국제화'는 '국수화'를 전제로 한 것이라는 비판을 받고 있다.

6) 자신이 한국·조선인임을 감추고 일본인 행세를 하는 많은 재일 한국·조선인 어린이들의 고통을 깨달은 일본인 교사들 주도로 1972년 2월 오사카시(大阪市) 외국인 교육연구협의회(약칭 '오사카시 외교협')가 발족되어 이러한 어린이들까지 포함하는 새로운 교육실천을 추진하였다. 이것이 '외국인 교육'운동의 출발이다. '오사카 시 외교협'은 교사들이 교육행정 당국에 대한 끈질기게 요구한 결과 시 교육위원회의 연구위탁기관으로 발족한 조직으로, 한국·조선인 어린이는 당당히 일본식 통명(通名)이 아닌 본명을 쓸 수 있고, 일본인 어린이는 이들의 마음을 이해하여 그의 본명을 불러주고 서로 간의 차이를 인정함으로써 한 사람 한 사람이 구김살 없이 성장할 수 있는 학교·학급 집단 만들기를 목표로 삼았다. 이들의 교육실천은 "'외국인 교육', '한국·조선인교육'은 외국인에 대한 교육이 아니라, 일본인과 재일 한국·조선인이 협력해서 더불어 살아가고 더불어 배우는 관계를 만들고자 하는 것"이라는 관점을 내포하고 있었다(杉谷, 1993).

론이 '포스트 국민교육'론으로 이어지는 흐름을 전형적으로 보여주는 사례이다. 가와사키 시 교육위원회는 1986년에 「가와사키 시 재일 외국인 교육 기본방침 — 주로 재일 한국·조선인에 대해」(이하 「기본방침」, 참고자료 참조)를 제정했다. 외국인 노동자의 대량유입이 시작될 무렵에 제정된 이 「기본방침」은 12년만인 1998년에 「가와사키 시 외국인 교육 기본방침 —다문화 공생사회의 실현을 위해」(이하 개정 「기본방침」)로 개정되었다. 「기본방침」의 개정은 뉴커머의 급증에 따른 새로운 상황에 대응하여 이루어진 것이나, 이것은 새로운 방침의 제정이 아니라 기존의 「기본방침」을 개정한 것으로 「기본방침」을 충실히 계승하고 있다. 즉 개정 「기본방침」은 오늘날의 '다국적화·다민족화·다문화화' 추세에 대응하는 새로운 교육방침이 재일 한국·조선인 문제와 무관한 것이 아니라 이를 원점으로 추진되어야 함을 분명하게 제시하고 있는 것이다.

이하에서는 가와사키의 「기본방침」이 제정되기까지의 과정과 「기본방침」에 입각한 교육정책 및 실천사례를 고찰하여 오늘날 일본 '포스트 국민교육'의 전개양상을 알아보고 '포스트 국민교육'의 이념이 구체적인 실천으로 이어지기 위한 조건이 무엇인지 생각해보고자 한다. 이 연구는 1997~1998년에 걸쳐 행한 현지조사를 통해 이루어진 것이며, 개정 「기본방침」에 대해서는 1999년 2월에 보충조사를 통해 기초자료를 입수했다. 이 글의 내용은 주로 1차 문헌자료와 인터뷰를 통해 얻은 것이다.

3. 가와사키 시 재일 외국인 교육 기본방침

「기본방침」은 시 교육위원회가 가와사키 시의 공교육이 의거해야 할 지침으로 공식적으로 제정·공표한 문서이다. 이것은 법규가 아닌 일종의 신인문으로서 법직인 구속력은 없지만 지방자치체가 공식적으로 재정한 공교육의 기본방침이기 때문에 학교교육과 사회교육을 포함한 공교육정책 수립에 중요한 기초가 되고 있다.

물론 공식문서의 제정 자체가 그 실현을 보증하지는 않는다. 그 문서가 실질적으로 의미를 갖기 위해 불가결한 조건은 그것을 형해화시키지 않으려는 행정 및 시민의 의지와 노력이다. 「기본방침」은 1982년 '재일 한국·조선인 교육을 추진하는 모임'이라는 시민운동집단의 요구를 발단으로, 시민과 행정간의 논의·교섭과 관계자 및 일반 시민에 대한 계몽과 합의도출 노력 등의 과정을 거쳐 1986년에 제정되었다. 「기본방침」에 의거한 구체적인 실천의 토대를 형성한 것은 바로 이 4년에 걸친 공론화 과정이었다.

「기본방침」은 "차별을 배제하고 인권존중의 정신을 관철하는 것은 인간이 인간으로서 살아가기 위해 반드시 필요한 요소인 동시에 민주주의 사회를 뒷받침하는 기본원리"라는 구절로 시작된다. 그리고 이는 일본이 '내외인 평등'과 '외국인의 교육받을 권리 및 시민생활상의 모든 실질적 차별 배제'를 규정한 국제인권규약을 비준하고 있음을 지적한다.

또, 일본의 학교와 지역사회 등 일상생활의 장에 재일 한국·조선인에 대한 심각한 민족차별이 널리 존재하고 있다는 사실과, 재일 한국·조선인이라는 소수민족 집단의 존재 및 그들에 대한 차별·편견은 일본의 식민지 지배에 기인하는 역사적 산물이라는 것을 명기하고 있다. 즉 재일 한국·조선인에 대한 차별과 편견은 "한편으로는 오랜 식민지 지배를 합리화시키는 민족 우월 의식을 국민에게 침투시키고 다른 한편으로는 조선민족 고유의 문화나 언어를 부정적인 것으로 취급하여 창씨개명제도 등을 통해 일본 동화정책을 추진한 결과 생긴 것"이다.

따라서 재일 외국인 교육은 '인권존중' 및 '차별배제'라는 보편적인 이념과 식민지 지배에 대한 역사적 인식에 기초하여 추진해야 한다는 것이 「기본방침」을 통해 표명된 가와사키 시 교육위원회의 기본입장이다. 「기본방침」에는 이러한 재일 외국인 교육과 관련된 교육행정의 임무를 다음과 같이 제시하고 있다.

"가와사키 시 교육위원회는…… 본 시의 공교육을 추진하는 데 있어 시민 한 사람 한 사람의 차별을 해소하기 위해 부단히 노력하지 않으면 안 된다. 또, 시내에 거주하는 외국인에 대해 교육받을 권리를 인정하고, 이 사람들이 민족적 자각과 긍지를 가지고 자기를 확립하여 시민으로서 일본인과 협력하고 상호간의 입장을 존중하면서 함께 살아가는 지역사회 창조를 목표로 활동하는 것을 보장해야 한다. 이것은 또한 일본인의 인권의식과 국제감각을 높이는 길이 된다. 그리고 이런 환경을 정비하는 것은 인간도시의 창조를 지향하는 본 시 교육행정의 실무이기도 하다."

이상에서 보는 바와 같이 「기본방침」에는 몇 가지 중요한 특징이 있다. 첫째, 공교육을 관장하는 행정기관이 과거 일본의 동화교육을 비판하고 재일 외국인이 민족적 자각과 긍지를 키울 수 있도록 지원하는 것을 교육행정 및 교육관계자의 임무로 규정하고 있다.

둘째, 시에 거주하는 외국인을 일본인과 동등한 '시민'으로 규정하고 이들이 지역사회의 주체로서 일본인과 더불어 지역사회 활동에 참가하는 것을 권리로 인정하고 있다.

셋째, 외국인만을 교육대상으로 상정하는 것이 아니라 재일 외국인에 대한 민족차별이나 편견을 없애고 다른 문화, 특히 한국·조선의 바른 역사와 문화를 이해할 수 있도록 일본인을 포함한 전 시민을 대상으로 한 공교육 전반의 방향을 제시하고 있다.

넷째, '재일 외국인 교육'을 추진하기 위해 교육행정 및 교육관계자가 수행해야 할 임무를 비교적 구체적으로 기술하고 있다. 「기본방침」에 기술되어 있는 이들의 임무는 가와사키 시에 거주하는 외국인(유아, 어린이, 학생)의 실태파악, 재일 외국인이 민족적 자각과 긍지를 키우고 생활문화를 향상시키기 위해 자주적 활동을 하는 데 대한 지원·협력, 연수회나 연구회 등을 통해 재일 외국인에 대한 올바른 교육관의 확립과 지도력의 향상 등을 도모하는 것이다.

결국, 「기본방침」이 제시하는 '재일 외국인 교육'은 '재일 외국인을 대상으로 한 교육'이라는 한정된 교육이 아니라, 외국인과 일본인을 불문하고 지역주민 내지 시민 개개인의 인권보장과 '다문화 공생사회'을 실현하기 위해 해야 할 학습활동을 뜻한다. 이는 가와사키 시 공교육의 장에서 편협한 내셔널리즘을 극복할 수 있는 새로운 연대논리 또는 새로운 집합적 아이덴티티를 창출하고자 하는 것이라 하겠다.

4. 재일(在日) 아이덴티티 추구: 지역 시민운동의 전개

1) 사쿠라모토(櫻本) 보육원의 교육실천

가나가와 현의 정령지정도시(政令指定都市) 가와사키는 다마가와(多摩川) 연안을 따라 북서에서 남동 방향으로 길게 자리잡고 있다. 가와사키 시는 7개 행정구로 되어 있는데, 가와사키의 재일 한국·조선인 중 약 60%가 남부의 가와사키 구에 거주하고 있으며, 가와사키 구에서도 특히 게이힌(京濱) 공업지대에 인접해 있는 사쿠라모토 지구 주변에 재일 한국·조선인이 집중적으로 거주하는 지역이 형성되어 있다.[7] 「기본방침」의 싹은 바로 이곳 사쿠라모토 지구에서 배태되었다.

이 지역에 자리잡고 있는 재일 대한기독교회 가와사키 교회는 1969년부터 예배가 없는 날 교회당을 이용해서 무인가로 보육활동을 해왔다. 가와사키 교회는 1973년 사회복지법인 '청구사(靑丘社)'를 설립하여 보육활

---

7) 이 지역에 재일 한국·조선인이 집중되어 있는 것은 가와사키의 재일 한국·조선인 역사가 게이힌 공업지대의 발달사와 불가분의 관계에 있기 때문이다. 게이힌 공업지대의 창생기인 1910년대 이래 이 지역에는 많은 조선인들이 노동자로서 유입되었다. 게이힌 공업지대에 인접한 지역에는 날품팔이 일도 많았기 때문에 전후에는 다른 현의 조선인들도 많은 수가 이곳으로 흘러들어오게 되었다(岸田, 1991: 6~7쪽; 川崎市ふれあい館·櫻本こども文化センター, 1993: 29~40쪽).

동을 이곳으로 이관시키는 한편, 보육원도 인가를 받아 청구사의 사쿠라모토 보육원으로서 본격적인 활동을 하게 된다. 빈곤한 노동자들이 밀집해 생활하고 있는 이 지역에는 생계를 위한 맞벌이 가정도 많았기 때문에 그 자녀들은 대개 부모가 일하는 동안 방치되어 있었다. 더욱이 이 지역은 공업지대의 중심에 있었고 산업도로가 나 있어서 어린이들에게 좋은 환경이 되지 못했다. 많은 재일 한국·조선인 어린이들이 빈곤에 시달릴 뿐 아니라 민족차별을 당했기 때문에, 장래에 대한 희망을 갖지 못했고 주변의 일본인 어린이들도 좋지 못한 가정환경때문에 비행에 빠지는 경우가 적지 않았다. 사쿠라모토 보육원은 단순한 맞벌이 가정의 편의를 위한 시설이 아니라 이런 열악한 상황에 놓여 있는 어린이들을 위한 지역교육실천의 장으로 만들어진 것이었다.

사쿠라모토 보육원은 일상생활 공간에 상존하는 민족차별과 편견으로 위축되고 희망을 잃고 자기비하에 빠지기 쉬운 재일 한국·조선인 어린이들에게 차별과 편견을 극복할 수 있는 힘을 길러주는 것을 보육의 중요한 목표로 삼았다. 재일 한국·조선인은 대개 차별 당하지 않기 위해 본명을 감추고 통명(通名)[8]을 사용하는 등 생활 속에서 자신의 민족적 아이덴티티를 표현하는 것을 일체 억제하였다. 이에 대해 사쿠라모토 보육원은 재일 한국·조선인 어린이들이 자부심을 갖고 자기를 표현할 수 있는 힘을 키우도록 통명이 아닌 본명을 사용하도록 했으며, 이름의 한자는 일본식이 아닌 한국식으로 발음하게 했다. 그리하여 보육원에는 재일 한국·조선인 어린이들과 일본 어린이들이 본명을 사용하면서 자연스럽게 어울려 생활하였다.

---

8) 사회생활에서 재일 한국·조선인이라는 사실 때문에 불이익을 당하지 않도록 본명 대신 사용하는 일본식 이름. 본래 호적과 다른 이름이 사회생활에서 사용되는 것을 '통명'이라 한다.

2) 자녀를 지켜보는 어머니의 모임

그러나 보육원을 마치고 소학교에 들어가면서 어린이들은 시련에 직면하기 시작했다. 학교와 지역의 일상생활 속에 존재하는 차별과 편견은 좀처럼 개선되지 않아 어린이들은 청구사를 벗어나 다른 공간에서 생활하게 되었을 때 다시 위축되고 자기를 당당하게 표현하지 못했다. 학교에서 어린이들은 이름이 이상하다는 이유로 놀림을 당했고, 그것이 재일 한국·조선인에 대한 편견과 연결되어 이지메를 당하게 되었다. 본명으로 소학교에 입학했다가 고학년 때나 중학교 입학 때 가족단위로 일본 이름으로 바꾸는 일도 적지 않았다.

사쿠라모토 보육원에 자녀를 보내는 어머니들은 이런 상황에서 본명을 사용하는 것에 대해 망설임과 불안감을 갖고 있었다. 그런 상황에서 자녀들이 자기를 감추지 않고도 차별 당하지 않고 당당히 살 수 있기를 바라는 절실한 소망을 담아 1975년에 '자녀를 지켜보는 어머니의 모임(이하 어머니 모임)'을 발족시키게 되었다. 이 모임을 통해 어머니들은 스스로 본명을 사용하기로 하고, 나아가 민족무용이나 민요, 한글, 역사 등을 학습하면서 한국인으로서의 아이덴티티를 조금씩 회복하게 되었다. 청구사는 자녀교육문제를 매개로 어머니들 스스로가 변화해가는 데 큰 뒷받침이 되었고, 이 어머니들에게 모일 수 있는 계기와 아이덴티티 회복을 위한 사회교육 기회를 제공하여 민족차별을 극복하기 위한 운동의 구심점 역할을 하였다.

사쿠라모토 보육원의 교육실천은 이렇게 '어머니 모임'의 결성으로 이어졌고, 일본인 교사들과의 만남을 통해 지역 시민운동으로 확대되었다. 일본인 교사들과의 만남은 한 재일 한국인 학생의 문제제기에서 비롯되었다. 당시 현립 가와사키 고등학교의 사회과 교사로 조선연구회[9]라는 학

---

9) 1973년 현립 가와사키 고등학교 3학년 여학생 3명이 『조선인 속의 일본인(朝鮮人の中の日本人)』(吳林俊)을 읽는 독서회를 만들고 모임의 명칭을 조선연구회라 했다. 독서

내 독서회의 고문을 맡고 있던 미우라(三浦泰一) 씨에게 어떤 재일 한국인 학생[10]이 다음과 같이 질문했다. "당신은 이론적으로 '평화', '차별반대'를 주장하고 있습니다. 그렇다면 당신은 현실적으로 당신의 눈앞에 있는 재일 한국·조선인들에게 그런 문제를 어떻게 풀어나가십니까?" 그것은 당시 신좌익을 포함한 혁신계 지식인이 재일 한국·조선인의 현실 혹은 생활에 대한 진정한 이해가 결여된 관념적인 반차별운동을 전개하는 데 대한 신랄한 비판이기도 했다. 이를 계기로 미우라 교사는 그 학생의 권유로 사쿠라모토의 청구사를 찾았고, 어머니 모임과 인연을 맺게 되었다. 이후 그는 뜻을 같이 하는 교사들과 함께 이념이 아닌 생활에 기초한 민족차별 철폐운동에 동참하게 되었으며, 후일 어머니 모임과 더불어 행정 측에 정식으로 문제제기를 할 때 중심적인 역할을 하게 된다.

1977년에 어머니들은 학교를 찾아가 담임교사에게 민족차별로 인한 자녀들의 괴로움을 호소하고 대처방안을 의논하기도 했으나, 대개의 일본인 교사들은 이 문제의 본질을 이해하지 못하고 있었다. 그것은 40명의 어린이들 중 1명의 문제에 불과한 것이라고 묵살되거나 단순한 어린이들간의 다툼 정도로 간주되곤 했다. 아니면 기껏해야 '차별해서는 안 된다'라는 일반적인 꾸중 내지 훈계로 그치곤 했다. 어머니들은 학교 차원의 대응을 요청했으나 학교 측은 민족차별이 존재한다는 사실조차 인정하지 않았다.

청구사의 이상호 주사 등 지역운동을 하던 사람들과 어머니들은 문제해결을 교육현장인 학교에 기대할 수는 없다고 판단하고 이 문제를 행정(=교육위원회)에 직접 제기하여 교육위원회가 위로부터 학교를 지도하도

회를 조직한 3명의 여학생은 모두 일본인이었다. 조선연구회는 1974년 교지를 통해 본명 선언을 한 박정도라는 학생이 참가하면서 독서회 스타일에서 민족차별과 싸우는 운동체로 활동방향을 바꾸고 명칭도 조선문제연구회로 바꾸었다.

10) 이 재일 한국인 학생은 박정도(朴正道) 군으로, 당초 그는 아라이 마사미치(新井正道)라는 일본 이름을 사용하고 있었으며 친구들도 그를 일본인으로 알 만큼 자신을 감추고 있었으나, 히다치 취직 차별사건의 박종석의 영향을 받아 1974년 교지에 '본명선언'을 하는 글을 발표했다.

록 해야 한다고 생각하기에 이르렀다. 함께 운동에 참여한 교사들은 현장
에서의 교육실천이 정도(正道)이고 행정이 교육에 관한 방침을 만들어서
학교로 내려보내는 것은 사도(邪道)라고 생각했으나, 논의를 거듭한 끝에
결국 이 문제를 행정에 정식으로 제기하여 공론화시킴으로써 개별학교가
아닌 지역사회 전체 차원에서 해결방안을 모색하기로 하였다.

5. 민족차별 문제의 공론화: 시민의 요구와 행정의 대응

1) 추진하는 모임의 결성과 행정에 대한 요구

1982년 6월 어머니 모임 회원들과 청구사 직원들, 재일 한국·조선인
차별문제에 관심을 가진 교사들이 주축이 되어 '가와사키 재일 한국·조선
인 교육을 추진하는 모임(이하 추진하는 모임)'을 결성했다. 추진하는 모임
은 지역사회와 학교 등의 일상생활 공간에 상존하는 민족차별의 문제를
행정에 제기하기 위해 조직되었다. 여기에는 뜻을 같이 하는 청년 볼런티
어들과 고등학생들도 참가하여 회원이 100명 가량 되었으며, 대표는 가와
사키 고등학교 조선문제연구회 고문인 미우라 교사와 청구사의 이상호
주사가 맡았다.

마침 일본정부는 인권존중과 비차별주의라는 국제사회의 조류에 밀려
1979년에 국제인권규약을 비준했고(같은 해 발효), 1981년에는 난민조약을
비준하였다(1982년 발효). 난민조약은 국제인권규약보다 더 강한 구속력이
있는 것으로, 난민들의 지위와 인권을 보장하는 내용을 담고 있었다. 이러
한 흐름은 추진하는 모임 결성의 배경이 되었는데, 이는 재일 한국·조선
인이 캄보디아나 베트남 난민보다 훨씬 전부터 일본에 정착해 생활해왔
기 때문에 난민들에게 보장되는 권리가 당연히 재일 한국·조선인에게도
보장되어야 한다는 논리가 성립될 수 있기 때문이었다.

추진하는 모임은 1982년 7월 24일에 '일본의 학교에 재적하는 재일 한
국·조선인 생도에 관한 요망서(제1차 통일 요망서)'를 가와사키 시 교육위
원회에 제출하고, 9월 24일부터 시교위와 교섭을 개시하였다. 추진하는
모임은 두 차례에 걸쳐 시교위에 회답을 요구하는 33개 항목에 달하는 요
망서를 제출했다.

중요한 문제는 우선 가와사키 시의 소학교 및 중학교에 민족차별이 존재
한다는 것을 시교위가 인정할 것인가 하는 점이었다. 시교위 내부에서도
역사인식 문제를 둘러싸고 격렬한 논쟁이 벌어졌으나, 결국 양자간의 역사
인식 차를 좁히지 못하여 시교위는 차별의 존재를 인정하지 않았다. 이처
럼 학교당국과 시교위가 민족차별이 있음을 인정하지 않은 것은 차별에 대
한 인식이 부족한 탓도 있었지만, 문부성과의 관계를 고려했기 때문이기도
하다. 그러나 추진하는 모임은 시교위에 끈질기게 요구하고 교섭을 시도하
였다. 그것은 민족차별의 존재를 인정하지 않는 시교위에 차별의 실태를
알리고 호소하여 그에 대한 인식을 갖도록 하는 작업이었다.

2) 행정의 태도변화와 기본인식 표명

추진하는 모임과 시교위의 교섭은 역사인식 및 현상인식의 차이때문에
1년이 넘도록 답보 상태에 있었으나, 1983년 11월 1일 시교위가 민족차
별을 인정한다는 「기본인식」을 발표함으로써 극적인 진전을 보게 되었다.
「기본인식」의 발표는 인사이동과 동시에 이루어졌다. 그동안 교섭에 임한
양측 당사자는 추진하는 모임 측 미우라 교사와 이상호 주사, 그리고 시
교위 측 학교 교육부 지도과장과 지도과 지도주사였는데, 1983년 11월 1
일 이와부치(岩淵) 당시 교육장이 시교위 사무국 총무부에 인권·동화(同和)
담당을 신설하고 추진하는 모임과의 교섭에 임할 전문직 2명을 과장급의
구관으로 밀령했다.

이렇게 해서 교섭 테이블에 나오게 된 것이 호시노와 다케다(武田) 두

주간이다. 호시노 주간은 사회교육 쪽에서, 다케다는 학교교육 쪽에서 인권·동화담당으로 이동해왔는데, 호시노 주간은 '가와사키의 사회교육을 생각하는 모임'이라는 시민운동 그룹의 탄생에 직접적인 계기를 제공한 인물로 새로운 사회교육 실천을 시도하고 있는 공무원이었다. 이들에게 사령이 나온 그 날로 시교위는 가와사키 시내 초·중학교에 민족차별이 존재함을 인정하는 「기본인식」을 발표하였다.

호시노 씨의 회고에 의하면, 당시 민족차별의 사실을 인정해도 좋은지를 이와부치 교육장에게 타진했더니 교육장은 담당인 두 사람의 판단에 맡긴다는 입장을 취했다고 한다. 호시노 씨는 교육장이 이미 어느 정도 마음의 준비를 한 상태에서 이를 뒷받침하기 위해 조직을 개편하고 새로운 인물에게 사령을 내렸으리라고 추측했다.

이렇게 전격적으로 「기본인식」의 발표가 이루어질 수 있었던 행정 측의 요인으로서 호시노 씨는 이토 사브로 당시 가와사키 시장과 이와부치 교육장의 인권에 대한 인식이 일치했다는 점을 들고 있다. 혁신계인 이토 시장은 "가와사키 시에 거주하는 사람은 모두 시민이다"라는 당시로서는 파격적인 입장을 시민헌장을 통해 제시했고, 1975년에 재일 한국·조선인에게 아동수당을 지급하기로 한 것을 시작으로 재일 한국·조선인의 시민적 권리를 보장하는 정책을 조금씩 확대시켰다. 또, 이와부치 교육장은 교육정책에 시민의 소리를 반영하기 위한 다양한 시민참가 방안을 모색하여, '교육 시민토의' 같은 직접 민주주의적인 방식을 도입하기도 했다.

이 밖에도, 「기본인식」을 발표하게 된 데는 1983년 9월에 가나가와 현 자치총합센터에서 지자체 직원의 프로젝트팀이 연구한 성과를 『가나가와의 한국·조선인』이라는 책으로 간행한 점도 적지 않은 영향을 끼쳤다. 이 책은 일본사회 내부의 민제교류(民際交流)[11]를 구체적으로 전개하기 위해

---

11) 1980년대 일본에서는 '국제화'의 대안으로 '민제화'가 제시되었다. 국가간의 관계에 초점을 맞춘 '국제화' 논의를 비판하고, 국가의 틀을 벗어나는 민중과 민중 혹은 시민과 시민의 교류와 연대를 강조하는 입장에서 '국제(國際)'가 아닌 '민제(民際)' 개념이

가나가와 현에 있는 재일 한국·조선인의 생활 속에서 차별의 실태를 밝히고 그 역사적 경위를 고려하며 향후 행정이 풀어가야 할 과제도 제언하였다. 이는 터부시 되어오던 테마를 서론하여 공석으로 대응해야 할 과제를 명확히 한 것이었다. 이에 힘입어 가와사키 시교위에서도 역사인식을 바탕으로 차별의 실태를 인정할 객관적인 조건이 마련되었다고 판단하여, 차별 사실을 인정하고 차별과 편견을 없애는 교육을 종합적으로 추진해 나가겠다는 인식을 공식적으로 표명하기에 이른 것이다.

3) 기본방침 제정을 위한 기초작업: 합의도출과 행정의 역할

「기본인식」 발표 후 「기본방침」이 제정되기까지는 약 1년 4개월이라는 시간이 걸렸다. 「기본인식」을 표명한 후 시교위는 민족차별 실태를 파악하기 위한 소위원회를 발족하고 여러 가지 후속 조치들을 취하기 시작했다. 소위원회는 미우라 교사, 이상호 주사, 배중도(현 청구사 관장), 하라치 요코(原千代子) 등 추진하는 모임 측 대표와, 호시노와 다카다 두 주간과 학교교육과 지도주사 3명 등의 행정 측 대표, 그리고 『가나가와의 한국·조선인』의 책임연구자였던 가나가와 대학의 가지무라 히데키(梶村秀樹) 교수 등으로 구성되었다. 소위원회는 매월 1회 학습회를 갖고 본명선언의 이유와 일본식 통명 사용이유, 재일 한국·조선인의 실태, 한일관계사, 가와사키 시내 학교에서의 민족차별의 실태 등에 대해 학습했다. 이 위원회는 실질적으로 「기본방침」의 원안을 작성하기 위한 위원회였다.

「기본방침」을 제정하기 전에 이렇게 오랜 시간을 두고 여러 가지 후속 조치들을 취한 것은, 「기본방침」이 행정(=교육위원회)의 선언으로 끝나지 않고 교육현장에서 구체적인 실천으로 이어질 수 있도록 하기 위해서였다. 그러기 위해서는 학교교육 및 사회교육 현장에서 재일 한국·조선인

주창된 것이다.

및 일본인 시민이 함께 이 문제에 대해 연구·실천하고 그 성과를 바탕으로 「기본방침」을 제정할 필요가 있었다.

국제화의 급속한 진전에 따라 근년에는 외국인의 시민권에 관한 논의나 이질적인 문화적 배경을 가진 사람들이 공생하는 방안에 관한 담론이 어느 정도 형성되어 이와 관련된 문제에 대한 인식도 점차 확산되고 있는 것이 사실이지만, 1980년대 전반까지만 해도 상황은 달랐다. 외국인의 민족적 자각과 자부심을 배양하는 교육을 공교육 기관이 어떻게 마련할 수 있는가, 그것은 역사인식을 공유하는 것인가, 이(異)문화에 대한 이해와 교류를 심화시킴으로써 일본인과의 공통점·차이점을 배우는 것인가, 지역사회에서 참가체제를 정비하는 것인가 등등 풀어야할 문제가 한두 가지가 아니었다. 따라서 행정 스스로가 시민과의 학습을 통해 이 문제를 인식할 필요가 있었고, 「기본방침」 제정의 정당성에 대해 교육현장과 일반시민들 사이에 어느 정도의 합의를 도출해둘 필요도 있었다.

이에 따라 시교위는 1984년 1월부터 교장회 등에 대해 「기본인식」에 대한 설명을 개시하고, 3월 8일에는 각 학교장과 사회교육시설장에게 「기본인식」을 통지했다. 또 재일 한국·조선인 학생의 비율이 높은 사쿠라모토 중학교구의 2개 소학교(사쿠라모토, 히가시사쿠라모토)와 1개 중학교(사쿠라모토)를 연구지정교로 선정하여 1984년 4월부터 시험적으로 '후레아이 교육'12) 실천을 시작했다. 후레아이 교육은 가나가와 현 차원에서 추진한 것으로, 1984년 가나가와 현은 현 내의 30개 소학교와 10개 중학교에 2년간 후레아이 교육의 실천연구를 위탁했다. 가와사키 시에서는 위 3개 학교를 이 후레아이 교육 실천 연구교로 지정한 것이다. 여타 시·정·촌의 학교들이 '자연과의 후레아이', '일본인 상호간의 후레아이'를 주제로 한

---

12) '후레아이'란 교류를 뜻하는 말로, 단순한 교제가 아니라 개인과 개인이 서로 어떤 교감을 갖고 인간관계를 형성한다는 의미를 내포한다. 근년 일본의 교육계에서는 이것이 하나의 키워드로 사용되고 있는데, 이는 어린이들의 황폐화된 정신세계회복을 추구한다는 관점에서이다. 인간 사이의 관계를 넘어서서 예컨대 '자연과의 후레아이'와 같이 사용되기도 한다.

데 비해, 가와사키의 3개 학교는 "재일 한국·조선인과 일본인 어린이, 학생의 후레아이 속에서 한 사람 한 사람의 인권을 중시하는 교육을 목표로"를 주제로 선정했다.

한편, 5월부터는 사회교육시설인 산업문화회관(현재의 교육문화회관)에서 '일조(日朝) 근현대사'를 중심으로 한 연속강좌(연간 30회)를 개설하여 학교교육과 사회교육 양편에서 구체적인 실천과 연구를 추진해나갔다. 6월에는 소학교 교장회에서 인권소위원회가 발족되었다. 인권소위원회는 학교 안에 존재하는 차별에 대응하기 위한 조직으로, 이 조직을 발족시켰다는 것은 교장회에서 차별실태를 공식적으로 인정한 셈이 된다. 그러나 중학교 교장회는 이때 인권소위원회를 만들지 못하고 5년 후에야 만들 수 있었다. 교장회에 인권소위원회가 발족됨과 동시에 교직원조합에서는 지구별로 학습회를 열었다. 학습회에서는 후레아이 교육의 실천 보고를 통해 구체적으로 학습을 심화시킬 수 있었다. 또, 시교위에서는 학교교육과 사회교육 각 분야에서 직원 연수를 시작했다.

연구 지정교의 후레아이 교육은 부교재를 채택하고, 특정 교사나 교과에 맡기는 것이 아니라 학교 전체가 여기에 동참하여 한국·조선의 역사와 문화를 접할 기회를 가능한 한 많이 마련했다. 이 같은 실천연구를 통해 조금씩이나마 교사와 학생들 사이에 변화가 일어나는 것을 볼 수 있었고 이것은 「기본방침」 작성에 중요한 첫걸음이 되었다.

사회교육 분야에서도 연속강좌를 계기로 1986년 2월 사이와이 시민관에 최초로 '인권존중학급'이 개설되어 재일 한국·조선인 문제를 인권교육의 시점에서 파악하는 본격적인 시도가 이루어졌다. 당시는 재일 한국·조선인의 지문날인 거부가 사회적인 관심을 불러일으킨 시기였으며, 이토 사브로 시장이 지문날인 거부자를 고발하지 않겠다는 방침을 의회에서 천명한 바도 있어 이 강좌에 대한 시민들의 관심과 참여도 비교적 높았다.

이상과 같은 구체적인 조치들을 취하면서 시교위는 추진하는 모임과 교섭을 계속하여 1984년 7월에 「기본방침」 작성방침을 표명하고, 이듬해

4월 5일 시안을 공표했다. 최종 시안은 소위원회의 학습내용에 기초해서 만들어졌으며, 최종 시안이 만들어진 후, 행정 측 담당자인 호시노 주간 등은 이 시안을 가지고 가와사키 교직원조합, 조총련과 조선학교, 민단 등을 방문하여 의견을 청취했다.

4) 기본방침의 제정과 실천

시안이 공표된 후에도 쉽게 합의를 끌어내지 못해 1년 가까이 지난 1986년 3월 25일에야 「기본방침」이 제정될 수 있었다. 「기본방침」의 원안은 호시노 주간이 작성하고 가지무라 교수가 감수를 했다. 그리고 이 원안을 교육장이 교육위원회에 제안하여 필요한 부분에 대해서는 각 교육위원들이 가필을 하여 확정했다.

가와사키의 공교육 정책 및 실천시 지침이 되는 문서로 제정된 「기본방침」은 구체적인 실천으로 이어질 때야 비로소 실질적인 의미를 갖게 된다. 따라서 「기본방침」의 작성단계에서도 이 점이 중시되어 "구체적인 과제에 대해서는 계획적으로 추진한다"는 부기(附記)를 삽입하게 되었다고 한다. 이에 따라 「기본방침」 제정 후 이를 교육실천에 반영시키기 위한 후속 조치들이 이어졌다. 이것은 「기본방침」에 기본사항으로서 명기된 '교육행정 및 교육관계자의 임무', '어린이·학생에 대해', '모든 시민에 대해'의 내용에 기초해서 이루어졌다(참고자료 참조).

「기본인식」 발표 후 실시된 후레아이 교육, 인권존중학급, 교직원 연수 등은 계속 유지되었으며, 1989년까지 4년간 '후레아이 교육 실천 연구교'였던 3개 학교(재일 한국·조선인 학생의 재적비율이 높은 학교)를 1990년부터 '인권존중교육 실천 추진교'로 지정하였다. 또, 「기본방침」의 실현을 위해서는 학교교육과 사회교육 분야에서 직원의 역량이 결정적으로 중요하다는 생각에서 1990년 9월 시교위는 교직원을 대상으로 한 지침서 『Q&A』를 발행했다. 이것은 후레아이 교육의 성과와 교원연수에서 논의된 내용들을 모아 정리한 것으로, 인권존중교육을 펴나가는 데 재일 한국·조선인 문제가 갖는 의미를 명확히 하고, 교사가 교육현장에서 반드시 직면하리라고 예상되는 문제들에 대해 어떻게 생각하고 대응할 것인지 그 방법을 구체적으로 제시한 최초의 실천론이라 하겠다. 이어서 10월에는 시립학교에 재학하는 외국적 학생 및 본명·통명에 관한 조사결과를 발표했다.

「기본방침」에 명기된 '교육행정 및 교육관계자의 임무' 중 '재일 외국인 교육의 충실화를 위한 추진체제의 정비'가 있는데, 여기에는 행정당국이 시설을 마련하고 직원을 배치하여 적극적으로 사업을 전개하는 것이 포함된다. 사회교육 분야에서 그 첫걸음으로서 이루어진 것이 '후레아이관' 건설이다. 후레아이관은 '다문화·공생'이라는 이념을 표방하는 상징적인 시설로, 이러한 시설이 만들어지게 된 발단은 가와사키 교회가 운영하는 사회복지법인 청구사가 1982년에 가와사키 시에 청소년회관 설립을 요망하는 제안서를 제출하면서였다. 청구사는 '지역의 청소년이 서로 민족을 인정하고 민족차별을 용납하지 않는 자각적인 활동과 함께, 사회적·문화적·경제적 생활의 향상을 위해 노력'하기 위한 거점이 될 청소년회관 설립을 요청하였다. 청소년회관 설립 요망은 추진하는 모임의 교육위원회에 대한 요망서 제출과 동시에 이루어졌는데, 이는 학교뿐만 아니라 지역사회에서도 민족차별을 극복하기 위한 활동을 해야 한다는 의미를 내포하고 있었다.

청구사의 이러한 요청에 대해 가와사키 시는 1983년 2월 민생국을 담당부서로 지정했다. 이에 따라 '민생국 프로젝트'를 조직하여 '(가칭)사쿠라모토 ○○관 설립연구협의회'가 설치되었다. 이 연구협의회는 그 해 3월부터 5월까지 2개월간 재일 한국·조선인의 역사, 사쿠라모토 지역형성사, 재일 한국·조선인의 법적 지위, 생활권, 교육권, 그리고 다른 지방자치단체의 실천사례 등에 대한 학습을 하였다.

이러한 학습을 기초로 해서 가와사키 시는 민족차별이 존재한다는 시교위의 「기본인식」이 공표된 후인 1984년 후레아이관 건설을 추진하기 위한 위원회를 발족시켰다. 위원회에는 시민국·기획조정국·민생국·교육위원회 등 관련 4개 부국이 포함되었다. 그러나 지역시설인 후레아이관을 재일 한국·조선인이 운영하는 것에 반발한 지역주민들은 후레아이관 건설을 반대했다. 주민들의 반대에 부딪혀 건설이 지연되자 시는 지역주민들을 상대로 설명회를 개최하는 등 주민들과의 교섭을 계속했다. 결국 주민들의 요구에 따라 후레아이관 운영을 전적으로 청구사에 맡기지 않고 시 직원 3명을 파견하여 후레아이관 운영에 참여하도록 하고 청구사 이사회에 시 공무원을 포함시키는 조건으로 합의가 이루어졌다.

이렇게 해서 청구사가 회관 건립 요망서를 제출한 지 6년만인 1988년에 이르러 '가와사키 시 후레아이관·사쿠라모토 어린이 문화센터 조례'가 제정되고, 시 직영의 지역시설로서 후레아이관이 문을 열게 되었다. 2년 뒤인 1990년 4월에는 청구사가 이 시설을 전면 위탁하게 되었고 재일 한국인인 배중도 씨가 관장으로 취임하였다. 이후 후레아이관은 사회교육 기관으로서 '다문화공생교육'을 위해 학교와 여러 면에서 연계하여 일을 해오고 있다.

6. 기본방침의 의의와 포스트 국민교육의 전망

1) 기본방침 성립과정의 특징과 의의

이상에서 고찰한 「기본방침」의 성립과정에는 다음과 같은 몇 가지 특징이 있다. 여기에서는 내셔널 아이덴티티를 넘어서는 새로운 아이덴티티 형성과 관련하여 중요한 시사점을 찾아볼 수가 있다.

첫째, 가와사키의 「기본방침」은 시민운동과 지방자치체 행정의 협력에 의해 성립되었다는 점이다. 그러나 처음부터 시민운동과 행정이 협력관계였던 것은 아니다. 처음에는 교육위원회도 민족차별이 있다는 사실을 인정하지 않았으나, 수많은 논의를 거치면서 점차 태도에 변화가 일어났고 협력관계가 형성되었다. 끈질긴 논의를 통해 시민운동 측이 행정의 태도 변화와 협력을 늘어낸 것이라고도 할 수 있다. 이것은 국민국가의 논리를 넘어서는 새로운 공동성의 논리가 어떤 주체들에 의해 이루어질 수 있는가 하는 점에서 시사점을 제공한다.

물론 여기에는 '시민'과 '행정'이라는 단순화된 구분을 넘어서서 시민 측과 행정 측의 구체적인 행위자들에 대한 분석이 전제되어야 한다. 시민 운동 측과 행정 측은 때로는 '협력'관계라기보다는 '연대'관계라고 느껴질 만큼의 공조체제를 유지했다. 이것은 가와사키가 여러 면에서 선진적인 정책을 취해온 혁신자치체라는 특성만으로 설명하기는 어려운데, 행정 내부에도 입장이 보수적인 사람들이 있고, 시민들도 성향이 다양하기 때문이다. 실제로, 「기본방침」의 제정 및 실천(후레아이관 건설 등)에 관여한 가와사키 시 공무원들 가운데, 행정을 대변하는 입장이지만 민족차별을 극복하는 교육을 추구하는 시민운동에 동참한 것이나 다름없이 행정 내부의 보수적인 여론이나 일본인 시민들의 보수적인 여론을 설득하는 데 힘쓴 사람도 있었다. 따라서 운동의 전개과정에서의 협조와 연대구조를 행위자를 중심으로 좀더 상세히 분석할 필요가 있다고 생각된다.

둘째, 교육영역에서의 민족차별 문제를 지역에서 공론화시키고 이 문제에 무관심하거나 보수적인 태도를 취하는 학교관리자 및 교사들과 일본인 시민들에 대한 홍보·계몽을 통해 사회적 합의를 도출하는 데 행정이 적극적인 역할을 했다는 점이다. 본문의 고찰을 통해서 볼 수 있었듯이, 행정은 시민운동 측의 요구를 수용한 후, 민원을 처리하듯 단순히 「기본방침」을 만들어 공표하는 작업만을 한 것이 아니다. 「기본방침」 제정에 앞서 전담 부서에 전문직원을 배치하고 학교에서의 교육실천 연구와 사회교육 강좌개설, 실태조사, 교장회의 인권위원회 설치 등 다양한 사전작업을 하였다. 이러한 과정을 통해 「기본방침」이 형식적인 선언문에 그치지 않도록 사회적 인식을 확대하고 합의를 도출하고자 한 것이다.

'행정에 의한 교육현장 통제'를 의미하는 이러한 '행정주도' 방식에 반대하는 입장도 있었다. 그러나 시민운동 집단이 교육계 및 일반 시민들 사이에 널리 퍼져 있는 보수적인 여론을 극복하고 목표를 달성하기 위해서는 행정의 협력이 필요했다. 이것은 앞에서 든 '새로운 공동성의 논리를 창출하는 주체'의 문제와도 관련지어 생각해볼 만한 점이다.

셋째, 가와사키의 재일 한국·조선인교육에 관한 운동이 구사회운동적인 스타일의 '민족운동'이라기보다는 새로운 형태의 지역시민운동으로 전개되었다는 점이다. 이 운동은 '민족', '국가'를 중심으로 한 담론이 아니라, '생활', '라이프스타일', '아이덴티티', '인권', '지역' 등을 핵심개념으로 한 담론으로 뒷받침되었다. 운동의 참여자들은 자신들의 삶이 영위되는 생활현장에서 당하는 차별과 그로 인한 인간성 왜곡, 아이덴티티 혼란, 차별받는 사람뿐만 아니라 차별하는 사람까지 포함한 인간성 및 인간관계의 왜곡문제 등을 호소했다. 즉 이들은 당위 또는 이념으로서의 '민족', '국가'논리가 아닌 개인의 실존적 차원에서 민족차별 문제를 제기한 것이다. 바로 이 점이 호소력을 발휘해 운동에 힘을 실어주었다. 이것은 내셔널 아이덴티티를 넘어서는 새로운 아이덴티티의 추구가 삶에 절실하게 요구되었다는 사실, 새로운 연대와 공생의 논리가 형성될 필요가 있다는 사실을 보여주었다. 그리고 그 새로운 아이덴티티와 연대의 논리가 무엇에 기초해야 하는지에 대해서도 많은 시사점을 제공했다.

2) 기본방침의 개정과 '포스트 국민교육'의 전망

1990년대 들어 가와사키 시의 국제화는 급속히 진전되었다. 가와사키 시의 외국인 등록자 수는 1984년에 1만 515명이었으나, 1993년에는 1만 9,372명으로 증대했고, 그중 재일 한국·조선인의 비율은 1984년에 86.7%였던 것이 1993년에는 50.2%로 감소했다. 1997년 현재는 107개 국적, 2만 명의 외국인이 거주하고 있는데, 이는 시 전체 인구의 1.6%를 상회하며 그중 재일 한국·조선인의 비율은 약 48% 정도이다. 이렇게 뉴커머즈가 외국적 시민의 50%를 넘고 이들이 가족을 형성하여 정착하는 추세를 보이면서, 소학교의 뉴커머즈 어린이 재적 비율도 전체 외국인 어린이의 40%를 넘어서게 되었다.[13]

이러한 상황에 대응하기 위해 시교위는 1996년 외국인 교육 검토위원회를 설치하고 1년 반 동안 「기본방침」을 재검토하여 1998년에 이를 개정하기에 이르렀다. 그 명칭도 「가와사키 시 재일 외국인 교육 기본방침 — 주로 재일 한국·조선인에 대해」에서 「가와사키 시 외국인 교육 기본방침 — 다문화 공생사회의 실현을 위해」로 바꾸었다.

개정 「기본방침」에 대한 고찰은 이 장의 범위를 벗어나지만, 여기에서 논의하고 있는 주제와 관련해서 중요한 특징이라고 생각되는 점을 한 가지만 지적하기로 하자. 개정 「기본방침」은 뉴커머즈에 관한 부분을 첨가하고 '외국인 시민'이라는 용어를 사용함으로써 외국인을 '시민'으로 규정하는 입장을 좀더 명확히 했으며, '인권존중'과 '다문화공생'을 좀더 강조하는 체제가 되는 등 몇 가지 변화가 있다. 그러나 「기본방침」의 기본 틀은 거의 유지하고 있으며 무엇보다도 재일 한국·조선인과 관련된 역사 인식과 현실인식이 개정 「기본방침」에도 명확히 드러나고 있다. 이는 오늘날의 국제화에 대응하는 교육방침은 재일 한국·조선인 교육문제와 별개의 것이 아니라 오히려 그 맥을 잇는 것임을 보여주는 것이다.

앞으로 가와사키의 공교육이 '포스트 국민교육'을 추진해나가는 데 개정

---

13) 1997년 10월 1일 현재 가와사키 시 시립 소학교 재적학생 총 6만 2,615명 중 이중국적을 포함한 외국적 어린이는 510명으로 전체의 약 0.8%를 차지하며, 국적의 수는 21개에 이른다. 이 가운데 절반이 넘는 215명이 가와사키 구에 거주하고 있는데, 이는 가와사키 구 전체 소학교 학생의 2.2%에 해당한다. 단일 외국적자 중에는 한국·조선 국적이 239명으로 52.2%를 차지하고 있으며, 타이완을 포함한 중국 국적이 106명으로 20.0%, 브라질 국적이 59명으로 10.5%, 필리핀이 31명으로 6.4%를 차지하고 있고, 나머지 17개 국적자는 각각 10명 미만이다. 대부분은 1~3명 정도로 소수인데, 베트남 어린이가 8명으로 2.9%, 페루 어린이가 7명으로 2.0%를 차지해 비교적 많은 편이다.

「기본방침」이 지렛대 역할을 할 수 있을지 단정하기는 아직 이르다. 이는 「기본방침」의 개정과정을 상세히 들여다본 후에야 어느 정도 전망이 가능할 것이며, 여러 가지 다른 요인들도 좀더 면밀히 분석해볼 필요가 있을 것이다. 그러나 개정 「기본방침」의 존재 자체가 그 실현을 보장하는 것은 아님은 「기본방침」의 경우와 마찬가지이다. 앞에서 보았듯이 「기본방침」이라는 하나의 성과물을 만들어내기까지의 과정은 넓은 의미에서 가와사키의 행정과 시민의 학습과정이었으며, 이를 통해 문제의 본질을 인식하고 구체적인 행동지침과 방법을 어느 정도 습득할 수 있었다. 「기본방침」의 성과에 대해 일반 시민들이 긍정적인 평가를 내릴 수 있는 것은 그러한 과정이 「기본방침」을 내실 있는 것으로 만들었기 때문일 것이다.14) 이런 「기본방침」의 축적 위에서 전개되는 '포스트 국민교육'의 정책과 실천은 외부에서 주어진 이념 또는 이론에만 의거한 '포스트 국민교육'과는 다른 내실을 보여주리라고 생각한다.

---

14) 「기본방침」 제정 및 그에 입각한 교육실천은 그동안 민족차별과 편견을 줄이고 더불어 살아가는 지역사회를 만드는 데 어느 정도 기여했다는 평가를 받고 있다. 예를 들어 재일 코리안 연구회(在日コリアン硏究會)가 행한 가와사키의 국제화와 인권교육에 관한 주민의식 조사에 의하면, "'인권존중교육'에 의해 일본인과 재일 한국·조선인이 더불어 살 수 있는 지역사회가 형성되고 있다"는 항목에 대해 '어느 정도 그렇다'(38.8%)와 '그렇다'(14.3%)를 합한 긍정적인 답변이 전체의 53.1%(재일 한국·조선인 53.4%, 일본인 52.3%)인데 반해 '별로 그렇지 않다'와 '그렇지 않다'를 합한 부정적인 답변은 16.7%(재일 한국·조선인 17.4%, 일본인 16.5%)에 불과했다. 또, "일본인 어린이와 재일 한국·조선인 어린이가 서로의 고민과 괴로움을 이해할 수 있게 되었다"라는 항목에 대해서도 긍정적인 답변이 42.7%(재일 한국·조선인 31.8%, 일본인 44.6%)로 부정적인 답변 19.3%(재일 한국·조선인 23.8%, 일본인 18.5%)의 2배를 넘었다. 在日コリアン硏究会, 『定住外国人多住地域の地域生活と学校教育·社会教育の課題 — 国際化と人権教育をめぐる住民意識調査から』, 1996, 30~31쪽 참조.

■ 참고문헌

뮤옥표, 1993, 「지역개박유동과 지역주민조직 — 日本川崎市 南部 6개 町內會를 중심으로」, ≪지역연구≫ 제2권 제3호, 서울대학교지역종합연구소.

정진성. 1993, 「지역주민생활조직과 외국인문제: 川崎市川崎區 櫻本1丁目과 池上町 町內會調査」, ≪지역연구≫ 제2권 제3호, 서울대학교지역종합연구소.

한영혜. 1998, 「일본의 내셔널 아이덴티티와 전후민주주의의 이중성」, 역사문제연구소(편), ≪역사비평≫ 통권44호, 역사비평사.

淸野正義. 1993, 「人權と市民權の新しい問題領域」, 中野秀一郎・今津孝次郎(編), 『エスニシティの社會學―日本社會の民族的構成』, 世界思想社.

李節子. 1998, 「統計にみる'內なる國際化'」, ヒューライツ大阪, 『問われる多文化共生―教育・地域・法制度の視點から』, 解放出版社.

伊藤長和. 1997, 「在日韓國・朝鮮人の經驗に立つ總合的外國人市民政策」, 驅井洋・渡戶一郎(編), 『自治體の外國人政策』.

大沼保昭・徐用達(編). 1986, 『在日韓國・朝鮮人と人權―日本人と定住外國人との共生を目指して』, 有斐閣.

神奈川縣立川崎高等學校朝鮮問題硏究會OB有志. 1993, 『出會い・このすばらしい財産―川高朝問硏20周年記念誌』.

かながわ在日外國人問題硏究會. 1992, 『多文化・多民族社會の進行と外國人受け入れの現狀―神奈川縣の事例にそくして』.

川崎子どもを見守るオモニの會. 1995, 『光にむかって(20周年記念誌)』.

川崎市外國人敎育檢討委員會. 1998, 『約2年間の活動から 1996年 8月~1998年 7月』.

_____. 1993, 『ともに生きる:川崎市外國人敎育(主として在日韓國・朝鮮人)敎育 Q&A』.

假稱・川崎市外國人市民代表者會議調査硏究委員會. 1996, 『川崎市外國人市民代表者會議調査硏究報告書(答申)』.

川崎市敎育委員會. 1994, 『一人一人の人權を大切にする敎育をめざして(平成5年度人權尊重敎育實踐記錄)』.

_____. 1998, 『ともに生きる社會をめざして ― 外國人兒童生徒の公立學校入學について』(外國人保護者用就學ハンドブック).

川崎市ふれあい館・櫻本こども文化センター. 1993, 『だれもが力いっぱい生きていくために―川崎市ふれあい館事業報告書(1988~1991)』.

川崎市立櫻本小學校. 1990, 『ひとりひとりの人權を大切にする敎育をめざして ― 特に在日韓國・朝鮮人兒童とのふれあいの中で』(硏究紀要).

_____. 1992, 『ひとりひとりの人權を大切にする敎育をめざして―ともに學び,ともに

ふれあう中で，自己表現力を伸ばす』(研究紀要).

岸田由美. 1991, 『川崎市ふれあい館識字學級に見る共生の場創造の可能性-行政
　　保證のあり方を探る』(筑波大學日本語日本文化學類 卒業論文).

驅井洋(編). 1996, ≪定住化する外國人≫(講座 外國人定住問題 第2卷), 明石書店.

月刊社會教育編輯部(編). 1993, 『日本で暮らす外國人の學習權』, 國土社.

笹川孝一. 1993, 「外國籍住民の學習權とアジア太平洋學習權共同體の展望」, 『日
　　本で暮らす外國人の學習權』, 國土社.

佐佐木香代子·吉田新一郎. 1996, 「就學と教育-ニューカマーの外國人兒童·生徒
　　を中心に」, 渡戸一郎(編), ≪自治体政策の展開とNGO≫(講座 外國人定住問
　　題 第4卷), 明石書店.

島田秀雄. 1993, 「識字と日本語ボランティア」, 『日本で暮らす外國人の學習權』,
　　國土社.

杉谷依子. 1993, 「大阪の外國人教育の取組み」, 『日本で暮らす外國人の學習權』,
　　國土社.

在日コリアン研究會. 1996, 『定住外國人多住地域の地域生活と學校教育·社會教
　　育の課題 ─ 國際化と人權教育をめぐる住民意識調査から』.

ヒューライツ大阪(編). 1998, 『問われる多文化共生』, 解放出版社.

福岡安則. 1998, 『在日韓國·朝鮮人-若い世代のアイデンティティ』(9版), 中公新書.

星野修美. 1998, 「川崎市における ‘外國人教育基本方針’の制定と運用上の課題」,
　　『日本で暮らす外國人の學習權』, 國土社.

_____. 1998, 「教育と共生Ⅰ-異文化受容の試み」, ≪神奈川大學心理·研究論集≫
　　第17號.

_____. 1999, 「教育と共生Ⅱ-多文化主義と人權文化」, ≪神奈川大學心理·研究論
　　集≫ 第18號.

裵重度·大沼保昭·徐用達. 1996, 「定住外國人の人權擁護運動と日本人の連帶」, 大
　　沼保昭·徐用達(編), 『在日韓國·朝鮮人と人權-日本人と定住外國人との共生を
　　目指して』, 有斐閣.

渡戸一郎. 1996, 「外國人定住化と自治体/NGOの課題」, 渡戸一郎(編), 『自治体政
　　策の展開とNGO』(講座外國人定住問題 第4卷), 明石書店.

가와사키 시 재일 외국인 교육 기본방침

주로 재일 한국·조선인에 내해

차별을 없애고 인권존중 정신을 관철하는 것은 인간이 인간으로서 살아가기 위해 불가결한 일인 동시에 민주주의 사회를 떠받치는 기본원리이다. 일본국헌법은 기본적 인권을 보장하고 있으며, 교육기본법은 기본적 인권의 확립이 근본적으로 교육의 힘으로 이루어져야 함을 역설하고 있다. 또한 우리나라는 1979년에 내외인의 평등과 외국인의 교육권 및 시민생활에서 일어나는 모든 실질적 차별 배제를 명확히 주장하는 국제인권규약을 비준했다.

본 시에 재주하는 외국인은 약 1만 명이나, 그중 86%가 한국·조선인으로, 전국적으로 보아도 본 시는 한국·조선인이 많이 사는 도시이다(1984년 10월 현재). 그 거주지역을 보면, 시 전체에 산재하고 있지만 약 50%가 가와사키 구에 살고 있으며 특히 다지마 지구에 집중되어 있다.

이렇게 본 시에 한국·조선인이 많이 살게 된 것은 그들이 게이힌 공업지대의 중핵도시인 본 시에 일본의 식민지 지배에 의해 공장노동자 등으로 연행되어온 결과이다. 이들 중 많은 사람들이 지금도 일상생활에서 심가한 민족차별을 받고 있으며, 그 때문에 학교나 지역사회에서 일본 이름을 사용하는 등 민족으로서의 자신의 존재를 밝히지 못하는 경우도 있다.

한국·조선인에 대한 차별이나 편견은 본 시뿐만 아니라 널리 국민 각
층에 뿌리깊게 존재하고 있으며, 많은 한국·조선인은 교육, 취업, 복지 등
여러 생활 면에서 심한 민족차별을 받아왔다. 이런 차별과 편견이 역사적
산물이라는 것은 반드시 짚고 넘어가야 할 점이다. 즉 1901년 한국 병합
에 따라 일본이 조선을 식민지로 삼은 이래, 한편에서는 오랜 식민지 지
배의 합리화로 연결되는 민족우월의식을 교육을 통해 국민에게 침투시키
고, 다른 한편으로는 조선민족 고유의 문화나 언어를 부정적으로 취급하
여 창씨개명제도 등을 통해 일본 동화정책을 추진한 결과 생긴 것이다.

가와사키 시 교육위원회는 이런 사실이 갖는 의미를 진지하게 받아들
여 교육의 과제로 삼고, 본 시의 공교육을 추진하는 데 있어서는 시민 한
사람 한 사람의 차별을 해소하기 위해 부단한 노력하지 않으면 안 된다.
또, 시내에 거주하는 외국인에 대해 교육을 받을 권리를 인정하고, 이 사
람들이 민족적 자각과 긍지를 갖고 자기를 확립하여 시민으로서 일본인
과 연대하고 상호의 입장을 존중하면서 함께 살아가는 지역사회의 창조
를 목표로 활동하는 것을 보장해야 한다. 이것은 또한, 일본인의 인권의식
과 국제감각을 높이는 것이 된다. 그리고 이런 환경을 정비하는 것은 인
간도시의 창조를 지향하는 본 시 교육행정의 실무이기도 하다.

가와사키 시 교육위원회는 이상과 같은 인식에 입각해서 주체적으로
책임 있게 다음에 제시하는 기본사항에 따라 인권존중과 국제이해를 추
구하는 재일 외국인 교육을 적극적으로 추진한다.

1. 교육행정 및 교육관계자의 임무

1) 본 시에 재주하는 외국인(유아·어린이·학생)의 실태파악을 위해 노력한다.
2) 재일 외국인이 민족적 자각과 긍지를 키우고 생활문화를 향상하기 위해 하
   는 자주적 활동을 지원·협력한다.
3) 연수회나 연구회 등을 통해 재일 외국인에 대한 올바른 교육관을 확립하고

지도력을 향상할 수 있도록 한다.

4) 재일 외국인 교육의 충실화를 위해 추진체제를 정비하고, 각종 자료를 작성 한다.

2. 어린이·학생에 대해

1) 일본인 어린이·학생에 대해서는 민족차별이나 편견을 알아볼 수 있는 감성 과 그것을 비판하고 배제할 수 있는 힘을 키운다.

2) 재일 외국인 어린이·학생에 대해서는 그 민족의 역사·문화·사회적 입장을 올바르게 인식하도록 격려하고 도우며, 스스로 본명을 사용하고 차별이나 편견에 굴하지 않을 힘을 획득하도록 인도한다.

3) 재일 외국인 어린이·학생에 대해서는 스스로 자유롭게 진로를 선택하여 꿋 꿋하게 살아나갈 수 있도록 진로지도에 충실을 기한다.

4) 모든 어린이·학생에 대해, 일본과 외국, 특히 한국·조선의 바른 역사와 문 화를 올바르게 이해시킴으로써, 국제이해, 국제협조 정신을 길러줌과 동시 에 함께 살아가는 태도를 키운다.

3. 모든 시민에 대해

1) 재일 외국인에 대한 차별이나 편견을 없애기 위한 계발운동을 추진한다.

2) 재일 외국인 문제에 대한 이해를 심화시키는 학습활동을 시민들을 상대로 추진한다.

3) 일본인과 재일 외국인이 함께 손을 잡고 지역사회 창조를 추구하는 활동을 추진한다.

부기: 구체적인 과제에 대해서는 계획적으로 추진한다.

제7장

가나자와의 지역사회

지역통합의 성격과 새로운 사회관계 형성의 가능성

1. 서론

이 장에서는 일본 이시카와 현(石川縣) 가나자와 시(金澤市)의 지역사회를 지역사회구조 및 시민운동과 지역사회의 관계에 초점을 맞추어 고찰했다. 동해에 면해 있는 이시카와 현의 현청 소재지 가나자와는 에도(江戶)시대에 확립된 도시형태가 거의 그대로 남아있고, 전통산업과 문화가 잘 보존되어 있어, 일본의 대표적인 역사와 문화적 전통도시로 꼽힌다.[1] 또한, 풍요로운 자연이 있고 본래 도시구조가 이런 자연을 잘 이용하여 조화를 생각하며 만들어졌기 때문에, 오늘날 '전통'과 '자연'이 근대적인

---

1) 가나자와는 에도시대 최대의 번(藩)이었던 카가(加賀)의 지배자 마에다 도시이에(前田利家)가 1583년에 입성하여 지역명을 가나자와로 개칭하고 조카마치(城下町)의 도시 형성에 힘써 17세기 후반에 그 원형이 갖추어졌다. 오늘날 경제·학술·문화 등의 면에서 후쿠이(福井), 도야마(富山), 니이가타(新潟), 이시카와의 4개 현을 포함하는 호쿠리쿠 지방의 중심지로, 1997년 4월 현재 면적은 467.77㎢로 일본에서 13위, 인구는 45만 3,975명으로 29위에 해당하며, 1996년에 중핵시로 지정되었다. 중핵도시의 요건으로는 면적 100㎢에 인구 30만 이상, 인구 50만 명 미만인 도시는 주야간 인구비가 100을 넘을 것 등이다. 현재 일본에는 총669개 도시 중 12개 도시가 정령지정도시로, 17개 시가 중핵도시로 지정되어 있다.

도시 속에 연결되어 보존되고 있다는 점에서 높은 평가를 받고 있다.

가나자와는 전재와 진재(震災)를 거의 입지 않았고, 일본의 고도성장기에도 급속한 산업화를 겪지 않았다. 따라서 사회구조도 급격한 변화 없이 비교적 안정된 상태를 유지해왔으며 인접 정·촌들의 합병을 통해 시역이 외곽으로 확대되는 가운데서도 전통적인 지역사회구조를 대체로 유지해왔다.

이렇게 안정된 지역사회구조 때문에 가나자와 시민들은 보수적이고 권위주의적인 성향을 가지고 있다고 평가된다.[2] 그러나 급속한 산업화와 그로 인한 심대한 사회변동을 겪지는 않았다 하더라도, 가나자와가 변화의 필요성에 직면해 있지 않다고는 할 수 없다. 실제로 역사적 전통, 문화유산, 풍요로운 자연 등 가나자와의 장점을 유지하면서도 시민의 생활상의 욕구들을 충족시키고 생활의 편의와 높은 삶의 질을 확보할 수 있는 새로운 발전에 대한 요구가 존재하고 있으며, 생활과 의식의 변화에 따라 전통적인 지역에서의 주민활동과는 다른 다양한 시민활동과 시민운동들이 이루어지고 있다.

그렇다면 가나자와에서 전통적인 지역사회구조 또는 지역지배구조가 온존되고 있다는 것은 무엇을 의미하며, 사회적 통합단위로서의 지역사회는 어떤 형태로 존재하고 기능하고 있는가? 새로운 사회운동으로서의 시민운동은 전통적인 지역사회의 통합기제 혹은 지배구조에 어떤 영향을 끼치고 있는가? 시민운동의 발전에 따라 지역에서 새로운 형태의 연대가 모색되고 있지는 않은가? 이런 문제의식에 기초해서 필자는 1997년 8월 4일부터 21일까지의 현지조사를 통해 가나자와의 지역사회구조를 살펴보고, 시민운동이 지역사회구조에 가져올 변화의 가능성에 대해 고찰해보고자 하였다.

가나자와는 필자가 1993년 이래 연구해온 가와사키 시와는 상당히 대

---

2) 八木正, 「'保守王國'金澤の社會機構と變革への摸索」, 八木正(編), 『金澤學3 講座 金澤學事始め』, 前田印刷出版部, 1991, 3~30쪽.

조적인 지역특성을 보여준다. 가와사키는 산업화의 흐름을 따라 공업도시로서 성장해온 수도권의 대도시로, 전후 노동운동 및 주민운동이 활발히 전개되어 이를 기반으로 1971년에 혁신자치체가 성립된 곳이다. 이러한 정치적 기반 위에 전통적인 지역조직과는 다른 새로운 시민운동 조직들이 지역사회에서 활동하며 전통적인 주민조직에 의한 지역통합과는 다른 새로운 연대의 형성을 추구하고 있다. 현지조사를 해나가는 과정에서 필자는 자연히 가나자와와 가와사키의 차이점에 주목하게 되었다. 따라서 이 글에서는 필요한 부분에서 가와사키와의 차이점을 기술함으로써 가나자와의 지역사회의 성격을 좀더 명확히 드러내고자 했다.

2. 고카: 지역통합의 단위

가나자와에서 지역을 구분하는 가장 일반적인 단위로 통용되는 것은 '고카(校下)'이며, 고카는 주민들이 귀속감·연대감을 갖는 사회적 통합의 단위이다. 고카는 소학교의 통학구역을 나타내는 교육행정상의 단위로, 보통은 '고쿠(校區)' 또는 '각쿠(學區)'라 불리는데 가나자와에서는 인접한 정·촌들의 제1차 합병이 이루어져 소학교의 통학구역이 16개가 된 1925년경부터 고카라는 용어를 쓰게 되었다.[3] 교육행정상의 구역을 말하는 고카·각쿠·고쿠는 '지구(地區)'라고 하는 구역과 대체로 일치하나, 가나자와에서는 지구보다 고카라는 용어가 일반적으로 사용되고 있다.

1997년 현재 가나자와에는 62개의 고카가 있는데 6,102세대를 포괄하는 곳부터 불과 79세대를 포괄하는 곳에 이르기까지 그 규모가 다양하다. 각 고카는 고유한 명칭을 갖고 있는데, 행정단위가 아니기 때문에 그 명칭은 법적 근거가 없는 지연적 애칭일 뿐, 주소지로 표시되는 것은 아니

---

3) 일본에서 고카라는 용어를 사용하고 있는 지방은 이시카와, 도야마, 후쿠이 등 호쿠리쿠 지방의 3개 현과 도치키 현뿐이라고 한다.

다. 고카에 이름이 붙여지기 시작한 것은 고카라는 용어가 처음 사용된 1925년으로, 그 이후 점차 고카의 이름이 애용되었으며 전후 고카의 증설과 통합을 거치면서도 지역을 고카 명으로 부르는 습관은 이어졌다.

일본에서 지역통합의 구심점 역할을 하는 것은 보통 조카이(町會)[4]이다. 조카이는 방범·방재활동, 환경미화·위생활동 등 주민생활과 관련된 조나이(町內)의 공동사업을 포괄적으로 행하고 지역주민들의 화합과 친목 도모를 위한 사업을 실시함으로써 지역통합을 유지하는 기능을 한다.[5] 가나자와에는 1997년 현재 단위 조카이가 1,329개 조직되어 있으며, 주민들의 조카이 가입률이 90%를 넘는다. 그러나 라이프스타일과 의식이 변화함에 따라 오늘날 주민들은 조카이의 활동에 적극적으로 참여하지는 않는다. 특히 젊은 층의 참여는 더욱 적어서 '조카이=노인회'라는 우스갯소리가 있을 정도이며, 조카이의 회장은 맡으려는 사람이 없어 윤번제로 맡는 경우가 많다고 한다. 다만 조카이에 가입하는 것이 지역사회에서 그 일원으로서 자연스럽게 일상적인 생활을 영위하는 길이므로 거의 자동적으로 가입하게 되며 지역의 생활환경 유지·개선과 화합에 조카이가 필요

---

4) 조카이는 조나이카이, 자치회 등으로 불리기도 하고, 농촌 지역에서는 구회(區會), 부락회(部落會)라 불리기도 하는 지역주민 생활조직의 일반적인 명칭이다. 이 조직은 각 시·정·촌 내의 일정한 지역을 단위로 하고, 그 지구에 속해 있는 세대(사업소 포함)를 구성원으로 하여 지구 내의 공동사업을 포괄적으로 행함으로써 그 지역을 대표하는 주민생활조직이다. 전전에는 군국주의의 하부기관 역할을 했고 오늘날에 이르러서는 행정보조기능을 하기 때문에 부정적인 평가를 받기도 하지만, 지역주민의 자치조직으로 공동생활 유지에 필요불가결한 존재로 간주되기도 한다.

5) 단위 조카이는 대개 다음과 같은 활동을 한다: ① 조나이 주민의 친목도모 - 신년회, 망년회, 봉오도리(盆踊り), 바베큐대회, 버스여행 등. ② 자위적인 활동 - 조나이의 가로등·방범등의 유지·관리, 조카이에 따라 야경을 하기도 함. ③ 환경위생·미화활동 - 조나이의 청소, 풀뽑기, 꽃심기, 식수, 빈 병이나 깡통 회수 등. ④ 사회교육 활동 및 전통문화의 유지를 위한 활동 - 어린이회나 운동회, 소프트볼대회, 수영대회, 경로회, 춘추제례, 물고 자냅요, 떡치기대회, 차회, 구회등. ⑤ 행정 및 각종 단체들의 연락사항 전달 및 이 단체들에 대한 협력활동 - 시·현, 경찰서, 소방서, 보건소, 공민관, 사회복지협의회 등에서 지역주민에게 알리는 사항은 조나이카이를 통해 각 호에 전달됨. 각종 모금 활동. ⑥ 주민의 요망사항이나 불만을 행정에 전하고 문제 해결이나 개선을 촉구하는 활동 - 행정에 대한 진정이 많은 부분은 도로·교통 관계, 쓰레기, 건축 관계 등.

하다는 인식도 대체로 공유되고 있다.[6]

가나자와의 경우 주민들이 연대감·귀속감을 갖는 사회통합단위는 단위 조나이라기보다는 고카이다. 고카가 주민들이 연대감·귀속감을 갖는 사회적 통합단위로 기능하게 된 연원을 메이지 시대에 가나자와의 행정단위로서 도입된 바 있는 '렌쿠(連區)'에서 찾는 설도 있다. 렌쿠는 소학교 통학구와 겹쳐져 있었기 때문에 그것이 폐지된 후에도 고카가 지역의 통합단위로서 존속하게 되었다는 것이다. 그러나 단순히 하나의 행정단위라는 점에서 고카의 사회적 통합단위로서의 기능이 자동적으로 배태되는 것은 아니다. 가나자와의 고카는 단순한 소학교 통학구역에 그치는 것이 아니라 소학교 통학구역을 기반으로 주요 지역시설들을 공동재산으로 소유하고 이 공동재산 및 관련조직들을 자주적으로 운영하는 기초단위이다. 또, 지역의 다양한 기능조직들은 고카 단위로 조직되어 있고 이들 사이에 중층적인 연계망이 형성되어 있다. 고카의 사회적 통합단위로서의 기능은 이러한 물적·조직적 기반에 의해 뒷받침되는 것이라고 본다.

3. 고카 통합의 기반: 지역시설과 지역조직들의 연계망

1) 공유재산으로서의 지역시설: '가나자와 방식'과 자주운영 전통

오늘날 고카의 공동재산인 지역시설에는 공민관, 선린관(善隣館), 소방분단, 아동관 등을 꼽을 수 있다. 이 지역시설들은 '가나자와 방식'이라는 독특한 방식으로 운영되고 있다. '가나자와 방식'이란 한 마디로 지역주

---

6) 주민은 조카이에 가입함으로써 비로소 조나이의 성원으로서 인정되어 조나이와 관련된 여러 행사나 공지사항 등에 대한 안내도 받을 수 있게 되고 행사에 참여할 수 있는 자격도 주어진다. 본 연구자가 인터뷰한 H공민관 관장은 "조카이에 가입하지 않은 사람은 없는 것으로 간주한다"고 하였다.

민의 '비용부담, 자주운영'의 원칙을 말한다. 즉 공공성이 높은 지역시설을 행정이 직접 운영하는 대신 지역에 위탁하여 운영토록 하고, 건설·운영비의 일정 비율을 지역이 자주적으로 부담하며, 그 운영에 많은 볼런티어들이 참여하는 방식이다. 가나자와에서는 공민관을 비롯한 지역시설들의 건설비 및 운영비의 75%를 시가, 25%를 지역이 부담하도록 규정되어 있다. 그러나 실질적인 부담금은 지역에 따라 달라, 시의 부담금 비율이 50% 정도에 불과한 경우도 있다. 지역 부담금 모금은 조카이가 맡으며, 조카이 회비 안에 부담금을 미리 산정해놓던가 아니면 별도로 부담금을 모금하게 된다. 고카 내의 각 세대가 부담하게 되는 금액은 고카의 규모에 따라 많이 달라진다. 거주 세대수가 적은 고카는 세대수가 많은 고카에 비해 각 세대가 많은 돈을 내야 하며 그 부담이 상당히 큰 경우도 있다. 특히 건설이나 개축, 수리 등의 경우에는 목돈이 필요하기 때문에 기부금을 받기도 한다. 또, 건축물 이외의 비품 등에 대해서는 시가 지원을 하지 않으므로 지역주민 중 관련 업체 경영자나 경제적인 여유가 있는 사람에게서 기부를 받는 경우가 많다. 이렇게 일부이지만 적지 않은 비용을 지역이 부담하므로 그 시설들이 지역의 공유재산이라는 의식이 강하다. 지역의 자영업자 또는 유지들의 기부가 공민관 운영에 상당히 중요한 역할을 하기 때문에 이들은 영향력도 크고 이곳이 자신들의 '영토'라는 의식이 강할 수밖에 없다.

'가나자와 방식'에 따라 시설의 건설비용 일부를 지역이 부담할 뿐 아니라, 그 유지·관리 및 임직원 선임 등의 운영도 지역에 맡겨진다. 따라서 건설비용 외에도 운영비용을 지역이 부담하고 임직원은 지역주민들 가운데서 선임되며, 임직원을 포함한 볼런티어들이 많은 역할을 수행하고 있다. 예를 들어 공민관, 선린관, 아동관 등의 관장은 무보수의 비상근 명예직으로 지역에서 추천하며 보수를 받는 사무직원은 2, 3명 정도에 불과하다. 이 같은 운영방식은 가나자와의 주민자치 전통에 기초한 것으로 보인다. 가나자와에는 고카의 지역유지들이 중심이 되어 지역시설을 설립·운영해온 전통이 있다.

오늘날 소학교 가나자와 방식으로 운영되는 지역시설이 아니지만, 메이지 5년(1872) 학제(學制) 시행에 따라 설립된 소학교들은 지역 부담으로 세워진 것이나 다름없었다.[7] 예를 들어 가나자와 시의 도심부에 속하는 마츠가에(松ヶ枝) 고카의 경우, 학제가 시행되기 전인 1870년(메이지 3년)에 조닌(町人)들이 돈을 갹출해서 학교를 세웠으며, 이것이 뒤에 마츠가에 죠(松ヶ枝町) 소학교로 개편되었다. 학제 시행 후 국가의 재정난으로 많은 학교들이 폐교되기에 이른 상황에서도 이 학교는 고카의 유지들이 힘을 합해 학교의 재정을 뒷받침함으로써 존속시킬 수 있었고 이후 소학교는 지역통합의 중요한 핵 역할을 하였다. 주민의 이동률이 낮았기 때문에 졸업생들의 모교에 대한 애착과 동창관계는 고카의 연대감과 귀속감 형성의 중요한 기반이 될 수 있었다.

오늘날의 공민관의 원형이라 할 수 있는 선린관도 전전에 고카 주민과 단체들이 협력하여 건설·운영한 지역시설이다. 노마치(野町) 방면위원부[8] 상무위원이었던 안도 겐지(安藤謙治)에 의해 1934년(쇼와 9년)에 설립된 선린관은 '방면위원과 지역 제 단체의 사무 및 연구, 자주적인 민간 사회사업 경영, 요원호자 및 주민의 정신적 교화나 교양습득' 등을 위한 지역의 거점시설로서 구상되었다.[9] 선린관은 초창기인 1934~1936년에

---

7) 근대적인 학교 제도의 기본을 정한 법령으로, 이를 시행함에 따라 대·중·소학구의 피라미드형 학구제가 실시되고 근대적인 학교들이 설립되기 시작하여, 1875년에는 2만여 개의 소학교가 설립되었다. 이 때 소학교들의 대다수는 새로 설립된 것이 아니라 에도시대 서민의 교육기관이었던 테라코야(寺子屋)가 재편된 것이었다.

8) 오사카 부의 방면위원제도(1918년 창설)를 본떠서, 1922년에 "요구호자의 생활상태를 조사하는 사회조사기관"으로서 설립된 제도이다. 처음에는 명칭을 사회개량위원이라 했다가 1928년에 방면위원으로 개칭했다. 방면위원은 행정적 의무는 지지 않는 일종의 독지가이자 지역의 명망가였다.

9) 제1선린관은 노마치 소학교의 구교사를 무상으로 빌려 설립했다. 당시의 《方面時報》 기사에 의하면, 제1선린관에서는 탁아소, 수산소, 상담사업 등의 사회사업과 도서실, 불교강, 강연연습회 등의 정신적 교화(사회교육)사업을 실시할 계획이었고, 지역주민의 그룹별 조직화와 일반 주민의 참여도 도모할 예정이었음을 알 수 있다. 阿部志郎(編), 『小

3개 고카에 설립되었고, 전시체제하에 있던 1937~1944년에는 전시
사회사업의 확대와 더불어 13개 고카에 증설되었는데, 선린관을 건설할
때는 지역 독지가의 기부를 받았고 각 지역단체 대표들도 그에 참여했으
며 개축 때는 대개 고카 주민 전체의 기부를 받았다. 운영비도 고카 후원
회에서 기부했는데 거의 모든 선린관이 경상비를 보조하는 고카 후원회
를 갖고 있었으리라고 생각되며 지역주민들이 선린관의 여러 사업에 볼
런티어로 참가하기도 했다.

소방분단도 지역에서 자주적으로 운영해온 지역의 공유재산이다. 가옥
들이 주로 목조건물인 데다가 좁은 길을 사이에 두고 밀집해 있어 화재가
발생할 경우 지역에서 신속하게 대처할 필요가 있었기 때문에, 가나자와
에서는 에도시대 이래 소방단을 지역의 자치조직으로 운영해온 역사가
있다. 메이지 시대 들어서 폐번치현(廢藩置縣)10) 후에는 조민(町民)들이 자
금을 모아 자위소방단을 설치·운영해왔으며, 이것이 오늘날의 고카 소방
분단으로 이어지고 있는 것이다.

오늘날 가나자와 식 지역시설 운영방식은 이상과 같은 전통을 이어받
은 것이라고 하는데, 고카 내의 지역시설의 건설·관리·운영 및 비용부담
은 그 자체가 주민들의 고카 귀속감을 높이는 데 기여할 뿐 아니라, 주민
들 사이의 커뮤니케이션과 교류를 증진시키는 계기가 되기 때문에 지역
의 연대의식을 재생산하고 강화시키며 고카를 하나의 통합단위로서 묶는
데 기여했다.

地域福祉活動の原點-金澤-善隣館活動の過去·現在·未來』, 全國社會福祉協議會, 1993,
46쪽.
10) 메이지 4년(1871), 전국의 번을 폐하고 부·현(府·縣)으로 통일하여, 중앙집권적 권력
  의 성립에 획을 그은 정치변혁.

2) 고카 조직들의 연계망: 조카이 연합회·공민관·사회복지협의회 의 연계를 중심으로

고카에는 조카이연합회,[11] 공민관, 사회복지협의회, 민생위원·아동위원 협의회, 노인회, 부인회, 어머니클럽, 육우회(育友會=어린이회)[12], 신체장 애인회, 유족회, 방범위원회, 소년연맹, 청년단, PTA, 소방단, 모자복지회 등 성·연령·지역을 축으로 조직된 다양한 단체들이 존재하며, 이들을 중 심으로 한 여러 가지 활동들을 통해 지역주민들 사이의 교류와 호혜(互惠) 적인 사회관계가 성립된다.

특히 고카 조카이연합회, 공민관, 사회복지협의회, 이 세 조직의 연계는 고카의 사회적 통합의 구심점이 되고 있다. 조카이가 지역 공동사업의 포 괄적인 수행과 주민의 친목·통합을 주된 기능으로 하는 지연(地緣)에 기 초한 주민조직인 데 비해, 공민관은 1947년에 제정된 「사회교육법」에 의 거한 사회교육시설이며, '사회복지협의회(이하 사협으로 약칭)'는 1951년에 제정된 「사회복지사업법」에 의거하여 지역단위에서 사회복지사업을 담당 할 주체로 설립된 민간단체이다. 이렇게 본래 서로 다른 성격의 조직이지 만 가나자와의 고카에서 이들은 형식상 기능적으로 분화되어 있을 뿐 실 질적인 연합체를 이루고 있다. 고카는 이 연합체를 중심으로 제 지역조직 들이 통합되어 있는 하나의 소우주와 같은 세계이다. 우선 조카이 회장이 공민관 관장이나 사회복지협의회 회장을 겸임하는 등 한 사람이 두 조직 이상의 단체장을 겸하거나 사무직원 한 사람이 세 조직의 사무 담당을 겸 하는 경우도 많다는 사실이 이를 단적으로 보여준다. 현재 62개의 고카에

---

11) 가나자와에서 고카 조카이 연합회의 원형이 확립된 것은 전시체제하에서 정부가 국 민의 통제 및 정신적 단결을 목적으로 조나이카이 및 그 하부조직인 도나리구미를 정 비하기 시작한 1940년경이었다. 이때, 조나이카이의 상부조직으로 소학교 구역마다 조 카이 연합회를 둘 것이 규정되었고, 이때부터 시의 각종 통계에 고카단위의 집계가 게 재되기 시작하여, 고카라는 용어가 공적인 승인을 받을 정도로 일반화되었다.
12) 가나자와에서는 일반적으로 '어린이회'를 '육우회'라고 한다.

지구 공민관이 60개, 지구 사회복지협의회가 54개 조직되어 있어 조직 수
가 반드시 일치하는 것은 아니지만, 이는 소학교구의 통합과 증설 등에
기인하는 현상일 뿐이다.

이 같은 조카이연합회, 공민관, 사회복지연합회의 연계구조는 이들이
종합적인 지역활동의 거점이 되는 지역시설의 운영에 직접적으로 관여하
는 조직이라는 점에 기초한다. 그리고 이것은 오늘날의 지역시설이 전전
선린관의 전통을 잇고 있음을 시사한다. 앞에서 살펴보았듯이 선린관은
'방면위원과 지역 제 단체의 사무 및 연구, 자주적인 민간 사회사업 경영,
요원호자 및 주민의 정신적 교화나 교양습득' 등을 위한 지역의 거점시설
로서 구상된 것으로, 요컨대 지역 제 단체들의 횡적 연결, 사회복지, 사회
교육 등의 기능을 포괄하는 시설이었다. 조카이연합회, 공민관, 사회복지
협의회는 과거에 선린관이 담당했던 포괄적인 기능을 나누어 맡는 셈이
다. 교화(사회교육)와 복지는 주민들의 사회적 통합에 기여하는 공민관과
사회복지협의회의 양대 기능이고, 조카이연합회는 주민조직으로서 고카
내의 주민들과 지역조직들을 포괄하는 조직이기 때문이다.

이들의 연계구조에서 조카이연합회는 고카의 공동재산인 지역시설을
유지하고 공민관 및 사회복지협의회의 기능에 필요한 주민들의 참여 혹
은 협조를 제공해주는 역할을 하며, 공민관과 사회복지협의회는 지역주민
들에게 활동의 장이나 서비스를 제공함으로써 조카이연합회가 지역 제
단체들 또는 주민들을 아우르고 통합성을 유지하는 기능을 할 수 있도록
뒷받침하는 관계에 있다.13)

고카에 조카이연합회를 두게 된 것은 1940년 무렵이다.14) 패전 후

---

13) 고카 조카이연합회의 주된 활동은 다음과 같다: ① 단위 조카이의 연락·조정, 친목도
모, ② 단위 조카이만으로는 치르기 어려운 문화제, 체육대회, 기념행사 등의 행사를
공민관 등과 협력해서 개최, ③ 교통안전이나 미화운동 추진, ④ 유지·운영비를 각출해
서 공민관과 소방분단 운영담당.
14) 이때부터 시의 각종 통계에 고카 단위의 집계가 게재되기 시작하여 고카라는 용어가
공적인 승인을 얻을 정도로 일반화되었다.

GHQ에 의해 조나이카이가 금지되자 연합회도 해산되었는데, 점령종료 후 다시 조카이가 조직됨에 따라 고카 조카이연합회도 재건되었다. 조카이연합회가 고카 단위에 조직된 것은 단위 조카이의 횡적 연락기구로서뿐 아니라, 앞에서 든 여러 지역조직들이 고카 단위로 조직되고 있어 이들의 운영과 관련해 고카 조카이연합회가 필요했기 때문이다. 조카이연합회는 학교와 복지단체, 신사 등으로부터 기부나 모금 요청을 받으며, 지구(고카)공민관, 사회복지협의회, PTA 등의 유지·운영비도 일부 부담하고 있다. 각 조카이의 회비에 처음부터 공민관·사회복지협의회 등의 보조금분을 일정액 지정하는 경우가 많은데, 조카이에서 이들 조직에 들어오는 보조금은 고카에 따라 다르다.

고카 조카이연합회 회장, 공민관장, 사회복지협의회 회장은 대개 그 지역의 명망가이자 경제적인 여유가 있는 자영업자가 맡게 되며, 임기와 무관하게 오랫동안 맡는 경우가 많다. 그것은 대체로 두 가지 이유 때문으로 생각된다. 하나는, 공동재산의 유지·운영이라는 기능은 분명한 책임을 필요로 하는 동시에 조직 리더들의 힘을 필요로 한다는 점이고, 또 하나는 전통적으로 지역에서 지배력이 있는 명망가들이 주민들의 생활을 보살피고 도움을 주는 역할을 맡아왔다는 점이다.

오늘날 지역의 복지와 관련된 업무를 맡는 일선 기관으로 민생위원·아동위원이라는 제도[15]가 있는데, 민생위원이란 담당구역에서 주민들의 생활상태를 조사하여 보호를 필요로 하는 사람에게는 적절한 보호조치를 하고 사회복지시설의 기능을 돕는 행정의 보조기관으로서, 전전의 사회개량위원 또는 방면위원이 변화된 형태이다. 그러나 '제도 볼런티어'라고도 하는 민생위원은 봉사의 성격을 띠면서도 소액이나마 보수를 받는데 반해, 전전의 방면위원은 완전히 독지가 성격을 지니고 있었다. 방면위원은

---

15) 가나자와에는 현재 856명(이중 주임 아동위원은 64명)의 민생위원이 200세대 단위로 배치되어 있고, 대개 소학교 통학구역을 1단위로 해서 54개 지구 민생위원·아동위원 협의회가 조직되어 있다.

주로 지역사정을 잘 알고 지역에서 영향력이 있는 유지들이 맡았는데, 현
행 민생위원의 구성은 상당 부분 변화되었지만 아직 그 전통이 어느 정도
는 이어져 내려오고 있다. 민생위원은 조카이에서 추천하여 위촉되기 때
문에 전통적인 지역조직과의 관계가 밀접하며, 고카 조카이연합회의 회장
이나 공민관장, 사협 회장 등은 민생위원 가운데서 나오는 경우가 많다.

4. 공민관과 지역사회

이상에서 고카가 지역통합의 단위로서 기능하게 되는 물적·조직적 기
반을 지역의 공유시설과 제반 지역조직들, 특히 조카이연합회·공민관·사
회복지협의회의 연계구조를 중심으로 살펴보았다. 그런데 여러 지역시설
들 중에서도 공민관은 지역통합의 거점시설로서, 가나자와의 지역사회구
조를 잘 보여주고 있다고 생각된다. 일본의 공민관은 「사회교육법」에 의
거하는 공립 또는 법인립의 사회교육시설로, 제2차세계대전 후 생활불안
에 시달리는 국민들에게 심리적 위안과 생활의 향상을 도모할 수 있는 장
을 제공하고 신헌법(일본국헌법)을 홍보하며, 평화·민주주의 사상을 보급
할 목적으로 시·정·촌 각지에 설치되었다.[16] 오늘날 공민관은 지역 내 사
회교육행정의 거점이자 일정 구역 내 주민들을 위한 종합적인 학습·문화
시설로서 대개의 시·정·촌에 하나 이상 설치되어 있으며, 공민관은 지자
체에 따라 '공설공영(公設公營)', '공설민영(公設民營)', 혹은 양자가 공존
하는 형태 등 다양하다.

가나자와에는 현재 1개의 중앙 공민관[17]과 60개의 지구 공민관이 있으

---

16) 1946년 문부 차관 통첩 「공민관의 설치운영에 대해」에 의거하여 탄생하였으며, 1949
년 「사회교육법」이 제정됨에 따라 법률에 근거를 두게 되었다.

17) 1948년에 개설된 혼다마치(本多町) 관과 1985년에 개설된 니시쵸(西町) 관으로 구성
되어 있다.

며, 지구 공민관은 고카 단위로 설치되어 있다.[18] 1947년에 최초로 지구 공민관 3관이 설치된 이래, 대개 소학교 통학구역을 기준으로 각 지구에 공민관이 설치되어, 오늘날과 같은 고카 단위의 공민관 체제가 형성되었다. 가나자와의 공민관들 가운데 중앙 공민관만이 '공설공영', 즉 행정이 직접 운영하고, 지구 공민관은 앞에서 보았듯이 '가나자와 방식'으로 운영된다.

가나자와의 지구 공민관은 수가 많다는 점과 공민관에 여러 지역시설들이 병설되어 있다는 점을 중요한 특징으로 꼽을 수 있다. 인구 117만의 가와사키에 시민관(가와사키는 공민관 대신 시민관이라는 명칭 사용)이 행정구마다 1관씩 있고 분관을 합쳐도 10개에 불과한 것을 생각해보면, 인구 40만 도시에 60개의 지구 공민관이 있다는 것은 놀랄만한 일이다. 가와사키의 시민관은 일종의 광역 공민관이며, 그 외에 중학교구단위로 공민관을 설치하는 구상이 있기는 하지만, 일본의 다른 지역에서도 공민관은 중학교구를 단위로 설치되는 경우가 많은 것을 생각하면 역시 가나자와는 공민관 수가 두드러지게 많다고 할 수 있다. 이렇게 많은 수의 공민관을 유지할 수 있는 것은 무엇보다도 '가나자와 방식'이라는 독특한 운영방식 때문일 것이다. 행정의 재정적 지원을 얼마간 받기는 하지만 지역에서 운영을 맡고 있기 때문에 많은 수의 공민관이 유지될 수 있는 것이다. 또한, 각 고카에서 지역의 거점시설로서 공민관의 존재를 중시하는 것도 많은 수의 지구 공민관이 유지될 수 있는 배경이라 하겠다. 시에서는 전 시역을 7개 블록으로 나누어 지구 공민관을 7개의 광역 공민관으로 통합하려는 구상도 있으나 지구 공민관의 반대로 아직 실현되지 못하고 있다.

한편, 가나자와의 지구 공민관에는 여러 지역시설들이 병설되어 있다. 지구 공민관에는 지자체가 책임지고 수행하는 복지·사회교육 등에 관한

---

18) 중앙 공민관과 지구 공민관들이 함께 가나자와 시 공민관연합회를 조직하고 있다 (1950년 발족). 현재는 시 전체를 7블럭으로 나누어 지구연락협의회를 설치하고 임직원의 합동연수나 근린관 상호의 사업교류 등 광역 공민관 활동을 추진하고 있다.

사업의 상당 부분이 집중되어 있다. 필자가 만난 한 공민관장이 "행정은 무엇이든 덧붙이는 것을 좋아한다"고 진지한 얼굴로 말했을 정도이다. 공민관에 병설된 주요 시설들로는 아동관, 고령자 데이서비스[19] 등이 있으며, 시의 출장소가 설치되어 있는 경우도 있다. 물론 아동관이나 고령자 데이서비스 같은 시설이 공민관에 포함되는 것은 아니고 같은 건물 안에서도 공민관 구역과 아동관 또는 고령자 데이서비스의 관할구역이 달라, 심지어는 하나의 넓은 홀(체육관이나 대집회장으로 쓰일 수 있는)이 절반은 공민관 소유, 절반은 아동관 소유인 경우도 있다.

아동관은 「아동복지법」 제40조에 의거한 아동후생시설로, 어린이들에게 건전한 놀이를 제공하고 어린이의 건강을 증진시키며 정서를 풍부하게 하는 것을 목적으로 설치된 것인데, 요즘에는 학동보육을 위한 아동클럽이 만들어져 운영되기도 한다. 현재 가나자와에는 29개 고카에 아동관이 설치되어 있다. 그중 한 곳만이 시 직영 아동관이고 나머지는 모두 민간이 운영하는 시설이며, 29개 아동관 중 23개 아동관은 공민관과 병설되어 있다.[20] 아동관을 세우려면 우선 지역의 요망이 있어야 하고 다른 지역시설과 마찬가지로 건축비의 25%를 주민이 부담하고 나머지를 시에서 부담하도록 되어 있다. 운영비도 마찬가지이다. 따라서 고카에서 그 만큼의 재정부담을 할 수 있을 때에야 아동관 건설을 추진할 수 있다. 또, 가나자와에는 고령자를 위한 시설이 23개 있는데 이중 절반 정도는 지역의 데이서비스로 민간이 운영한다. 데이서비스 시설도 공민관이나 선린관과 병설되어 있는 경우가 많다.

이렇게 복지와 관련된 시설들이 병설되어 있는 한편, 공민관은 지역조직들의 집회 및 활동의 거점이 되기도 한다. 앞에서도 언급했듯이 고카에

---

19) 고령자 데이서비스란 낮 동안 노인들을 맡아 돌보는 시설을 말한다.
20) 나머지 아동관들도, 보육원과의 병설이 1곳, 아동도서관과의 병설이 1곳, 집회수와의 병설이 1곳, 노인 쉼터와의 병설이 1곳으로 되어 있어 다른 시설과 병설되지 않은 단독 건물의 아동관은 2곳에 불과하다.

는 공민관 외에도 조카이연합회, 사회복지협의회, 민생위원·아동위원협의
회, 노인회, 부인회, 어머니클럽, 육우회(어린이회), 신체장애인회, 유족회,
방범위원회, 소년연맹, 청년단, PTA, 소방단, 모자복지회 등 성·연령·지
역을 축으로 조직된 다양한 단체들이 존재하는데, 이들은 공민관을 거점
으로 하고 있다. 이것은 가나자와의 지구 공민관이 조나이 회관의 성격도
띠고 있음을 보여준다. 위의 조직들은 대개 각자 상부에 연합조직이 있는
피라미드 조직에 속하면서 동시에 조카이의 일부를 이룬다. 즉 조카이는
지연을 기반으로 하면서 지역 안에서 성·연령 등을 축으로 주민들을 다양
하게 조직화하여 이를 포괄하는 조직이다. 가나자와가 소학교구마다 공민
관이 설치되어 있을 정도로 공민관 수가 유난히 많은 이유는 조카이가 별
도의 집회소를 갖지 않고 이렇게 공민관이 조카이의 회관을 겸하기 때문
일 것이다. 공민관은 전후 「사회교육법」에 의해 세워진 시설이지만, 가나
자와에서는 전문적으로 분화된 사회교육시설을 기대하기보다는 「사회교
육법」에 명시된 공민관 설치규정을 이용해 실질적으로는 지역의 종합적
인 거점시설을 설립한 것이라 생각된다. 그리고 그 모델은 아마도 전전에
세워진 선린관이 아닐까 한다.

선린관은 시대의 필요에 따라 탁아소, 수산소(授産所), 진료소 등을 경
영하는 외에 각종 상담사업, 정신적 교화사업, 군사원호사업 등을 했는데,
전후 「사회복지사업법」에 근거를 둔 사회복지법인으로 제도화되었다. 동
시에 공민관이 설립되면서 사회교육사업은 공민관으로 넘어가고 의료보
험제도의 정비에 따라 보건·의료사업도 그만두게 되어 1950년대 이래 선
린관의 역할은 대폭 축소되기에 이르렀다. 그러나 1980년대 중반 이후,
지역복지정책이 추진되면서 선린관은 지역복지의 거점으로 새롭게 중시
되기 시작했다. 특히, 1992년에 발표된 '복지플랜21 가나자와'에서 소(小)
지역 복지서비스의 거점으로서 '지역 스테이션'을 설치할 것이 제언됨에
따라 선린관을 과거와 같이 서비스 제공과 주민에 대한 복지교육 기능을
담당하는 지역 거점시설로서 부활시킨다는 방침이 세워졌다. 이렇게 해서

오늘날의 선린관은 학동보육이나 고령자 데이서비스 사업 등 복지사업을 주로 하는 지역시설로 운영되고 있다(현재는 고카로부터 직접 경상비 보조를 받는 곳은 없지만, 고카 사회복지협의회로부터 사무 위탁비를 받거나 공동모금 배분금 형태로, 간접적이지만 지역의 지원을 받고 있다).

이렇게 선린관이 지역복지기능을 담당하는 시설로 일종의 전문 분화를 이룬 데 반해, 공민관은 과거의 선린관처럼 종합적인 지역시설의 역할을 담당하고 있다. 특히 고카 조카이연합회, 지구 공민관, 지구 사회복지협의회는 공민관에 사무국을 두고, 한 사람이 둘 혹은 세 조직의 대표를 겸임하거나 심지어 사무직원 한 명이 세 조직의 사무를 함께 보는 경우까지 있다.

가나자와에서 공민관은 조카이 조직이 없이는 존립이 어려울 만큼 전통적인 지역주민조직과 밀착되어 있다. 우선 운영비용을 조카이를 통해 조달할 뿐 아니라, 공민관의 행사도 고카 조카이연합회와 공동으로 행하는 일이 많다. 공민관 단독행사라 하더라도 조카이의 도움 없이는 하기 어려운 행사들이 적지 않다. 공민관 조직은 관장 1명과, 전임 직원 2명(주사 1명, 사무원 1명), 그리고 운영심의회로 이루어지는데, 이 임직원과 운영심의회 위원의 선임 또한 고카 내에서 이루어진다. 공민관장은 지역에서 추천하여 교육위원회가 위촉하며 전임 직원은 관장이 선임한다. 관의 총괄 책임자인 관장은 무보수 명예직으로 비상근이며, 임기는 2년이고 기간의 제한 없이 재임이 가능하다. 공민관의 서무와 기획, 사업수행 등을 담당하는 주사와 주사의 보조직원으로 공민관 사무를 맡는 사무원은 단체직원으로 공무원과 같은 인사이동이 없기 때문에 오랫동안 한 지구 공민관에 근무할 수 있다. 그래서 공민관 주사를 한 사람이 20년 넘게 맡고 있는 경우도 있고, 20년 가까이 관장을 하다가 사망한 사람의 자식이 이어받아 부관장을 맡고 있는 경우도 있다. 한편, 공민관 사업의 기획에 참여하고 심의를 하는 운영심의회는 지역유지들로 구성되어 있다. 공민관장은 대개 운영심의회에서 추천하는데, 지역유지 가운데서 나오게 되며 전임 직원들도 보통은 지역주민이다. 또한, 가나자와 특유의 제도로 임기 1

년의 공민관 위원이 있는데, 이는 공민관과 조카이의 연계를 긴밀하게 유지하고 공민관 활동을 지역이 함께 추진해나가기 위해 만들어진 것으로, 각 조나이(혹은 각 단위 조카이)에서 남녀 각 1명씩 2명을 추천하도록 되어 있다.

5. 지역통합의 성격: 지역지배구조의 재생산

이상에서는 가나자와의 사회적 통합단위인 지역사회는 어떤 형태로 존재하고 기능하고 있는지, 전통적인 지역사회구조 또는 지역지배구조가 온존되고 있다는 것은 어떤 의미에서인지 등을 고카의 지역시설과 이를 거점으로 한 주요 조직들의 연계망에 초점을 맞추어 살펴보았다.

현지조사 과정에서 여러 사람들에게서 가나자와에 주민자치의 전통이 있다는 이야기를 들었다. 동시에, 가나자와 인은 오랫동안 강력한 권력의 지배하에 놓여왔기 때문에 기질이 순종적으며 그것이 가나자와의 보수성의 기반이 되고 있다는 이야기도 들었다. 이 두 견해는 일견 상반된 것처럼 보이지만 반드시 그런 것은 아니다. '주민자치'가 반드시 근대 민주주의적인 의미에서의 자치를 뜻하는 것은 아니기 때문이다. 가나자와의 주민자치 전통이란, 지역의 생활에 필요한 주요 기능들을 전적으로 관(=행정)에 의존하지 않고 지역에서 해결해왔음을 의미하는 것이다. 이런 의미의 자치를 유지하는 데는 지역유지들의 경제적 뒷받침과 지도력이 중요한 역할을 했고 이것이 지역지배구조의 형성 및 재생산에 중대한 기반이 되었다고 본다. 한편, 정부는 이러한 지역 유력자들의 지배력을 지원함으로써 간접적으로 지역을 통제하고 지역의 통합성을 확보하여 사회의 안정을 도모할 수 있었다.

오늘날 가나자와에서 주민들이 연대감·귀속감을 느끼는 지역통합의 단위는 고카인데, 이상에서 고찰한 바에 의하면 고카의 통합성은 단순히 급격한 사회변동의 부재로 인해 전통적인 연대가 존속된 것이라기보다는, 기존의 지역지배구조를 바탕으로 전후 새롭게 형성·재생산되어온 것이라 생각된다. 복지를 비롯해서 과거 사적 영역에서 맡았던 많은 기능들이 오늘날에는 공적 영역에 흡수되었다. 따라서 행정의 역할과 권한이 비대해졌는데, 행정은 다양한 지역조직들과 각 기능에 관련된 지역의 거점시설을 통해 그 부담을 지역사회에 일부 전가하면서 지역의 이니셔티브를 인정해주고 있다. 지역의 거점시설인 공민관이 각 고카에 설립된 것은 전후의 일이며 여기에 다른 시설들이 병설되는 형태로 덧붙여진 것은 앞에서 본 바와 같다. 이러한 지역시설들의 관리·운영, 그리고 이 시설과 관련된 여러 활동들은 지역조직들간의 호혜적인 관계를 강화시킨다. 직업과 생활의 장이 분리되어 지역은 단순한 거주지로 그 의미가 축소되고 주민들은 일상생활의 장을 넘어선 다른 네트워크들을 형성하게 된 상황에서, 주민들의 연대감·귀속감이 과거의 공동체적인 귀속의식과 같을 수 없다. 따라서, 오늘날 고카의 통합성은 지역에 대한 애착이나 관심에 기초한 것이라기보다는 생활환경의 유지, 생활상의 편의확보 등과 관련된 제 조직 및 활동들의 연계망으로 유지되는 것이라 할 수 있다. 그런데 여기서 가나자와의 경우 행정과 지역의 관계가 유력자층의 지역지배를 온존시키는 방향으로 설정된 측면이 있다. 공민관의 운영이 지역에 맡겨져 지역에서 지연을 넘어선 새로운 관계를 형성하기보다는, 기존의 사회관계를 재생산하고 강화시키는 거점의 기능을 하게 되었다. 주민들은 평상시에는 개인적인 생활 이외의 지역문제에는 무관심하기 때문에 조나이카이기 행정의 시책을 그대로 받아 추진하더라도 그것이 구체적인 문제를 야기하지 않는 한 이의를 제기하지 않고 넘어가곤 한다. 하수도 공사와 같이 자신의 생활과 직접적인 이해관계가 있는 문제에 대해서만 불만을 제기한다. 따라서 특별히 주민들의 이해가 대립되는 문제가 발생하지 않는 한, 유력자들이 기여기배에 이의를 제기하는 일은 없다.

필자가 연구해온 또 다른 도시 가와사키와 비교해보면 가나자와의 이러한 지역통합의 특성이 좀더 명확히 드러난다. 우선, 가와사키의 경우, 조나이카이와 공민관, 사회복지협의회 조직은 분화되어 있어 활동의 거점이 각기 다를 뿐 아니라, 기본적으로 상호간에 밀접한 연계 없이 독자적으로 활동하고 있다. 특히 시민관(=공민관)은 조나이카이와는 다른 의미에서 지역활동의 거점이 되고 있다.

가와사키에서도 행정이 지역주민의 생활과 밀접한 관련이 있는 어떤 사업을 행하고자 할 때는 조나이카이를 통해 설명회를 열어 지역의 동의를 구하곤 한다. 조나이카이는 지역주민을 대표하는 조직이기 때문에 정책의 정당성을 확보하기 위해서도 이것은 필요한 절차이다. 그러나 1972년 혁신시정이 탄생한 이래 가와사키에서는 행정과 시민운동이 연계되어 (노동운동 측은 그 자체가 정권이 되었음) 전통적인 지역조직에 대한 대응력을 갖춘 또 다른 지역세력을 형성할 수 있었다. 물론, 가나자와와 가와사키의 도시형성·발전의 역사적 배경이나 그에 따른 주민구성의 차이, 노동운동과 주민운동 같은 진보적인 사회운동의 축적 정도가 다르기 때문에, 상이한 성격의 지자체 정권을 탄생시킨 것이라고 할 수도 있다. 중요한 것은 행정이 지역사회 및 시민과의 관계를 어떻게 설정하느냐 하는 것이 지역사회의 지배구조에 중대한 영향을 끼친다는 점이다. 가와사키의 혁신시정은 노조와 더불어 진보적인 시민운동 세력을 정치적 기반으로 하고 있었고, 정책의 입안 및 추진과정에서 그 정당성을 뒷받침해줄 지역기반을 전통적인 지역조직들 외에 새로운 시민세력을 육성하여 확보하고자 했다. 따라서 사회교육은 이러한 시민세력을 육성하는 수단으로서 중시되었으며, 시민관은 그 거점역할을 하였다. 시민관은 민간단체가 아니라 교육위원회에 속하는 공적 기구로, 관장과 주사를 비롯한 직원들은 공무원이다. 시는 시민관을 직영하면서 지자체의 이념을 반영하는 여러 가지 학습 프로그램들을 제공하고 다양한 시민활동의 장을 제공함으로써 시민이 주도하는 새로운 지역연대 형성을 추구하였다. 이에 따라 지연에 기초한 전통적인 지역조직과 시민운동 그룹들이 지역에서 병존하면서 서로 다른 방식으로 지역과제를 인식하고 그에 대처하는 활동들을 전개하고 있다.

그에 비해 가나자와의 공민관은 지연에 기초한 전통적인 지역조직과 상호의존적인 관계에 있어, 적어도 지역사회 내부에서는 새로운 지역연대의 이념을 제시할 만한 조직적인 활동 및 그 거점시설이 마련되어 있지 않다.

6. 시민운동과 지역사회: 전망과 과제

이상에서 가나자와 지역사회의 구조적 안정성과 지역통합의 성격에 대해 고찰해보았다. 이를 통해 가나자와에서는 고카를 지역통합의 단위로 한 전통적인 지역지배구조를 온존시키는 메커니즘이 작동하고 있다는 것을 파악했다. 그러면 이를 넘어서서 새로운 사회관계를 추구하는 움직임은 없는가? 지역에서 지역사회의 과제와 대응방법 등에 관해 새로운 방향을 제시하고 이를 실현하고자 하는 조직화된 활동은 존재하지 않는가? 가나자와에서 현재 전개되고 있는 시민운동은 지역사회와 어떤 관련을 맺고 있는가? 시민운동이 사회변혁을 지향하는 것이라면 지역사회의 변혁은 무엇보다 중요한 과제 가운데 하나라고 보는데, 가나자와의 시민운동은 지역에 어떤 식으로 관여하고자 하는가? 이런 의문을 품고 가나자와의 시민운동에 관해서도 조사를 시작했으나, 우선 시간적인 제약 때문에 충분한 연구를 하지 못하고 지역사회와 시민운동의 관계는 후속 연구과제로 남겨두기로 했다.

다만, 현지조사 과정에서 몇몇 시민운동단체에 대한 예비조사와 운동에 참가하고 있는 시민들(주로 리더격인 사람들)에 대한 인터뷰를 통해 몇 가지 시사점을 얻을 수 있었기 때문에 다음 연구와 연결시키는 의미에서 그 내용을 정리하는 것으로 이 글을 마무리하고자 한다.

가나자와에서는 시민운동이 적극적으로 지역사회와 연계하거나 지역사회에 파고들려고 노력하기보다는 지역과 거리를 둔 곳에서 전개되고 있다. 필자가 인터뷰한 시민운동 참가자들은 시민운동은 본래 지역을 넘어선 네트워크 형성을 추구하는 것이며 광역적인 시민 네트워크를 형성함으로써 결국은 전통적인 지역사회구조도 변화시킬 수 있다는 생각을 갖고 있었다. 그러면서도 역시 지역사회의 지배구조가 견고해 그 내부에서 새로운 이념에 기초한 활동을 조직하기가 어렵다는 것을 인정했다. 그 때문인지 대개의 시민운동 참가자들은 지역에서는 기존의 체제를 받아들이고, 시민운동과 관련된 활동은 지역 밖에서 펼치고 있었다.

어떤 면에서 지역은 진보적인 사회운동으로서의 시민운동뿐만 아니라 단순한 학습이나 취미활동 같은 시민활동들로부터도 외면당하고 있다. 공민관은 매력 없는 활동만을 하기 때문에 젊은 세대들은 공민관을 중심으로 한 활동에 모이지 않는다. 그래서 공민관 측은 행사를 할 때 사람 모으기를 가장 큰 과제로 삼고 있다. 지역에는 시민활동의 거점이 될만한 시설은 존재하지 않고(이런 역할은 본래 공민관이 할 것으로 기대되었던 것), 중앙 공민관, 나가마치 연수관, 여성센터, 시민예술촌 등 지역을 벗어난 시설에서 다양한 시민활동이 이루어지고 있다. 여기서 이루어지는 활동들은 역사와 전통을 자랑하는 가나자와에 걸 맞는 내용의 학습이나 취미활동이 주를 이루고 있으며, 시민예술촌이 시민운동의 성격을 띤 문화운동, 환경운동 등의 거점으로 사용되는 정도이다.

적어도 고카 단위의 지역 수준에서는 전통적인 사회관계가 유지되고 있고 시민운동은 지역질서를 동요시키는 일 없이 지역 밖에서 전개되고 있으나, 지역을 통해 운동의 계기를 발견하거나 기존의 지역 네트워크를 이용해서 단편적인 활동을 하는 등과 같은 몇 가지 접점을 발견할 수는 있었다.

'생활협동조합(이하 생협)'이 그러한 한 가지 예이다. 다시 말해 생협은 지역조직들과 직접적인 관계는 없으나 조합원을 통해 간접적으로 연결되어 있다. 예를 들어 써클의 일원이 공민관에서 학습에 관계할 수도 있고, 많은 지역 PTA 회원들이 생협 조합원이기도 하다. 또한 지역에서 같은 지역사회의 구성원으로 인정받기 전에는 생협 가입권유를 받는 일도 없다. 생협은 생활물자의 공동구매를 넘어서서 고카 단위로 조직되어 있는 운영위원회를 중심으로 환경·평화 같은 사회적인 주제들에 대해 함께 생각하고 실천활동을 하기도 한다. 주부들의 관심 영역이 확대됨에 따라 최근에는 기초단위인 반(班)과 운영위원회 사이에 중간 규모의 조직인 써클을 만들어 그동안 생협에서 다루지 못했던 주제들을 다루고 주부들이 관심을 갖는 문제들에 대한 정보를 입수·교환하는 장으로 삼으려는 시도도 하고 있다. 이런 생협의 활동들이 지역에서 새로운 사회관계를 형성하는 방향으로 발전할 수 있을지 아니면 기존의 지역사회질서 속에 그대로 편입되어버릴지는 아직 알 수 없다. 생협 활동을 하면서 환경운동에 참여하고 있는 40대의 A주부는 지역에서 그녀를 이웃으로 받아들임으로써 활동을 시작하게 된 경우였다. A씨는 이 지역으로 이사온 후 반년 정도는 이웃과 가벼운 인사나 나누는 정도였는데, 둘째 아이를 낳은 후 이웃에서 생협의 반에 가입하지 않겠느냐는 권유를 받았다. 이웃 엄마들과 친해지는 기회가 될까 해서 가입했는데 그 후 운영위원회에 들어가게 되고 운영위원장도 맡게 되었으며 생협의 이사까지 되었다. A씨는 생협 내의 자주 써클인 재활용연구회에 들어갔는데 재활용연구회가 환경위원회로 발전하게 되었다. 현재 A씨는 많은 시민운동단체들 및 개인들의 환경 네트워크에 관여하면서 열심히 환경운동에 참여하고 있다.

환경 네트워크에 참여하고 있는 20대 여성 B씨는 대학 졸업 후 유치원 교사를 하던 중 제3세계의 어린이들의 처참한 상황에 관심을 갖게 되었고, 선진국과 제3세계 국가들 사이의 관계구조가 그 중요한 배경요인임도 인식하게 되었다. 그래서 유치원을 그만두고 2년 동안 인도, 네팔, 필리핀, 타이 등 아시아 국가들을 여행한 뒤 귀국해서 얼터 트레이드 일을 하고 있다. B씨는 현재 자택에 물건을 두고 통신판매를 하거나 아는 사람을 통해서 물건을 판매하고 있는데, 얼터 트레이드 자체는 지역과 직접적인 관계가 없지만 물건을 팔 때는 이웃과의 관계가 도움이 된다고 한다. 지역의 PTA에서 활동하는 엄마들이 학교에서 기회가 있을 때 물건을 팔 수 있도록 해준다든지, 공민관을 통해서 바자에 물건을 내놓을 수 있게 해주는 방식으로 도움을 준다. 때로는 공민관에 가서 얼터 트레이드와 관련된 이야기를 하기도 한다. 자신이 살고 있는 지역에 구애받지는 않지만 지역에서 엄마들의 강한 네트워크를 바탕으로 판매망을 연결시켜주는 것은 지역 내의 인간관계이기 때문에 지역은 아주 중요하다고 생각한다.

이 장에서 필자의 관심은 가나자와에서 보이는 지역통합의 성격과 그것이 새로운 이념과 사회관계에 기초한 새로운 연대로 변화될 가능성 여부에 있었다. 위에서 든 예들은 지역과 시민운동의 아주 작은 접점들에 불과하지만 이러한 점들을 서로 연결지어 발전시킬 수 있는 방안을 모색하는 것도 의미가 있으리라고 본다. 결국 지역 밖에서 활동하고 있는 시민운동 주체들이 이런 점들과 연계를 맺으면서 지역사회 내부에서 새로운 네트워크를 만들어가고 시민활동들을 창출·조직화하기 위해 거점시설이나 구체적인 프로그램 등을 확보해나가야 하리라고 본다. 물론 그 외에도 여러 가지 조건들이 있겠지만, 여기서는 언급하지 않기로 한다.

■ 참고문헌

이시재. 1993, 「일본의 지역생활조직 연구 — 조나이카이 활동을 중심으로」, 서울대학교지역종합연구소, ≪지역연구≫ 제2권 제3호.
한영혜. 1993, 「지역연대와 사회교육」, 서울대학교지역종합연구소, ≪지역연구≫ 제2권 제3호.
阿部志郞(編). 1993, 『小地域福祉活動の原點 — 金澤善隣館活動の過去·現在·未來』, 全國社會福祉協議會.
荒崎良道. 1967, 「今日をよりよく, 明日はさらに — 金澤市善隣館におけるセンター活動」, 全國社會福祉協議會, ≪月刊福祉≫ 제50권 10호.
石原多賀子, 1986, 「地域社會の活性化と住民組織 — いわゆる金澤方式」の再檢討」, 日本地域開發センター, ≪地域開發≫ 제263호.
玉野和志. 1990, 「町內會の起源について一金澤市長町七番丁≪昭和會≫の場合」,

都立大社會學研究會, ≪社會學論考≫ 第11號.

八木正. 1989, 「金澤の社會風土」, 金澤學研究會(編), 『金澤學①フォラム金澤』(개정판).

八木正. 1989, 「'保守王國'金澤の社會機構と變革への摸索 ― 解明のための方法試論」, 金澤學研究會(編), 『金澤學③金澤學事始め』(개정판).

金澤市. 1995, 『金澤世界都市構想』.

_____. 1997a, 『Photo report 1997 かなざわ ― 平成9年度當初豫算を中心として』.

_____. 1997b, 『統計からみた金澤市の位置』(정보통계과자료 204번).

_____. 1997c, 『市民相談課の概要(平成9年度版)』.

_____. 『金澤市健康長壽グリーンプラン 老人保健福祉計劃』.

_____. 1997, 『金澤市の福祉と保健』.

_____. 「市勢一覽」.

金澤市町會聯合會. 1987, 『金澤市町會聯合會三十周年記念誌』.

_____. 1967, 『金澤市と町內會』.

_____. 1992, 「金澤市の町內會實態調査結果」.

_____. 1997a, 『町會役員に就任の皆樣へ』.

_____. 1997b, 「平成9年度 金澤市町會聯合會 事業計劃」.

_____. 1997c, 「平成9年度 金澤市町會聯合會 收支豫算案」.

_____. 1997d, 「町會等に關する金澤市の助成制度および擔當窓口一覽表」.

_____. 1997e, 「校下(地區)別 町會數·班數·世帶數」.

金澤市教育委員會. 1997, 『金澤の教育』.

_____. 1996, 『平成8年度 金澤市中央公民館要覽』.

_____. 1997, 「公民館活動のしおり」.

金澤市公民館聯合會. 1997, 『金澤市公民館關係者名簿』.

押野公民館. 1996, 「押野公民館の概要」.

_____. 1997, 「館報おしの」, 第66號.

金澤市立押野公民館·金澤市立押野兒童館 『押野公民館·兒童館 ご利用のご案內』.

押野地區社會福祉協議會. 1997, 「押野福祉だより」, 第16號.

金澤市社會福祉協議會. 1997, 『平成9年度事業計劃書(案)豫算書(安)』.

_____. 1997, 「平成9年度地區社會福祉協議會關係事業について」.

第一善隣館. 1993, 「第一善隣館概要」.

_____. 「第一善隣館保育所のあらまし」.

石川縣生活協同組合聯合會. 『いしかわの生協』.

기타 각종 팸플릿과 인터뷰 자료 이용.

제8장

생활대로서의 지역사회와 교육
쓰루오카 생협의 교육운동 사례를 중심으로

1. 연구과제와 대상

이 장은 일본 야마가타 현(山形縣)에 대한 종합적인 연구의 일환으로서 '지역사회와 교육'에 초점을 맞춘 것이다. 야마가타를 포함하는 도호쿠(東北) 지방은 1930년대에 이르러 이른바 '북방성(北方性) 교육운동'이 전개되었던 곳으로, 제2차세계대전 후 야마가타에서는 그 이념을 계승한 '생활기록(生活綴方) 운동'이 일어나기도 했다. 이 운동들은 근대 국가와 자본에 의해 교육이 어린이들의 삶의 장인 지역과는 분리되고 관념화되는 데 저항하여 생활과 지역을 교육의 원점으로 삼고자 한 교육사상이자 실천이었다. 즉 생활의 토대를 교육의 출발점으로 삼아, 어린이들로 하여금 자신을 둘러싸고 있는 현실을 구체적으로 느끼고 이해하도록 함으로써, 이들이 주체적인 인간으로서 자신의 생활을 만들어갈 수 있는 힘을 길러준다는 것이었다.

필자가 야마가타의 '지역사회와 교육'을 연구주제로 택한 것은 야마가타가 바로 이러한 교육운동의 발상지였기 때문이다. 그러나 이번 연구에서 필자는 이 교육운동의 역사 자체보다는 그러한 과거 유산의 현대적 계승문제에 더 관심을 두었다. 북방성 교육운동과 생활기록운동이 오늘날 여전히 계승되고 있는지 아니면 좌절로 끝났는지, 계승되고 있다면 어떤 형태로 계승되고 있고, 좌절되었다면 그 원인은 무엇인지 등을 탐구해보고자 했다.

근년 일본정부는 교육정책의 중요한 항목으로서 '지역의 교육력 회복', '학교-가정-지역사회 연계', '살아가는 힘의 획득' 등을 내걸고, 교육현장(=학교)에서 이를 구체화하기 위한 시도를 하고 있다. 생활과 지역, 그리고 그 안에서 살아가는 힘을 강조했던 북방성 교육운동·생활기록운동의 전통은 이러한 국가 주도의 교육정책과는 질적으로 다른 '교육과 지역사회의 연계'방향을 제시해준다. 오늘날 한국 학교교육의 중요한 문제점들은 기본적으로 입시 위주의 교육과 그에 기초한 교육의 획일성 및 관리·통제주의의 폐쇄성 등에 기인한 것으로, 일본의 교육문제와 유사한 점이 많다. 이 장에서 필자는 이 같은 한국사회의 교육현실에 대해 시사하는 점도 더불어 모색해보고자 했다.

이상과 같은 연구목적하에 1998년 6월 22일부터 7월 8일까지 현지조사를 실시했다. 현지조사에 들어가기에 앞서 필자는 야마가타 현 내의 한 지역을 대상으로 행정당국의 교육정책과 학교의 교육실천, 그리고 지역의 교육운동, 이 세 측면에서 지역사회와 교육의 연계를 어떻게 추구하는지 살펴본다는 계획을 세웠다. 그러나 현지조사를 진행하면서 한 지역에서 이 세 측면을 고찰하는 것이 사실상 어려울 뿐더러 반드시 바람직한 것도 아니라는 생각이 들었다. 왜냐하면, 조사과정에서 야마가타 현 내부의 지역 차이가 두드러지고 그로 인해 교육의 전통이나 교육과 지역사회의 관계가 지역에 따라 상당히 다르다는 것을 알게 되었기 때문이다. 교육정책, 특히 학교교육의 정책은 기본적으로 문부성의 방침을 따르고 있기 때문에 지역차를 고려하는 것이 별로 의미가 없지만, 소학교를 중심으로 한 교육과 지역사회의 관계나 교육운동은 지역에 따라 많은 차이를 보이고 있어서 야마가타 현을 일률적으로 논하기는 어렵다.

따라서 야마가타 현 내의 서로 다른 3개 지역에서 서로 다른 측면에 초점을 맞춰 사례조사를 하기로 하였다. 첫째는 쓰루오카 시의 생협과 민간교육연구회가 함께 전개하고 있는 지역교육운동 사례이고, 둘째는 최근 일본정부가 제시한 학교-지역사회-가정의 연계라는 방침을 비교적 잘 실천하여 학교교육의 장에서 가정 및 지역사회와의 연계를 적극적으로 도모하고 있는 사례이며, 셋째는 학교와 지역사회의 관계가 상당히 변화되기는 했지만 도시부에 비해 아직 전통적인 관계의 자취를 비교적 많이 남기고 있는 농촌부의 사례였다.

이 글은 그중 첫번째 사례를 중심으로 지역사회와 교육의 관계를 고찰한 것이다. 각 사례가 함축하고 있는 내용이 풍부하여 전체를 하나의 글에 담기보다는 이번 현지조사 연구의 목적에 가장 부합된다고 생각되는 것을 중심으로 정리하기로 했다. 다른 사례들에 대해서는 별도의 글을 통해 분석해보겠다. 쓰루오카 생협의 지역교육운동은 생협조직을 기반으로 '어린이육성·문화협동'을 추구하는 운동으로, 학교라는 폐쇄된 공간을 교육의 주된 장으로 삼아 학교가 지역사회 및 가정과 연계를 확대하는 방식보다는 좀더 근본적인 방식, 즉 지역사회 전체가 어린이 육성에 주체적으로 관여하는 협동체를 형성하는 것을 목표로 한다.

조사는 쓰루오카 생협, 소학교 등의 중심 조직 현지방문 및 관련 인사들의 인터뷰, 1차 자료수집 및 검토를 중심으로 이루어졌다. 특히 조사내용에 관련된 자료는 생협이나 소학교 외에 각 시의 교육위원회, 민간교육연구회, 교직원조합, 그리고 야마가타 대학의 교육 관계 연구자 등 다양한 경로를 통해 수집하였다.

2. 지역운동의 주체: 교리쓰샤 쓰루오카 생협

1) 쓰루오카 시의 지역특성

일본의 도호쿠 지방에 속하는 야마가타 현은 요네자와(米澤) 시로 대표
되는 오키타마(置賜) 지방, 야마가타 시를 중심으로 하는 무라야마(村山)
지방, 신쇼(新庄) 시를 중심으로 하는 모가미(最上) 지방, 사카타(酒田)·쓰
루오카 시가 병립하는 쇼나이(庄內) 지방으로 나뉘며, 이들은 각기 독자적
인 문화권을 형성해왔다. 특히 쇼나이 지방은 동해안에 면해 있는 평야지
대로 내륙 산간부와는 상당히 다른 문화풍토를 지니고 있다. 또한 이 지
역의 주민들은 스스로를 '야마가타진(山形人)'이라기보다는 '쇼나이진(庄
內人)'으로 칭하는 등, 야마가타 현민이라는 행정단위를 기반으로 한 아이
덴티티보다는 독자적인 풍토와 문화에 기초한 지방민으로서의 아이덴티
티를 더 분명하게 갖고 있다.

쇼나이 지방의 중심도시인 쓰루오카 시는 1622년에 사카이 다다카쓰
(酒田忠勝)의 성지가 된 이래 그대로 메이지유신을 맞은 조카마치(城下町)
이다. 역대 번주(藩主)는 반드시 영명한 사람만은 아니었으나, 가신들 가
운데에서 뛰어난 인물이 배출되어 번정(藩政) 쇄신과 신전(新田) 개발에 힘
썼다. 그 때문에 막말에는 쌀의 실 수확고가 30만석을 넘었으며, 쇼나이
미(庄內米)의 상품성이 높아지고 번의 재정도 안정되기에 이르렀다.

이런 역사를 배경으로 쓰루오카·다가와(田川) 지방은 일본에서도 유수
한 쌀 생산지로 꼽혀 왔으며 독자적인 문화를 발전시켜왔다. 그러나 전후
특히 고도성장기를 거치면서 농업생산이 쇠퇴함에 따라 지역경제 기반의
붕괴에 대한 위기의식이 높아졌다. 인구는 1996년 현재 약 10만 명으로
야마가타 현에서 3위다. 그러나 소득수준을 비롯한 경제수준 면에서는 현
내의 다른 도시에 비례 뒤떨어진 편이며, 다시에 등 대규모 유통자본의
진출에 의한 지역경제의 잠식과 젊은 인구의 유출 및 소자화(少子化) 등으

로 인한 지역의 활력저하에 대한 우려가 존재하고 있다.

2) 쓰루오카 생협: 총체적인 생활협동 추구

쓰루오카에서 지역교육운동을 주도하고 있는 것은 교리쓰샤(共立社) 쓰
루오카 생협이다. 교리쓰샤는 야마가타 현 내 7개 지구 생협이 참가하고
있는 생협조직으로, 현재 조합원 9만 1,400명, 반(班)조직이 9,216반, 연간
사업고가 240억 엔에 이르는 일본 최대 규모의 생협이며,[1] 쓰루오카 생
협은 그 모체가 된 지구 생협이다.

쓰루오카 생협은 1955년에 물자 공동구매 사업으로 출발했다. 그러나
공동구매는 그 자체가 목적이 아니라 생활을 지키기 위한 수단일 뿐이며,
생협의 궁극적인 목적은 조합원의 총체적인 생활을 협동하여 보호하는
것이라는 인식에 입각하여 지역에서 다양한 생활협동운동을 전개해왔다.

지역교육운동은 이러한 쓰루오카 생협의 생활협동운동의 일환으로,
1977년 설립된 교육활동센터가 주도하고 있다. 교육활동센터는 쓰루오카
생협의 부속조직이다. 조합원들이 자녀교육문제를 상당히 중시하는데도
생협 내에서 전적으로 그것을 다루기는 어려웠기 때문에(생협의 업무가 포
괄적이기도 하고, 또 교육문제는 어느 정도의 전문성을 필요로 하기 때문) 교육
문제를 전문적으로 다루는 거점을 설립하게 된 것이다. 쓰루오카 생협은
교육활동센터 설립 이전에 이미 10여 년간 교육과 관련된 활동을 해왔는
데 그것이 센터 설립에 중대한 기반이 되었다.

---

1) 1980년 야마가타 현 내의 각 분야 운동에서 중심적인 역할을 수행해온 사람들 1백여
명이 합숙연구회를 가졌다. 문화운동·농민운동·시민운동 등 제 운동의 교류연구집회
의 성격을 띤 이 모임에서는 지역을 총체적으로 파악하는 시점의 필요성이 강조되었
다. 이를 기반으로, 쓰루오카 생협이 길러온 생협운동의 원칙에 입각해서 현 내 8할을
책임구역으로 하는 생협 교리쓰샤가 1983년에 설립되었다. 쓰루오카, 신쇼(新庄), 키타
무라야마(北村山), 텐도(天童), 야마가타의 5개 지역 조합원이 현실의 운동, 실무로서
하나의 새로운 교리쓰샤 연방으로서 나아갈 것을 조합원 총회에서 확인했다.

생협의 지역교육운동 전사를 살펴보기 전에 우선 쓰루오카 생협의 역사를 간단히 알아둘 필요가 있다. 쓰루오카 생협의 모체는 복지대책협의회이다. 1950년대 진반, 딩시 요시다(吉田) 내각은 임금 동결정책을 취하면서 노동성을 통해 복지대책협의회를 조직하여 노동자의 눈을 복지활동으로 돌려 임금인상이나 권리요구투쟁을 억제하고자 했다. 그 일환으로 쓰루오카·다가와 지구에도 복지대책협의회가 조직되었다. 쓰루오카·다가와 지구 복지대책협의회는 정부의 정책을 역이용하여, 조직의 주인공은 노동자이므로 노동자와 노동조합이 중심이 되어 협의회를 운영한다는 원칙에 입각해서 출발했다.

복지대책협의회의 활동은 생활물자 공동구입과 좋은 영화 감상활동이 중심이었는데, 그런 활동 가운데 생활협동조합 설립구상이 나왔다. 내부 논의, 선진 생협 시찰, 생활협동조합 연구회 등을 거쳐 1955년 11월 19일, 1,200명의 조합원들이 쓰루오카 생협을 창립했다. 이듬해 10월에는 최초로 주부들이 주도한 지역의 반(班)조직이 탄생했고, 그 후 1년 동안 11개 반이 조직되었다. 각 반은 월 1회 반 회의를 개최하여 생활과 물가 등에 관한 이야기를 자유롭게 나누었는데, 이 반 회의는 서로 협동하여 생활의 질 향상을 추구하여 연대감의 원천도 되고 학습의 장도 되었다.

쓰루오카 생협은 물품 공동구입을 중심으로 한 구매사업으로 출발했지만, 협동조합운동의 원칙에 기초해서 조합원의 요구를 모든 분야에 걸쳐 다루었다. 조합원들은 반에서 생활의 모든 면에 걸친 요구를 했으며, 이렇게 반에서 제출된 문제들은 생협에서 적극적으로 풀어가려는 노력을 하였다.

예를 들어, 생협 가정반은 대개 20대, 30대 주부들이 참여하고 있어 종종 자녀문제가 화제에 오르곤 했는데, 반 회의를 자녀문제만 논의하는 장으로 만들 수는 없었기 때문에 육아나 자녀교육에 관심이 큰 어머니들이 모여 육아문제 전문그룹을 만들었다. 1961년에 13명으로 조직된 이 그룹은 당시 유행하던 일본뇌염의 백신을 구하기 어렵다는 문제가 제기되자 일본생협연맹을 통해 수입 생백신(생백신을 소련에서 수입하던 시기였음)을 쓰루오카 병원에도 나누어주도록 시와 교섭하여 성공하기도 했고, 안보조약에 의해 미국에서 수입한 탈지분유가 학교 급식용으로 쓰이는 것을 학습회를 통해 알게 되자, 어린이들에게 생우유를 마시게 하자는 운동을 전개하기도 했다. 생우유 운동은 후에 현 전체의 운동으로 발전하여 운동 시작 1년 2개월 후에는 야가마타 현 내의 모든 소학교에서 쓰루오카 지역의 스즈끼 우유를 급식하게 되었고, 그로부터 1년 후에는 중학교에서도 생우유 급식이 실현되었다.

공동구매 사업으로 시작한 생협은 처음에는 동네 가게들과 어느 정도 갈등관계에 놓이는 등 어려움도 있었으나, 수익사업보다는 조합원의 생활보호라는 원칙을 추구했기 때문에 기반을 확대해갈 수 있었다.[2] 1964년 니가타 대지진 때는 생협 오야마(大山) 지부 점포가 붕괴되어 전국에서 지원금이 모였는데, 그중 10만 엔을 기금으로 쇼나이 의료생협을 창설했다.

1970년대에는 등유 불매운동을 펼치면서 부당한 가격인상 카르텔을 1,654명의 주민이 원고가 되어 제소하는 등, 쓰루오카 생협은 단순한 공동구매 사업이 아니라 조합원들, 나아가서는 지역주민들의 생활을 스스로 보호하기 위한 다양한 활동들을 전개하여 조합의 기반을 강화시킬 수 있었다.

일본의 대규모 유통업체인 다이에가 쓰루오카에 진출한 것은 쓰루오카 생협의 발전에 중대한 계기가 되었다. 다이에가 1978년에 쓰루오카에 진출하기로 결정하자, 지역경제가 외부의 대자본에 완전히 지배당할지도 모른다는 위기감과 더불어 다이에 진출 전에 대응체제를 정비할 필요가 있다는 인식이 확산되었다. 생협은 내부의 조직활동을 충실화하는 동시에 쓰루오카 지역상점과의 연계를 모색하고, 지역으로 눈을 돌려 지역주민들

---

2) 1964년 니이가타 대지진 때 생필품 공급에 어려움을 겪게 된 상황에서 쓰루오카 생협은 신속히 간장 등을 구입하여 각 가정에 나누어주었는데, 이것은 생협에 대한 주민들의 인식을 높이는 데 큰 도움이 되었다.

이 서로 협동하여 대자본의 침투에 대항하는 방향을 취하기로 하였다. 즉 경제논리에 따라 경쟁력을 강화하는 대신 지역에서 생활협동을 통해 대자본과 대결하기로 한 것이다. 그에 따라 우선 조합원의 결집을 강화하기 위해 소학교구마다 조합원 활동시설이 있는 점포를 '생활의 센터'로 전환했다. 즉 생협의 활동시설을 상품 구매장소인 '○○점(店)'이 아니라 지역의 생활을 지키는 '생활의 센터'로 바꾼 것이다.

1977년에는 센고쿠(千石) 센터가 문을 열었다. 센고쿠 센터 2층에는 교실활동의 작품 등이 전시될 수 있는 공간과 요리교실 등이 마련되었다. 요리교실은 뒷사람도 손끝이 보이도록 거울을 붙이는 등 주부의 관점을 반영하여 만들어졌다. 역시 2층에 마련된 넓은 홀과 15조의 화실(和室: 일본식 방)은 다목적으로 쓰일 수 있도록 하고, 다실(茶室)은 조합원의 담화실로 쓰일 수 있게 만들었다. 이런 구조에서 보이듯 생활의 센터는 점포를 넘어서서 조합원들의 일상에서 겪는 다양한 측면들을 포괄할 수 있는 시설로 구상되었으며, 이는 쓰루오카 생협이 단순한 '구매생협'이 아니라 '총체적인 생활의 협동'을 추구함을 잘 보여주는 것이다. 타 지역 생협에서 견학을 온 사람들은 공간이 아깝다고 했으나 생활을 끌어안은 형태의 생활센터는 영업 채산성 면에서도 긍정적인 효과를 거두었다.

1980년대에는 생활센터 만들기에서 '협동의 집' 만들기로 조합원들의 운동이 발전했다. 1980년 봄 오야마 지구의 어느 반 회의에서, 쇼나이 의료생협 오야마 진료소는 예전에 술 창고였던 곳으로 물이 좋으니 거기에 목욕탕을 만들면 좋을 거라는 이야기가 나와, 쇼나이 의료생협과 쓰루오카 생협은 공동으로 준비를 시작했다. 처음에는 '조합원의 집'을 구상했으나 점차 조합원이라는 제한을 없애고 지역주민 전체 생활의 센터인 '협동의 집'을 만드는 것으로 방향을 바꾸게 되었다. 이탈리아 볼로냐 시의 '인민의 집'을 참고하여 정치·문화·스포츠 등 모든 분야에 걸쳐 주민생활의 센터가 될 '집'을 마련하기로 하였다. 이렇게 해서 가 반 회의를 통해 '협동의 집'에 대한 조합원들의 의견을 수렴하여 1988년 오야마 지구 협동의 집이 착공되었다. 협동의 집은 주민주체 마을만들기의 거점 역할을 할 것으로 기대되었다.

1995년 7월 27일에는 협동의 집 '코피아(こぴあ)'가 개장했다. 코피아는 건평 2,300평의 2층 건물로, 상품을 종합적으로 이용할 수 있는 동시에 지역 커뮤니티의 중심이 될 수 있는 시설이었다. 이번에 필자가 직접 방문하여 견학 및 조사를 한 곳은 이곳으로, 1층은 슈퍼마켓, 2층은 전시회나 공연, 학습회 등의 여러 행사를 할 수 있는 공간으로 되어 있으며, 생협 교리쓰샤의 사무국과 교육활동센터가 있다. 주차장도 상당히 넓은 부지를 확보하고 있다. 1층에는 쓰루오카 서점이 있는데 이곳은 슈퍼마켓의 한 귀퉁이를 차지하고 있지만 이 지역에 관한 여러 자료나 사회과학서적을 입수할 수 있는 지역문화의 중요한 일역을 담당하는 서점으로, 후원회가 서점을 뒷받침해주고 있다. 생협은 또한 많은 지역상품의 개발과 재평가에 힘써왔으며, 이에 따라 코피아의 이용도 증대했다. 개장 직후 코피아에서는 2층 전체에 아우슈비츠 전(展)을 개최하여 약 6,000명이 참가하는 성황을 이루었고, 이때 이후로 2층은 각종 전시회나 공연을 열어 지역 생활문화의 거점 역할을 하고 있다.

3. 쓰루오카 생협의 교육운동: 교육활동센터 설립에 이르기까지

생협이 교육문제와 관련을 맺게 된 계기는 이른바 '근평(勤評) 투쟁'이라고 하는 일교조(日敎組: 일본교직원조합)의 운동이었다. 1955년 자민당 정권수립 이후 전반적인 보수화 경향 속에서 교육에 대한 국가의 통제도 강화되었다. 그런 가운데서 정부가 전국 교직원에 대한 근무평정을 실시한다는 방침을 정하자 일교조는 이에 저항하는 대대적인 투쟁을 전개했다.

1958년 봄 당시 야마가타 현 교조 다가와 지부장(후일 쓰루오카 시 교육장)은 쓰루오카 생협 이사에게 근평 반대운동에 대한 지원을 요청했다. 생협은 이를 받아들여 각 가정반에서 근평학습회를 개최하게 되었다. 현 교조의 교사들을 맞이해서 50개 반 중 49개 반에서 학습회를 열었는데, 이 학습회에 온 교사가 가정반의 주부들의 은사이거나 자녀의 담임이기도 하여 PTA와는 달리 교사와 부모가 서로 허심탄회하게 이야기를 나누는 계기가 되었다. 학습회를 통해 지역에서 근평 반대 서명운동이 전개되는 한편 새롭게 실시되는 일제 학력고사의 문제점에 대한 논의도 이루어졌는데, 이것은 생협 안에 교육연구그룹을 만드는 계기가 되었다.

고도 경제성장이 지속된 1960년대에는 세대간의 단절, 부모와 자녀의 단절, 교사와 학생의 단절, 가정과 학교의 단절 등 어린이와의 커뮤니케이션 문제가 대두되었다. 특히 중학생을 둔 어머니들의 걱정은 심각했다. 반회의에서 많은 주부들이 이런 걱정을 토로한 것도 생협 내 교육 연구그룹이 탄생하게 된 중요한 요인이었다. 생협의 교육연구그룹은 야마가타 대학 농학부 교수를 초빙하여 교육의 역사를 학습하는 가운데 전쟁과 교육의 역사적 관련성을 발견하였으며, 이를 바탕으로 '평화와 더 나은 생활을 위해서'라는 생협의 슬로건이 나오게 되었다.

일제학력고사의 도입을 계기로 1961년 이래 교사들은 민간교육연구회(약칭 민교련)라는 서클을 만들어 교육문제를 논의하고 수업을 공개하여 자유롭고 솔직한 상호 비판을 시도하였다(3년간 30회에 걸쳐 공개수업이 이루어졌다). 이 시기는 전국적으로도 민간교육연구회가 확산된 시기이다. 생협을 매개로 교사들과 부모들의 교류가 심화되어 1969년 여름방학에는 생협의 교육연구그룹과 다가와 민교련이 협력해서 '일상복차림으로 교육을 이야기하는 모임(ふだん着て教育を語る會, 이하 교육을 이야기하는 모임)'을 개최했다. 연일 시내 40개소에서 3~10명 정도의 그룹이 모여 솔직하고 진지한 논의를 했는데, 1969~1970년에 약 100회의 소집회가 열렸다. 이 모임이 1970년대의 지역 교육문화운동의 토대가 되었다.

1968년 다가와 민교련 교사들은 지역 어린이들의 생활이 빈약해진 데 대해 관심을 갖고 어린이의 생활실태를 조사하고 백서를 제작했다. 이를

통해 바빠서 늘 시간도 없고, 시간이 있어도 제대로 놀 줄 모르고 실내에서만 시간을 보내는 어린이가 많다는 실태가 드러났다. 이런 실태 파악과 교육을 이야기하는 모임의 성과를 바탕으로 교사와 부모들은 '쓰루오카 어린이를 지키는 모임(つるおか子どもを守る會, 이하 지키는 모임)'을 결성하여, '부모와 어린이의 좋은 영화보기 모임(親と子のよい映畵をみる會, 약칭 영화모임)', '어린이 축제', '자주학교 어린이학원(ちびっこ學園)' 등 여러 활동들을 펼쳐나갔다.

지키는 모임의 첫 활동은 생협 건물에서 부모와 자녀가 함께 볼 영화를 상영하는 것이었다. '쓰루오카 어린이 축제'는 생협 교육연구그룹과 지키는 모임의 공동주최로 1971년에 처음 실시되었으며, 이듬해에는 행정도 참가하여 새로운 실행위원회가 조직되었다. 1977년부터는 겨울 축제도 갖게 되었고, 시제(市制) 시행 60주년이 되는 1984년에는 13회 쓰루오카시 어린이 축제가 개최되었다. 어린이 축제는 어린이들에게 마음껏 놀 수 있는 놀이의 장을 제공하고자 하였는데, 조합원들 사이에서 공부에 대해서도 고려해달라는 요구가 있어, '자주학교 어린이학원(ちびっこ學園)'을 시작하게 되었다. 이렇게 생협과 다가와 민교련 교사들과의 연대가 심화되면서, 1971년의 '제1회 소년소녀 여름집회(夏のつどい)'와 같이 지역사회에서 어린이의 건강한 성장을 뒷받침하기 위한 활동들을 전개해나갔다. 야마가타 교조 쓰루오카 반은 1976년부터『쓰루오카 어린이백서』를 발행했다.

생협의 반 회의에서는 교육에 관한 요구가 많았다. 따라서 생협은 교육문제를 중요한 생활문제로 파악하고 조합원의 자녀 기르기를 지원하기 위한 교육센터 설립을 구상하게 되었다. '교육센터' 구상은 '생활의 센터' 구상에 포함되어 있었다. 생협 활동가들은 현대 생활에서 교육과 문화에 관한 삶을 제외하는 것은 생활 그 자체를 부정하는 것이라고 인식하고 있었다. 교육문제를 다루는 것은 생협이 저변을 확대하는 데도 도움이 되었다. 생협 설립 당시 어머니들은 이미 5, 60대가 되어 있었기 때문에 새로운 젊은 어머니들과의 접점을 어디에서 발견하는가 하는 것이 하나의 과제였는데 이들 젊은 주부들의 최대의 관심사는 식품의 안전성과 교육문제였다.

이러한 생협 자체의 필요와 지역경제의 붕괴가 어린이들의 생활에 영향을 미친다는 인식, 그리고 교육의 황폐화에 대한 위기의식 등이 결합되어 생협 내 교육활동센터를 설립하려는 움직임이 구체화되어갔다. 생협은 민교련 교사들과 연대하여 활동한 경험도 있고 다양한 교육문제를 다루어온 경험도 있었지만, 교육은 전문적인 분야여서 종래의 생협체제로는 충분히 대응할 수 없었다. 따라서 조합원의 요구에 대응하기 위해서는 교육자나 전문가의 협력과 원조, 그리고 조합원이 자유롭게 이용하고 어린이들이 마음껏 활동할 수 있는 장소가 필요했다. 생활센터의 2층은 그러한 장소로서 이용될 수 있었다.

센고쿠 센터가 문을 연 후 생협 조직부장, 지키는 모임 사무국장, 다가와 지구 민교련 대표, 교육센터 설립 준비회 위원, 생협 창립 이래 조언을 해온 현 의회의원, 생협 전무 등 6명이 모여 3개월에 걸쳐 교육활동센터에 관한 논의를 거듭했다. 우선 쓰루오카의 교육과제를 무엇으로 설정할 것인가가 중요한 논점이었다. 학력저하에 정면대응을 해야 한다는 의견과 학력에 직접 책임을 지기보다는 어린이의 생활을 변화시키는 교육이 중요하다는 의견이 충돌했으나, 결국 학력 저하를 메워 가는 환경을 만들어주거나 어린이의 생활을 변화시켜 결과적으로 학력도 높이는 방향이 옳다는 결론에 도달했고, 그에 따라 교육활동센터의 목표는 다음과 같이 정리되었다.

① 조합원의 교육에 관한 요구를 전적으로 받아들여 이를 조직화·운동화 함으로써 해결을 도모한다.
② 어린이들의 학력 향상을 위해 보안적인 사업을 행함으로써, 모든 어린이가 학교 수업을 따라갈 수 있게 한다.

③ 학교교육과의 연계를 강화하여 교육전문가나 연구자 집단의 조언과 협력을
얻어가면서 교육문제의 해결을 도모한다.

4. 교육활동센터의 활동: 어린이 육성 네트워크 형성과 제반활동

이 같은 방침에 입각해서 1977년에 정식으로 교육활동센터가 발족되
었다. 교육활동센터는 생협 조합원의 조직이므로 조합원이 그 사업을 기
획·실행한다는 기본원칙을 견지하면서 운영을 위한 조직으로 대표·사무
국원·조직부를 포함하는 사무국을 두고 있다. 사무국 외에 각 지구 운영
위원회와 교육상담실, 교육연구자 집단이 있으며, 유치원, 보육원, 소·중·
고등학교 및 대학교 교원 등 다양한 층의 교사들이 교육활동센터에 관여
하고 있다.

생협은 고도 경제성장 결과, 생활수준이 높아지고 진학률은 증대했으나
그 이면에는 수업을 못 따라가는 어린이들의 양적 증대와 비행화, 비행연
령저하, 수험지옥과 대량재수, 학력차별 등이 존재하고 있다는 현실인식
에 기초하여 생협 교육운동의 의의와 과제를 설정했다.

우선 교육운동을 생협의 기본과제의 하나로 자리매김했다. 생협은 본래
독점과 대자본의 횡포로부터 국민의 삶을 지키는 것을 목적으로 조합원
의 요구를 수렴하여 지역과 조합원의 생활을 보장할 수 있는 사업을 전개
하는 것이 가장 중요한 과제이다. 그런데 조합원의 요구 중 교육문제의
비중이 대단히 컸기 때문에 그에 대한 대응 또한 생협이 해야 할 일이라
고 생각되었다. 쓰루오카 생협은 일찍부터 교육문제를 중시하여 이를 다
루어 왔으므로, 이러한 역사를 계승하고 오늘날의 교육문제를 생활센터의
중요과제로서 체계적으로 다루기 위한 전문조직이 필요하다는 점에서 교
육활동센터의 의의가 부여되었다. 또한, 오늘날의 교육 황폐화에 대해서
는 보수 측에서도 여러 가지 적극적인 대응을 하고 있는 실정이기 때문에

민주적 대중조직인 생협조직에서 교육문제를 다루는 것의 의의도 강조되었다. 생협은 다양한 조직이나 운동체와의 연계를 통해 교육요구 운동을 한층 대중적인 기반 위에서 전개하고자 하였다. 이를 통해 생협은 교육기본법에 제시되어 있는 민주교육, 즉 국민이 주체가 되어 교육을 지키는데 일익을 담당하는 것이다. 이 같은 인식을 배경으로 교육활동센터의 활동내용은 대개 다음과 같이 설정되었다.

① 어린이가 학교에서 즐겁게 학습할 수 있도록 어린이의 자주적 활동을 육성한다.
· 학습교실: 산수교실 등 교과에 관한 단기 교실
· 책 읽는 어린이로 키우기 위한 지역문고 개설, 동화모임, 구연모임
· 어린이 축제 개최
② 부모가 안고 있는 문제를 해결한다.
· 교육문제를 주로 한 반 회의 개최
· 어린이 학습교실과 관련된 '부모를 위한 학습강좌'
· 입학 전에 할 일, 고교선택, 가정학습 등을 주제로 교육을 이야기하는 모임
③ 교사의 연구활동을 지원한다.
· 교사의 집단연구활동 지원: 회의장소 제공, 연구성과 간행 등
④ 교육상담실을 개설한다.
· 법률상담, 의료상담과 더불어 쓰루오카 생협 상담활동의 일환으로 교육활동센터에 교육상담실을 설치한다. 교육상담은 매월 둘째주, 넷째주의 일요일 오후 2시이고, 직접 면담을 하지만 신청은 언제든지 가능하며 상담코너에 비치된 소정 용지에 상담사항의 요점을 기입해둔다. 상담원은 우선 교육 전문가에게 위촉하고 문제에 따라서는 각 문제의 전문가에게 위촉한다. 상담사항은 철저히 비밀에 부친다.

우선 센고쿠와 이나오(稲生) 양 지구에서 교육활동센터 운영위원회가

조직되어 활동을 시작했다. 운영위원회는 각 지구에서 교육에 깊은 관심이 있는 어머니들 10명 가량으로 구성되어 있다. 운영위원회는 월 1회 정례회를 갖고 생활 주변의 어린이에 관한 문제들에 대해 이야기를 나누고 학습을 하면서 어린이를 위한 활동들을 만들어갔다. 또, 반 회의에서 교육활동센터에 대한 요구나 희망이 나오면 그 요구들을 수렴해서 활동을 개시했다. 운영위원 가운데 취미와 특기를 살려 각 활동의 담당자를 정하고 지도자를 위촉하였다. 처음에 시작된 것은 문고활동이며, 이어서 옛날 이야기를 듣는 모임, 햐쿠닌슈(百人一首)[3]를 즐기는 모임, 공작교실, 요리교실, 습자연습회 등이 만들어졌고, 그밖에도 다양한 활동들이 잇달아 이루어졌다. 이 활동들은 당초 어린이를 대상으로 한 것이었으나 어른들 가운데서도 참가 희망자들이 있어 영역이 확대되었다. 구체적인 활동내용은 지구에 따라 조금씩 달랐고, 활동종류에 따라 많은 것은 주 1, 2회, 적은 것은 연 1, 2회 실시되었다. 회비는 처음에는 주로 월 100~300엔이었으나 근년에는 대개 500엔이며 300엔인 경우도 있다. 교육활동센터로 이렇게 다양한 교육활동을 전개하는 한편, 행정에 대한 정책제언을 하고 이를 실현시키기 위한 활동을 하기도 했다. 예를 들어, 학교 화장실을 고쳐줄 것을 건의하고 시의회와의 교섭을 통해 이에 필요한 예산을 책정하도록 하는 성과를 올린 일도 있다.

사무국은 쓰루오카 생협 조직부의 교육담당자와 교육센터 대표로 구성되었으며, 운영위원회 활동을 원조하고 지원하는 역할을 맡았다. 사무국 회의는 사무에 관한 회합 외에는 교육전문가 집단이 참여하는 확대사무국회의의 형태로 열렸는데, 소·중·고·대학의 현역 교사들(나중에 보육원 보모도 참여)이 참여하여 월 1회 정도 개최되었다. 이 회의를 통해 교육에 관한 지역의 실태가 드러났고 이를 통해 센터에서 할 수 있는 활동을 모색하게 되었다.

---

3) 100명의 가인(歌人)들의 와카(和歌:일본의 정형시)를 1수씩 선집한 것.

국제연합이 1979년을 '세계 아동의 해'로 지정하자 생협에서도 이를 기념하는 강연회와 학습회, 심포지엄 등을 개최했다. 이에 앞서, 1978년 11월에 '일본 어린이를 지키는 모임'을 비롯하여 교육·여성단체 등 23개 단체가 중심이 되어 '세계 아동의 해·어린이의 권리를 지키는 연락회의' 를 결성하고 성명을 발표했으며, 일본 생협 연합회도 1979년은 어린이 문제를 주된 과제로 삼을 것을 결정했다.

쓰루오카 생협은 지역의 각 단체들에게 협력을 요청하여 1979년 1월 '쓰루오카의 어린이를 이야기하는 심포지엄'을 개최했다. 이 심포지엄은 각 센터와 지역에서 있었던 교육을 이야기하는 모임과 연계하여 개최되었으며, 1979~1981년 3년간 3차례 개최되었다. 특히 3회 때는 '이야기하는 모임'을 학습강연회로 발전시키고 나아가 심포지엄으로 발전시키는 형태를 취했다.

이렇게 쓰루오카 생협은 교육활동센터를 중심으로 교육을 이야기하는 모임을 조직하고 자주학교를 개교하며 어린이 육성 심포지엄을 개최하는 등, 가정과 지역의 교육력을 강화시키기 위해 활동을 계속했다. 그러나 1980년대 중반 이후 소·중학교에서의 이지메 문제가 심각한 사회문제로 부상하고 어린이의 고립화·개별화가 심화되는 상황 속에서 좀더 폭넓게 적극적으로 어린이 문제에 대응해야 할 필요성을 절감했다. 교육활동센터 10주년을 맞이한 1987년 2월에 개최된 제4회 어린이 육성 심포지엄에서는 이런 새로운 상황에 대한 대응 방안에 관한 논의가 이루어졌다. 여기서 야마가타 현 국민교육 연구소의 겐모치 세이이치(劍持淸一) 소장은 4가지 협동안, 즉 ① 교육·문화의 협동, ② 생산·소비의 협동, ③ 의료·복지의 협동, ④ 평화·반핵을 위한 협동을 제안했다. 이 협동 안들은 바로 쓰루오카 생협운동의 사상적 기반이었다.

이 심포지엄을 총괄하는 자리에서 지역 어린이들의 행복을 바라는 개인이나 단체가 어린이 육성 네트워크를 만들자는 제안이 나왔다. 이 제안을 받아들여 현 교조 다가와 지부와 시 공무원노조, 의료생협, 교리쓰샤의

4개 단체를 중심으로 어린이육성 네트워크를 만드는 실행위원회를 조직
하여 연구와 토론을 거듭하면서 지역의 협동으로 어린이를 육성하기 위
한 네트워크 형성 기반을 만들어갔다. 1990년에는 쓰루오카 시에서 제6
회 '어린이육성·문화협동(子育て·文化協同) 전국교류집회'가 열렸고 530명
이 참가하여 성황을 이루었다. 1993년에는 어린이 육성 교육활동의 성과
를 토대로 '쇼나이 마을만들기와 어린이육성·문화협동의 모임(庄內地域づ
くりと子育て·文化協同の會)'이 발족했다. 이 모임은 협동의 집 코피아 개
장 후에는 코피아 2층에 사무국을 두고 인원도 늘렸으며, 어린이육성조합
이 인가 받는 것을 목표로 적극적인 활동을 펴고 있다.

5. 쓰루오카 생협 교육운동의 의의와 전망

이 장에서는 쓰루오카 생협 교육운동의 궤적을 살펴보았다. 쓰루오카
생협의 교육운동은 어린이를 '생활대(生活臺; 생활의 토대)'에서 바라본다
는 관점에 입각하고 있다. 즉 오늘날의 교육이 생활의 기반과 분리된 추
상적인 교육이 된 것을 비판하고, 지역경제를 비롯한 어린이 성장의 '생
활대'를 보호하고 그 바탕에서 어린이들이 '살아가는 힘(生きる力)'을 키
울 수 있도록 해준다는 것이다.

오늘날 일본정부의 교육정책도 '살아가는 힘'의 육성을 강조하고는 있
지만, 국가정책이 중시하는 '살아가는 힘'이란 곧 자본의 논리·경쟁의 논
리가 요구하는 능력의 습득, 다시 말해 산업화의 새로운 단계마다 새롭게
요구되는 능력을 습득하는 것, 또는 그런 능력을 습득할 수 있는 적응력
을 뜻하는 것으로, 쓰루오카 생협이 강조하는 '살아가는 힘'과는 본질적
인 차이를 내포하고 있다. 쓰루오카 생협은 정부의 교육정책이 자본의 논
리나 경쟁의 논리에 지배받고 있는 생활의 토대에 대해서는 전혀 문제를
제기하지 않고, 자본주의 체제하에서 적응하며 살아갈 수 있는 인간을 키

우고자 한다고 비판한다. 쓰루오카 생협은 자본주의 체제의 지배적인 논리에 지역생활의 토대가 쇠락해가고 있으며, 그것이 결국 어린이 육성과 교육문제의 근본원인이라고 파악한다. 따라서 어린이 육성과 교육문제는 생활의 토대를 보호하는 것과 불가분의 관계에 있으며, 생활의 토대를 보호함으로써 어린이가 건강하게 성장할 수 있다고 본다.

학교 또는 교육전문가 집단이 아닌 생협 조직이 주도하는 교육운동의 의의는 바로 이런 점에서 찾아볼 수 있다. 학교를 중심으로 추진하는 '학교와 지역사회 및 가정의 연계'는 자칫하면 학교가 가정과 지역사회에 더 많은 협조를 요구하는 결과가 될 수 있고 실제로 그런 경향이 나타나고 있다. 거꾸로 이른바 지역유지들이 자신들의 영향력 행사나 강화를 위해 학교와의 관계를 이용하는 문제도 좀더 빈번히 발생할 수 있다. 시민조직인 생협(쓰루오카 생협 측의 입장에서는 시민조직이라는 용어보다는 대중조직이나 민중조직이라는 용어를 사용하는 것이 적절할 수 있음)이 전개하는 지역교육운동은 지역에서 자본의 논리에 지배받지 않는 대안적인 사회관계를 형성함으로써 이에 기초한 교육혁신을 추구한다는 점에서 근본적·급진적인 성격을 띤다.

이상에서 언급한 것은 생협운동을 교육운동의 근간으로 삼은 측면인데, 역으로 교육운동을 생협운동의 방법으로 삼은 측면이 있다는 것도 쓰루오카 생협의 교육운동이 내포하는 또 하나의 중요한 의의이다. 전전 쇼나이 지방에서는 정부의 극심한 탄압 속에서도 노동운동이 활발하게 전개되었다. 그리고 그 노동운동에서 중시되었던 것은 다양한 영역의 노동자들을 조직화하기 위한 교육 내지 학습이었다. 본문에서 소개한 학교급식에서 미국산 탈지분유를 쇼나이 지방의 생우유로 바꾼 운동사례도, 단순한 교육문제를 넘어서서 한편으로는 탈지분유 급식의 구조에 대한 학습을 통해 이 지역의 축산농민(=축산노동자)을 조직화한다는 측면을 내포한다. 생산영역의 노동자를 조직화하는 동시에 생활영역의 소비자를 조직화하고, 나아가 지역 차원에서 양자가 연대하여 이를 통해 일본과 미국이라는 국가 차원의 정치적 관계에 의한 지역생활의 지배에 대한 저항을 표시했던 것이다.

쓰루오카 생협의 교육운동은 이러한 쇼나이 지방의 노동운동의 전통을 계승하는 방법론적인 성격을 띠고 있다고 생각된다. 그것은 쓰루오카 생협이 1990년대의 과제로 조합원의 고령화에 따른 젊은 세대와의 단절문제 극복 및 새로운 조합원 육성을 들고 있는 것과 관련이 있다. 1990년대의 과제와 전망을 논의하는 과정에서, 새로운 조합원의 육성문제를 고려해서 그동안 교육활동에서 비교적 미약했던 중고생 부분에 좀더 힘써야 한다는 의견이 제기되었다. 즉 청소년이 성장해가는 과정에서 미래에 대한 전망이 보이지 않아 자기형성을 하지 못하고 고민하는 현상에 주목하고, 이들에게 새로운 전망을 제시해야 하지 않겠는가 하는 문제제기였다. 이것은 곧 교육이 단지 조합원 육성을 위한 수단에 불과한 것이 아니라, 대안적인 삶의 방향을 제시하고, 이를 통해 청소년이 자본주의 체제의 경쟁논리에 대항하여 주체로서 '살아가는 힘'을 획득할 수 있게 한다는 교육목표의 실현이 결과적으로 조합원 육성을 가능하게 하는 것임을 보여준다. 물론 조합원들의 최대 관심사 중의 하나가 자녀교육 문제이기 때문에 교육문제를 다루는 것은 생협의 기반 확대에 도움이 되고 그런 의미에서 교육운동이 생협 운동 확대의 수단으로 인식될 수도 있다. 그러나 앞에서 말했듯이 쓰루오카 생협의 교육운동은 이러한 수단의 차원을 넘어서는 방법론적 함의를 내포하는 것이라 하겠다.

■ 참고문헌

佐藤治助(編著). 1988, 『子どもたちの明日に幸せの虹を ― 共立社鶴岡生協췹敎育活動センター ― 10年のあゆみ』, 生活協同組合共立社.
鹽野俊治(編著). 1988, 『子どもたちの明日に幸せの虹を ― 共立社鶴岡生協췹敎育活動センター ― 20年のあゆみ』, 生活協同組合共立社.

山形縣經濟社會硏究所. 1997,『山形縣の社會經濟』, 1997年(年報10號).

山形縣國民敎育硏究所. 1996,『地域の民主化と敎育 ― 西山形地域戰後史』, 山形
　　民硏所報 No.5.

鶴岡市敎育委員會. 1997,「いきいき1萬人講師名簿」.

山形市敎育委員會. 1993,「山形市社會敎育資料」.

＿＿＿. 1997,「山形市の社會敎育」.

＿＿＿. 1998a,「學校敎育の努力目標 指導の指針」.

＿＿＿. 1998b,「すこやか小學校」.

戶川安. 1973,『日本の民俗 山形』, 第一法規.

土田茂範. 1997,「生活綴方的敎育方法 ― 自主編成の一視點」, 山形縣國民敎育硏究
　　所 民硏論稿(第11期 硏究報告).

渡誠一. 1997,「第15期中央敎育審議會の答申について」, 山形縣國民敎育硏究所 民
　　硏論稿(第11期 硏究報告).

石島庸男·梅村佳代(編). 1996,『日本民衆敎育史』, 梓出版社, 1996.

제9장

오이타의 지역사회와 시민운동
'생활학교'와 '그린코프 생협 오이타' 사례를 중심으로

1. 연구과제와 문제의식

이 장은 오이타 현[1]에 대한 종합적 연구의 일환으로, 오이타 시의 시민운동 사례를 고찰한 것이다. 필자는 그동안 일본의 몇몇 지방도시의 지역사회와 시민운동에 관한 연구를 해왔으며, 그 연장선상에서 이번에도 구체적인 지역시민운동 사례를 통해 일본의 지역사회구조의 성격을 파악해보고자 하였다. 일본의 지역사회에서 새로운 시민적 리더십이 성장하고 있는지, 성장하고 있다면 구체적으로 어떤 형태이며, 기존의 지역의 지배구조 혹은 정치문화에 어떤 영향을 끼칠 수 있을지 알아보고 싶었다.

이 같은 문제의식에 입각해서 1999년 6월 25일부터 7월 8일까지 2주일간 오이타 시에 대한 현지조사를 실시했다. 현지조사를 통해서는 주로 1차 문헌자료 및 영상자료의 수집과 조사대상자에 대한 인터뷰를 실시했다. 필자의 문제의식에 대해 어느 정도 해답을 찾기 위해서는 우선 오이

---

1) 오이타 현은 규슈(九州) 북동부에 위치하고 있으며, 서쪽과 북쪽, 남쪽으로 각각 후쿠오카(福岡), 구마모토(熊本), 미야자키(宮崎) 등의 현과 인접해 있다.

타 시의 지역의 정치조직, 지역조직, 여러 가지 연고망, 노동운동 혹은 노조, 시민운동조직 등 다양한 세력들의 존재에 대한 개괄적인 파악이 필요했고, 나아가 이 다양한 세력들 간의 정치과정도 고찰할 필요가 있었다. 따라서 실제로 필자의 조사범위도, 관청, 노조, 학교, 지역조직, 시민조직 등 다양한 조직들을 포괄하였다. 그러나 이번 현지조사는 사전조사가 거의 이루어지지 않은 가운데 실시된 것으로, 약 2주간의 조사를 통해 충분한 연구성과를 내기는 어려웠다. 따라서 이 글은 사실상 위에서 든 문제를 탐구하기 위한 예비적 고찰단계로, 여기서는 오이타의 시민운동 사례를 중심으로 그 조사결과를 보고하고자 한다.

오이타는 노동운동이 활발했던 지역으로 노조를 기반으로 하는 혁신계, 즉 사회당·공산당의 세력이 상대적으로 강하고 노조의 영향력도 상당하다. 그런 가운데서 오이타에서 가장 활발한 시민운동으로 꼽히는 것은 소비자운동과 평화운동이다. 이번 연구에서는 이들 중 소비자운동을 중점적으로 고찰하기로 했다. 특히 이번 연구에서 소비자운동에 초점을 맞춘 것은, 평화운동이라는 큰 흐름 속에는 다양한 주체들의 다양한 운동들이 포괄되겠지만 오이타 시의 평화운동을 주도하는 것은 평화운동센터이며, 평화운동센터는 실질적으로 노조를 기반으로 만들어진 조직이기 때문이다. 순수한 시민단체 혹은 시민들의 소그룹도 여기에 참여하고 있지만, 평화운동센터가 주도하는 평화운동은 노조의 정치운동과 밀접한 관련을 맺고 있는 것으로 판단되었다. 오이타는 노동운동이 활발했던 지역으로 지역정치에서도 혁신계가 강세를 보여왔다는 점은 서론에서도 밝힌 바와 같다. 오이타 노조는 정치적으로 사회당에 속하여 사회당의 중대한 정치적 기반이 되어 왔다. 혁신계는 일본의 '보수-혁신' 대립구도에 기초한 중앙정치 차원에서 보면 보수 자민당 정권에 비해 상당한 열세에 있는 반체제·반권력 세력으로 볼 수 있으나, 혁신시정이 상당기간 유지된 오이타 지역에서는 혁신계 자체가 핵심권력의 한 축을 담당하고 있다고 할 수 있다. 그런

가운데서 노조와 밀접한 관련이 있는 평화운동센터가 주도하는 평화운동
은 시민운동의 기본 이념에 속하는 '무당파성(無黨派性)' 혹은 '당파적 이
해관계로부터 정치를 보지 않고 생활로부터 정치를 보는 관점'에 반드시
합치되지는 않을 수도 있다는 생각을 하였다. 물론 이것은 연구를 통해
검증된 사실이 아니며, 시민운동과 노동운동, 정치운동의 관계라는 관점
에서 향후 중요한 연구주제가 될 수 있다. 다만, 오이타의 평화운동이 그
러한 성격을 띨 개연성이 있기 때문에 이번 연구에서는 특정 정치조직이
나 정치권력, 노동조합 등과의 연계성이 뚜렷이 드러나지 않는 시민운동
쪽을 고찰해보고자 소비자운동을 연구대상으로 삼았다.

소비자운동에 대해서는 조사과정에서 오이타의 대표적인 시민운동단체
로 꼽혔던 오이타 생활학교와 그린코프 생협 오이타의 조직화 활동을 중
심으로 살펴보았다. 오이타에서 많은 사람들이 대표적인 시민운동단체로
꼽은 것은 소비자단체 연락협의회였고, 특히 소비자단체 연락협의회의 핵
심조직 중 하나인 생활학교를 높이 평가했다. 생협도 소비자운동의 중요
한 주체임에 틀림없으나 그린코프 생협은 오이타의 소비자단체 연락협의
회에 속해 있지 않았으며, 이 조직과 무관하게 활동하고 있었다. 필자는
조사과정에서, 규슈·야마구치(山口) 지역의 생협조직인 그린코프가 생활
클럽 생협과 같은 계열의 생협으로서 정치운동 조직인 '네트'를 결성하고
있으며, 마침 오이타에도 그린코프 생협이 활동하고 있다는 사실을 알게
되었다. 따라서 소비자운동의 범주에 함께 들어갈 수 있는 생활학교와 그
린코프를 비교하면서 오이타의 소비자운동, 나아가서는 시민운동의 특징
을 한 측면이라도 파악해보기로 하였다. 생활클럽 생협은 '생산자/소비자'
라는 이분법적인 관념을 거부하고, 총체적인 생활의 주체로서의 '생활자'
를 지향하며, 그런 관점에 입각해서 생협 활동도 단순한 공동구입 차원을
넘어서서 '생활의 정치화·정치의 생활화'를 추구하는 정치운동으로까지
나아가고 있다.[2] 물론 그린코프 생협이 생활클럽 생협의 이 같은 이념을
공유하고 있는 것인지 단언하기는 어렵지만, 정치운동으로도 나아가고 있

는 것만은 분명했기 때문에 그린코프 오이타를 처음부터 소비자운동 단
체로 규정하지 않고 오히려 소비자운동을 뛰어넘는 어떤 것이 있는지를
기대하면서 조사를 시작했다.

오이타 시는 오이타 현의 현청 소재지이며, 1997년 현재 인구 약 43만
5,000명의 중핵시로서 동(東)규슈지역의 중심 도시이다. 1963년 6개 시·
정·촌의 합병으로 탄생한 현 오이타 시는 이듬해인 1964년 정부로부터
신산업도시로 지정받아 임해 공업지대를 건설한 이래 산업도시로 발전했
다.3) 오이타는 본래 후진 농업지역이었으나 고도성장기에 임해 공업단지
건설과 더불어 급속히 중화학공업의 터가 되었고, 특히 신산업도시 지정
을 받은 오이타 시가 집중적으로 공업화되었다. 급속한 공업화으로 이 지
역에는 많은 불루칼라 노동자들이 나타났고, 이를 기반으로 신산업도시
건설 이후 석유위기 직전까지 노동조합 조직률도 급속히 높아졌다. 거대
기업의 유치가 진전되기 이전까지는 관공로(官公勞)와 중소조합의 비율이
압도적으로 높았고 1965년 이후 거대기업이 진출하면서 그 비율이 저하
되었으나 여전히 상대적으로 비중이 높으며, '동맹(同盟: 전일본노동총동맹

---

2) 생활클럽 생협의 생활자운동 및 그 일환으로서의 정치운동에 관해서는 이 책 제2장 제
   6절을 참조할 것.
3) 오늘날 오이타 시의 중심 시가지에 해당하는 오이타 지구는 구오이타 시로서, 이곳은
   전국시대 말기 오모토 소린(大本宗麟)의 통치하에 남만무역이 발달했으나 에도시대
   들어 도쿠가와 막부의 소번(小藩) 분립정책에 의해 분할통치되어 작은 조카마치(城下
   町)에 머무르게 되었다. 이러한 역사적 배경 때문에 오이타는 도시로서의 통합성과 문
   화를 형성하지 못하여 개성이 없는 도시가 되었는데, 이 점이 오히려 신산업도시로의
   순조로운 발전에 도움이 되었다고 평가된다. 오이타 시 북쪽에 위치한 벳푸만(別府灣)
   은 세토나이카이의 남서쪽 끝으로 예로부터 해상·육상 교통의 요충지였다. 오늘날에도
   오이타는 규슈지방에서 간사이(關西) 지방과의 연계가 강한 도시의 하나로, 한신(阪神:
   오사카·고베를 중심으로 한 지역) 지역으로부터 오이타가와(大分川)에 이르는 루트,
   오노가와(大野川)에서 아소(阿蘇)에 걸친 내륙부의 루트, 그리고 해안을 따라 미야자
   키 방면으로 통하는 루트 등의 중계지점이 되어 있다. 또한 외양 항해루트에서는 세토
   나이카이에서 태평양으로의 출구에 자리잡고 있다는 입지조건이 원유, 광석, 석탄 등
   의 대형 전용선을 활용할 수 있는 공장건설에 유리했기 때문에 이곳에 임해 공업단지
   가 건설되었다.

조합회의)' 계열에 비해 정치적으로 사회당계에 속하는 '총평(總評: 일본노동조합총평의회)' 계열의 조합원이 많다는 특징이 있다. 후발 산업도시 오이타에서는 조직노동자들이 주도한 노동운동이 활발했고, 노조를 기반으로 한 정치운동도 전개되었다. 이를 배경으로 오이타는 농업지역이면서도 선거에서 혁신계가 강세를 보였고, 오이타 시정도 오랫동안 혁신계가 장악해왔다.

오이타 시는 오이타 지구, 쓰루사키(鶴崎) 지구, 다이자이(大在) 지구, 아키노(明野) 지구, 사카노이치(坂ノ市) 지구, 다이난(大南) 지구, 와사다(稙田) 지구 등 7개 지구로 나뉘는데, 그중 구(舊)오이타 시였던 오이타 지구가 중심 시가지를 이루고 있다.

2. 오이타의 소비자운동 사례: 생활학교를 중심으로

1) 신생활운동과 생활학교

1947년 6월, 일본정부는 전후의 혼란을 조속히 극복하기 위해 국민들 스스로의 힘으로 일본을 부흥시킨다는 취지로 '신생활운동'을 제창했다. 이에 따라 각 지역에서는 전쟁으로 황폐해진 마을에 최저한의 생활 기반을 정비하기 위한 생활개선운동을 추진하였다. 그 활동내용은 식량증산, 주거확보, 인습개선, 물자절약, 환경·위생개선 등 주민들의 생활에서 요청되는 사안들에 관한 것이었다.

1950년대 들어 국민의 생활이 어느 정도 안정되는 조짐을 보이면서 생활개선운동도 시대의 변화에 대응할 필요에 직면하게 되었다. 당시 일본은 공업을 중심으로 산업이 두드러지게 발전하고, 사회구조 및 생활구조도 크게 변화하고 있었다. 그런 상황에서 1950년 사회교육심의회는 사회교육의 입장에서 신생활운동을 어떻게 전개시킬 것인가에 대한 보고서를 제출했고, 그에 기초해서 '민간과 관청 또는 관청 상호간의 연락조정' 기관으로서 총리부 소관의 재단법인 신생활운동협회가 발족했다. 신생활운동협회의 발족을 계기로, 당초 전국 각 지역의 자주적인 운동으로 추진되었던 신생활운동은 성격이 변화되어갔다. 본래 지역 주민이 공동으로 지역과제나 생활과제를 해결함으로써 풍요로운 생활을 다시 세우는 운동으로서 출발했는데, 국책에 따라 주민들을 계발시키는 운동으로 변질된 것이다.

1960년대 들어 신생활운동은 지역과제나 생활과제의 표면적인 개선이나 행정과의 연계로 행사 중심의 운동으로 되어갔는데, 신생활운동협회에서는 이에 대한 반성으로 새로운 운동방향을 모색하게 되었다. 협회는 발족 당초부터 모든 경비를 국가에서 지원 받았기 때문에 협회의 독자적인 운동영역을 설정하고 자주적으로 사업을 추진하기 위해서는 자주재원을 확보할 필요가 있었다. 이를 위해 신생활운동협회는 외국(外局)으로서 신생활사업센터를 설립하고, 소비생활을 중심으로 1964년부터 실험적으로 생활학교 운동을 전개하였다. 생활학교운동은 도시의 공업화에 따른 급격한 인구증가, 내구소비재의 보급, 맞벌이 부부증가, 생활의 상품화, 농촌의 도시화 등 새로운 과제에 대응하고, 운동의 주체로서 생활주권자의 입장을 형성하기 위한 것이었다.

생활학교는 생활구조·생산구조·사회구조의 급격한 변화로 나타난 생활과제를 중심으로 학습하는 활동으로서, '소비생활, 생활기재, 생활환경, 계량문제, 식품첨가물, 식품위생, 지역과 생활, 현명한 주부, 여성의 자립, 건강과 가정, 가정교육' 등 다양한 문제를 다루었다. 단, 생활학교는 다른 학습사업과는 다른 특징을 지니고 있었는데, 그것은 학습과 실천을 조합하여 문제를 구체적으로 해결하는 수법을 강조하고, 이를 생활자 주도로 추진하도록 했다는 점이다. 학습자 자신이 주권자라는 입장을 견지하기 위해, 생활학교에 대한 보조금은 해마다 줄어들어 결국은 없어지게 되었다. 이렇게 해서 생활학교는 자주교로, 또 볼룬티어 그룹으로 변화되어갔다. 그동안의 교양주의적인 학습에서 생활실태를 잘 보고 과제를 찾아내고 학습으로 전개시켜가는 방식으로 학습이 변화되었다는 의미에서 생활학교는 평가할 점이 있는 사업이었다.

2) 오이타의 생활학교: 조직과 활동

본래 농업지역이었던 오이타에서는 일찍이 1948년에 신생활운동 현민(縣民)회의가 결성되어 신생활운동을 추진했는데, 이 운동에서 핵심적인 역할을 맡았던 여성들이 1965년에 생활학교를 창설했다. 즉 생활학교는 신생활운동의 일환으로서 탄생한 것이다.

오이타 현의 생활학교는 1965년 츠쿠미 시(津久見市)에서 처음 창설되었다. 그 후 오이타 시를 비롯한 현 내의 각 시·정·촌으로 파급되어, 1969년까지 14개의 생활학교가 개설되었다. 1969년에는 오이타 현에서 개최된 생활학교운동 규슈지구 대회를 계기로 오이타 현 생활학교 연락협의회가 결성되었다.

오이타 시에는 현재 오이타 주오(中央)4) 등 4개 지구에 생활학교가 조직되어 있으며 이들이 오이타 시 생활학교 연락협의회를 구성하고 있다. 생활학교는 지연에 기초한 조직이 아니라 생활학교의 목적과 활동에 공감하고 관심을 갖는 사람들이 조직한 자발적 결사체이다. 소비를 중심으로 한 생활문제를 다룬다는 성격상 회원은 주로 지역의 주부들이다. 생활학교 회원들 가운데는 지역의 부인회에 가입했다가 생활학교 쪽으로 옮

---

4) 오이타 시는 오이타, 쓰루사키(鶴崎), 다이자이(大在), 아키노(明野), 사카노이치(坂ノ市), 다이난(大南), 오사다(植田) 등 7개 지구로 나뉘는데, 그중 오이타 지구는 구 오이타 시로서 '오이타주오'라고 한다.

겨온 사람들도 적지 않다. 지역 부인회가 지연에 기초한 조직으로서 조나이카이(町內會)·공민관 등 다른 지역조직과 밀접한 관련을 맺고 지역생활과 관련된 활동을 하는 데 비해, 생활학교는 목적이 비교적 한정되어 있고 다른 지역조직들과 연계되어 있지 않다. 그 때문에 새로 이사와서 지역에 쉽게 적응하지 못하는 사람들이 지연에 기초한 조직보다 마음 편하게 활동할 수 있는 장을 찾아 생활학교에 들어오는 경우도 있었다.

오이타 시의 각 생활학교는 독자적인 활동을 전개하는 한편 생활학교 연락협의회가 주체가 된 연대활동을 하기도 한다. '오이타 현 생활학교 연락협의회 연표'를 통해 오이타생활학교의 활동의 흐름을 보면, 연락협의회가 결성된 1969년 무렵까지는 생활학교가 주체적으로 구체적인 활동을 전개하기보다는 신생활운동협회의 주도하에 주로 이 지역에 생활학교 운동을 파급시키기 위한 작업들을 해온 것 같다. 이 시기 현 내 생활학교의 교류 연구회에서 다루었던 주제들은 신생활운동과 생활학교운동의 관계, 생활학교운동의 이념, 생활학교와 지역사회와의 연계 등 주로 계몽적인 것이었다. 연락협의회가 발족된 이듬해부터 교류집회에서는 생활학교 운동 자체에 대한 것뿐만 아니라, 식품의 안전성, 포장, 자원, 재활용, 환경오염 등 구체적인 문제들도 다루게 된 것을 볼 수 있다.

생활학교 회원들은 이러한 문제에 대한 학습과 조사를 주로 하면서, 학습 및 조사결과를 토대로 구체적인 운동을 해왔다. 이들은 '학습 없이 말하지 말라. 자료 없이 말하지 말라'를 활동의 기본원칙으로 삼을 만큼 학습과 조사를 중시하는데, 그것은 구체적인 근거를 가지고 논의하지 않으면 협상대상에게 무시당하기 쉽기 때문이다. 주부들이 당위적인 논리만 갖고 임하면, 구체적인 변화를 이끌어낼 힘이 없다는 것이다.[5] 오이타 시

---

5) 예를 들어 식품의 안전성 문제를 다룬 1971년의 경우, 교류집회에서 발표된 실천사례를 들어보자. 이날 발표를 한 생활학교는, 주부들이 가까이 접하는 식품포장에 초점을 맞추어, 설문조사 및 시장조사를 했다. 조사결과 우려가 되는 용기 및 포장재에 대해서

생활학교의 활동내용도 이런 특징을 구체적으로 보여주고 있다. 오이타 시 생활학교 회원들이 대표적인 성과로 꼽은 것은 청과물 1회용 포장용기 사용 제한에 관한 협약이다. 오이타 시 생활학교 연락협의회는 1984년에 시내 주요 슈퍼마켓들과 "1984년 5월부터 24개 품목의 청과물에 1회용 포장용기를 사용하지 않는다"는 합의서를 채택했는데, 이것은 오이타 시 생활학교들의 오랜 노력의 성과였다. 이 자리에는 현과 시 행정관계자, 시 소비자단체 연락협의회 등이 입회했다.

오이타 시는 신산업도시 지정을 받은 이래 인구가 급증했고, 그에 따라 슈퍼마켓도 급속히 증대했다. 오이타 시내 슈퍼마켓의 상업면적 1m²당 인구 비는 오이타와 규모가 같은 다른 시에 비해 훨씬 적다. 오이타 시 주요 생활학교는 1971년부터 청과물 포장용기 문제에 관심을 갖기 시작했다. 고도성장을 거치면서 백화점에는 과잉포장 상품이 넘쳐 한 번 사용하고는 버려지는 경우가 대부분이었다. 당시 오이타 시의 쓰레기 처리는 유료였고 혼합 수집이었다. 그래서 자원과 쓰레기 문제에 조속히 대처해야 한다는 인식을 갖게 된 생활학교 회원들은 업자들과 여러 차례 모임을 갖고 이 문제를 논의했다. 이들은 지나친 포장과 관련하여, 우선 주로 선물용품에 사용하는 스티로폴수지로 만든 포장용기에 대해 문제를 제기했다. 몇 차례의 모임을 통해 생활학교 측은 포장을 간소화할 것, 점 내에 비포장 코너를 만들 것 등을 요구했고, 달걀 케이스의 유료 수거 등을 실현시켰다. 한편 쓰레기 수집 문제도 시와 협의하여 분별수집과 지역의 유가

는 안전성 시험을 의뢰하는 한편, 생활학교에서 플라스틱에 대한 기초학습을 하였다. 이러한 조사 및 학습을 통해 얻은 자료를 근거로 판매점과 논의를 하고 관계 기관에 질의를 하였다. 또한, 지역 고등학교 가정과 클럽원들과 연구내용을 교환하거나 처리장을 견학하는 등의 활동을 하였다. 이러한 활동을 통해 소비자 스스로의 탐구가 부족하다는 것을 통감했고, 모든 염화비닐 용기에 안전마크를 부착할 필요성과 제품의 생산공장에서부터 소비자의 식탁에 이르기까지 안전성을 확보할 수 있는 체계적인 시스템이 필요하다는 것을 절감하여, 이를 건의했다.

쓰레기 집단 회수 등을 실현하는 데 원동력이 되었다.

1973년에 시내 백화점과 과잉포장에 대한 논의를 했는데 당시는 분별수십이 겨우 시작된 단계로 포장용기 문제에 대한 시민의 관심도 적었다. 오이타 시 생활학교 연락협의회는 백화점과 슈퍼마켓에 22개 품목의 1회용 포장용기 추방 요망서를 제출함과 동시에 홍보 전단을 만들어 시민들에게 홍보하였다.

그런데 1980~1982년에 생활학교가 다른 문제에 관심을 쏟는 동안 시민의 관심도 적어졌고 슈퍼마켓간의 경쟁이 격화되면서 1회용 포장용기 사용이 다시 증대하는 현상이 나타났다. 오이타 시 생활학교 연락협의회는 이에 분명히 대처해야겠다고 생각하던 차에, 생활학교운동 전국대회에서 고치 시(高知市) 생활학교의 사례를 알게 되었다. 고치의 사례를 통해 1회용 포장용기를 추방하려면 시 전역에서 일제히 시행하고 업주 측과 합의서를 교환하는 것이 필요하다는 생각을 하게 되었다. 그리하여 오이타 시 생활학교 연락협의회는 설문조사를 통해 주민들이 포장용기가 필요 없다고 생각하는 청과물을 알아보고 회원들이 각 수퍼를 돌면서 1회용 포장용기 추방 현황을 일일이 체크하는 작업을 계속했다. 이에 기초해서 고구마, 감자, 연근 등 20개 품목에 대해 포장용기를 없애는 것이 좋다고 결정하였다.

이를 기초로 1983년 12월부터 대화를 했다. 여기에서 참가자 측은 피망과 밤 등도 포장용기 추방 품목으로 들었고, 업주 측은 이들에 대해 하나씩 검토하겠다는 회답을 보냈다. 이미 실시를 하고 있는 일부 슈퍼마켓에서 포장용기를 없애도 문제가 없다는 소견을 제출한 것에도 힘입어, 업주들과의 논의를 통해 24개 품목을 결정했고 최종적으로 이를 명시한 합의서를 만들기에 이르렀다. 합의서에 조인하는 자리에는 행정관계자도 입회하는 등 생활학교 측은 세심한 배려를 하였다.

합의서에 조인을 한 후에는 이에 참여하지 않았던 슈퍼마켓들도 참여하고 싶다는 의사표시를 했고, 조인한 각 슈퍼에서는 사원들을 대상으로 상품관리교육을 철저히 하여 토마토 등에 대해서는 품질을 보아 하루에 다 팔리도록 주문을 조절하는 방법을 생각하기도 하고 색깔 조절이 쉬워 졌다는 의견이 나왔다. 그밖에도 여러 가지 성과가 있었는데, 소비자의 입장에서는 가격이 낮아졌다는 점이 명확한 성과로 나타났다. 나아가 1984년 10월에는 추적 조사 후, 대화를 통해 풋고추, 은행 등 5개 품목을 추가시킨다는 약속을 하였으며 1985년에는 10개 품목이 추가되어 조사대상 품목이 39개가 되었다.

생활학교에서는 이러한 약속을 끌어내는 것 이상으로 그 약속이 실천되는가를 확인하는 사후 처리도 중요하다. 따라서 사용 제한에 관한 합의가 이루어진 후 생활학교 회원들에 의한 감시활동이 지속적으로 이루어져 왔다. 이러한 방식의 활동은 포장문제 뿐 아니라 사용한 캔의 회수 및 재활용문제에서도 이루어졌다. 생활학교는 이밖에도 다양한 생활과제들과 관련된 활동을 전개해왔는데, 다음은 그동안 생활학교가 다룬 과제목록이다.

① 식품의 안전성: 식품의 표시 및 안전성에 관해 주변에 있는 식품에 대한 조사활동 및 학습을 통해 요망서를 제출한 후 사후 처리를 계속해왔다.
② 자원환경 문제: 자원을 소중히 여기는 운동은 각 학교에서 가장 많이 다루는 주제이며, 가정 쓰레기, 폐 플라스틱 처리, 과잉포장 추방 등 3가지 문제를 함께 다루었다. 또 생활배수를 비롯한 환경오염 문제에 대한 대응노력도 소개했다.
③ 고령자 문제: 인구의 고령화가 급속히 진전되고 있는 가운데, 고령사회에 어떻게 대응해나갈지에 대한 학습, 계발활동, 설문조사 등을 실시했다. 또 고령자를 배려한 지역환경 만들기를 위한 조사활동을 벌이기도 했다.
④ 기타: 상품서비스, 공공서비스 등 생활문제를 다루었다.

3. 오이타의 생협운동: 그린코프 생협 오이타를 중심으로

1) 그린코프 생협 오이타의 성립과정: '내츄럴코프'에서
'그린코프'로

그린코프 생협 오이타는 1985년 '파스퇴라이즈드'라는 저온살균 우유의 공동구입을 권유하는 데서 출발했다. 당시 일본에서는 LL(Long Life) 우유(초고온살균 우유)가 사회적인 쟁점이 되고 있었다. LL우유는 상온에서 90일간 보존 가능하다고 되어 있었다. 후생성이 이 우유의 상온 유통을 승인하자 소비자단체는 이에 반대 입장을 표명하였다. '썩지 않는 우유'란 어딘가 이상한 것이 아닌가 하는 소박한 의문과 주변의 상점들이 그런 우유만을 취급하게 되지 않을까 하는 불안감이 오이타의 몇몇 주부들이 생협을 추진하게 된 직접적인 계기가 되었던 것이다. 일본소비자연맹 등의 소비자단체가 LL우유 반대 광고를 낸 신문에서 저온살균 우유를 취급하는 생협을 소개한 글을 발견한 주부들은 저온살균 우유의 공동구입을 제안했다. 나아가서 우유뿐만 아니라 합성세제, 식품첨가물, 농약 등 더 넓은 시야에서 공동구입 활동을 해보기로 하고, 1985년 10월 '생협 오이타 설립준비위원회(이하 설립준비위)'를 발족했다. 설립준비위는 오이타 시에 사무소를 설치하고 회원 27명, 사무국 3명으로 출발하여 우선 저온살균우유의 공동구입을 시작했다. 당시 먹거리에 관심을 갖고 가족에게 안전한 식품을 먹을 수 있게 해주고 싶어하던 젊은 어머니들이 이에 호응하여 참가했다.

설립준비위는 등유 및 쌀 배달을 하고, 우유팩 회수 재활용운동을 전개하는 등의 활동을 해나가면서 착실히 성장해나갔다. 1986년 3월에는 기초화장품을 개발하는 등 활동을 확대하기 시작했다. 1986년 11월 회원이 2,000명을 넘은 시점에서 설립준비위는 현의 인가를 얻어 정식 생협 법인이 되었으며, 설립총회를 개최했다. 설립총회에서는 '안전한 먹거리'를 원

점으로 할 것, 공동구입의 기반을 굳힐 것, 활동범위를 현 전체로 확대할
것, 힘을 키워서 가게나 농원, 보육소 등의 꿈을 실현할 것 등을 기본방침
으로 정했다. 설립총회 후 곧 교세이샤(共生社) 생협 연합에 가입했으며,
1987년 12월에 현의 설립인가를 받아 법인격 자격을 획득하고, 생협으로
본격적인 출발을 하였다. 이때 생협의 명칭은 내츄럴코프였다.

내츄럴코프는 급속히 성장하여 1988년에는 설립 총회 당시 2,000명이
었던 조합원이 2만 명을 넘어설 정도로 조직규모가 커졌다. 1988년 3월
임시 총회에서 내츄럴코프는 명칭을 그린코프로 바꾸고, 같은 해 5월 그
린코프 연합에 가입했다. 그린코프 생협 오이타가 된 후, 처음에 오이타
시에서 출발한 생협은 1988년에 벳푸, 1990년에 나카츠(中津), 1992년에
히다(日田), 1995년에는 켄난(縣南) 지방으로 활동범위를 넓혀 오이타 현
전역에 센터를 갖게 되었다.

2) 그린코프 생협의 이념

그린코프 연합은 1988년 3월 30일 규슈 및 야마구치(山口) 지방의 25
개 비누파 생협이 모여 결성한 생협의 연합조직이다. 비누파 생협이란 합
성세제 사용을 반대하여 이를 취급하지 않는 생협을 일컫는다. 그린코프
연합에 가입한 것은 우선 생협이 추구하는 안전한 먹거리 확보나 독자적
인 상품의 개발, 그밖의 여러 면에서 목적을 달성하기 위해서는 일정 정
도의 규모를 확보하는 것이 필요하기 때문이었다. 그러나 그린코프 생협
이 되는 것은 단순히 그런 전략적인 의미만 있는 것이 아니라, 그린코프
생협이 추구하는 이념을 공유하는 것을 의미한다.

그린코프 생협의 기본성격은 그 출발점에서 다케다(武田桂二郎) 초대회
장이 생협을 다음과 같이 규정한 데서 엿볼 수 있다. 다케다 씨는 "① 생
협은 모친의 연합체이다, ② 생협운동은 모친연합이 주도하는 여성의 자

립운동이다, ③그린코프는 자립한 모친연합과 여성의 운동에서 공통된 본질을 모색한다"라고 하고 '그린코프 선언'을 제창했다. 이 선언에서 제시된 그린코프 생협의 기본이념은 '공생'으로, 첫째, 사람과 사람의 공생, 둘째, 자연과 사람의 공생, 셋째, 여성과 남성의 공생, 넷째, 남과 북의 공생이라는 4가지 공생의 정신을 내포한다. 즉 기본적으로 인간이 상호 이해에 기초하여 더불어 살아갈 것을 추구하는 동시에 인간의 삶은 자연과도 친화적이어야 한다는 것이다. 성별에 따른 차별이나 선진국-개발도상국 사이의 격차에 따른 삶의 조건의 차이를 극복하는 것도 더불어 사는 삶의 중요한 내용이 된다.

이러한 이념에 기초하여 생협 오이타는 결성 초기 식품에 대한 학습으로 시작하여 환경문제, 평화문제 등으로 운동영역을 넓혀왔다. 처음에는 그린코프 연합이 표방하는 '4가지 공생'에 대해서는 별로 관심을 갖지 못했다. 또, 이미 제품으로 있는 상품을 공동구입하고 있었기 때문에 그 상품들 하나하나의 배경을 깊이 생각하는 단계에는 이르지 못하고 있었다. 그러나 생협의 일상적인 활동을 해나가면서 '4가지 공생'의 존재와 그 의미를 알 수 있게 되었으며, 상품개발에 관여하게 되면서부터는 상품의 배경에서 자신들이 찾고자 하는 것은 무엇인지에, 또 사람들의 삶이나 미래 사회의 모습은 어떠한지에 대해서도 생각할 수 있게 되었다.

3) 조직과 활동

(1) 조합원 조직

그린코프 오이타는 1985년 10월, 27명의 회원이 공동구입을 시작한 이래, 1987년에 4,589명, 1997년 1만 9,120명, 1998년 2만 4,600명으로 조합원 수가 지속적으로 증대했고, 1998년 현재 출자금 총액은 7억 4,396만 4,000엔, 공급액은 40억 7,803만 9,000엔이다. 이렇게 조직규모가 커짐에 따라 당초 이사회와 이사가 분담하는 전문위원회뿐이었던 조합원 조직도 현재는 반장회, 반회, 지구총회, 센터총회, 지구운영위원회, 센터운영위원회, 전문위원회, 이사회, 감사회, 총 대회, 조합원사무국, 써클, 기금운용위원회, 복지협의회, 복지고문 등으로 확대·정비되었다. 그린코프의 기본방침은 연 1회 매년 6월경 개최되는 총 대회에서 결정되며, 조합원들의 의견은 반장회→반회→지구총회→센터총회를 거쳐 수렴되어 총 대회에서 논의·결정된다. 총 대회에서 결정된 기본방침에 기초해서 일상적으로는 지구운영위원회, 센터운영위원회, 전문위원회, 이사회, 감사회 등에 의해 활동이 이루어지고 있다.

▶ 반(班)

그린코프의 기초단위는 반으로, 1999년 6월 현재, 3,500개의 반이 있다. 반은 기본적으로 공동구입의 단위이지만, 공동구입의 단위를 넘어서서 일상생활의 문제나 생협 운영에 관한 이야기들을 나누고 친목을 도모할 수 있는 일종의 '생활반'적인 성격을 띤다. 하나의 반을 구성하는 인원은 일정하지 않아, 그린코프의 경우 2명 반, 3~4명 반, 5인 이상 반 등 여러 형태가 있다. 그린코프에서는 반의 규모를 5인 이상으로 만드는 것을 목표로 설정하고 있으나, 이것은 소인수 반의 통합이 아니라 조합원 확대를 위한 것이다. 그러나 그린코프의 조직을 강화시키기 위한 정책의 하나로 1997년부터 '공동구입의 다변화(혹은 후레아이 시스템)'를 추진하고 있는데, 이는 기존 반 중심의 공동구입 체제를 벗어나 반, 대형반, 개배(個配=개인 배부), 스테이션(공동구입 물품의 보관 장소), 점포 등 다양한 형태를 동시에 갖추는 것으로, '가입·이용형태의 다양화'를 통해 새로운 조합원을 확보하기 위한 방법이다. 반 조직은 일본 생협의 특징으로, 지역에서 전업 주부들을 조직화하는 데 유효한 방식이었다. 종래 생협의 주된 가입자는 공동구입에 참여하기 쉬운 전업 주부 층이었는데, 사회변화에 따라

고령자, 취업여성, 장애인 등도 먹거리의 안전성이나 환경문제에 관심 있는 사람이라면 누구나 이용할 수 있는 체제를 만들 필요성이 인식되었다. 즉 '공동구입의 다변화'는 사회운동적인 의미와 조합원 확대라는 선략적인 의미 양면을 모두 내포하고 있는 셈이다. 그러나 앞에서도 지적했듯이 반은 일종의 '생활반'으로, 공동구입의 단위일 뿐 아니라 커뮤니케이션의 단위이기도 하며, '협동'의 기초라는 의미를 내포하기도 한다. 따라서 인구의 초고령화나 여성의 취업률 증대 등에 대응한 다양한 '이용, 참가'방식을 추구하면서도 그것이 협동조합의 원점이 되는 정신을 약화시키지 않도록 배려하며, 시대에 맞는 새로운 협동, 지원을 모색할 필요성이 제기되고 있다.

▶ 반장회와 반회

연 2회(매년 9월과 2월) 열리는 반장회는 지구운영위원회가 주최하며, 각 반의 대표가 참가하여 그린코프의 활동 및 운영에 관한 의견교환을 한다. 단, 반장이라는 역할이 하나의 제도로 확립되어 있는 것은 아니며, 반을 대표해서 참가한다는 의미에서 편의적으로 붙여진 명칭이다. 반장회는 각 반에 속하는 조합원들의 의견을 가지고 와서 이 장에서 제안하는 밑으로부터의 의견수렴 통로라기보다는, 오히려 위에서 제안한 방침에 대한 설명을 듣고 참가자들이 그에 대한 의견을 이야기하고, 반장회에서 논의된 내용을 반회에서 조합원들에게 전달하는, 위로부터 아래로 제안을 내려보내는 통로 역할을 한다. 물론 이것은 일방적인 전달이나 지시는 아니며 양방향 의사소통의 매개체라는 성격을 띠지만, 예컨대 그린코프 오이타가 그린코프 연합의 활동 및 운영방침을 공유하는 부분은 위에서 아래로 전달될 수밖에 없으며, 독자적인 활동 및 운영방침의 상당부분은 이사회 등 상부기구에서 제안되기 때문에 반장회는 기본적으로 조합원들에게 제안 사항을 설명하고 그에 대한 이견을 듣는 장이 된다. 반은 생협조직의 기초단위로 되어 있지만 최근에는 앞에서 본 것과 같이 가입 및 이용의 다양화를 추진하고 있기 때문에, 현재와 같은 반장회, 반회 체제하에서 후레아이반·스테이션·개배·점포 등과 같은 개인 이용 조합원이나 운영실무를 담당하는 워커즈의 구체적·조직적 대응을 어떤 식으로 확보할 것인가 하는 문제가 남아 있다.

▶ 지구운영위원회와 지구총회

창립기에는 '지구' 구분이 없었으나 규모가 커짐에 따라 1990년부터 조합원 조직의 기반을 다져야 할 필요성이 대두하여 대체로 중학교구에 준하는 '지구'를 만들고(조합원 수가 적은 지역은 반드시 이 기준에 의하지는 않음) 그 지구에 사는 조합원 중에서 지구운영위원을 모집하여 지구운영위원회를 발족시키게 되었다. 발족 이래 44개 지구가 만들어졌으나 조합원 수 500~1,000명을 기준으로 18개 지구로 통합되었다가 조합원 수가 증가한 지구를 분할하여 1999년 6월 현재 19개 지구로 되어 있다. 매년 1회 3월에 지구단위로 반 대표들이 참가하는 지구총회가 개최되며, 여기서 지구운영위원이 선출된다. 현재(조사 당시) 19개 지구에 222명의 지구운영위원이 활동하고 있다. 지구는 지구운영위원을 비롯하여 전문위원 등 위원과 임원(이사)의 선출기반이 된다. 지구총회는 매년 3월에 개최되는데, 그 지구에 속한 반 전체의 과반수의 참가로 성립되며 지구총회가 성립된 지구에는 지구활동보조금과 반의 후레아이보조금이 지급된다. 이에 대해 돈으로 총회를 성립시키는 셈이라는 비판도 있었으나, 지구총회 참가자를 확실히 증대시킬 수 있었다. 총회에 앞서 2월에 지구운영위원회는 반장회를 주최하며 반장들은 여기서 논의된 내용을 반회에서 조합원들에게 전달하고 의견을 모아 지구총회에서 그 의견을 제시한다. 지구총회에서 논의된 사항은 지구운영위원을 통해 이사회와 총 대회로 전달된다. 지구운영위원의 임기는 1년으로 재선될 수 있으며 4월부터 다음해 3월까지 수당이 지급된다.

▶ 센터운영위원회와 센터총회

그린코프에는 6개의 센터가 있는데, 센터는 복수의 지구가 횡적인 연계를 맺는 기점이다. 각 센터에는 센터운영위원회가 있으며 운영위원회는 기본적으로 지구 운영위원장 및 부운영위원장으로 구성한다. 단, 지구 수가 적은 센터에서는 정·부위원장 이외에도 센터운영위원을 선출할 수 있다. 1999년 6월 현재, 6개 센터에 57명의 운영위원이 활동하고 있다. 센터운영위원회는 지구총회와 센터총회(연1회 3~5월)를 주최하며, 지구 운영위원을 대상으로 한 학습회를 개최하거나 센터 내 지구 운영위원들간의 교류를 도모하고 각 전문위원회의 견학을 기획하는 등 센터운영과 관련된 일상적인 활동을 한다. 운영위원회에는 전문위원이 참가하여 전문위원회의 활동을 센터에 매개하는 역할을 한다.

▶ 전문위원회

그린코프 오이타는 그린코프 연합의 전문위원회와 연동되는 형태로 상품위원회, 조직위원회, 청과 및 쌀 위원회, 복지위원회, 점포위원회 등 5개의 전문위원회를 두고 있으며 위원 수는 82명이다. 전문위원은 지구총회에서 선출되며 임기는 1년으로 재선 가능하며, 임기 중 활동수당을 받는다. 각 전문위원회는 담당분야에 관련된 활동을 하고, 그린코프 연합 주최의 학습회나 시찰 등에 대해서도 정보를 공유하고 홍보하는 역할도 한다. 각 위원회의 98년도 활동사례를 간단하게 정리하면 다음과 같다.

› 상품위원회: 98년도에는 유전자 조작상품과 환경호르몬에 관한 조합원들의 지식과 인식을 증대시키는 것을 목표로 가두 캠페인이나 지구 학습회를 개최하고, 산지 견학·생산자와의 대화 등을 통해 상품에 대한 인식을 높이는 등의 활동을 하였다. 상품위원회는 그린코프의 방침에 맞는 상품개발에도 힘써, 예컨대 1998년에는 non-GMO 우유와 같이 유전자조작과 환경호르몬에 대응하기 위한 상품을 개발하기도 했다.

‣ 조직위원회: 환경, 평화, 아시아와의 연대 등에 관한 다양한 활동을 하고 있다. 환경에 관련된 활동으로서는 비누·재활용을 주된 테마로 하여, 학습회나 견학 외에 협동조합 비누운동 연락회의 일원으로서 비누사용을 확대시키기 위한 노력을 해왔다. 평화에 관한 활동으로는, 매년 '부전(不戰)은 그린코프의 원점'이라는 슬로건하에 평화행진을 하고 있으며, '아는 것으로부터 시작합시다'라는 제목하에 위원 내 학습을 겸한 강연회 개최(1998년도에는 미군의 사격연습 반대운동에 참여하고 있는 지역의 운동가 초청), 체르노빌 소녀와의 교류회를 통한 원자력발전소 사고에 대한 학습을 하였다. 또, 평화헌법을 옹호한다는 입장에 기초해서 1999년도 총 대회에서는 신 가이드라인 법안에 반대하는 특별 결의를 채택했다. 아시아와의 연대활동으로는 필리핀 네그로스 섬의 민중농업 창조계획에 대한 세미나와 캠페인을 개최하고, 식량위기를 겪고 있는 북한을 한국 민중조직을 통해 지원을 했으며, 국경을 초월한 아시아 시민과 생활자의 연대, 교류를 증진시키기 위한 기금을 설립하기 위한 노력도 하고 있다.

‣ 청과·쌀 위원회: 대개 청과와 쌀의 이용보급, 생산자와의 교류, 농업에 관한 지식획득 및 심화 등 3가지 방향에서 다양한 활동을 하고 있다.

‣ 복지위원회: 주민복지에 관해 각 시·정·촌의 실정에 대한 정보를 수집하고 이를 조합원에게 알리는 조사활동, 복지점포의 이용률을 높이기 위한 노력, 복지강연회 및 영화회 등의 기획 및 개최, 지역의 복지시설이나 공동 작업소와의 교류를 통한 네트워크 형성, 지역복지를 추진하기 위한 활동 등을 하고 있다.

‣ 점포위원회: 점포위원회는 그린코프의 점포 개점에 따라 1998년에 준비회로부터 위원회로 발전하여 본격적인 활동을 개시했다. 기본적으로 그린코프 오이타의 점포시책을 검토하고, 점포에서 취급하는 상품 결정 및 이용율을 높이기 위한 학습회·시식회·조사활동 등을 한다.

▶ 이사회와 감사회

이사회는 지구운영위원회, 센터운영위원회, 전문위원회, 전종 직원의 대표 35명으로 구성되며 그린코프의 활동 및 운영에 관한 기본방침을 논의하고 제안하는 역할을 한다. 이사의 임기는 2년으로 기간 중 활동수당이 지급되며, 이사장은 이사회에서 호선으로 결정한다. 감사회는 조합원이 생협의 운영을 감사하는 조직으로서 5명으로 구성된다.

이상의 조직들은 그린코프 오이타의 운영에 관해 일상적으로 활동하는 조직이며, 그 외에 복지에 관련된 부서들로 구성되어 복지에 대한 검토·제언을 하는 복지협의회와 100엔 기금의 운용에 대해 검토하는 기금운용위원회가 설치되어 있다. 복지협의회에 속한 부서들 가운데는 점자써클, 써클 미도리노 지구(초록 지구), 메다카 공동보육소, 모유와 육아의 모임 등 5개의 복지 써클이 있다.

(2) 활동: 목표와 내용

그린코프 오이타는 그린코프 연합의 정책을 공유하면서 오이타 자체의 활동목표와 방침을 정하고 있다.[6] 현재는 1997년에 설정된 제2기 활동목

6) 그린코프 연합 차원에서 공유되는 활동방침은 다음과 같다: ① 환경 프로젝트를 만들어 '환경호르몬 전국 시민단체 테이블'의 다이옥신·염화비닐 추방활동이나 그린코프의 '트레이 투 트레이' 활동에 기초해서 환경문제에 관한 활동을 더욱 심화시킨다. ② 우유이용을 확대시킴으로써 non-GMO(비유전자조작)화로의 전환에 따른 생산자의 부담을 해소시키고, 용기재활용을 더욱 철저히 하기 위해 우유용기를 병으로 사용한다. ③ 달걀의 살모넬라 대책에 만전을 기하기 위해 10팩의 소기획화·저온 유통·몰드팩의 재활용을 1999년 가을부터 실시한다. ④ 네그로스 민중공역(公易)의 성과를 바탕으로 아시아와 연대하기 위한 기금을 만들어 교류·연대를 확대해간다. ⑤ 각 생협에서 추진하고 있는 공동구입의 다양화 체계나 점포 정책을 종합적으로 정리하여 좀더 확실한 것으로 만들어간다. ⑥ 개호보험의 도입을 염두에 두고, 지속 가능한 재택지원 워커즈의 장래 전망을 세워, 워커즈와 생협의 공동경영을 모색한다. ⑦ 점포·공동구입·복지의 워커즈 운동을 발전시켜, 워커즈형 생협을 추구한다. ⑧ 산직 농산물의 재배기준을 정해 유기농산물 인증제를 실시할 것을 검토하고 BM 기술의 보급이나 이용확대로 무

표 및 방침에 의거해서 활동하고 있으며 그 내용은 다음과 같다.

▶ 지역정책

① 오이타 시 지역의 실험을 토대로 '후레아이 시스템(공동구입의 다변화)' ― 반·대형반·후레아이반·스테이션·개배(개별배분)·미니점포 ― 을 전현으로 확대한다.

② 조합원 가입률을 높여, 2000년 이후 계획적으로 미니점포를 각 센터에 만들어 체인화해간다.

③ 이를 뒷받침하는 조합원 조직을 강화하고 조합원 '참가형'으로 추진해간다.

④ 10세대에 1세대(조직률 10%), 4만세대의 그린코프를 목표로 한다.

▶ 워커즈 정책

① 생활자(조합원)의 눈높이에서 추진하고, '안전성' 등의 원점을 지키는 사업이 될 수 있도록 워커즈 방식에 의한 노동참가를 확대해간다.

② 작업을 담당하는 워커즈로부터 가입·이용보급·조합원과의 커뮤니케이션·조합원활동을 촉진하는(경영에 참획하는) 워커즈로의 발전을 추구한다.

③ 업종별 워커즈 연합, 업종을 넘어선 워커즈 총 연합을 만들어 워커즈의 자립과 연계를 강화시킨다.

▶ 새로운 센터 정책

① 지금까지의 센터는 공동구입의 거점이었으나, 향후 지역에서 복지 기능과 점포를 겸하는 종합적인 활동거점으로 새롭게 자리매김해간다.

② 이를 위해 조합원 조직의 재편·강화를 종합적으로 추진한다.

③ 조합원조직, 직장, 워커즈가 센터 단위로 제휴하여 지역에 뿌리내린

___

농약화를 추구한다. ⑨ '지역자치'를 위한 활동을 추진해나간다.

활동을 전개한다.

▶ 상품정책

① 안전성, 재활용, 환경을 계속 중시한다.

② 가입률을 높이는 동시에 조합 조직원·직장·워커즈의 제휴에 의한 가입 후의 역할을 강화시킨다.

③ 청과·쌀의 이용률을 우유 등의 수준으로 높여 그린코프 산직(産直: 생산자와 직접 제휴하는 것) 중심의 생활이 이루어지도록 한다.

▶ 복지정책

① 민간 비영리의 입장에서 워커즈와 연계하여 개호보험 사업에 참획한다.

② 고령자·장애인 복지를 발전시켜 데이서비스 등의 새로운 분야에 확산시킨다.

③ 육아지원, '공육(共育)'지원 등 어린이가 안심하고 자랄 수 있는 활동을 만들어간다.

④ 각지에 '복지센터'를 만들어 거점을 넓힌다.

▶ 사업정책

① 이상의 정책을 추진하기 위해 배리어프리 주택·장제(葬祭) 등의 사업을 생활자의 시점에서 준비해나간다.

② 어려운 경제정세를 견딜 수 있도록 경영체질을 강화하고 사업고 대비 1%의 잉여를 낼 수 있도록 개선해나간다.

이러한 제2기 10년의 활동지침에 입각해서 1999년도 기조방침이 설정되었는데, 크게 7개 방침이 정해졌고 각 방침 아래 좀더 구체적인 세부

방침들이 설정되었다. 1999년도 기조방침을 간략히 정리해보면 다음과
같다.

첫째, 먹거리·환경·건강을 중시한 운동과 그린코프 상품·산직품의 이
용보급·개선에 힘쓴다. 여기에는 유전자조작 식품에 반대하여, 표시의무·
정보공개를 요구하는 사회적 운동을 전개하고 비유전자조작 상품의 이용
을 증대시킨다는 것과 환경호르몬·다이옥신 대책도 운동과 상품분야에서
더욱 적극적으로 추진한다는 내용이 포함된다. 그리고 그 구체적인 방법
으로 사회적인 연대운동에 참가할 것, 산지 생산자와 제휴하여 산지에서
다이옥신 오염 조사나 농업재료의 점검 등을 할 것, 하천 및 수돗물은 정
기적으로 검사하고 결과를 공개할 것, 환경호르몬·다이옥신 관련 상품이
나 포장재를 바꾸고 대체품 개발에 노력할 것, 유기농산물 가이드라인·인
증제를 통해 무농약화를 추구할 것 등이 세부 방침으로 정해져 있다.

둘째, 조합원의 참가와 협동을 발전시켜 '후레아이 시스템(공동구입의
다변화)'을 전 센터에 확산시킨다. 이를 위해서는 반 구성인수의 증가 및
반장회·반 회의 강화 등 기초 조합원 조직의 강화책을 취하고, 후레아이
반과 지역스테이션을 일정 시역에서 실험적으로 전개하고 '개배' 시스템
은 전 센터로 확장하며, 미니 점포 제3호점 개설을 준비하는 등 구체적인
다변화를 시도하고, 조직강화와 공동구입 다변화에 대응하는 조합원 조직
재편 준비 프로젝트를 만든다는 활동방침이 설정되었다. 조합원은 2000
년에 3만 세대까지 늘릴 것을 중기 목표로 설정하고, 중간 단계로서 1999
년도는 2만 7,500세대를 목표로 한다. 또한 계획적으로 각 지역에 '복지
센터'를 만들고, 워커즈화를 추진하여 조합원의 입장에서 커뮤니케이션을
풍요롭게 만든다는 방침도 세워졌다.

셋째, 2000년 4월의 개호보험 도입을 염두에 두고 그린코프의 참가형
복지를 발전시킨다. 참가형 지역복지의 실현을 위한 활동방침으로서는,

'복지전화'를 강화하여 복지정보를 공개함으로써 행정의 기반정비를 촉진
시키고 개호보험에 관한 정보제공과 상담활동을 더욱 충실화할 것, 그린
코프의 실적을 살려서 개호보험 사업자인증을 획득할 것, 그러나 개호보
험의 한계를 고려하여 종래와 같이 폭넓은 공조활동도 강화할 것, 복지센
터, 데이서비스, 식사 서비스 등의 활동을 전개하고, 워커즈나 서클 등 다
양한 형태로 육아지원과 공육지원 활동을 해나갈 것, 복지활동조합원 기
금을 생협에서 독립된 조합원의 자주적 공조활동으로서 추진해나가며, 생
협, 워커즈 연락회, 복지활동기금 운용위원회의 3자로 그린코프 복지협의
회를 만들어 네트워크 활동을 충실화시킬 것 등을 정하고 있다. 개호보험
사업자 인증을 받기 위한 준비작업으로 정관을 변경하고, 홈헬퍼 연수회·
매니져 연수회 등의 인재육성활동을 하는 등 구체적인 작업을 추진할 것
도 명시하고 있다.

넷째, 워커즈운동을 발전시킨다. 세부 방침으로는 복지·점포·공동구입
등 전 분야에서 워커즈를 확대하고, 워커즈의 설립과 인재육성 활동, 연락
회 형성 등을 지원하며 워커즈와 생협의 제휴를 적극 추진할 것을 정했다.

다섯째, 평화를 수호하고 아시아의 교류·연대증진을 도모한다. 이와 관
련된 활동방침으로는 군사적 수단에 의한 분쟁'해결'이나 개입 및 이를
위한 준비에 반대하며, 그린코프 평화행진, 평화 자전거 부대에 참가하고
평화를 호소하기 위한 기획을 만들어갈 것, 네그로스와의 민중교역과 체
르노브이리 기금 등 국경을 넘어선 시민, 생활자의 연대, 교류를 심화시킬
것, 아시아와의 연대·교류를 위한 기금조성을 준비할 것 등이 설정되었다.

이상의 활동 방침 외에 사업·경영의 강화, 관련 시민조직들과의 연대활
동의 충실화 등이 1999년도의 기조방침에 포함되어 있다.

4. 맺음말

이 장에서는 오이타 시의 시민운동을 '오이타 시 생활학교'와 '그린코
프생협 오이타'의 두 사례를 중심으로 살펴보았다. 오이타 시에서 가장
활발히 전개되고 있는 시민운동으로 평화운동과 소비자운동이 꼽혔는데,
이번 연구에서는 주로 소비자운동에 초점을 맞추어 고찰하였다. 불충분하
나마 이번 연구를 통해 파악한 내용을 간략히 정리하면 다음과 같다.

평화운동이 노동운동 조직과 밀접한 관련을 맺고 있는 데 반해 소비자
운동은 역으로 관변적인 성격을 띠는 시민운동이라고 생각된다. 소비자운
동은 행정과 밀접한 관련을 갖고 행정의 지원을 받고 있다. 단, 그린코프
생협은 이러한 소비자운동의 흐름과는 거리를 두고 있다. 오이타의 소비
자운동을 주도하는 주체는 소비자단체 연락협의회인데, 생활학교는 소비
자단체 연락협의회의 일원이다. 현지조사 과정에서 주요 인터뷰 대상자들
로부터 오이타의 소비자운동의 리더로 지목된 O씨는 오이타 시 생활학교
협의회 회장이자 오이타 현 생활학교협의회 회장으로, 이 지역의 대표적
인 여성 유지 중 한 사람이다.

소비자단체 연락협의회는 "소비자를 둘러싼 다양한 문제들이 발생하고
있는 가운데, 소비자보호 및 자기촉진이라는 관점에서 관계 각 단체 및
각 지역의 지도자 등이 유기적인 연락협조를 꾀하고, 현민의 소비생활 안
정과 향상을 추진하는 것"을 목적으로 1969년에 설립된 조직으로, 오이
타 현 지역부인단체연합회, 오이타 현 생활개선연락협의회, 오이타 현 생
활협동조합연합회, JA(=농협) 오이타 현 여성조직협의회, 오이타 현 어협
부인부 연락협의회, 오이타 현 평화운동센터 가족협의회, 오이타 현 생활
학교 연락협의회, 오이타 현 모자과부 복지연합회 등 8개 단체가 가입하
고 있다.

그린코프 오이타는 조합원 약 2만 5,000명의 큰 소비자 단체이지만 소

비자단체 연락협의회에 가입되어 있지 않다. 그린코프는 오이타 현 생활협동조합연합회에 속해 있지도 않다. 반면, 노조계열의 조직인 평화운동센터의 가족협의회가 관변적인 성격을 띠는 이 소비자운동 조직에 동참하고 있으며, 또한 농협, 어협과 같은 생산자 협동조합의 부인부가 소비자단체 연락협의회에 가입되어 있는 것도 흥미롭다.

이러한 구성상의 특징에 비추어볼 때, 소비자단체 연락협의회는 순수한 의미의 소비자운동 단체라기 보다는 지역의 주요한 민간단체의 여성부를 망라하는 단체, 따라서 지역의 여성들을 조직화하기 위한 단체라고 생각된다. 그리고 이 단체의 리더에 해당하는 여성들은 각 소속 단체의 리더들로서 오이타 지역의 여성 유지들이라 할 수 있으며, 남성들에 의해 주도되는 조직을 내조하면서 지역의 거대한 연고망을 이루고 있는 것으로 보여진다.

반면 그린코프 오이타는 이러한 지연에 기초한 연고망에서 벗어난 곳에서 조직된 소비자운동 단체라 하겠다. 그린코프 오이타가 오이타 현 생협연합회에 속해 있지 않은 것은 그린코프와 오이타 현 생협이 본질적으로 다른 유형에 속하는 생협이기 때문으로 추측된다. 일본의 생협은 노동조합을 기반으로 노동운동의 일환으로 만들어진 생협과, 노동운동과는 무관하게 지역 시민들이 생활과제를 해결하기 위한 운동의 일환으로 만든 시민생협으로 나눌 수 있는데, 이번에 오이타 현 생협연합회가 어떤 성격의 생협인지를 조사하지는 못했지만, 오이타의 지역 특성에 비추어볼 때 당초 노동자층의 생활문제와 관련되어 조직화되었던 것일 가능성도 있다고 추측된다. 반면, 그린코프는 전형적인 시민생협이다. 그렇다면 오이타 현 생협연합회가 소비자단체 연락협의회에 가입되어 있다는 사실은 오이타 소비자단체 연락협의회는 평화운동센터 가족협의회뿐만 아니라 생협을 통해서도 노조와 어느 정도의 접점을 이루고 있는 셈이다.

이렇게 볼 때 오이타의 소비자운동을 주도하는 것으로 평가되는 소비
자단체 연락협의회는 지역의 일부 소비자단체·생산자 협동조합·노동운동
단체 등, 이념과 목적을 달리하는 다양한 지역 조직들을 여성 차원에서
묶어내는 지역조직이라고 할 수 있으며, 이는 현재의 지역지배구조를 뒷
받침하는 중요한 저변을 이루고 있다고 생각된다. 즉 중앙의 정치적 이데
올로기에 기초한 체제-반체제 대립구도와는 달리 지역에서는 이데올로기
를 초월한 지역 연고망에 기초한 지배구조가 형성되어 있다.

그에 대해 그린코프는 순수한 소비자운동 단체이며 일종의 사업체 성
격을 띠고 있다. 그린코프의 이념과 조직 및 활동에서 나타나듯이 그린코
프 생협은 생활의 관점에서 정치를 보고 체제에 대한 근본적인 문제제기
를 하고 있다. 그린코프 오이타의 경우, 그린코프 생협 연합의 일원으로서
단순한 소비자운동의 차원을 넘어서는 사회운동적인 활동을 전개하기도
하지만, 전반적인 성격은 사업체의 성격이 강화되어가고 있고 생활자의
협동에 기초해 주체적으로 생활문제들을 풀어간다는 측면은 약화되고 있
다. 그린코프 오이타가 예컨대, 그린코프 후쿠오카의 후쿠오카 네트와 같
이 여성 혹은 생활자의 정치세력화에 관심을 보이지 않고 있는 것은 그린
코프 오이타의 기본성격과 관련이 있다. 그린코프 생협 자체에서 보이는
정치운동 지향은 기존의 지역지배구조에 대한 도전이 될 수 있다. 실제로
생활클럽 생협에서 탄생한 생활자네트는 지역에서 많은 새로운 여성 정
치인들을 탄생시키는 기반이 되고 있고, 이렇게 해서 탄생한 여성 정치인
들은 프로 정치가가 아닌 생활자의 눈높이에서 기존의 지역 리더십과는
다른 새로운 리더십을 제시하고 있다. 그러나 그린코프 오이타는 현재 그
런 지향을 갖고 있지 않으며 오이타의 지역지배구조와는 무관한 곳에서
활동을 전개하고 있다.

이상과 같은 여러 점들을 비추어보았을 때, 현재 오이타 시민운동은 오

이타의 지역지배구조에 문제를 제기하고 새로운 변화를 추구할 가능성을 내포하고 있는 것은 아니라고 생각된다. 오히려 시민운동이라고 하는 지역 주민들의 활동은 저항적이 아닌 체제지향적인 활동으로 체제에 편입되어 있으며, 그것은 오랜 세월에 걸쳐 축적된 지역 연고망에 기초하고 있으며 이를 더욱 공고히 하는 역할을 한다. 그러나 이것은 이번 연구를 통해서 얻어진 하나의 가설에 불과하며, 향후 연구를 통해 구체적으로 입증해야 할 것이다.

■ 참고문헌

大分市. 1997, 「2010 大分市總合計畵」.
_____. 1998, 「大分市 統計年鑑 平成10年版」.
大分市企畵部總合企畵課. 1999, 「1999 大分市における新産業都市建設の狀況」
大分市敎育委員會生涯學習課. 1999, 「まなびのカイド」.
大分地域廣域市町村圈協議會. 1997, 「新 大分地域廣域市町村圈計畵」.
大分縣生活學校連絡協議會. 1990, 「あすを拓いて ― 25年のあゆみ」.
_____. 1996, 「あゆみ 第30號記念誌」.
_____. 1998, 「あゆみ 第32號」.
_____. 1999, 「平成11年度 大分縣生活學校連絡協議會 名簿」.
女性問題硏究會. 1995, 「自立と共生を目指して ― それぞれの自分史」.
あしたの日本を創る協會(編). (연도미상), 「この指とまれ ― 生活學校運動に參加しませんか」.
「新生活運動九州地區硏究大會大分大會」(팜플렛).
大分縣消費者團體連絡協議會. 1999, 「大分縣消費者團體連絡協議會 30年のあゆみ」.
_____. 1998, 「介護保險制度についての意識調査 ― 消費者意識についての調査」.
小野鶴新町生活學校. 1999, 「平成11年度 總會」.
大分縣一村一品女にまかせろ100人會. 1999, 「森からのメッセージ ― ムラの生命を都市の暮らしへ」(總會・交流會資料).
コミュニティ・ユニオン九州ネットワーク. 1996, 「みんなは一人のために一人はみんなのために」.

日本勤勞者協議會連合會. 「日本勤勞協 第14回 '薰りたつ森と海'」.

大分ふれあいユニオン. 1997, 「一人はみんなのためにみんなは一人のために」(大分 ふれあいユニオン10周年記念誌).

大分市勤勞者協議會常任幹事會. 1998, 「勤勞協運動の前進をめざして」.

大分市平和運動センター結成準備委員會. 1998, 「大分市平和運動センター結成總 會議案書」.

_____. 1999, 「平和運動各縣組織の現狀」(팜플렛).

グリーンコープ生活協同組合おおいた. 1998, 「グリーンコープ生活協同組合おおい た 10年のあゆみ」.

_____. 1999, 「地區運營委員·專門委員の手引き」

_____. 1998. 7.30~6.14, ≪元氣通信≫ 第60號~68號.

グリーンコープ生活協同組合. 1999, 「グリーンコープ福祉連帶基金のご案内」.

_____. 「自然と共に 人と共に グリーンコープガイド」.

生活協同組合連合會·グリーンコープ事業連合理事會. 1998.2.1~1999.6.1, ≪共生 の時代≫ 第114號~130號.

戶塚秀夫·兵藤釗(編). 1995, 『地域社會と勞動組合』, 日本經濟社.

二宮淳一郎(外4人). 1986, 「新産都市からテクノポリスへ― 大分市における新しい 都市づくり」, 柴田德衛(編), 『21世紀への大都市像』, 東京大學出版會.

기타 각종 팜플렛과 인터뷰 자료.

제10장

일본 시민사회의 변용과 여성의 정치적 진출
무당파(無黨派) 여성시장의 탄생 과정을 중심으로

1. 머리말

근년 일본의 지방정치에서 주목할만한 새로운 현상의 하나로 여성 지방자치단체장의 잇단 등장을 꼽을 수 있다. 1998, 1999년에는 사이타마 현(埼玉縣)과 도쿄 도(東京都)에서 각각 최초로 여성시장이 탄생했고, 3개 정·촌에서 역시 지역 최초의 여성수장이 탄생했으며, 오사카 부(大阪府)에서는 첫 3선 여성시장이 배출되었다. 그리고 2000년 오사카 부를 필두로 이후 가고시마 현(鹿兒島縣), 치바 현(千葉縣) 등에서 잇달아 여성들이 지사로 당선되었다. 사회의 전반적인 발전수준에 비추어볼 때 여성의 정치적 진출이 현저히 뒤떨어져 있던 일본에서, 여성들이 지방의회에서 약진했을 뿐 아니라[1] 정책결정과 집행을 총괄하며 권력과 권위를 지닌 행정수장에 잇달아 당선된 것은 일본사회의 중대한 변화를 시사하는 현상이라고 생각된다.

새롭게 등장한 여성 지자체장들 중 많은 경우는 직업적 정치가나 관료

---

1) 1999년 4월에 실시된 제14대 통일지방선거에서는 여성 당선자가 13회에 비해 678명 증대한 2,385명(전체의 6.9%)으로 사상 최대를 기록했다.

가 아닌 민간출신으로, 정당이 아닌 풀뿌리 시민조직이 옹립하여 당선되었다. 1998년 사이타마 현 최초의 여성시장이 된 하스다 시장, 1999년 역시 도쿄 도 최초의 여성시장이 된 구니다치 시장은 모두 민간출신으로 풀뿌리 시민조직의 옹립으로 3선에 도전하는 현직 남성시장을 누르고 당선되었으며, 1991년 일본 최초의 여성시장이 되었고, 1999년에 3선을 이룬 아시야 시장도 역시 풀뿌리 시민조직으로 시장이 된 바 있다.

지방정치는 국정차원에 비해 주로 생활 관련 문제들이 핵심적인 쟁점으로 제기되지만, 풀뿌리 보수주의와 가부장적 문화가 지역 연고망을 매개로 여성의 정치 진출을 더욱 어렵게 할 수도 있다. 따라서 지방정치의 장에서 정당의 조직기반이 없는 민간출신 여성들이 어떤 조건하에, 어떤 과정을 통해 지방정치의 핵심권력에 속하는 지자체장에 당선될 수 있었는가 하는 것은 일본사회의 변화를 이해하는 면에서 흥미로운 문제일 뿐 아니라, 이제 막 지방자치제가 뿌리를 내리기 시작하는 한국사회에서 여성의 지방정치권 진출의 가능성과 관련해서도 시사하는 바가 있으리라고 생각된다.

또한 이 문제는 여성의 정치 진출의 방식이라는 측면에서도 흥미롭다. 여성이 정당을 통해 정계에 진출했을 경우, 상당 부분 정당의 조직논리에 종속될 수밖에 없는 한계에 부딪힌다. 또한, 현실적으로 여성은 '여성'이라는 이유만으로 연대가 형성될 만큼 단일한 집단은 아니어서 여성주의적 관점에서의 여성정치운동은 오히려 여성 내부의 저항에 부딪히기도 한다. 그동안 정치사회에서 소외되어온 만큼, 여성의 정치적 진출의 양적 확대가 일차적인 과제임은 분명하나, 이것이 단순히 여성 엘리트 집단의 확대나 기존의 가부장적인 정치구조에 종속되는 형태의 정치권 진출에 머물지 않도록 다양한 가능성을 모색할 필요도 있다. 즉 여성 정치리더의 양적 확대가 기존 정치구조의 변화를 꾀하는 하나의 방법일 수도 있지만, 여성 전반의 정치적 주체화의 진전을 수반하며 기존의 정치구조에 대한 대안을 추구하는 방향으로 정치적 진출을 모색해야 한다. 민간출신의 여성이 지역 풀뿌리 시민조직의 힘으로 지자체장 후보로 옹립되고 승리를 쟁취하기에 이르는 과정은 그런 의미에서도 시사점을 제공할 수 있으리라 본다.

이러한 문제의식에 기초해서 이 장에서는 1999년 4월에 실시된 통일지방선거에서 당선된 우에하라 히로코(上原公子) 구니다치 시장의 사례를 고찰하고자 한다. 우에하라 시장은 1979년 구니다치로 이주해온 후 생활클럽생협²⁾을 통해 지역활동을 시작하여 환경문제를 중심으로 시민운동에 참가해온 49세(선거 당시)의 활동가 주부로, 풀뿌리 시민조직을 기반으로 시장선거에 출마하여 3선에 도전하는 66세의 현직 남성시장을 물리치고 당선되었다.

이 글이 사례연구방식을 택한 것은, 이상에서 밝힌 문제의식을 탐구하기 위해서는 개별사례에 대한 미시적인 고찰이 필요하다고 생각되었기 때문이다. 지방정치의 장인 각 지역은 그 지역 고유의 성격과 역학이 있다. 따라서 그러한 구체적인 맥락에서 어떤 경위로 풀뿌리 시민의 정치세력화가 이루어지고 여성 후보를 추대하게 되었으며, 어떤 선거전략과 방식으로 필요한 자원을 동원했는지, 또 이들은 어떤 쟁점을 제기하고 어떤 정책을 내세웠으며 어떤 층을 지지기반으로 기대했고 실제로 어떤 층의 지지를 확보했는지, 승리의 중대한 요인은 무엇이었는지 등, 여성의 옹립에서부터 당선에 이르기까지의 과정에 대한 구체적인 이해야말로 지방정치에 여성이 진출하는 현상에 관한 이론적·실천적 함의를 끌어낼 수 있는 기초가 된다고 생각한다. 또한 여성 지자체장들의 등장이 일본사회의 어떤 변화에 기초하고 있으며 향후의 변화에 관해 어떤 전망을 제시하고 있는지 등의 문제에 관해서도 이러한 개별사례들의 구체적인 이해에 기반한 비교연구가 좀더 유의미한 성과를 가져올 수 있으리라고 생각된다.

---

2) 생활클럽 생협은, 1960년 안보투쟁의 경험에 기초해서 기성의 정당이나 노조와는 다른, 지역에 기초한 시민운동을 창출하고자 한 청년활동가들이 주부들에게 우유를 값싸게 먹기 위해 생활클럽에 들자고 권고한 데서 출발한 조직으로, 안정된 경영기반과 사회적인 인지도의 필요성에 의해 1968년에 생활협동조합으로 발전하였다. 관동지방을 중심으로 조직되어 있다.

2. 시민운동의 정치세력화

1) 경관권 운동의 등장

도쿄 도 중앙부에 위치한 구니다치는 히또쓰바시(一橋) 대학이 자리잡은 인구 약 7만 7,000명의 소도시로, 주거환경이 좋은도시, 문화적인 향취와 전원풍경이 공존하는, 살아보고 싶은 도시로 알려져 있다. 구니다치 북쪽에는 JR(과거의 국철) 주오센(中央線), 중앙부에는 사철(私鐵) 지방선인 남부센(南武線)이 가로지르고 있으며, 남부센을 경계로 북부 도시부와 남부 농촌부가 비교적 명확하게 구분되어 있다. 주오센에서 남부센에 이르는 구니다치 북부지역은 1924년에 학원도시로 계획적으로 개발해 대학을 중심으로 발전한 도시부로, 구니다치 역 주변의 상업지구와 대학 캠퍼스, 주택가 등으로 이루어져 있다. 한편, 남부센 이남은 에도시대 이래 형성된 농촌마을로, 오늘날 농가는 현저히 감소했지만 아직도 적지 않은 농지와 자연이 남아 있어 북부와는 다른 전원풍경을 보여주고 있다.

구니다치 북부의 주오센 구니다치 역에서부터 남쪽으로 히또쓰바시 대학을 중심으로 한 일대는 유흥·도박업소가 금지되고, 호텔·여관의 건축도 제한을 받는 '문교지구'로 지정되어 있다. 1950년대 초 구니다치 역 주변에 미군 상대 유흥·윤락업소가 증대하고 그 영향이 대학캠퍼스를 중심으로 한 주거지역 주변까지 미치게 되자, 주민들은 이 지역의 환락가화를 막기 위해 정화운동의 방법으로 이 일대를 '문교지구'로 지정받기 위한 운동을 전개했다. 도쿄 도 소관인 '문교지구' 지정은 본래 지역주민의 요청으로 이루어지는 것은 아니었으나 구니다치의 경우, 지역 차원의 시민운동으로 1952년 이를 획득했다. 이후 구니다치는 '문교도시'로 불리게 되었는데, 여기에는 단순한 '학원도시', '교육도시'를 넘어서는 상징적인 의미가 부여되어 있다.

구니다치 역에서부터 히또쓰바시 대학캠퍼스를 관통하여 남쪽으로 야

호(谷保) 역까지 뻗어있는 다이가쿠도오리(大學通り)는 이러한 '문교도시'
의 상징으로 여겨져 왔다. 계획적으로 건설된 학원도시의 도로들은 다이
가쿠도오리를 중심으로 방사선 형태를 이루고 있으며, 다이가쿠도오리에
는 아름드리 벚나무 가로수와 유럽의 도시를 연상시키는 차분하고 아담
한 건물들이 조성돼 있어 도쿄의 명소 중 하나로 꼽히기도 한다.[3] 문교도
시의 상징인 다이가쿠도오리의 경관을 보존하기 위해 그동안 이 지역에
서는 가로수의 높이를 넘어서는 건물의 건축이나 스카이라인을 훼손하는
건조물 설치를 암묵적으로 제한해왔고, 1986년에는 전주를 철거하고 전
선을 지하 케이블화하기도 했다.

그런데 1989년 구니다치 시는 상공회의 요망에 따라 이 지역의 고도제
한을 완화했고,[4] 이어서 1993년에는 다이가쿠도오리 중앙에 12층 아파트
의 건축을 허가하여 다이가쿠도오리의 경관을 보존하려는 시민들의 저항
을 불러일으켰다. 이것이 구니다치에서 무당파 여성시장이 탄생하게 된
직접적인 계기이다. 시민 10여 명은 '다이가쿠도오리의 경관을 생각하는
모임'을 결성하여 약 7,500명의 서명을 모아 건물의 고도를 낮추도록 행
정지도를 해줄 것을 요청하는 청원을 시의회에 제출했다. 이 청원은 의회
에서 채택되었으나, 시장은 건축기준법상 문제가 없다는 이유로 의회결의
를 거부하고 기존방침을 유지했다. 청원을 제출했던 시민들은 다시 '구니
다치 다이가쿠도오리의 공원을 사랑하는 모임'을 만들어 약 8,000명의 서
명을 모아 1995년에 경관조례를 직접 청구했으나 의회에서 부결되었다.

---

3) 1993년의 구니다치 시정 여론조사에서 '구니다치 시의 매력' 제1위로 꼽힌 것은 '대학
로 등 거리풍경이 아름답다'는 것이었고, '차분한 분위기가 있다', '녹음과 공원이 많
다'라는 응답이 각각 2, 3위를 차지했다. 1982년에는 다이가쿠도오리가 도쿄 도의 '신
도쿄 백경(百景)'에, 또 1994년에는 '신도쿄 가로수 10경'과 '신·일본 가로수 100경'
에 뽑혔다('마을만들기 시민모임'의 경관권 재판자료, 『國立の歷史』, 1997).
4) 구니다치 시는 1989년 '용도 지역변경'으로 '근린상업지역'이었던 다이가쿠도오리를
'상업지역'으로 변경하는 동시에 건축물의 용적률을 높이고 고도제한을 철폐하며, 다
른 상업지역에서도 고도제한을 철폐하는 방침을 고시하였다. 시의 변경 안은 도쿄 도
가 수정했으나 결국 본래의 고도제한은 완화되는 결과가 되었다.

이렇게 시민들의 반대운동이 전개되는 동안에도 구니다치 역 주변의 고층건물에 대한 건축허가가 잇달아, 1995~1996년 사이에 6동의 고층건물이 착공되기에 이르렀다.

의회를 통한 노력이 실패하고 고층화가 진전되자, 시민들은 '문교도시의 마을만들기를 추진하는 시민의 모임(이하 마을만들기 시민모임)'을 결성하여 1996년 구니다치 시와 도쿄 도를 상대로 '경관권' 침해에 대한 민사소송을 제기하기에 이르렀다. 마을만들기 시민모임에는 500명의 시민이 회원으로 참가했다. 시민 측은 "구니다치가 문교지구로 지정된 역사적 경위에 근거해서 시민은 다이가쿠도오리의 경관에 대한 권리를 갖는데, 구니다치 시와 도쿄 도는 위법적인 용도 지적변경으로 시민의 경관권을 침해했다"고 주장했다. 이 재판은 일본 최초로 주민의 인격적 권리로서의 '경관권'이라는 관념을 제시하여 주목을 끌었다. 마을만들기 시민모임은 사법적 수단을 활용한 투쟁과 더불어, 시정(市政) 교체를 목표로 하는 정치적 투쟁을 모색하게 되었다. 의회는 행정에 비해 상대적으로 약할 뿐더러 여당이 장악하고 있어, 의회 투쟁은 한계가 있다고 판단했기 때문이다.

2) 선거운동조직의 결성

통일 지방선거를 2년 앞둔 1997년 경관권 운동의 리더들은, 현 시장이 3선에 도전할 것이 거의 확실한 가운데 시민후보를 옹립하여 선거에 직접 참가하기 위한 구체적인 준비작업을 시작했다. 가장 중요하고도 기본적인 것은 선거운동의 주체가 될 조직을 결성하는 일이었다.

조직화 단계에서 이미 리더들 사이에는 마을만들기 시민모임의 5인 간사 중 한 명인 우에하라 히로코를 시장후보로 추대한다는 공감대가 형성되어 있었으며, 우에하라 자신도 공식적으로 출마의사를 표명하지는 않았으나 시민운동 리더들과 어느 정도의 교감을 갖고 선거조직 결성에 참여하였다.

우에하라는 대학원 재학 중 결혼하여 학업을 그만두고 전업주부로 생활하다가 1979년 구니다치로 이주해온 후 생활클럽 구니다치 지구 위원장으로서 지역활동을 시작했으며, 그 이래 20년간 환경문제를 중심으로 시민운동에 참가해왔다. 1985년에는 생활클럽 생협을 기반으로 한 여성들의 정치단체 '기타다마(北多摩) 2구 그룹생활자(1988년에 '생활자 네트'로 개명. 이하 '네트'로 약칭)'를 결성했다. 네트는 생활클럽 생협의 정치운동인 '대리인운동'의 거점으로 조직된 정치단체이다. '대리인운동'은 시민생활과 직접적으로 관련된 교육, 쓰레기, 물 등은 세금으로 운영되는 공적 제도인데, 이러한 공적 제도들이 간접민주제하에서 실질적으로 납세자 주권이 배제된 채 운영되고 있다는 문제의식에 따라 촉발된 생활정치운동으로, 구체적으로는 여성의 지방의회 진출을 추구하는 형태로 전개되었다.[5] 네트는 이들 여성들의 의회진출을 위한 선거운동조직일 뿐 아니라, 대리인의 세비를 관리하고 이들의 의정활동을 뒷받침하기 위한 연구·조사활동을 하기도 한다.

우에하라는 네트를 기반으로 지역에서 10여 년간 하천의 수질조사를 계속하는 한편, 학교 PTA에서 교정을 관통하는 시도(市道) 계획 반대운동을 하는 등 지역에서 생활과 환경에 관한 다양한 운동에 참여해왔다. 또한, 수자원개발과 관련된 시민운동을 통해 구니다치를 넘어서는 네트워크도 형성하고 있었다. 우에하라는 1989년 도쿄 생활자 네트의 대표를 역임하는 등 네트의 핵심회원로 활동하다가, 1991년 구니다치 최초의 네트 소속 시의원으로 당선되었다. 1989년의 구니다치 시의 용도 지적변경 이후

---

5) 대리인운동이라는 명칭은 의원을 '대표'가 아닌 '대리인'으로 규정하는 데서 나온 것으로, '대표'가 아닌 '대리인'이라는 용어에는 대표자와 대표되는 사람들이 단절되어 있는 현실에 대한 비판과 자신들이 대리인을 통해 지역을 통치한다는 의미가 함축되어 있다. 즉 대리인운동은 직접 민주주의적인 요소를 도입하여 시민자치를 실현시키려는 실험이며, 대리인은 지역에서 시민으로 살아가기 위해 사용해야 할 하나의 생활용구로 파악되는 것이다. 생활클럽 생협과 대리인운동에 관해서는, 한영혜의 『지방화와 여성의 정치적 주체화』(1998) 참조.

고층건물의 건축허가를 둘러싸고 행정과 시민의 갈등이 심화되는 가운데, 우에하라는 의회 내에서 경관권 운동에 동참해왔다. 그러나 운동현장으로 돌아가고 싶다고 1995년 선거에는 출마하지 않고[6] 그 후 네트 활동을 계속하면서 마을만들기 시민모임의 유일한 여성간사로 경관권 운동에 참가하고 있었다.

조직의 발기인 대표는 구니다치 시민운동의 대모인 다무라 기미(田村きみ)가 맡게 되었다. 다무라는 1954년 주부들의 지자체 재정연구운동을 주도했으며, 이 운동이 '마을의 정치 — 공부하는 어머니들'이라는 제목으로 영화화되어 주부들이 생활을 통해 정치에 참여한 사례로 전국에 소개됨으로써 명망을 얻게 된 여성이다. 다무라는 그 성과를 바탕으로 1955년에 구니다치 정(町)의원이 되었고, 20년간 5기에 걸쳐 구니다치 정·시의회 의원, 그 후 8년간 시교육위원으로 활동한 바 있다.

옹립할 후보에 대한 교감이 이루어지고 발기인 대표가 확정된 후, 선거를 1년여 앞둔 1998년 1월 24일 '시정교체'를 유일한 목적으로 하는 '시민참가로 마을을 바꾸자는 모임(市民參加でまちをかえよう會, 이하 바꾸자는 모임)'이 발족했다.

3. 지역정체성과 정책대안

1) 문제제기

바꾸자는 모임은 출범 후 곧 복지·환경·교육·산업 4개 분야의 정책 검토회를 구성하여 분야별로 현 시정의 정책에 대한 비판적 검토와 바꾸자는 모

---

6) 대리인이 직업 정치가가 되는 것을 막고 생활과 정치의 항상적인 통로를 마련하기 위해, 대리인의 임기는 2기(지역에 따라서는 3기)로 제한하며 임기가 끝나면 소환된다. 우에하라는 대리인 임기를 마치기 전에 그만둔 셈이다.

임의 정책대안 형성작업을 시작했다. 한편, 이번 선거에서는 구니다치의 재
정 문제가 최대의 쟁점으로 떠오르게 되는 상황이었기 때문에, 1998년 5월
부터는 별도의 재정학습회를 통해 시의 재정문제를 집중적으로 연구하기
시작했다.[7]

현 시정에 대한 바꾸자는 모임의 비판의 핵심은 개발정책에 있었다. 바
꾸자는 모임은 현 시정이 추진하는 건물의 고층화와 도로건설 등의 공공
사업은 시민의 주거환경·생활환경을 침해하여 각지에서 분쟁이 일어나고
있으며, 또한 남부지역에서는 도시기반 정비라는 명목의 개발로 농지와
녹지가 축소되는 등 자연환경이 파괴되고 구니다치의 역사적 자산이 훼
손되고 있다고 비판했다. 환경파괴 못지않게 중요한 또 다른 문제는, 개발
정책은 문교지구투쟁을 통해 시민이 선택하고 지켜온 '환경'이라는 가치
를 외면하는 처사로, 이는 곧 '문교도시' 구니다치가 지니고 있는 역사성
과 이념을 무시하고 시민의 의사를 무시한, '이념 부재', '시민부재'의 정
책이라는 점이었다.

사실 '환경 대 개발'의 문제는 문교지구 투쟁 이래 구니다치 최대의 정
치적 쟁점이 되어 왔으며, 1980년대 말부터 고층건물의 건축허가 문제로
시민과 행정 사이에 갈등이 심화되어 1991년 선거 때도 환경파 시민들이
정치세력화를 시도한 바 있다. 그런 의미에서 '환경 대 개발'은 해묵은 쟁
점인 셈이지만 이번 선거에서는 그것이 재정문제와 연결되어 새로운 맥
락에서 논의되었다. 1990년대 들어 구니다치의 재정상태는 지속적으로
악화되어 1997년부터는 다마(多摩)[8] 지역 27개 도시 중 재정상태가 최악

---

7) 정책검토회와 재정학습회를 통해 정리된 쟁점과 정책 안은 이듬해 1월 우에하라의 공
  식출마를 선언하는 집회에서 『사람이 손을 잡아 생명이 빛나는 마을(人がつながって、
  生命輝くまち』이라는 제목의 정책집으로 공표되었다. 바꾸자는 모임의 정책안은, 정
  책기조로 '시민자치'와, 각론으로 환경·교육·복지·산업의 다섯 영역에 걸쳐 구니다치
  의 현상을 분석하고 현 시정의 문제점을 지적한 후 정책대안을 제시하는 방식으로 작
  성되었다. 우에하라는 정책으로 승부하겠다는 입장이 확고하여 정책검토에 많은 힘을
  쏟았을 뿐 아니라 나중에 정책집의 작성도 직접했다.
8) 도쿄 도(東京都)에서 23개 특별구 및 소립원(小笠原)·이두도(伊豆都) 이 외의 지역. 메

이었다. 현 시정은 재정재건을 목표로 세수확대와 비용절감을 위한 정책을 추진하고 있었고, 이번 선거에서도 재정재건을 핵심과제로 내걸고 3선에 도전하였다. 상공업진흥을 통한 지역경제 활성화라는 목표는 그러한 정책의 일환이었으며, 현직 시장 측은 우에하라 진영의 환경을 우선시하는 정책방향을 이상주의라고 비판하고 있었다.

이에 대해 바꾸자는 모임은, 거품경제 붕괴 후의 장기 불황상태에서 개발에 의한 성장을 추구하는 것이야말로 잘못된 정책이며, 개발은 재정문제의 해결책이 아니라 오히려 재정악화의 주된 요인이라고 비판하였다. 예컨대, 구니다치의 도시규모에 맞지 않는 대형사업, 특히 오랜 기간이 필요한 사업을 무리하게 추진하여 장기간에 걸쳐 막대한 재정지출을 초래하거나,9) 명확한 구상도 없이 개발명목으로 많은 비용을 들여 토지를 구입한 후 방치해두어 예산낭비를 초래한 경우 등의 구체적인 사례들이 지적되었다. 바꾸자는 모임은 구니다치의 재정분석 결과를 근거로 이런 개발정책이 실제로 재정을 압박하는 요인이 되고 있음을 밝히고 정책방향의 전환이 필요함을 역설하였다.

더욱이 중대한 문제가 되는 것은, 현 시정이 이 같은 재정위기의 원인을 명확히 밝혀 문제를 해결하는 대신, 그 부담을 고스란히 생활자(=시민)에게 떠넘기고 있다는 점이었다. 구니다치에서는 3년 연속 하수도료, 보육료 등의 공공요금과 건강보험세 등이 인상되어 인근 도시 중 가장 세금이 높은 수준에 있었다. 바꾸자는 모임은 이러한 연속적인 공공요금 및

이지시대 가나가와 현에서 도쿄 부로 편입된 남·북·서 다마 3개군. 당시에는 산다마(三多摩)라고 불렀고, 오늘날에는 남·북 다마군이 소멸하고 서다마군만 남았으나 관습적으로 '산다마'라고 칭하기로 한다.

9) 대표적인 예로 지적된 것은 광역 하수처리 시스템의 건설비용문제였다. 시는 구니다치 자체의 하수처리를 인근 4개 도시의 광역 하수처리 시스템으로 전환하기로 결정하여 이를 건설하고 있었는데, 그 비용이 막대했을 뿐 아니라 건설이 완료될 때까지 장기간이 필요한 사업이었기 때문에 그동안 지속적으로 비용이 지출되어야 했다. 더욱이 구니다치 같은 소도시에서는 불필요한 규모의 시스템으로, 결국 사업의 효과가 의문시되는 사업에 장기적으로 막대한 비용을 지출하게 된 대표적인 실정(失政)으로 비판받았다.

세금인상을 쟁점으로 제기하는 동시에, 개발사업 중심으로 예산이 편성되어 시급한 교육환경개선이나 복지문제 등이 뒷전으로 밀려났음을 지적하고, 결국 잘못된 정책의 피해를 보는 것은 생활자인 시민이라고 주장했다.

이러한 개발정책의 문제는 '시민부재·이념부재'의 행정이라는 또 다른 근본문제와 연결된다. 바꾸자는 모임은 시가 개발목적의 토지를 공사를 통해 매입하고 의회심의를 거치지 않았다는 불공정한 절차문제를 제기하고, 그 외에도 재정지출을 수반하는 중대한 공공사업이 시민들에게 알려지지 않은 채 결정되었으며, 사업의 추진과정도 시민들에게는 설명하지 않았다고 비판했다. 시는 재정위기의 원인을 규명하고 이런 사업들이 왜 필요한지를 시민들에게 설명하여 동의를 구할 의무가 있으나 이런 절차를 무시하고 '밀실행정'을 했다는 것이다. 바꾸자는 모임은 이렇게 시민생활에 중대한 영향을 끼치는 정책이 행정의 독단으로 정해지고, 거품붕괴 후 각종 사업들이 재검토되어야 했음에도 불구하고 일단 결정된 사업들이 그대로 추진된 것은 결국 시민의 감시·견제시스템이 부재하기 때문이라 보고, 이는 근본적으로 현 시정의 '이념 부재'를 입증하는 것이라고 비판했다. 즉 구니다치에는 1986년에 제정된 「정보공개 및 개인보호에 관한 조례」가 있고, 제1기~제3기의 「기본구상」에 모두 '시민참가'를 명시하고 있으나, 의지가 없기 때문에 현 시정하에서는 이들이 본래의 취지에 맞게 제대로 기능하지 못하고 있다는 것이다.

2) 정책대안: '문교도시'와 생활자 정체성

이상과 같은 비판에 기초해서 바꾸자는 모임 스스로 정책구상을 제시했다. 바꾸자는 모임은 정책집 서두에서 기본적인 입장을 다음과 같이 표명하고 있다

"'문교도시 구니다치', 우리는 이 마을을 특별한 느낌을 갖고 이렇게 부르고 있습니다. 그것은 시민이 뜨거운 투쟁의 역사 속에서 쌓아온 '시

민자치'의 마을이라는 긍지입니다……. 여기에 나온 정책은 우리들의 '문교도시 구니다치'를 실현하기 위한 하나의 제안입니다."[10] 이는 바꾸자는 모임의 정치권 진출시도를 '시민자치'를 확보하기 위한 '시민 투쟁의 역사'의 연장선상에 있는 것으로, 스스로의 '시민성'을 천명하는 의미를 내포하는 것이었다. 그 투쟁의 원점은 '문교도시'라는 상징을 획득한 문교지구 투쟁이며, 이후 '문교도시'에 함축되어 있는 가치는 시민들의 지속적인 노력과 투쟁으로 지켜왔는데 그것은 바로 '환경'으로, 거기에는 인간의 생활환경이 폭넓게 포함된다.

구니다치 도심부의 환락가화를 막기 위한 정화운동으로 전개된 문교지구지정 획득운동은, 당시 '생활환경의 보호'를 주장하는 시민 측과 '경제활성화를 통한 지역발전'을 주장하는 상공업계 측의 대립으로, 이른바 '문교파'와 '반문교파'로 지역이 양분되는 극심한 갈등을 야기했다. 문교지구 투쟁에는 히또쓰바시 대학을 중심으로 혁신 성향의 인텔리층도 많이 참가하고 있었기 때문에 사실상 정치적인 '반미운동'이라는 비판을 받기도 했으나 결국은 '문교파'의 승리로 끝났고, 구니다치는 '문교지구' 지정을 받게 되었다.[11] 그 후 문교지구 투쟁 참가자들이 문교지구협회를 결성하여 10년 동안 투쟁이념을 구체적으로 실현하기 위한 활동을 했으며, 문교지구 투쟁을 계기로 조직된 청년회, 부인회도 공민관운동 등과 같은 문화활동으로 '문교도시' 구니다치를 만들어가기 위한 노력을 했다.[12] 이

---

10) 上原ひろ子と市民參加でまちをかえよう會, 『政策集 人がつながって, 生命輝くまち』, 1999년 1월, 3쪽.
11) 당시 남부 농촌지역주민들은 직접적인 이해관계가 없었으나, 과거 구니다치 대학 마을 개발과정에서 생긴 감정의 골이 남아 있는데다가, 1951년 지역의 명칭이 '야호'에서 '구니다치'로 변경된 것과 관련하여 북부 신주민들에 대한 감정이 좋지 않았기 때문에 상공업계가 주도하는 반문교파 진영에 가담했다. 당시 구 주민의 세력이 강했던 정(町)의회에서는 문교지구 지정요청에 대한 청원을 부결했으나, 히또쓰바시 대학 관계자를 포함하여 지식인들이 많이 가담하고 있던 문교파는 이 문제에 관해 전국적인 여론을 불러일으키는 전략으로 결국 승리를 거두었다.
12) 이후 구니다치는 독자적으로 문교도시로 발전하기 위해 인근 시의 합병제의를 거부했다. 이후 아파트 단지를 유치하여 인구를 증대시킴으로써 단독으로 시가 되었고, 시

렇게 해서 문교지구 투쟁은 마을만들기의 주체로서의 '생활자'라는 정체성을 형성하는 기초가 되었으며, '문교도시'는 '생활·환경'과 '생활자 주체성'을 상징하는 이념이 되었다.

이러한 문교도시의 이념은 1976년 혁신시정하에서 책정된 제1기 「구니다치 시 기본구상」(이하 「기본구상」)에서 구니다치의 공식적인 이념으로 자리잡았다. 1969년의 개정 지방자치법에 의거해서, 구니다치 시는 기본구상 심의회를 설치하여 1971년에 지역발전에 관한 기본구상안을 만들었다.[13] 그러나 이 구상안은 구니다치의 생활환경을 파괴할 수 있는 '유통도시구상'을 포함하고 있어 시민들의 반대로 백지화되고 원안 작성단계부터 시민들이 참가하여 전면적으로 다시 만들게 되었다.[14] 이렇게 해서 최초의 기본구상안에서 5년만에 확정된 제1기 「기본구상」은, 문교도시를 구니다치가 지향하는 도시상으로 설정하고, '환경중시'와 '시민참가'를 강조하게 되었다.

이후 보수시정하에서 두 차례의 수정을 가해 제3기 「기본구상」에 이르렀으나, 바꾸자는 모임은 정책의 기본방향은 제1기 「기본구상」의 목표를 계승한다는 입장을 밝혔다. 그것은 곧 '문교도시'를 구니다치 지역발전의

가 된 직후 성립된 혁신시정하에서 의회는 다마(多摩) 지역의 경주조합에 가맹하여 경륜·경정 등에 의한 도박수익을 배당받아 재정에 충당할 것을 결의했으나 시장이 이를 거부했으며, 구니다치 부인회 등 시민세력은 경주조합가맹 반대운동을 통해 의회와 대립한 시장을 지원하였다.

13) 1969년 지방자치법 개정에 의해 각 지방자치체는 "지역에서 종합적이고 계획적인 행정운영을 도모하기 위한 기본구상"을 작성할 것을 의무화했다.

14) 심의회가 제출한 안은 ① 안전하고 건강한 살기 좋은 도시, ② 문화의 향기가 높은 문교도시, ③ 어린이를 소중히 여기는 도시, ④ 도쿄 서남부의 유통도시 등이었는데, 그 중 대규모 유통센터 건설계획을 포함하고 있는 '유통도시' 구상이 시민들의 반발을 불러일으켰다. 또한 기본구상을 만들어내는 과정에 시민참가가 배제되었다는 절차적인 문제도 제기되었다. 시민들의 반대에 부딪혀 일단 이 기본구상 안은 보류되었는데, 이듬해 시가 '유통사업단지' 구상을 신문에 발표하여, 환경과 시민들뿐 아니라 농민들 사이에서도 격렬한 반대운동이 전개되었다. 결국 시는 유통센터구상을 백지화하고 시민이 참가하는 위원회에서 원안을 다시 만들어 심의회의 검토와 시민의 공청회를 거친 후 시의회에서 심의·결정하였다

이념으로 '환경'과 '시민참가'를 정책의 입각점으로 삼는다는 것이었다. 바꾸자는 모임은 구니다치를 '주거도시'로 규정하고, '누구나 안심하고 계속 살아갈 수 있는 마을'을 지향점으로 제시했다. 그리고 이 같은 입장에 기초해서 경제 우선의 개발정책으로부터 환경보존형 정책으로 전환하여, 자연이 자정할 수 있는 능력범위 내에서의 활동을 원칙으로 하는 지역발전을 추구하며, 시민이 참가하는 '도시계획 마스터플랜'과 '환경기본계획'을 책정하고 환경자치체를 선언하겠다고 밝혔다. 이는 진행 중인 공공사업 및 건물의 고층화를 진전시킨 건축기준완화 등 현 시정하에서 추진해온 구체적인 정책에 대한 재평가를 포함하여 '문교도시'의 이념에 기초해서 지역발전방향의 틀을 다시 짜는 것을 의미했다. 바꾸자는 모임은 이렇게 해서 개발사업에 편중된 재정운용 방향을 수정하여 시민생활에 밀착된 복지·교육·환경을 기본으로 하고, 시민이 알기 쉬운 사업계획서를 만들어 시민의 참가로 예산의 우선 순위를 결정하겠다고 하였다.

'생활자' 중심의 관점은 산업정책에서도 분명히 드러났다. 바꾸자는 모임은 '주거도시'인 구니다치의 산업은 기본적으로 시민생활을 뒷받침하는 것이어야 한다고 주장했다. 단, 이는 반드시 '산업·경제'의 진흥을 도외시한 '생활·환경' 중시를 의미하는 것은 아니었다. 바꾸자는 모임은 제조업이 미미한 지역특성상 '문교도시' 구니다치의 고유한 특성을 살리는 것이 오히려 지역산업의 활성화 전략이 될 수 있다고 보고, 구니다치 전체의 발전방향 속에서 각 산업부문의 활성화 방안을 제시하였다. 이는 생활과 산업을 분리 혹은 대립시키지 않고 상호관련된 틀 속에서 보려는 입장을 반영하는 동시에, '생활자=시민' 중심의 논리가 특정 집단의 이익만을 도모하는 것은 아니라는 의미도 함축하고 있다고 생각된다. 앞에서도 보았듯이, 문교지구투쟁과 '문교도시'의 이념은 구니다치 특유의 지역형성사를 배경으로 지역·계층간의 균열을 내포하는 것이었다. 이후 구니다치에서 '환경 대 개발'이 최대의 정치적 쟁점이 된 배경에는 이런 균열이 그림자를 드리우고 있었기 때문이다.

바꾸자는 모임은 '시민자치'를 이러한 정책전반의 기본방침이 될 정책 기조로 설정하였다. '시민자치'를 이루기 위한 기본조건으로, 정보공개조례 개정으로 적용대상을 확대하고 그 투명성을 높임으로써 시민의 감시 기능을 강화하는 한편, 시민참가조례를 제정하여 정책계획단계부터 시민참가를 보장할 것과, 시민도 참가하는 공공사업 재평가제도 도입, 시민·행정 합동정책형성 연수제도 설치 등을 제시하였다.

4. 구니다치 방식: 반보수 연대전략과 볼런티어 선거

1) 구니다치의 정치지형과 선거전략

환경파 시민들은 개발문제를 둘러싼 행정과의 갈등이 심화된 가운데 1991년에도 선거전에 참여한 바 있다. 당시 시민세력은 혁신시정의 부활15)을 꾀하는 사회당·공산당과 연대를 형성하여 시민 측 후보를 옹립했으나, 당시 시의 조역(助役: 부시장)이었던 보수계 후보—이번에 3선에 도전하여 우에하라와 대결한 현직 시장—에게 패배했다. 그리고 다음 선거에서는 연대형성에 실패하여 공산당이 단독으로 후보를 추천하고 시민세력은 정치권 진출을 유보할 수밖에 없었다.

두 차례의 경험으로 시민운동 리더들은 구니다치의 정치지형에서는 양면적인 선거전략이 필요하다는 것을 인식하고 있었다. 그것은 혁신정당과 연대를 맺는 동시에 정당과 거리를 유지하며 시민세력의 독자성을 명확히 하는 것이었다. 3선에 도전하는 현직 시장은 자민당·공명당의 추천을

---

15) 구니다치에서는 1967년 시가 된 직후 첫 선거에서 사회당계 후보가 시장으로 당선되어 혁신시정이 성립되었으나, 1979년 자민당계의 소방청 관료출신 후보가 혁신계 후보를 누르고 당선된 이래 보수시정이 계속되었다. 구니다치의 사회·공산당은 중앙의 정치정세와 상관없이 연대하여 혁신시정의 부활을 위해 노력해왔으나 실패를 거듭하고 있었다.

받고 있었는데, 공명당은 종교단체인 창가학회를, 자민당은 야호(谷保) 지구를 중심으로 한 구니다치 남부 농촌부의 지역조직과 상공회 등 지역 업계 조직들을 기반으로 하고 있었다. 특히 현직 사에키 시장은, 전 시정에서 조역을 지내는 등 관(官)계에 몸담아왔고 8년간 시장으로 재직하면서 여러 이익단체들과의 연고망을 만들어온 데다, 부친이 구 야호무라(谷保村)의 촌장을 지낸 바 있는 지역유지 집안 출신이었다. 이러한 보수진영의 조직표에 대항하기 위해서는, 우선 혁신정당과 시민세력의 연대를 통해 반보수 진영의 표를 분산시키지 않는 것이 기본적으로 필요했다. 특히, 공산당은 시 공무원노조라는 강력한 조직기반이 있었으며, 1995년에 이어 이번 선거에도 독자후보를 옹립하기 위한 준비를 하고 있었기 때문에 공산당과의 연대형성은 중요했다.16)

그러나 구니다치 유권자층의 반공산당 정서와 민주당 선호경향, 지지정당이 없거나 정치에 무관심하여 선거에 참여하지 않는 탈정치화 경향의 증대 등을 고려하지 않을 수 없었다. 공산당은 거의 확실한 조직표를 확보하고 있는 반면, 확실한 반공산당층도 상당히 존재하며 반자민·반보수 성향의 시민들 가운데도 공산당에 대해서는 저항감이 깔린 정서가 적지 않았다. 한편, 1980년대 이래 구니다치의 지방선거 투표율은 지속적으로 저하되어, 1983년에 64.3%였던 투표율이 1995년에는 53.1%로 낮아졌는데, 이는 조직기반이 없는 시민세력에게는 불리하게 작용할 수밖에 없었다. 투표율 저하는 지지정당 혹은 지지후보가 없거나 정치에 무관심한 유권자층의 증대를 반영하는 것으로 이들의 관심과 지지를 끌어내기 위한

---

16) 구니다치 시의회에서는 자민당과 공산당이 전체 18석 중 각각 6~7석을 차지한 양대 정당으로 일정한 의석을 유지해왔으며, 공명당이 그 뒤를 잇는 정당으로 역시 안정세를 유지하고 있었다. 공산당이 강세를 보이는 반면 혁신계의 또 다른 축인 사회당은 지속적으로 약화되어 1980년대의 3석에서 1990년대의 두 차례 선거에서는 1석을 점하는 데 그쳤다. 한편, 1990년대 들어 대안정치를 추구하는 네트가 처음으로 의회에 진출했고 1995년에는 전체의석 수가 2석 줄어들었음에도 불구하고 네트·신자유클럽·민주당 등의 의석은 증대했다.

대책도 필요했다.

마침 1998년 7월에 실시된 제18회 참의원 선거결과는 구니다치 유권자층의 성향을 분명하게 보여주었다. 정당에 내해 투표하는 비례구에서 가장 많은 표를 획득한 것은 민주당이었다. 61.57%의 투표율을 보인 구니다치의 경우, 민주당은 9,622표를 획득하여 혁신정당인 공산당(6,830표)과 사민당(2,208표)의 합계보다 많았고, 자민당(5,745표), 공명당(3,072표), 자유당(2,884표) 등 보수정당들을 크게 앞질러 1위를 차지했다. 민주당이 획득한 표는 조직표가 상당 부분을 차지하는 공산·자민·공명 3당에 비해 유권자의 선호에 따른 자발적 투표가 많은 부분을 차지하며 그만큼 구니다치 유권자층의 정치적 성향을 잘 보여주는 것으로 분석되었다. 민주당은 1990년대 정계개편의 와중에 1996년 '민주 중도'를 표방하며 결성된 정당으로, 그동안 기득권익의 구조에서 배제되었던 '생활자'·'납세자'·'소비자'층을 대표한다는 입장을 밝히고 있었다.[17]

이상과 같은 구니다치의 정치지형 분석에 기초해서 바꾸자는 모임은 혁신·민주계 정당들과 반보수 연대를 형성하되, 과거와는 다른 새로운 연대방식을 모색할 필요가 있다고 결론지었다. 연대의 공식적인 형태는 시민 측 후보가 정당의 '추천' 혹은 '지지'를 받는 것이다. 따라서 1991년 선거 때와 마찬가지로 이번에도 공식적으로 혁신정당들의 추천을 받되,

---

17) 당시 사민당(구사회당)과 사키가케 소속의원 중 많은 수가 민주당에 참여했다. 민주당의 결성은 신보수주의 세력의 보-보연합 등 우경화 흐름에 대응하기 위해, 쇠퇴한 사회당을 대신할 새로운 야당세력을 결집하려는 움직임이라는 의미를 내포하고 있었다. 1994년 초유의 자민·사회 연립정권 성립 후 공산당을 제외한 야당들이 결집하여 만든 신진당은 1996년 민주당 결성 무렵부터 분열되기 시작하여 1998년 1월에 해체되었고, 신진당 해체 직후 야당 6회파가 민우련을 결성했다가 4월 민주당으로 명칭을 바꿈으로써 민주 중도 세력의 재결집에 의한 민주당 통일을 이루었다. 민우련 결성 직후 만들어진 민정당도 결국 민주당으로 합류함으로써 민주당은 제1야당이 되었다. 민주당은 보수주의와 개혁파 양편 모두와 일선을 긋는 '민주 중도 노선'을 표방하고, 공평·공정합 룰에 입각한 사회형성, 시장원리 철저와 기회균등을 보장하는 공생사회 실현, 분권사회 구축과 공동 참획사회 실현, 헌법 기본정신 구체화, 지구사회의 일원으로서 신뢰획득 등을 목표로 제시했다.

연대의 실질적인 내용은 달리 하는 것으로 방침을 세웠다. 그것은 시민세력의 독자성을 명확히 드러내기 위해 선거조직인 확인단체를 바꾸자는 모임이 단독으로 구성하는 것이었다. 확인단체란 후보자의 공직선거법에 규정된 공식적인 선거운동단체로 선거운동의 주체가 되는 단체를 말한다.[18] 1991년 선거 때는 시민 측과 사회·공산당이 함께 별도의 조직을 만들어 확인단체가 되는 방식으로 연대를 맺었다. 그러나 바꾸자는 모임은 이러한 연대방식은 결국 선거운동이 정당주도가 되어 조직논리의 영향을 받게 될 뿐 아니라, 선거운동 과정에서 정당 색이 전면에 나오게 되어 유권자층의 폭넓은 지지, 그중에서도 지지 정당이 없는 유권자나 조직표로 흡수되지 않는 일반 유권자층의 지지를 끌어내는 데 오히려 부정적 요인이 된다고 보았다.

2) 볼런티어 선거와 반보수 연대형성

바꾸자는 모임은 출범 5개월 만인 1998년 6월, 정식으로 우에하라를 시장후보 예정자로 확정·공표하는 동시에, 모임의 명칭을 우에하라 후원단체로 하는 '우에하라와 시민참가로 마을을 바꾸자는 모임(이후 역시 바꾸자는 모임으로 약칭)'으로 변경하고 실질적인 선거운동에 들어갔다. 우선, 우에하라를 시장후보 예정자로 공표한 후, 바꾸자는 모임은 본격적인 회원 확대 작업을 시작했다. 아직은 공식적인 선거기간 전이었기 때문에 바꾸자는 모임은 시장후보 예정자 우에하라의 후원회로 회원을 모집했는데, 바꾸자는 모임과 뜻을 같이 하는 사람이면 누구나 회원이 될 수 있었으며 개인참가를 원칙으로 하였다. 회원 확대 작업은 기본적으로 주변 친지에게 직접 구두로 입회를 권유하거나 소개엽서[19]를 통해 개인의 친지를 소

---

18) 후보자가 입후보할 때 선거관리위원회에 확인단체도 등록을 하게 되어 있다. 일본의 공직선거법에 따르면, 후보자 외에 선거기간 중에 정치활동을 할 수 있는 것은 정당과 확인단체만으로 제한된다.

개받는 방식으로 이루어졌다.

후원회 회원모집과 더불어 모금활동도 본격적으로 시작되었다. 바꾸자는 모임은 모임의 취지와 우에하라에 대한 안내팜플렛과 함께 한 구좌를 1,000엔으로 하는 온라인 입금표를 배포하여 시민 개개인을 대상으로 모금을 했다. 선거에 핵심적인 인적·물적 자원을 조직동원에 의존하지 않는다는 방침이었기 때문에 기부도 개인기부를 원칙으로 하고 있었다. 입금표에는 '회비'와 '기부' 중에서 선택하는 항목을 두고, '회비' 명목으로 돈을 내는 시민은 자연히 후원회원이 되었다. 그리고 이 경우에는 따로 입회신청서를 쓰지 않고 영수증이 이를 대신하는 것으로 했다. 당초 모금목표액을 약 800만 엔으로 잡고 부족분은 나중에 다른 방식으로 충당하기로 했는데, 실제 모금액이 목표액에 이르렀고 선거운동 비용은 약 1,000만 엔 정도 들었기 때문에 부족분 200만 엔은 '시민참가채'라는 채권을 발행하여 충당하고 당선 후 시장급료에서 매월 10만 엔씩 갚아나가는 방식으로 처리했다.

금전적인 기부 외에 음악가들이 후원 콘서트를 열어준다든가 장애인그룹이 이벤트를 열어주는 방식의 원조를 받기도 했다. 비금전적인 자원활동은 바꾸자는 모임의 선거운동의 중요한 축이었다. 바꾸자는 모임은 개인회비 혹은 기부명목의 금전적 기부 외에 자원활동의 기부를 끌어내는 데에도 힘을 썼다. 예를 들어 앞서 언급한 소개엽서에 간단한 활동 몇 가지를 구체적으로 명시하고 그중 할 수 있는 일에 표시를 해서 보내주도록 부탁하는 방식을 택하기도 했다. 자원활동도 기본적으로 각 개인이 가능한 시간에 가능한 방식의 일을 선택해서 할 수 있도록 하였다. 이렇게 개인의 자발적

---

19) 소개엽서란 바꾸자는 모임이 수취인으로 되어 있고 엽서의 발신자가 '구니다치에 사는 사람' 한 명과 '우에하라 히로코를 응원하기 위해 자신이 소개하고 싶은 사람' 여러 명의 이름과 연락처, 그리고 본인과의 관계 등을 적을 수 있도록 되어 있는 엽서로, 바꾸자는 모임은 새로운 입회자에게 인사장과 더불어 이 소개엽서를 보내 개인적으로 친지들을 소개받고, 소개받은 사람들에게 다시 안내장과 소개엽서를 보내는 방식으로 회원을 확대해나갔다.

참가에 의존하는 선거방식은 조직동원의 외부에 있는 유권자층, 지지정당이 없거나 선거에 무관심한 층의 관심을 끌어내기 위한 방법이었다.[20]

한편, 우에하라를 후보예정자로 공식 확정한 직후부터 바꾸자는 모임은 사민당·공산당·민주당 및 네트 등의 정치단체와 시 공무원노조·일교조·렝고(連合) 등의 단체에 우에하라의 추천을 요청했다. 사민당은 처음부터 긍정적인 반응을 보였으나, 네트는 정치적인 입장에서는 반공산당의 입장을 취하고 있었으며 공산당의 움직임에 대해 경계심을 갖고 있었기 때문에 적지 않은 협의과정이 필요했다. 그러나 '시정교체'라는 목표를 위해 공산당과의 연대를 받아들이기로 했다.

공산당과의 교섭은 가장 난항을 겪었다. 핵심적인 문제는 확인단체 구성에 관한 것이었다. 바꾸자는 모임이 단독으로 확인단체를 구성하려는 방침을 가진 데 반해, 공산당은 정당으로 확인단체의 구성에 참여해야 한다는 입장이 확고했다. 게다가 공산당은 1년 전부터 단독후보 옹립을 준비하고 있었다. 그러나 구니다치의 정치지형이 공산당 단독으로는 승리가 불가능하다는 것을 인정할 수밖에 없는 상황이었기 때문에, 20년 보수시정의 종식이라는 대의에 따라 결국 선거를 1개월 앞둔 시점에서 우에하라 후보를 추천하기로 결정했다.

한편, 민주당은 참의원 선거결과에 따라 유권자층의 민주당 선호가 드러났기 때문에 보수진영과 우에하라 진영 양측으로부터 추천요청을 받았다. 민주당은 중앙에서는 반(反)자민의 입장을 명확히 하고 있었고 시민운동과 연대한 네트워크 구축을 선언하여 네트와의 관계도 우호적이었으나

---

20) 바꾸자는 모임은 투표율, 특히 반보수 성향의 유권자층의 투표율을 높이기 위해 여러 가지 방법을 모색했는데, 시장선거와 동시에 이루어지는 지방의회 의원선거와의 연계 작전을 시도하기도 했다. 일례로 젊은 층의 선거에 대한 관심과 참여를 유도하기 위해 바꾸자는 모임의 선거운동에 볼런티어로 참가하고 있던 히또쓰바시 대학 학생에게 시의원 출마를 권유했다. 이 학생은 무소속으로 출마하여 시의원들의 출석 및 질문횟수 등 의정활동에 대한 조사기록을 공표하는 등 참신한 선거운동으로 주목을 받아, 결국 16명의 당선자 중 3위로 당선되었다.

구니다치의 민주당 소속 시의원은 현 시장을 지지하고 있었다. 중앙과 지역의 입장이 엇갈리자 결국 민주당은 당 차원에서는 어느 쪽도 추천하지 않는 쪽으로 결정을 내렸다. 그러나 민주당 참의원이 개인자격으로 우에하라를 추천하고 괄호 안에 민주당 참의원이라는 직함을 병기하기로 함으로써, 바꾸자는 모임은 간접적인 형태로나마 민주당과의 관계를 표현하게 된 셈이었다.

이렇게 해서 결국 바꾸자는 모임이 단독으로 확인단체가 되고 각 정당 및 단체는 바꾸자는 모임과 정책협정을 맺고 우에하라 후보를 추천하는 방식으로 연대를 형성했다. 추천단체들은 '추천단체 대표자회의'를 구성하여 선거운동 전반에 관해 바꾸자는 모임과 협의하는 것으로 하고, 반보수 연대의 초당파적인 성격을 명확히 하기 위해 우에하라는 네트를 탈퇴하여 무소속으로 출마하기로 합의했다. 또한, 1991년 선거 때는 연대에 참여한 정당과 시민단체들이 7항목의 '기본자세'와 14항목에 이르는 구체적으로 규정된 '주요 정책'에 관한 협정을 맺었던 것과 달리, 이번에는 '시민참가·정보공개'라는 바꾸자는 모임의 정책기조에 대해서만 합의하고 개별정책에 대한 협정은 맺지 않았다. 큰 방향에 대한 기본적인 합의가 가능하다는 전제하에 개별정책에 관한 다소의 입장차이는 향후 협의하여 조정하기로 했다. 이는 곧, 바꾸자는 모임의 정책안이 수정되지 않고 그대로 유권자에게 제시되는 것으로, 혁신계 정당·단체의 추천을 받으면서도 실질적으로는 시민이 주도한 선거운동임을 의미하는 것이었다.

이렇게 풀뿌리 시민조직의 주도하에 연대가 이루어졌다는 점과 시민조직이 전면에서 선거운동을 주도하고 정당은 측면에서 지원하는 데 머무르는 연대방식은 정당과 시민사회의 새로운 관계를 보여주는 것으로서, 우에하라 진영은 선거운동 당시에 이를 일본 최초의 시도로 홍보하기도 했다. 또, 구니다치에서 처음 시도된 것이라 하여 '구니다치 방식'이라고 이름 붙인 이 선거전략을 승리의 최대 요인으로 평가하고 있다. 1999년 4월 25일에 치뤄진 선거결과, 우에하라 후보는 현직 시장인 상대후보를

1,251표 차로 누르고 승리를 거두었다. 투표율은 지난번 선거의 53.1%에 비해 상승한 58.13%였으며, 특히 여성의 투표율이 61.50%로 남성의 54.75%보다 6.75%나 높았다.

5. 맺음말

구니다치에서 도쿄 최초의 여성시장이 탄생한 것은 시민운동의 정치세력화에 의해서 이다. 상대 후보가 자민·공명 등 보수정당의 추천을 받은데 비해 우에하라는 사회·공산당의 추천을 받았기 때문에 구니다치 시장선거는 외형상 기존의 보/혁 대결의 양상을 띠었지만, 본론에서 고찰한바와 같이 구니다치 사례는 시민세력이 정당을 통해 자신들의 요구를 실현시키려 하기보다는 '생활자=시민'이라는 독자적인 정체성에 기초하여직접 정치권력의 획득을 추구하고 성공했다는 점에서 사실상 무당파적인특성을 지닌다.

1990년대 후반 이후 일본에서는 정당의 '공인이나 추천·지지' 등을 받지 않은 풀뿌리 시민조직이 옹립한 후보자들이 잇달아 지자체 수장 및 의원으로 당선되었다. 기존의 정당정치체제의 변화를 시사하는 현상으로 주목을 받았고, 저널리즘은 이 같은 후보자들을 '무당파'라 칭하기 시작했다.[21] 이것은 학문적으로 엄밀하게 정의된 분석적 개념이라기보다는, 선거 당시에 형식적으로 표명된 정당과의 관계만을 기준으로 한 일종의 기술적인 분류개념으로, 후보자 본래의 활동기반이나 정치적 성향, 실질적인 선거기반 등에 대해서는 고려하지 않기 때문에, 그 의미에 관해 적지 않은 논란의 소지를 내포하고 있다.[22] 예컨대, 이러한 '무당파' 당선자의

---

21) 본래 '무당파'라는 개념은 1970년대 지지정당이 없는 유권자가 증대하여 일본정치에 중요한 변수로 떠오르면서 정치학자들이 이 '지지정당이 없는 유권자'를 가리켜 최초로 사용했고, 이후 그러한 의미로 사용되어왔다.

증대는 종종 1990년대 들어 전 유권자의 절반을 넘어선 지지정당이 없는 유권자층과 연관지어 설명되지만, '무당파' 당선자들의 승리기반이 반드시 지지정당이 없는 유권자층만은 아니다.

최근 일본에서 일어난 '무당파' 지자체장을 둘러싼 논의는, 이처럼 형식적인 관계만을 기준으로 전반적인 추세에 따라 그 의미를 파악하는 경향이 있었다. 하지만 구니다치 사례는 지방정치의 구체적인 장에서 지역의 역학에 따라 기존의 정당에 속하지 않는 독자적인 세력이 주도한 사례이다. 이들은 정당과의 관계를 단순히 거부하는 것이 아니라 전략적인 필요에 따라 새로운 방식으로 조정함으로써 승리를 쟁취하는 양상을 보여주었다는 면에서, 최근 일본 '무당파' 정치세력의 실질적인 의미에 관한 또 다른 논의의 가능성을 제시한다.

'생활자=시민'의 정체성에 기초해서 시정획득을 추구하는 것은 지역의 기득권익구조에서 소외된 시민들의 자기주장이라는 의미를 함축하고 있다. 구니다치에서 '환경 대 개발' 문제는 구체적으로는 '생활자'와 '상공업계'간의 이해의 대립이라는 형태로 나타났지만, 이는 지역의 다양한 집단들이 정치권과의 호혜적인 관계를 매개로 한 연고망을 통해 정치에 영향력을 행사하는 구조가 구체적으로 표출된 하나의 현상으로, '생활자'라는 관점은 이러한 기존의 지역지배구조를 드러내고 그 구조에서 배제된 시민의 존재를 자각하는 방법이기도 했다. 구니다치에서는 각 지역 자치회·상공회·농협·노조·창가학회 등 지연·업계·계층계급·종교에 따른 단체

---

22) 이는 정당의 '공인' 외에 '추천·지지'라는 제도의 특이성에 기인하는 것으로 보는 면도 크다. '추천·지지'는 명확한 규정이 있는 제도가 아니라 일본정치의 하나의 관행으로, '추천'과 '지지'의 구분도 전자가 후자에 비해 강한 지지의사 표시로 간주되고 있지만 어느 쪽도 명확한 규정이 없기 때문에 뉘앙스 차이로 구분을 하는 셈이 된다. 예를 들어 '추천'의 경우도, 금전적인 지원을 포함하는 적극적인 지원에서부터 단순한 의사표명에 그치는 경우까지 다양하고 추천을 하는 측이나 받는 측에서 편의적으로 사용하고 있다. 이런 애매성 때문에 선거운동의 전략적인 차원에서 이용되는 경우가 많고, 형식적인 '무당파'와 실질적인 '무당파' 혹은 이념 차원에서의 '무당파' 등을 구분할 수 있는가 하는 문제도 있다.

들이 각 정당의 선거기반으로 기능하고 있으며, 이런 조직적인 기반이 있는 정당들이 의회에서 지속적으로 세력을 유지해왔다. 하지만 이러한 연고망이나 조직에 연루되지 않은 시민층도 광범위하게 있었으며 개인주의 혹은 사생활 중심주의적인 의식과 태도가 확산됨에 따라 이러한 유권자층도 증대하였다.

정권획득을 추구한 시민세력은 이러한 유권자층의 정서를 '생활자'담론의 기반으로 삼았다. 그러나 유권자층의 정서가 반드시 투표결과에 그대로 반영되는 것은 아니기 때문에, 이를 득표로 연결시키기 위해서는 유권자의 이해와 관련된 확실한 명분이 있는 쟁점과 이들을 정치에 연루시킬 수 있는 통로를 마련하는 것이 필요했다. 거품이 사라진 후의 경제상황은 이러한 쟁점형성에 중대한 기여를 했다. 한편, 자원의 조직적 동원을 배제하고 개인의 자원활동에 의거한 볼런티어 선거방식은, 개인의 자발적인 의사에 기초해서 가능한 시간에 가능한 정도로 가능한 형태의 활동을 통해 스스로 정치에 참여할 수 있는 계기를 마련해주었다. 이러한 새로운 자원동원방식과 조직화방식은 기존의 정치관행과는 대조적인 모습으로 그 자체가 홍보의 대상이 되기도 했다.

이상과 같이 우에하라는 '여성'보다는 '생활자=시민'의 정체성을 기반으로 출마했고, 정책면에서도 여성주의적인 관점보다는 생활자로서의 시민의 입장을 견지하였다. 그러나 시민세력이 우에하라를 옹립한 데에는 분명 '여성'이라는 점이 중요한 요소로 작용했으며, 이들이 제시한 '생활자=시민'주체의 정치는 여성의 정치적 진출확대에 기여할 수 있는 새로운 가능성을 시사하고 있다.

우선, 정치세력화의 모체가 된 환경시민운동의 형태는 시민세력 내부에서 여성인 우에하라가 후보로 옹립되는 것을 용이하게 했다고 생각된다. 본론에서 보았듯이, 구니다치에서는 문교지구 투쟁 이래 '환경 대 개발'이 정치의 최대 쟁점이 되어 왔으나 환경운동단체 혹은 다른 형태의 상설 시민단체가 결성되는 대신, 쟁점 내지 사안별로 이른바 '환경파' 시민들의 운동 네트워크가 조직되어 명확히 한정된 목표에 따라 활동하는 형태로 운동이 전개되어 왔다.[23] 이런 운동방식하에서 상설단체에 나타나기 쉬운 위계구조 없이 리더들이 각자의 일을 하면서 횡적으로 동일한 위상으로 참가하고 있었다. 즉 리더들은 있지만 '보스'는 없는 구조이자 개인을 기반으로 하는 조직이었기 때문에, 가부장적 권위보다는 구체적인 운동목적을 기반으로, 발휘하는 역량에 따라 리더십을 평가받을 수 있으며 후보옹립과 관련하여 단체들간의 경쟁이 개재될 소지도 없었다.

그 가운데서 우에하라는 생활클럽 생협과 네트를 중심으로 환경운동 및 생활정치운동 등을 통해 쌓아온 역량을 발휘했고, 무엇보다도 그 역량으로 인정을 받을 수 있었다. 특히 대리인운동으로 시의회에 진출한 것은 생활정치운동의 구체적인 성과를 보여준 것으로, 시민세력이 시장후보가 되는 기반이 되었다. 또한 우에하라의 활동경력과 활동하면서 습득한 '생활자'의 관점 및 이론적·실천적 지식 등은 시민세력의 정치세력화의 논리형성과 정책구상에 중대한 역할을 했다. 그런 점에서 구니다치에 생활자로서 여성의 정치적 주체화를 추구한 생활자 네트가 존재했다는 것이 최초의 여성시장을 탄생시키는 중요한 기반이 되었다고 본다.

'여성'이라는 점은, '경제·산업·개발'과 '인간·생활·환경' 등의 가치가 대립하고 생활에 밀착된 쟁점들이 제기되었던 이번 선거에서 긍정적인 요인으로 작용하였다. 기존의 사회체계에서 전자가 주로 남성적인 세계였던 데 비해 후자는 여성적인 세계였기 때문에, '생활자' 중심의 정치는 여성의 이미지와 동떨어진 것이 아니었다. 여성후보의 옹립이 여성 유권자의 지지를 끌어내는 데 어느 정도 기여했는지는 알 수 없으나, 볼런티어 선거방식이 여성의 참여와 지지를 확대하는 데 도움이 되었으리라고 추측된다.

---

23) 다이가쿠도오리의 경관보존이라는 문제를 다루는 경우에도, 청원제출, 조례청구 등, 운동의 단계에 따라 기존 조직이 해소되고 새로운 조직이 만들어져 운동의 주체가 되었다. 이 운동이 모체가 되어 그 리더 그룹이 정치운동을 조직했지만, '시정교체'로 운동목적을 한정하고 별도의 구심점을 만들어 경관권 운동 및 그 조직과 이 운동의 구분을 명확히 하였다.

한편, '생활자' 중심의 정치는 연고망과 조직세력에 기초한 정치에서 공정하고 합리적인 룰에 기초한 정치로의 전환을 의미하며, 이는 여성의 정치적 진출을 어렵게 해온 정치 틀 자체의 변화를 의미한다. 종래의 지역정치에서 리더십은 자원동원력이 있는 조직에 대한 영향력, 지역의 다양한 집단들을 매개로 한 연고망을 형성하고 유지하는 역량 등이 중요한 요소로 간주되었으며, 그것은 가부장적 권위를 수반하는 리더십이었다. 이러한 연고망은 정치의 사회적·물적 기반역할을 하면서 정책결정을 통해 각 집단들이 이익을 확보하는 통로였다. 그리고 사적 생활영역과 구분된 '공적' 사회는 남성 중심으로 조직되어 있었기 때문에, 여성은 '여성'이라는 점 자체가 원활한 사회관계에 결격 사유가 되어 정치리더로는 부적합하다고 생각해왔다. 구니다치 사례에서 시민세력이 추구한 '생활자' 중심의 정치는 이 같은 정치 틀의 변화를 통해 여성의 정치진출의 확대를 꾀할 수 있는 가능성을 제시하고 있다.

주민이 생활의 관점에서 혁신정당과 연대하여 시정교체를 이루고 공적 영역에 참가하고자 했으며, 환경·복지 등 생활 관련 문제가 주된 쟁점으로 부각되었다는 점에서 구니다치 사례는 과거 혁신자치체의 경우와 유사한 점이 있다. 그러나 시민세력이 독자적인 정체성을 바탕으로 정치에 주체로 등장했다는 점, 선거운동의 조직화 및 자원동원방식에서 비조직·볼런티어 방식을 취했다는 점, '시민자치: 정보공개, 시민참가'를 정책의 기조로 삼고 합리적이고 공정한 룰 자체를 강조했다는 점 등은 혁신자치체의 경우와는 다른 특징이다. 이러한 특징들은 결국 정치 이데올로기에 기초한 기존의 보수/혁신 구도와는 다른 차원의 혁신성을 내포하면서, 기존의 보수/혁신 정치세력을 포함하는 정치구조·문화, 즉 개인의 의사나 판단보다는 가부장적 권위주의에 기초한 집단·조직논리와 생활보다는 정치논리가 지배적인 정치구조·문화에 대한 또 다른 대안을 제시했다고 할 수 있다. 즉 이는 곧, 혁신의 축이 변화했다는 것을 의미하며, 양적·질적으로 여성들의 정치진출을 확대해나가는 데 중요한 기반이 되었다.[24]

■ 참고문헌

마치무라 다카시. 2000, 「일본의 시민운동과 대안정치 ― 대안을 추구하는 주체의 계보」, 한신대학교사회과학연구소 편.
한신대학교사회과학연구소(편). 2000, 『시민운동과 대안정치: 새로운 시민적 지역리더십의 모색』(한신대학교 개교 60주년 기념 국제학술회의발표집).
한영혜. 1998, 「지방화와 여성의 정치적 주체화」, 미래인력 연구센터, 『지방화와 여성』
_____. 2001a, 「일본의 시민운동 담론의 형성」, 한국산업사회학회(편), ≪경제와사회≫ (특별부록) 2001년 봄호, 도서출판 한울.
_____. 2001b, 『일본사회개설』, 도서출판 한울.
크리스챤 아카데미; 한국사회교육원 편. 1996, 『일본 시민운동과 지방자치』, 도서출판 한울.

<1차 문헌>
編纂專門委員會(編). 1995, 『くにたちの歷史』, きょうせい.
梶山正三. 1996., 「國立市大學通り景觀訴訟(第1次) 訴狀」.
_____.1998, 「大學通り景觀訴訟(第2次) 訴狀」.
國立市. 1997, 『國立市都市景觀形成基本計劃』(槪要版).
編集委員會(編). 1995, 『くにたち公民館 ― 40年の節目に立って』.
くにたち鄕土文化館. 1998, 『學園都市くにたち ― 誕生のころ』.
くにたち婦人の會. 1976, ≪みのり≫ 第2號(國立婦人の會二十五年記念誌).
_____. 1976, ≪みのり≫ 第3號(國立婦人の會四十年記念誌).
大學通り俱樂部(編). 1995, 『誰がためにビルは立つ ― 檢證 國立のアメニティ』, 武

---

24) 전후 일본의 보수/혁신정당은 각각 구체적인 조직·집단의 이익을 대표하면서 이들을 선거기반으로 동원해왔다. 즉 보수 자민당은 농민·자영업자·산업계, 혁신정당은 조직노동자=노조의 이익을 대표해왔으며, 그런 구조 속에서 예컨대 화이트칼라 미들클래스, 성역할 분업구조 하에서 생활·소비영역을 담당해온 주부들 등, 조직화되지 않은 일반시민들은 자신들의 직업상 혹은 생활상의 이익을 내표할 정치세력을 갖지 못했다. 1990년대 일본에서 나타나고 있는 여러 정치적 변화들 ― '무당파' 정치인, '여성' 정치인의 증대, 무당파 유권자의 급증 등 ― 은 이러한 층의 자기 주장이 표출되는 것이라는 측면을 내포하며, 1990년대 중반 이루 가속된 정계 재편도 일부는 이러한 층의 정치적 대표성과 관련된 움직임을 내포하는 것이라 하겠다. 조직·집단의 논리와 정치논리가 사상·신념 및 생활을 압도하는 일본의 정치구조·문화(이 점에 관해서는 혁신계정당도 예외가 아님)에 대해서는, 1960년대 일본에서 시민운동론을 전개한 지식인들이 이를 비파하고 체체 측과 반체제 측을 막론하고 이러한 가부장적 문화를 극복할 필요성을 주장했으며, 이를 '근본적 민주주의'라는 개념으로 제시하였다. 이와 관련해서는 한영혜(2001a) 참조.

藏野書房.

上原公子. 1998,「生活の場としての都市づくり ─ 國立市のまちづくり運動の實踐
　　から」, 藤岡貞彦(編),『環境と開發の教育學』, 同時代社.

藤林洋介. 1999,「女性市長はこうして誕生した」, 國際勞動運動研究協會, ≪國際
　　勞動運動≫ No.334.

關口千惠. 1999,「上原公子氏に聞く」(인터뷰) ≪法學セミナ─≫ No.501.

上原ひろ子と市民參加でまちをかえよう會. 1999,『政策集』.

安藤彦. 1998,「'アリギリスの妻'の環境史 - <人間-環境>系のライフヒストリ─分
　　析・覺書」,『地球環境研究』, Vol.52.

川口武俊. 2000,「市民(景觀)運動から見えるまちづり」(國立市民自治大學・政策講
　　座 第3回: 實踐的都市創造論).

國立市明るい選擧推進協議會. 1999, ≪推協便り≫ 第28號.

國立市選擧管理委員會. 1999,「國立市市長選擧公報」.

上原ひろ子と市民參加でまちをかえよう會 내부문서들: 회의록, 재정학습 강의록,
　　공보(公報) 비라, 기타 각종 팜플렛.

일간신문 기사들.

연구자의 인터뷰 기록.

<2차 문헌>

天野正子. 1996,『生活者とはだれか』, 中央公論社.

金子郁容.『ボランティア ─ もうひとつの情報社會』, 岩波書店.

國廣陽子. 1995,「地域における'主婦'の政治的主體化 ─ 代理人運動參加者のアイ
　　デンティティ分析から」, 地域社會學會(編).

_____. 1995,「女性の政治參劃 ─ 地域から國の政治まで」, 村松安子(編),『empo-
　　werment の女性學』, 有斐閣.

_____. 1993,「女性の政治參加のニューウェ─ブ」, 矢澤澄子(編),『都市と女性の社
　　會學』, サイエンス社.

神田道子・木村敬子・野口正代(編著). 1992,『新・現代女性の意識と生活』, 日本放
　　送出版協會, 佐藤慶行(外 編著),『女性たちの生活者運動 ─ 生活クラブを支
　　える人々』, マルジュ社.

高畠通敏. 1977,『戰後日本の政治思想』, 三一書房.

_____. 1993,『生活者の政治學』, 三一書房.

_____. 1997, 高畠通敏・安田常雄,『無黨派層を考える』, 世直書房.

地方議員政策研究會. 1998,『地方から政治を變える』, コモンス.

新島洋・清水直子. 1999,『闘爭する首長』, 教育史料出版會.

似田貝香門. 1994,『都市社會とコミュニティの社會學』, 日本放送出版協會.

似田貝香門(外　編). 1986,『リーディングス　日本の社會學10　社會運動』, 東京大學
　　出版會.
矢澤澄子(編). 1993,『都市と女性の社會學』, サイエンス社.
松下圭一. 1975,『市民自治の憲法理論』, 岩波書店.

제11장
학동보육

1. 방과 후 생활과 학동보육의 의미

일본 소학교(=초등학교) 어린이들의 방과 후 활동공간으로는 가정이나 학원 외에 아동관이나 스포츠소년단, 어린이회 등 여러 지역시설·조직들이 있다. 소학교 어린이들, 그중에서도 저학년 어린이들의 경우, 방과 후 시간이 길기 때문에 그 시간동안 어떻게 생활하는가가 어린이의 건강한 성장에 중요한 영향을 끼치게 된다. 과거에는 주로 그것이 가정의 소관으로 간주되어 왔으나, 근년 일본에서는 학교와 가정, 지역사회, 사회교육 등이 긴밀히 연계하여 어린이들이 건강하게 성장할 수 있도록 노력해야 한다는 인식이 확산되었다.

특히 맞벌이가정과 편부·편모가정이 증대하면서 낮에 부모가 집에 없는 어린이들이 늘어나자, 이들의 방과 후 생활을 어떻게 보호할 것인가 하는 것이 중요한 사회문제로 부각되었다. 이것은 단순한 보육문제를 넘어서서 부모의 노동권과 어린이들의 건강한 삶을 누릴 권리 확보라는 차원에서 논의되고 있으며, 그런 의미에서 단지 낮에 부모가 아이를 돌보지 못하는 특수한 가정의 문제만이 아닌 사회 일반적인 문제로 받아들여지고 있다.

일본에서는 1997년 6월 3일 정부의 「아동복지법」 개정안이 국회를 통과[1]함에 따라 '방과 후 아동 건전육성사업'이 법제화되었다. '방과 후 아동 건전육성사업'은 「아동복지법」에 "소학교에 취학하고 있는 약 10세 미만의 어린이들을 대상으로, 보호자가 노동 등으로 낮에 가정에 없는 경우에 정령에 정해진 기준에 따라 '수업이 끝난 후 아동후생시설' 등에서 적절한 놀이 및 생활의 장을 제공하여 그들이 건전하게 자랄 수 있도록 하는 사업(제1장 총칙, 제6조 제2의 6항)"이라고 규정되어 있다. 즉 '방과 후 아동 건전육성사업'이란 "맞벌이 등으로 부모가 집에 없는 가정의 저학년 어린이를 방과 후 및 휴가 중에 보육하는 것'"으로, 이를 일반적으로 '학동보육(學童保育)'이라고 한다.[2]

'학동보육'은 시민들의 보육운동 흐름 가운데서 나온 용어로 정부에서 공식적으로 사용하는 말은 아니다. 법제화 이전에 정부는 학동보육에 대해 '도시아동 건전육성사업', '방과 후 아동 대책사업' 등의 명칭을 썼고, '아동클럽'이라는 용어도 공식적인 명칭으로 사용되고 있다. '○○사업'이 학동보육이라는 과제 자체를 지칭하는 용어라면, '아동클럽'은 학동보육을 실시하는 단위 조직을 지칭하는 용어라 하겠다. 아동클럽은 지자체에 따라 '부재(不在)가정 아동회(실)', '아동육성회(실)', '어린이룸', '어린이클럽', '아동홈', '학동보육클럽', '학동클럽', '해바라기클럽' 등 명칭이 다양하다.

정부가 공식적으로 학동보육이라는 용어를 쓰지 않는 것은, 소학교 저학년 어린이는 종일 보육을 필요로 하는 취학 전 아동과 달리 보육대상으로 하지 않는다는 입장 때문이다. 즉 정부는 소학교 어린이들의 방과 후 생활에 대해서는 보육이 아닌 '어린이 건전육성'이라는 각도에서 접근한다는 입장에 있다.

---

1) 일본정부는 「아동복지법」 제정 50년(1947년 제1회 국회에서 제정)을 기해 법체계의 전면재검토에 착수했고, 1997년 6월 3일 제140회 국회에서 보육시스템의 전환을 기하는 「아동복지법」 등의 일부를 개정하는 법률을 가결·성립시켰다.
2) 全國學童保育連絡協議會(編), 『學童保育のハンドブック』, 一聲社, 1996, 6쪽

2. 학동보육이 법제화되기까지의 정부정책들

학동보육이 법제화된 것은 이상에서 보는 바와 같이 최근 일이지만, 부모의 맞벌이 등으로 낮 동안 보호자가 없는 소학교 저학년 어린이(이하에서는 '방과 후 아동'이라 함)들의 방과 후 생활을 보호하기 위한 공적 지원이 그동안 전혀 없었던 것은 아니다.

1963년에 도쿄 도 민생국은 보정(補正)예산에서 학동보육사업 보조비 520만 엔을 계상했는데 이것이 최초의 공적 지원사례이다. 국가 차원에서는 1966년에 문부성이 '부모 부재가정 아동회 보조사업'을 개시하여 첫해 분으로 5,000만 엔을 예산화한 것이 최초이다. 그러나 문부성의 사업은 1970년에 폐지되었고 이후 방과 후 아동에 관한 사업은 후생성을 중심으로 이루어지게 되었다.[3]

아동복지행정에서는 1963년도부터 아동관[4] 설치를 적극적으로 추진했다. 아동관은 아동후생시설의 하나이며, 아동후생시설은 어린이들에게 건전한 놀이의 장을 제공함으로써 건강을 증진시키고 정서를 풍부하게 하는 것을 목적으로 한 아동복지시설의 일종이다. 아동후생시설에는 아동관과 아동유원(遊園) 등이 있는데, 아동관은 실내에서의 주로 활동하는 시설로, 「아동복지법」제40조에 "모든 아동의 심신을 건강하게 육성하기 위해, 문화, 예술, 스포츠, 자연·사회체험이나 과학기술 등의 진흥을 위해 노력하는 동시에, 지역의 아동가정에 대한 생활지원을 촉진시킬 것을 목적으로 한다"고 규정되어 있다. 아동후생시설에는 아동후생원이 배치되어 (아동유원은 순회도 가능) 어린이들의 놀이를 지도한다. 이 시설은 모친클럽,

---

3) 『學童保育のハンドブック』, 一聲社, 1996, 112쪽. 이하 정부정책의 흐름, 특히 연도별 정책내용에 대해서는 기본적으로 이 책 112~117쪽의 「學童保育略史」를 참조할 것.
4) 아동관은 그 규모 및 기능에 따라 소형아동관, 아동센터, 대형아동관 A형·B형·C형 등이 있으며, 그밖에 공공성과 영속성을 지니면서 설비·운영 등에 관해서는 소형아동관에 준하는 것으로 각기 대상지역의 범위·특성 및 대상아동의 실태 등에 상응한 아동관이 있다.

어린이회 등 지역조직들이 아동복지를 위한 활동을 하는 데 거점이 되기로 한다. 1977년부터는 도시아동관에 대한 국고보조가 시작되었다.

아동관 설치를 추진하는 한편, 후생성은 1976년부터 아동관이 실치되어 있지 않은 지역을 대상으로 '도시아동 건전육성사업'을 개시했다.[5] 이것은 지역의 볼런티어들을 활용하여 아동보호 및 건전육성활동에 대해 공적 지원을 한 것으로, 실질적으로 1966~1970년에 문부성이 주관했던 '부모 부재가정 아동회 보조사업'이 후생성의 사업으로 넘어온 셈이다. 1986년에는 도시 아동관 시책이 폐지되고, 아동관에서의 '부재가정 아동대책'을 위한 사업비가 가산되었다. 이는 '아동관 증설'에서 '학동보육의 확대' 쪽으로 방향이 바뀌었음을 보여준다. 아동관은 부재가정의 어린이들뿐 아니라 모든 어린이들을 대상으로 한 지역시설이기 때문이다. 그 연장선상에서 1991년에는 1976년부터 실시해온 '도시아동 건전육성사업'이 '방과 후 아동 대책사업'으로 바뀌었다. 이것은 종래의 시책이 도시부에 국한되어 있었던 점, 전임 지도직원을 배치할 수 없었던 점 등을 개선한 것이다. 그에 앞서 1990년에는 정부가 '건강하게 어린이를 낳아 기를 수 있는 환경만들기에 관한 관계성청(省廳) 연락회'를 발족시킨 바 있다.

'방과 후 아동 대책사업'은 낮에 보호자가 없는 가정의 소학교 저학년 어린이들의 방과 후 생활을 보호하기 위해 놀이를 중심으로 건전육성활동을 하는 지역조직 '아동클럽'을 설치하도록 한 것으로, 시·정·촌 등의 지방자치체가 그 실시주체이다. 아동클럽은 ① 아동의 건강증진, 정서안정 및 안전확보, ② 풍부한 놀이를 통한 자주성·창조성의 함양, 놀이에의 의욕과 태도형성, ③ 보호자와 지역주민들이 행하는 가정과 지역에서의 아동 생활환경 만들기에 대한 지원 등을 하고자 하며, 이를 위해 지도원 1명과 아동 20명으로 조직하고 연간 210만 엔의 사업비를 기준으로 그 반을 보호자가, 나머지를 국가와 현, 시·정·촌이 부담하도록 했다.[6]

---

5) 첫해에 정부는 이 사업을 위해 1억 1,700만 엔을 예산화했다.
6) 사업개시 연도인 1991년에는 전국에 2,966개 클럽을 국가가 보조했다.

또, 아동클럽의 활동을 위한 공간은 아동관을 중심으로 보육소나 학교
의 빈 교실, 단지의 집회실 등, 주변에 있는 각종 사회적 자원을 활용하여
확보하도록 했다. 따라서 후생성에서도 학교시설 활용에 대해 문부성과
연대를 꾀하고 있으며, 도·도·부·현이나 시·정·촌도 교육위원회와의 긴
밀한 연대를 통해 학교시설을 적극적으로 활용할 수 있도록 촉구하고 있
다. 학동보육연락협의회의 조사에 의하면, 실제로 학동보육을 위한 공간
으로 가장 많이 이용되는 것이 학교 시설로서 전체의 약 40%를 차지하고
있다.7) 1992년부터는 아동관의 보조 기본 면적에 아동클럽실(31m³)이 설
치되었다.8) 이는 부재가정 아동 대책은 아동관에서 시행한다는 후생성의
종래 입장이 학동보육 전용시설을 인정하는 방향으로 바뀐 것을 반영한
조처라 하겠다. 한편, 아동클럽 지도자 연수사업에 대한 시·정·촌의 보조
가 신설되었다.

1993년에 이르러 정부(후생성)는 학동보육의 법제화를 검토하기 시작했
다. 단계적인 조치로 1994년에 '도시아동 건전육성사업'을 폐지하는 동시
에 '취로가정 육아지원모델사업', '어린이에게 편안한 동네만들기 사업'
등을 창설하고, 1995년에는 '향후의 육아지원을 위한 시책의 기본방향'
(통칭 '엔젤플랜')과 '긴급 보육대책 5개년 사업'을 책정하여 여러 시책을
시행하고 있다. '긴급 보육대책 5개년 사업'에는 '보육소 조치비·저연령
아 수용정원 확대', '다기능 보육소 정비', '시간연장형 보육서비스 사업',
'일시적 보육사업', '지역 육아지원센터', '방과 후 아동클럽', '유유아(乳
幼兒) 건강지원 데이서비스 사업' 등이 포함되는데, 저연령아 보육 및 보
육시간의 연장, 방과 후 아동클럽(학동보육) 분야 등은 1999년의 목표를

---

7) 全國學童保育連絡協議會(編), 앞의 책, 85, 87쪽
8) 1992년에는 신설 아동관에 아동클럽 분의 시설건설비를 가산하도록 했고, 1993년에는
이를 기존의 아동관으로까지 확대했다. 아동클럽을 위한 공간은 「아동복지법」 제40조
2항에서 규정하고 있는 '아동 방과 후 시설'에 해당한다. 그에 따르면 '아동 방과 후
시설'은 "보호자의 취로 등에 의해 양육·보호를 필요로 하는 아동을 육성하는 것을 목
적으로 한다."

달성하기 위해 예산규모를 확대시켰다.[9] 정부가 책정한 1999년의 아동클럽 목표 수는 9,000개이다.

이러한 육아지원정책은 일본사회의 급속한 고령화에 대한 대책이다. 오늘날 일본의 급속한 고령화는 평균수명의 연장과 더불어 소자화(少子化: 아이를 적게 낳는 현상)가 중요한 요인이므로, 안심하고 아이를 낳아 기를 수 있는 환경을 조성함으로써 출산을 증대시킬 필요성에 직면하게 되었다. 그러한 환경조성을 위해서는 단편적인 시책이 아닌 종합적·계획적인 육아지원시스템 확립이 필요하다는 인식에 따라 폭넓은 육아지원정책을 내놓게 되었고, 학동보육의 법제화도 그런 흐름 속에서 실현되었다.

3. 학동보육운동의 흐름

일본에서 학동보육이 최초로 실시된 것은 1948년 오사카 시의 이마카와 가쿠엔(今川學園)에서였다. 일본의 학동보육 50년 역사는 '학동보육운동'의 역사라고도 할 수 있다. 학동보육은 1950년대에 학부모들과 몇몇 보육원, 그리고 교사들을 중심으로 방과 후 어린이 공동보육이라는 형태로 시작되었다.

1953년 도쿄 도립 보육원 원장이 학동보육 설치운동을 전개한 것을 출발로, 오사카 시 키타타나베(北田辺) 보육원이 여름방학 중에 학동보육을 실시하고, 1956년에는 도쿄의 노동자클럽 보육원과 가미야(神谷) 보육원에서 보육원을 졸업한 어린이의 부모들이 공동보육을 개시하는 등, 우선 보육원에서 학동보육운동이 시작되었다. 보육원과 부모들 외에, 지역 아동관에서 '학동클럽'을 만들거나 지역조직인 조나이카이가 학동보육을 위

---

9) '방과 후 아동 대책사업(아동클럽)'은 900개소 늘어난 6,900개소이며 예산액은 31.3억엔 계상이다. 참고로 1997년 국가예산의 일반회계 예산총액은 77조 3,900억 엔이며, 사회보장 관계비는 총 14조 5,501억 엔(1.8% 증), 신골드플랜 관계경비는 8,037억 엔이다.

한 어린이클럽을 만들어 운영하기도 했고, 소학교 교사의 노력으로 소학교에 학동보육교실이 만들어지기도 했다.

이후 이러한 민간차원의 학동보육 설치운동으로 학동보육은 꾸준히 확대되었다. '전국학동보육연락협의회(이하 전연협)'의 조사결과에 따르면, 1967년에 515개소였던 학동보육 수는 1978년에 3,000개소, 1988년에는 6,100개소로 증가했고, 1995년에는 8,143개소에 이르고 있다. 1995년도의 일본의 소학교 수가 총 2만 4,635개이므로, 학동보육의 조직률은 약 33.1%인 셈이다. 또, 1995년 현재 일반 기초 지방자치체 3,257개 중 학동보육을 실시하고 있는 곳은 1,104개로 전체의 약 33.9%에 해당한다. 기초지자체 중에서 도쿄 도의 23개 특별구는 100%, 시는 85.2%의 실시율을 보이는 데 비해, 정은 24.4%, 촌은 5.5%로, 학동보육이 도시부에 편중되어 있음을 알 수 있다. 이것은 맞벌이 가정의 비율, 핵가족화 비율, 지역사회의 이웃과의 유대 정도 등에 따른 차이로 학동보육의 필요성이 도시부에서 더 강했기 때문이다. 따라서 학동보육운동도 주로 도시부를 중심으로 전개되었다.

1962년에는 도쿄의 '학동보육연락협의회(이하 연협)'가 발족되어, ≪학동보육뉴스≫를 발간하고(1963년), 최초의 연구집회를 개최하였다(1964년). 이어서 1967년 제2회 연구집회(106명 참가)를 계기로 연협의 전국조직인 전연협이 발족되었으며, 이듬해인 1968년에 개최된 제3회 연구집회는 처음으로 전국에 참여를 권유하여 열린 것으로, 이를 통해 각지에서 고립된 채 운동을 계속해온 사람들의 네트워크가 만들어졌다.

연협은 학동보육의 부모회 및 지도원회가 서로 교류하면서 지역의 학동보육을 발전시키기 위해 만든 조직이다. 연협은 학동보육 상호간의 교류 및 정보교환을 중심으로, 지역과 행정의 정보를 입수하여 학동보육 관련 시책의 개선을 요구하거나 학동보육 증설운동(그에 대한 원조활동 포함), 학습활동, 바자·운동회·문화적 행사 등의 행사를 하기도 한다.

전연협은 "학동보육의 계몽·보급·발전을 적극적으로 꾀하고, 지도내용

연구, 시책 확충, 제도화 운동을 추진"하기 위해, 1967년에 결성된 민간 학동보육전문단체로, 도·도·부·현(일부 정령지정도시를 포함) 연협을 조직의 기본구성단위로 하고 있다. 주된 활동은 매년 전국 학동보육 연구집회와 전국 지도원 학교 등의 학습·교류회의 주최, 월간지 ≪일본의 학동보육≫ 편집, 후생성 등 행정과 국회 관계 단체에의 요청운동, 학동보육의 조사활동 등이다.

전연협의 결성 이후, 학동보육의 설치와 더불어 학동보육의 법제화를 중대한 목표로 하여 학동보육운동은 지속적으로 전개되었다. 전연협은 1974년에 잡지 ≪일본의 학동보육≫을 창간하고, 75년에는 전종(專從)체제를 갖추어 학동보육운동의 구심점 역할을 해왔다.

전연협은 우선 학동보육의 법제화를 위해 20여 년간 여러 차례에 서명 및 청원운동을 전개했다. 1973년에 8만 명이 서명한 '학동보육 법제화 청원서'를 국회에 제출한 것을 출발로, 1975년에는 학동보육의 국가 제도화를 요구하는 50만 명 서명을 시작했으며, 1977년에는 역시 국가 제도화를 요구하는 제3차 서명운동을 전개했다(서명자 수 28만 5,093명). 그 결과 1978, 1979년에 각각 중의원과 참의원에서 학동보육의 제도화를 요구하는 청원이 채택되었다. 그러나 법제화에 이르지는 못했고 1985년에 다시 국회에 청원하여 같은 해 중·참 양 의원에서 청원이 채택되었다. 이어서 1990년에는 100만 6,768명의 서명을 첨부해서 학동보육의 제도화를 요구하는 청원서를 정부(총리대신과 후생대신 앞)에 제출했다.

서명 및 청원운동과 더불어 정부(후생성, 무부성, 노동성, 대장성 등 관계부처)에 대해 학동보육 예산을 요구하는 교섭을 꾸준히 해나가는 동시에 국회의 관련 위원회에서 학동보육 제도화 문제를 다루도록 위원회를 직접 방문하여 호소하는 활동도 병행했다. 또한, 학동보육의 실태에 대한 조사 및 연구활동과 계몽활동을 통해, 학동보육의 실상을 알리고 분명한 근거에 기초해서 제도화의 필요성을 인식시키는 데 힘썼으며, 학동보육을 필요로 하는 부모들과 관련자들에게 학동보육 설치를 위한 여러 행동지침을 제시하고 바람직한 학동보육 방향에 대한 의견을 제시하기도 했다.

1970~1980년대의 학동보육운동에는 많은 민간인 및 민간단체, 지방자치체 등도 동참했다. 1973에는 ≪보육의 벗≫, ≪어린이의 행복≫, ≪어머니와 아이≫ 등의 잡지들이 학동보육 특집을 꾸며 학동보육의 지도내용 등을 소개했고, 1974~1975년에는 영화 <방과 후의 어린이들>이 제작되었다. 이 영화는 1975년에 도쿄 도 우수영화 감상회의 추천을 받아 문부성이 우수영화로 선정했다. 1978에는 학자와 문화인들이 학동보육의 제도화를 요구하는 문건을 제출하기도 했다. 지자체 가운데서는 최초로 도쿄 도가 1963년에 학동보육에 대한 공적 지원을 시작했으며, 1975년에는 여러 지방의회들이 국가에 학동보육의 제도화에 대한 의견서를 제출했다. 1977년에는 전국 시의회 의장회가 1978년도 예산 요망서에서 학동보육의 제도화를 요청하고, 전국 지사회(知事會)와 전국 도·도·부·현 의회 의장회는 '도시아동 건전육성사업' 확충을 요청했다.

이상에서 보는 바와 같이 학동보육을 설치하고 이를 제도화하기 위한 민간의 운동은 오랜 세월에 걸쳐 꾸준히 전개되어 왔다. 1974년에는 총리부가 「여성문제 총합 조사보고」를 발표했는데, 그 가운데서 학동보육의 제도화를 제언했고, 참의원 사회노동위원회에서 후생 대신이 제도화를 약속하고 1975년도 예산요구 속에 3억 5,000만 엔의 보조금을 계상했으나 실현되지 못했다. 이렇게 총리부의 제언과 후생 대신의 약속이 있었음에도, 그 약속이 실현되기까지는 30년도 넘는 시간이 걸렸다. 정부가 법제화를 염두에 두고 단계적인 조치들을 취하기 시작한 것은 1990년대 들어서이다. 그런 의미에서 법제화가 실현된 것은 정부가 소자화 대책 및 여성의 취업지원을 중대한 정책적 과제로 인식했기 때문이기도 하지만, 학동보육 관계자들의 오랜 운동의 결실이라고도 하겠다.

1993년 가을, 정부가 법제화 검토에 착수하자 이듬해 전연협은 학동보육의 전국적인 실태조사를 통해 학동보육의 실태와 과제를 명확히 하고 이에 기초하여 부모와 지도원의 절실한 요구를 후생성에 제출했다. 그리고 학동보육의 법제화 후에는 학동보육제도를 그동안 학동보육운동을 통해 필요하다고 확인한 내용으로 확립시켜줄 것을 요청하는 제언서 「학동보육의 제도 확립을 — 우리들의 세언」(1997년 7월)을 제출했다.

4. 학동보육 법제화의 의의와 학동보육의 이념

학동보육의 법제화는 이를 아동복지법상에 자리매김하여 학동보육에 대한 지방자치체의 공적 책임을 명확히 했다는 데에 무엇보다 큰 의의가 있다.

일본의 「아동복지법」은 제1조에서 "모든 아동은 동등하게 그 생활이 보장되고 애호 받지 않으면 안 된다", 제2조에서 "국가 및 지방공공단체는 아동의 보호자와 함께 아동을 심신 공히 건강하게 육성할 책임을 진다"고 하여, 모든 어린이들을 건전하게 육성하는 공적 책무를 명확히 규정하고 있다. 일본의 보육정책은 이러한 「아동복지법」 규정에 기초해서 국가와 지자체의 책임을 명확히 한 '조치(措置)제도'를 기축으로 추진되어 왔다. 조치제도란 가정에서 보육을 하지 못하는 어린이를 시·정·촌 등의 지방자치체가 책임지고 보육소에 입소시키는 조치를 취하도록 법으로 의무화한 것으로,[10] 이것은 국민의 보육에 관한 권리를 지방자치체가 인가한 보육소에서 보장한다는 형태로 구체화된다.

「아동복지법」 제2장 '복지의 조치 및 보장'에는 "방과 후 아동 건전육성사업의 촉진"에 관한 조항이 첨가되었는데(제21조, 11), 이는 곧 학동보육도 조치제도의 범위 안에 들어오게 되었음을 뜻한다. 학동보육의 법제화에 의해 시·정·촌은 스스로가 이 사업을 시행하는 것 외에도 이용에 관

---

10) 「아동복지법」 24조에서는 '보육이 결핍된' 어린이는 시·정·촌이 책임지고 '보육소에 입소하는 조치를 취해야 한다'고 규정하여, 시·정·촌에 입소의무를 부과했다. 이것이 보육소 조치제도의 근간이다.

한 상담 및 조언을 하고 사회복지법인 등과의 연대를 꾀하는 등, 학동보
육을 촉진시키기 위한 노력을 할 의무를 지게 되었다.

일본의 보육정책은 일본국헌법, 아동복지법, 어린이 권리조약(일본은
1993년 비준) 등의 이념에 기초하고 있다.

첫째, 일본국헌법은 국민의 발달권(동등하게 교육을 받을 권리=교육권),
노동할 권리 등 기본적 인권을 존중하는 것이 국정의 기본임을 선언하고,
특히 제2조에서 국민의 생존권을 보장하기 위해, 사회보장, 사회복지 등
의 향상·증진에 노력할 것을 국가와 지자체의 책무로 삼고 있다.

둘째, 「아동복지법」 제1조는 "모든 아동은 동등하게 그 생활이 보장되
고, 애호 받지 않으면 안 된다", 제2조는 "국가 및 지방공공단체는 아동의
보호자와 함께 아동을 심신 공히 건강하게 육성할 책임을 진다"고 규정하
고 있다.

셋째, 어린이 권리조약은 모든 상황에서 어린이의 최선의 이익을 존중
할 것을 요구하고, 어린이 양육의 제1차적 책임은 부모에게 있으며, 부모
가 그 책무를 수행할 수 있도록 국가와 지자체가 필요한 원조를 할 것을
의무화하고 있다. 특히, 보육에 관해서는 제1198조에서 "부모가 일하는
어린이"에게는 "보육서비스 및 보육시설로부터 이익을 얻을 권리"가 있
고 이를 보장할 책임은 국가에 있다고 규정하고 있다. 그밖에 일본이
1985년과 1995년에 각각 비준한 「여성차별 철폐조약」과 「ILO 156호 조
약」에서도, 국가의 책무로서 보육시책을 추진할 것을 요청하고 있다.

5. 학동보육의 현상과 전망

전연협의 조사에 따르면 1995년 현재 학동보육의 수는 19만 8,143개
로, 조사 초 년도인 1967년의 697개에 비해 약 30년 사이에 11배 이상
증가했다. 이것은 기본적으로 학동보육을 필요로 하는 가정의 증대에 기

인하지만 학동보육 설치운동에 힘입은 것이기도 하다.

학동보육이 법제화되어 앞으로 학동보육의 보급이 가속화되고 질도 향상될 것이 기대되나, 공직 책임과 재정보장이 뒷받침되지 않고 불충분하다는 지적도 있다. 따라서 당분간 학동보육은 종전과 마찬가지로 부모와 학동보육 관련자들의 노력으로 설치되는 방식이 계속될 것으로 생각된다.

학동보육은 부모가 직장에 나가 낮 동안 자녀를 돌볼 수 없는 가정의 소학교 저학년 어린이들을 대상으로 한다. 이 어린이들에게 학동보육이 필요한 이유는 매일 일정시간을 아이들끼리 지내는 데는 많은 어려움이 따르고, 어린이는 사고나 부상, 병 등에 대처할 능력이 부족할 뿐 아니라 생활시간의 관리 및 자기관리를 제대로 하기 어려운 경우도 많기 때문이다. 이러한 어린이들에게는 부모가 없는 동안 어른이 함께 생활하면서 도움을 줄 필요가 있고, 매일 안심하고 생활할 수 있는 장소도 필요하다. 다양한 지역시설이나 사회교육시설 등을 이용하는 데 만족하지 않고, 별도의 학동보육을 만들고자 하는 것은 바로 이런 이유에서다. 즉 학동보육은 기본적으로 어린이들이 안심하고 생활할 수 있는 전용시설과 어린이들을 돌봐줄 지도원 확보를 통해 이루어진다. 부모들이 학동보육을 만들고자 할 때는 대개 학동보육 설치를 위한 모임을 만들어 보육소나 학교의 협력을 받아 지역에서 학동보육을 필요로 하는 어린이들의 수를 조사한 뒤, 논의를 거쳐 행정에 요망서를 제출해 학동보육을 만드는 방식을 취한다.

어린이들이 안심하고 생활할 수 있으려면 학동보육시설은 어린이들의 생활권인 소학교구마다 만들어지는 것이 바람직하나, 1995년 현재까지 학동보육 설치율은 소학교구의 약 33.1%에 머무르고 있다. 학동보육을 위한 공간으로 가장 많이 이용되는 것은 학교시설로, 전체의 약 40%를 차지하고 있다. 이는 독립된 시설확보가 어렵고 지역의 공공시설 중 학동보육 전용실로 사용할 수 있는 곳이 학교와 아동관 외에 별로 없으며, 많은 부모들이 방과 후에 학교에 있는 것이 놀이환경 등 여러 면에서 좋다고 생각하기 때문이다.

학교 외에는 아동관·아동센터가 학동보육시설로 가장 많이 이용되고 있으며, 공민관, 공·사립 보육소나 유치원, 그밖의 지자체 소유시설, 조나이카이 등 지역조직의 집회소, 신사나 사원 등 다양한 곳에서 학동보육이 이루어지고 있다. 또한, 부모들이 별도의 전용시설을 세우거나 아파트를 세내 쓰는 경우, 혹은 민가를 빌리는 경우도 있다.

1992년부터는 아동관의 보조 기본면적에 아동클럽실을 설치하도록 하여 아동관에서의 학동보육이 늘고 있다. 1995년에 후생성은 '커뮤니티 아동관'을 창설하고 방과 후 아동 대책사업의 1클럽 단위를 35명까지로 정했다.

학동보육 지도원의 경우, 현재는 교사·보모와 같이 국가나 지자체가 정하는 전문 양성기관이나 자격인정시험은 없다. 다만, 정부는 '방과 후 아동 대책사업'에서 지도원을 '방과 후 도우미'라 하고 "그 선임에 있어서는 아동후생원의 자격을 가진 자가 바람직하다"고 정하고 있으며, 지자체 시책에서는 지도원을 '교사 또는 보모자격이 있는 사람이나 아동의 양육에 지식과 경험이 있으며 열의가 있는 사람' 등으로 규정하고 있는 곳이 적지 않다. 자격인정시험이나 전문양성기관이 없기 때문에 현재로서는 지도원 연수·학습 등을 중시하고 있다.

지도원은 어린이들이 학교에서 돌아와 쉬거나 안심하고 하고 싶은 일을 할 수 있도록 생활환경을 만들어간다. 그들의 업무는 안전과 건강관리, 어린이의 주변 정리나 시간배분 등에 신경을 쓰면서 그날그날 어린이들의 상태를 파악하고, 하루 생활의 흐름을 무리가 없도록 만들어가는 데 도움을 주는 것이다. 이를 위한 구체적인 업무내용으로는, 예를 들어 출석부와 보육일지의 기록, 어린이 한 사람 한 사람에 대한 기록, 간식준비, 놀이나 활동연구, 학교·가정 등과의 연락, 소식지발행과 연락장 등의 기록, 시설·설비·제품의 관리와 환경정비, 행정과의 연락 등이 있다.

학동보육을 유지하기 위해서는 우선 시설비와 지도원 인건비, 그밖의 운영비 등의 경비가 필요한데, 경비부담 방식은 지자체에 따라 일정하지 않다. 지자체에 따라서는 공립 공영으로 필요경비를 모두 공비로 충당하는 곳이 있는가 하면, 공적 부담을 전혀 하지 않아 부모가 전적으로 부담하는 경우도 있다. 부모가 운영하는 학동보육의 경우, 높은 보육료로도 충분하지 않아, 바자나 물품판매 등을 통해 보충하는 사례도 있다. 1995년 현재 학동보육의 시책이 만들어져 있는 것은 27개 도·도·부·현의 1,104개 구 시·정·촌이며 이는 전 지자체의 약 33.9%에 해당한다. 대개는 국가의 방과 후 아동 대책사업의 대상이 되지 않는 소규모 학동보육에 대해 보조하지만, 인건비나 시설비(건설비, 집세 보조 등)를 보조하거나 장애아 수용 등을 위한 보조를 하고 있는 곳도 있다.

학동보육의 법제화에 따라, 국가와 지자체는 보육소의 최저기준 제정 및 준수, 감독의 의무를 지는 동시에, 최저기준 이상의 보육을 유지하기 위해 보육소 운영경비를 부담할 의무를 지게 되었다.

학동보육운동 측에서는 1997년 7월에 65만 명의 서명을 첨부해 다음과 같은 내용의 학동보육제도를 만들어줄 것을 후생성에 요청했다.

①어린이의 생활의 장에 어울리는 내용을 갖춘 학동보육 전용관 또는 방이 있을 것.
②지도원은 전임으로 학동보육 하나에 상시 복수 배치할 것.
③개소일과 개소시간에 부모의 노동일과 노동시간이 기본적으로 보장되도록 할 것.
④학동보육 어린이들의 계속적인 생활을 보장할 것.
⑤어린이들의 생활내용을 충실하게 할 것.
⑥부모의 협력에 기초해서 어린이와 지역의 실태에 맞추어 창의적인 생활내용을 보장할 것.

학동보육은 부모가 낮 동안 돌보지 못하는 어린이들을 보호한다는 소극적인 의미의 보육에 그치는 것이 아니다. 그것은 부모의 노동과 어린이의 발달권리를 포함하는 '생활권' 및 '인권'의 이념에 기초하고 있기 때문에, 어린이의 생활을 적극적으로 형성하고 창조해나가는 교육의 연장으로서의 의미도 갖고 있다. 현재 일본에서 이루어지고 있는 학동보육의 구체적인 사례들을 여기에 상세히 소개할 여유는 없지만, 지역사회 내에서 다양한 놀이와 활동들을 통해 어린이의 건강한 성장과 태도형성을 도모하는 사례들이 있다. 무엇보다 중요한 것은 학동보육에 대한 국가 및 지자체의 공적 책임을 규정하는 것이 곧 단순히 국가나 지자체가 학동보육을 제공하고, 시민들은 소비자의 입장에서 이를 이용하는 체제를 의미하는 것이 아니다. 그것은 시민의 권리보장을 위한 공적 원조를 확보하면서 부모와 학교, 지역사회 등이 동참해서 학동보육을 만들어가는 것이다. 이것은 오랜 세월에 걸친 학동보육운동의 성과라 생각된다.

■ **참고문헌**

川島克之. 1997, 「兒童家庭福祉制度の見直しと兒童館·學童保育」, 兒童館·學童保育21世紀委員會(編), 『兒童館·學童保育と共生のまち』萌文社, 196-225.
全國學童保育連絡協議會(編). 1996, 『學童保育のハンドブック』, 一聲社.
田村和之. 1997, 「'改正'兒童福祉法の槪要と問題點」, 全國保育團體連絡會·保育研究所(編), 『保育白書』, 17-29.
眞田祐. 1997, 「兒童福祉法'改正'と學童保育」, 全國保育團體連絡會·保育研究所(編), 『保育白書』, 73-82.
眞田是. 1997, 「社會保障·福祉政策の展開と兒童福祉法'改正'」, 全國保育團體連絡會·保育研究所(編), 『保育白書』, 8-16.
村山士郎. 1998, 『私の學童保育論』, 桐書房.

찾아보기

■ 지은이

한영혜(韓榮惠)

1956년생
서울대학교 영어교육과 졸업
동 대학원 사회학 석사
쓰쿠바 대학 사회과학연구과 졸업(사회학 박사)
현재 한신대학교 국제학부 교수

주요 저·역서: 『일본사회개설』(2001)
　　　　　　『일본의 도시사회』(공저, 2001)
　　　　　　『일본의 사회과학』(2003)

한울 아카데미 545

일본의 지역사회와 시민운동

ⓒ 한영혜, 2004

지은이 | 한영혜
펴낸이 | 김종수
펴낸곳 | 도서출판 한울

편집책임 | 고경대
편집 | 김희정

초판 1쇄 인쇄 | 2004년 3월 15일
초판 1쇄 발행 | 2004년 3월 30일

주소 | 413-832 파주시 교하읍 문발리 507-2(본사)
　　　121-801 서울시 마포구 공덕동 105-90 서울빌딩 3층(서울 사무소)
전화 | 영업 02-326-0095, 편집 02-336-6183
팩스 | 02-333-7543
홈페이지 | www.hanulbooks.co.kr
등록 | 1980년 3월 13일, 제406-2003-051호

Printed in Korea.
ISBN 89-460-3110-7 93330

* 가격은 겉표지에 표시되어 있습니다.